부자들의 선택

The Millionaire Mind
Thomas J. Stanley

THE MILLIONAIRE MIND

미국 최고의 부자 전문가가 20년간 밝혀낸
그들만이 알고 있는 돈의 흐름과 비밀

부자들의 선택

토머스 J. 스탠리 지음 | **장석훈** 옮김

북하우스

차례

❶

THE MILLIONAIRE MIND

백만장자 마인드 – 부자, 그들의 모든 것

그들은 쾌적한 동네의 그림 같은 집에서 산다. 삶에 대한 그들의 태도에는 균형감이 있다. 그들은 열심히 일을 해서 돈을 벌지만, 인생을 즐기는 데 망설이지 않는다. 일중독의 부류와는 다르다. 이들 백만장자의 대부분은 자신들의 세대에 부를 일구었다. 애당초 든든한 경제적 배경에 힘입어 현재의 삶의 모양새나 부의 축적을 이룬 게 아니라는 말이다. 그렇다고 그들이 신용카드를 남발하는 부류도 아니다. 그렇다면 그들은 어떻게 했길래 이렇게 살 수 있게 되었을까? 생을 마음껏 즐기면서도 효율적으로 돈을 벌어 부자가 될 수 있었을까? 그들에겐 이것이 있었다. 바로 백만장자 마인드.

부자라는 사람들을 연구하기 시작하면서, 나는 그들에게서 이러한 마인드의 일면을 엿볼 수 있었다. 지난 1983년에 나는 오클라호마 출신의 백만장자 60여 명과 인터뷰를 했는데, 그때 내가 그들에게서 얻은 것은 간단한 것이었다. 그러나 그것이 담고 있는 의미는 아주 오래도록 내 뇌리에서 떠나지 않았다.

인생을 즐긴다고 하면 흔히들 미친듯이 무언가를 사들이며 신용카드를 척척 사용하는 걸 떠올리기 쉽다. 그러나 이들 오클라호마의 백만장자들 중 특히 내가 집중적으로 조사한 열 명의 표본집단이 보여준 삶의 태도는 그와 정반대였다. 그들 열 명은 모두가 자수성가하여 한 업체의 유능한 대표거나 이사, 혹은 전문직 종사자로 일하는 사람들이었다. 이들 중 몇몇은 일을 시작할 무렵엔 신용카드를 즐겨 사용했으나, 오래잖아 그것이 잘못된 일임을 깨달았다. 그들은 즉시 금단의 결심을 했다. 쓰기 위해 돈을 빌리고, 갚기 위해 돈을 벌고, 그리고 점점 더 많은 돈을 빌리는 악순환의 고리를 끊어버렸다. 열 명 중 나머지 다른 이들은 신용카드 사용 중독에 걸려본 적도 없고, 자신의 성공을 과시할 필요성도 느끼지 않았다.

이들 열 명 모두는 백만장자라는 말도 무색케 하는 사람들이었다. 그들은 고색창연한 동네의 갖출 것 다 갖춘 멋진 집에서 살았다. 미국산 자동차를 몰았으며 인생을 즐길 줄도 알았다. 그들은 일에 미쳐 살지 않았다. 많은 시간을 가족과 친구들과 보냈으며, 돈을 빌리는 일은 거의 없었다. 그리고 대부분 마흔다섯 살 이전에 이미 백만장자가 되어 있었다. 원래 이들과의 인터뷰는 약 두 시간 정도로 잡고 있었는데, 실제론 거의 네 시간 동안 계속되었다. 난 단지 몇 가지의 질문만을 준비했을 뿐인데, 그들은 자신의 성공담을 얘기하느라 시간 가는 줄 몰랐다. 만약 성공한 이들을 위한 명예의 전당 같은 것이 있다면, 아마도 이들 열 명의 백만장자들을 우선적으로 모셔야 할 것이다.

경제적으로 성공할 수 있는 방법에 관한 몇몇 중요한 핵심사항들이 있었지만, 그중 한 가지가 가장 인상 깊었다. 그것은 진이 한 말이었다. 그는 신용카드를 남발하는 사람들에 대해서는 누군가 다른 사람이나 혹은 제도적 차원에서 제재를 가해야 한다고 말했다. 진은 당시 사십대였다. 그의 직업난에는 "담보 매각 부동산 매매업 대표"라고 쓰여 있었다. 그는 상환 예정일이 6개월 이상 지난 채권을 소유하고 있는 금융기관으로부터 부동산을 매입하거나 인수하는 일을 했다.

인터뷰를 하기 몇 주 전, 진은 68채의 주택과 한 개의 쇼핑센터 그리고 5채의 다세대주택을 그가 거래한 적이 있던 금융기관으로부터 인수했다. 계약을 하고 난 뒤, 신용대부과의 과장이 진에게 손짓을 하더니, 고층에 위치한 그의 사무실 창가로 안내했다. 아주 높은 건물이었기 때문에 그들은 멀리까지 내다볼 수 있었다. 주변에는 수천 개의 상업용 건물들이 들어서 있었다. 지평선에 놓인 주택가도 시야에 들어왔다.

그가 창 밖을 내다보고 있으려니, 과장은 건물, 주택, 사무실, 차고, 상점 등의 모든 건물들을 가리키면서, 진이 잊을 수 없는 말을 했다.

> 보이시죠? 저것들이 모두 우리(채권자) 재산입니다. 모두 다요. 저기서 벌어지는 사업들요? 당신들(채무자)은 우리를 위해서 일하는 겁니다. 바로 우리 금융기관들을 위해 돈을 버는 것이죠.

자신의 사업을 운영하거나 전문직종에 종사하면서도 결국은 채권자 좋은 일 시키자고 일을 하거나 그들에 의해 휘둘리는 꼴을 당하는 사람들이 얼마나 많은가? 또 얼마나 많은 사람들이 호화주택에 살면서 그집의 저당권을 갖고 있는 소유자들에게 꼬박꼬박 이자를 갚느라 고생하고 있는가? 헤아릴 수 없다. 그러나 진은 거기에 해당되지 않았다. 표본집단의 사람들 중 누구도 거기에 해당되지 않았다. 이들은 바로 "백만장자 마인드"라는 것을 갖고 있었다. 어느 누구도 현금을 조금씩 조달해주는 신용대부 담당자를 두고 있지 않았다. 그리고 모두가 좋은 집에서 살고 있었지만, 아무도 "산더미 같은 저당"에 잡혀 있진 않았다.

내가 진에게서 얻어들은 그 교훈은 이 책을 준비하면서 만난 백만장자들에게서 한결같이 듣게 된 내용이었다. 그들에겐 백만장자 마인드가 있었다. 그들은 인생을 즐기면서도 충분히 부유해질 수 있다고 믿었다. 재정적인 독립과 경제적 성공을 위해서 반드시 금욕적인 생활을 해야 하는 것은 아니라고 믿고 있었다. 나중에 다루겠지만, 물론 그들에게도 긴축재정의 시기는 있기 마련이다.

어떤 사람들은 신용기관이 아닌, 자신의 탐욕의 지배를 받는다. 그들은 아주 인색하고 심지어 아내와 자식까지도 속이려 든다. 물질만능. 돈이 최고라고 믿는 사람들. 이들은 백만장자가 되고 싶어하지만, 그러나 백만장자 마인드라는 것이 없다. 건전한 관점을 지닌 어느 백만장자가 말했다.

> 저는 자식들에게 이렇게 가르칩니다. "돈을 섬기지 말아라. 돈을 다스려야 한다. 돈이 너를 다스리게 해서는 안 된다."

이 책에 소개된 대부분의 사람들은 바로 자신들의 세대에서 성공을 거뒀다. 자수성가한 것이다. 어떤 이는 한푼의 유산도 받지 않았다. 부동산이나 신탁계좌에서 생기는 이자수입도 없었다. 그렇다면 그들은 어떻게 한 것일까? 다시 말하지만, 백만장자 마인드, 그것이 관건이다.

여러분은 여기에 소개된 백만장자들처럼 엄청난 수입을 거둬들이지 못할지도 모른다. 그리고 짧은 시간 안에 백만장자를 무색케 할 존재가 될 소지가 전혀 없을지도 모른다. 하지만, 이들이 어떻게 부를 축적하면서도 인생을 즐길 수 있었는가를 제대로 이해할 수만 있다면, 거기에서 얻을 수 있는 것은 많다. 돈이 많은 사람이라고 해서 모두 이런 방법을 알고 있는 것은 아니다. 오직 백만장자 마인드를 가진 사람들만이 그렇게 할 수 있다. 그들이 바로 이 책에 소개되어 있다.

조사는 어떻게 이루어졌을까

『백만장자가 되는 법*The Millionaire Next Door*』이라는 이전 책을 준비하면서 나는 많은 조사를 했다. 그 결과 나는 미국에서 가장 부유한 사람들의 특징에 관해 보다 자세히 알게 되었다. 그후 나는 다음 연구의 규모와 영역을 확대하여 정말 엄청난 부자들까지도 포함시키리라 결심하였다. 새로운 표본조사는 이전 책과는 다른 특성과 생활방식에 초점을 맞춰, 보다 심도 있고 포괄적으로 행해졌다. 연구결과는 다음 장부터 소개될 것이다.

백만장자 마인드를 가진 사람들의 특성을 말하기는 쉬운 일이지만 실제 그런 사람들을 찾아내기는 쉬운 일이 아니다. 미국의 모든 가정을 조사해보면 되지 않겠냐고? 미국 가정의 약 4.9퍼센트만이 100만 달러 이상의 순자산을 가지고 있다는 것을 감안하면 그것도 쉬운 일이 아니다. 또, 호화주택에 사는 사람들을 조사한다고 해결되는 것도 아니다. 호화주택에 사는 사람들 중에는 내가 "소득신고서 부자"라고 부르는 사람들이 있는데, 그들은 수입도 많고 집도 크지만, 빚도 산더미인데다가, 정작 자신이 가진 돈이라곤 얼마 되지 않는 사람들이다. 그들은 융자신청서를 작성하는 데는 귀신이다. 융자신청서를 작성할 때 순자산이 어느 정도인지는 묻지 않으니까 말이다.

이에 반해, 이른바 "대차대조표 부자"들이 있다. 이들이 바로 백만장자 마인드를 가진 사람들이다. 그들은 부를 축적하는 데 열중한다. 그들의 자산은 채무액을 훨씬 상회한다. 그들에겐 신용 대차대조표가 아예 없거나 있다 해도 아주 적은 액수이다.

전국의 호화주택에 사는 사람들을 조사해본다면 어떤 결론이 나올까? 소득신고액이 엄청난 사람들이 나올 것이다. 나는 대차대조표 부자들이 호감을 느끼고 살아가는 동네는 소득신고서 부자들에게는 별 매력이 없을 것이라고 생각했다. 내 생각은 그르지 않았다. 이 책에 나와 있는 조사 결과들은 내 생각을 입증해주었다.

대차대조표상 돈이 많은, 즉 백만장자 마인드를 지닌 사람들을 나타내주는 사례를 체계화하기 위해 나는 친구이자 동료인 존 러빈의 조언을 구했다. 그는 지리인구통계학 분야의 권위자인데, 지리인구통계학이란 특정 지역환경 내의 사람들의 특성을 연구하는 학문이다. 흔히 이러한 지역 구분은 우리가 사용하는 우편번호로 나뉜다. 하지만 나는 좀더 세분해서 한 블록 혹은 동네 단위까지 조사해보고 싶었다. 이런 경우 가구수만 해도 50이 채 안 될 때도 있었다.

존에게 이런 문제를 얘기하자, 그는 간단한 방식으로 해결해주었다. 존은 하버드에서 공부한 수학도이며 뛰어난 연구자이다. 그리고 그의 지리인구통계학 분야의 데이터베이스는 엄청났다. 그는 미국의 거의 모든 블록과 동네의 순자산의 특성을 평가할 수 있는 복잡한 수리적 모델을 고안해냈다.

존은, 상당한 투자수입이 있고 그래서 백만장자 마인드를 지녔을 가능성이 있는 사람들이 일부 동네에 밀집되어 있음을 알아냈다. 그는 전국 22만 6399개의 동네에 관한 자신의 데이터베이스에서 2487개를 추출했다. 그의 수리적 모델은 이 지역에 실제로 부유한 사람들이 많이 밀집되어 있으며, 이들은 순자산은 별로 안 되면서 저당권만 크게 설정된 호화주택에 사는 사람들과는 다를 것으로 예상했다. 이렇게 추출한 동네에서 임의로 선정한 5063가구를 대상으로 전국적인 표본집단이 만들어졌고 가구마다 질문지가 우송되었다.

항목에 모두 답한 1001가구에서 733가구가 백만장자였다. 그들은 각각 순자산이 100만 달러 이상 되는 사람들이었다. 이들에 대한 조사 덕분에 이 책에 필요한 사실적 근거자료를 얻을 수 있었다. 거의 모든 응답자들은 고색창연하고 갖출 것 다 갖춘, 중상층 이상의 이웃들이 사는 동네에서 살고 있었다. 그들이 사는 저택은 대부분 1950년대에 지어진 것이었고 심지어 1940년대 이전에 지어진 집도 있었다. 놀라운 일이다. 적어도 저쿠지 욕조쯤은 있는 호화욕실이 여러 개 있는 집에서 살아야 하는 것 아닌가? 번쩍번쩍하게 잘사는 동네에 사는 것도 아니고 그렇다고 새로 개발된 근교에 사는 것도 아니라니? 백만장자 마인드를 지닌 사람들은 집을 고르고 살 동네를 찾을 때 유행을 따르지 않는 사람들이란 말인가? 그런 것 같다. 더 나아가 대부분의 응답자들이 아주 적은 액수의 저당에 잡혀 있거나 아예 저당권이 설정되어 있지 않았다.

응답자들의 선정방법은 이미 이전 논문*에서 밝힌 바 있다. 설문지는 각각 9장씩이었고 모두 277개였다. 이 프로젝트는 내가 했던 것 중에서 가장 포괄적인 것이었다. 이 설문자료는 미국의 일류 조사기관 중의 하나인, 애신즈에 있는 조지아대학의 행동연구소 내 서베이 리서치 센터에서 수집하고 정리했다. 이 센터에서는 자료에 대한 단일변량과 복합변량의 컴

---

* Thomas J. Stanley and Murphy A. Sewall, "The Response of Affluent Consumers to Mall Surveys," *Journal of Advertising Research*, June-July 1986, pp. 55~58.

퓨터 분석도 실시했다.

그보다 먼저 임의로 뽑은 638명의 백만장자를 대상으로 설문지와 설문 방법에 대한 사전 조사가 행해졌다. 이들의 소득신고서와 대차대조표의 특징은 엄청난 저당에 잡혀 있다는 것이었다. 이 사전 조사는 저자와 그의 조수들에 의해 진행되었다.

덧붙여, 일련의 개별면담과 표본집단을 통해 중요한 사례연구가 진행되었다. 그 사례들은 이 책에서 자세히 소개될 것이며, 그것은 퍼즐을 푸는 데 중요한 조각의 기능을 할 것이다. 백만장자 마인드라는 것을 이해하기 쉽게 완전하게 규명하는 것은 쉬운 일이 아니다. 이 책이 요약 제시할 결론은 사람들이 균형잡힌 삶에 대해 이해하고 확신하도록 도움을 주는 데 그 목적이 있다.

인구통계학적 내용

조사를 통해 얻어낸 인구통계학적 개관을 해보면 다음과 같은 내용을 얻을 수 있다. 이 책에서는 자수성가한 백만장자들의 모습을 바로 그들의 목소리로 그려낼 것이다.

전통적인 가족상

- 나는 쉰네 살 먹은 남자다. 28년간 한 여자와 살고 있다. 우리들 네 명 중 한 명은 30년 이상 한 명의 배우자와 결혼생활을 하고 있다.
- 평균적으로 세 명의 자녀를 두고 있다.
- 우리들 중 92퍼센트가 기혼이며, 95퍼센트에게 자녀가 있다.

● 결혼한 적이 없는 사람은 2퍼센트에 불과하며, 약 3퍼센트는 미망인이거나 홀아비다.

재산과 수입

● 우리는 경제적으로 풍요롭다. 평균 순자산은 920만 달러 정도 되고 중앙값(median)은 430만 달러가 된다. 재산이 아주 많은 응답자들이 있는 경우 평균 수치 곡선은 더 위로 향한다.

● 우리의 연평균 가계 실수입은 74만 9000달러다. 중앙값은 43만 6000달러다. 수입이 100만 달러가 넘는 사람들 때문에(20퍼센트 정도) 평균 곡선이 위로 향한다.

● 우리의 재산과 수입에도 불구하고 우리들은 자동차를 구입하는 데 4만 1000달러 이상을 쓰지 않으며, 결혼반지를 구입하는 데 4500달러 이상을 쓰지 않는다. 우리 자신이거나 우리의 배우자거나 머리 손질을 하는 데 팁을 포함해서 38달러 이상을 지출하지 않는다. 네 명 중 한 명은 머리를 손질하는 데 24달러 이상을 지출하지 않는다. 중앙값으로 환산하면, 집을 구입하는 데 34만 달러, 자동차를 구입하는 데 3만 900달러, 결혼반지에 1500달러면 그만이다. 우리들 중의 몇몇은, 기혼자의 약 7퍼센트 정도인데, 아예 결혼반지도 구입하지 않았다. 가족 중 한 명의 것을 물려받았던 것이다.

유산

● 우리는 괜찮은 동네의 좋은 집에서 사는데, 약 2퍼센트만이 자신의 집과 소유물의 전부 혹은 일부를 상속받았다.

● 우리들 중의 일부는 재산의 일부를 상속받았다. 약 8퍼센트 정도가

순자산의 50퍼센트 이상에 해당하는 부분을 상속받았다. 이와는 극히 대조적으로 61퍼센트는 현금이든 부동산이나 신탁에서 나오는 수입과 같은 것이든 일체의 유산을 상속받은 바 없다.

사는 동네

● 우리가 사는 곳은 주변 시설이 잘 갖춰지고 역사가 오래된 동네이다. 약 2천 곳 이상 되는데 마을이나 도시의 이름을 열거해보면 다음과 같다. 캔자스 주의 쇼니 미션, 코네티컷 주의 뉴캐넌, 버지니아 주의 리치먼드, 펜실베이니아 주의 피츠버그, 텍사스 주의 포트 워스, 일리노이 주의 케닐워스, 오하이오 주의 콜럼버스, 조지아 주의 애틀랜타, 뉴저지 주의 서밋, 콜로라도 주의 잉글우드, 오클라호마 주의 털사.

사는 집

● 우리들 거의 모두가(97퍼센트) 자기 집을 소유하고 있다.

● 우리는 대략 12년 전에, 현재 살고 있는 집을 평균 55만 8718달러에(중앙값은 43만 5000달러이다) 매입했다. 현재 집 시세가 좋아서 시가가 평균 138만 1729달러에(중앙값은 75만 달러이다) 달한다. 집값 상승이 우리 자산에 많은 도움이 되었다고 할 수 있다.

● 우리가 사는 집이 고급주택이긴 하지만 집에 걸려 있는 담보 대차 평균은 놀라울 정도로 작다.

● 우리들 대부분은(61퍼센트) 현재 감정가가 100만 달러가 넘는 집에서 살고 있다. 그러나 현재의 집을 구입하는 데 100만 달러 이상을 지불한 사람은 네 명 중 한 명밖에 안 된다.

● 열 명 중 한 명이 증권시장이 심각하게 붕괴되던 1987년에서 3년 안

팎으로 집을 구입했다. 그런 상황에서 집을 구입한 사람들은 대부분 저당권 설정을 막기 위한 방법을 모색해야만 했다.

● 우리가 사는 집은 평균 약 40년 전에 지어졌다. 네 명 중 한 명은 1936년 이전에 지어진 집에 살고 있다. 지은 지 10년도 안 되는 집에서 살고 있는 사람은 10퍼센트밖에 안 된다.

● 우리들 중의 과반수 이상이(53퍼센트) 10년간 같은 집에서 살고 있다. 단지 23퍼센트만이 10년 동안 두 번 이상 이사를 했다.

● 우리들 중 일부만이(27퍼센트) 직접 집을 지어서 살고 있다. 백만장자 마인드를 지닌 우리는 건설업체에 의뢰해 집을 짓는 것보다 이미 만들어진 집을 구하는 것이 더 낫다고 본다. 시간을 절약할 수 있을 뿐만 아니라, 이미 있는 것 중에서 하나만 골라잡으면 되는 것이니 비용도 크게 절감할 수 있다.

● 우리들 중에 자신이 살 집을 짓기를 가장 꺼리는 사람들은 변호사들이다. 그들이 왜 그러는지는 한 번쯤 생각해볼 문제다.

직업

● 우리들 세 명 중 한 명 가량이 업체를 소유하고 있거나 경영을 하고 있다. 다섯 명 중 한 명은 회사의 중역이다. 열 명 중 한 명은 변호사다. 그 비슷한 비율로(9퍼센트) 의사가 있다. 나머지 3분의 1 가량이 정년 퇴직자, 중간 관리자, 회계사, 판매 전문가, 사업개발 팀장, 엔지니어, 교사, 교수, 주부 등으로 이루어져 있다.

● 업주가 가장 부유한 계층이긴 하지만, 중역직의 사람들도 천만장자 대열에 끼어 있는 경우가 종종 있다. 중역들은 백만장자들 중에선 16퍼센트를 차지하지만, 천만장자들 중에서는 26퍼센트를 차지한다. 천만장자란

순자산이 1000만 달러 이상 되는 사람들이다.

● 우리들 아내의 반 정도가 가사일 외의 바깥일을 하지 않고 있다. 배우자의 경우 일을 하고 있는 사람의 직업 분포는 사업주 혹은 운영자(7퍼센트) 판매 전문가(5퍼센트) 중간 관리자(4퍼센트) 변호사(4퍼센트) 교사(3퍼센트) 고급 관리자(3퍼센트) 의사(2퍼센트) 등이다. 그 외 16퍼센트 정도는 한때 바깥일을 하다가 은퇴한 상태이다.

● 천만장자인 사람들 중 3분의 2 정도는 아내가 가사일만 하고 있다고 한다. 그리고 바깥일을 하는 아내들 중 반은 파트 타임으로 일하고 있다고 한다.

교육 수준

● 우리들 모두가 교육을 잘 받았다. 90퍼센트가 대학 졸업자이다. 약 2분의 1 이상이 대학원 이상의 학위를 갖고 있다.

백만장자 마인드 살짝 엿보기

내가 행한 조사에는 위에 나열한 인구통계학적 특성들 외에도 백만장자 마인드가 어떤 것인지를 보여주는 특성들이 있다. 이제 다음 장부터 이러한 실마리를 기초로 그 구체적인 실체가 어떤 것인지를 보게 될 것이다.

● 우리는 금전적으로 독립된 존재이다. 안락한 삶을 원하지만, 그렇다고 사치스런 생활을 하지는 않는다.

● 우리는 미국 내에서 중상위 계층이 모여 있는 동네에 밀집해 산다. 고

급주택에 살지만, 빚은 전혀 없거나 거의 없다. 우리는 보통 다른 사람들이 팔기 위해 내놓은 집을 구입한다.

- 대부분은 결혼을 했고 자녀들도 두었다. 실제, 우리 대부분은 부를 축적하는 과정에 가족이 장애가 된다고 보지 않는다.
- 우리는 자수성가한 사람들이다.
- 우리는 보통 2년에 한 번 정도 해외에서 휴가를 보낸다.
- 우리들 중 대학 최우수 졸업생에게 주는 '파이 베타 카파 열쇠'를 가진 사람은 거의 없고 대학수능시험(SAT) 성적도 1400점(1600점 만점)을 넘는 사람은 거의 없다.
- 우리들 대부분은 자신이 선택한 직업을 사랑하고 있다. 어떤 사람은 이렇게 말한다. "그냥 일이 아닙니다. 사랑을 기울이는 노력이죠."
- 우리들 중 어느 누구도 더 많은 돈을 벌기 위해 매일 새벽 3시나 4시에 일어나는 경우는 없다.
- 많은 이들이 정기적으로 골프를 치거나 테니스를 치러 다닌다. 실제 보면, 스포츠와 부는 아주 밀접한 상관관계를 갖고 있다.
- 우리는 솔직히 자질구레한 일은 직접 하지 않는다. 그러한 경향이 있는 사람의 경우는 부의 정도가 평균을 밑돌고 있다.
- 우리는 자신의 성실성에 걸맞게 부를 축적한다. 실제로 우리는 성실성을 자산으로 성공의 길을 닦았다.
- 우리는 일중독자들이 아니다. 많은 시간을 가족과 친구들과 보낸다. 다만, 일을 할 때는 정말 열심히 한다. 노력에 대한 대가를 최대한으로 하기 위해 전력을 다한다.
- 우리는 투자를 계획하는 데 시간을 보내고 종종 세금 관련 담당자와 의논하는 데 시간을 쓴다. 그러나 많은 이들이 종교활동을 하는 데도 시

간을 내고 뜻있는 모금행사에도 적극적으로 참여한다.

● 우리는 돈을 버는 일과 삶을 즐기는 것 사이에서 균형을 잡는 것이 어렵지 않다고 본다. 다양한 삶을 즐기는 것과 부를 쌓는 것 사이에는 긍정적인 협력관계가 존재한다고 생각한다.

● 삶의 다양한 활동은 종종 미래의 고객, 단골, 지원세력 혹은 둘도 없는 친구들을 만들 기회를 제공한다.

● 그러고 보면 오래된 속담에 그른 말이 없다는 것을 알게 된다. 특히 "우리 삶에서 가장 값진 것은 공짜거나 아니면 적어도 적절한 가격표가 붙은 것이다"라는 속담. 우리 아이들이 스포츠 활동을 하는 것을 보러 가거나 박물관에 가거나 아니면 친한 친구와 브리지 게임을 할 때 사실 돈은 거의 들지 않는다. 카지노에 비하면 거의 공짜나 다름없다.

부자가 되는 그들만의 DNA

제2장 '부자가 되는 그들만의 DNA'에서는 백만장자들이 자신의 성공 비결로 가장 중요하게 꼽는 항목들을 남김없이 털어놓는다. 그들의 견해는 다소 의외일 소지가 있다. 그들이 의미를 두는 백만장자의 요소는 일반적인 통념과 대립된다. 특히 그들의 견해는 할리우드 영화에서 마치 사실처럼 묘사한 그 판에 박힌 모습과는 다르다. 용모와 체격을 백만장자의 요소로 언급한 백만장자는 단 한 명도 없었다. 단 한 번도.

목적이 뚜렷한 부모나 스승, 혹은 월 스트리트에서 잘나가는 사람들 중 많은 이들은 대부분의 백만장자가 갖고 있는 생각에 동의하지 않는다. 로또 복권이나 경마 광고에서는 또 어떤가? 백만장자들은 그들의 성공에 대해 다른 해석을 내린다.

백만장자들이 자신들의 경제적 성공을 설명하는 데 가장 중요하다고 꼽는 다섯 가지 요인은 무엇일까? 아래의 내용을 읽고 나서 종이에다 그것들을 적어보라. 그리고 그것을 지갑에 넣고 다니거나 텔레비전에 붙여두라. 그리고 나서 로토 복권 추첨이나 잡지의 경마 기사를 보게 될 때, 그 목록을 한 번 보도록 하라. 광고를 보면 복권이나 경마 도박으로 크게 한 건 할 수 있다는 생각이 들겠지만, 그럴 때 백만장자들이 꼽은 목록을 보면 생각이 달라질 것이다. 금전적 성공의 주춧돌은 다음과 같은 것이다.

- 진실성—모든 사람에게 정직해야 한다.
- 자기 관리—스스로 통제할 줄 알아야 한다.
- 사회성—사람들과 잘 어울릴 줄 알아야 한다.
- 내조/외조를 잘해주는 배우자가 있다.
- 성실성—다른 사람보다 더 열심히 일해야 한다.

행운을 말하는 대목은 없다. 아마도 서른 가지의 성공요인을 꼽는다면, 행운은 27위쯤 될 것이다. 하지만 이것이 의미하는 바는 순자산의 흐름에 영향을 미치는 경제 동향과 같은 불가항력의 요인이 있다는 뜻이다. 내가 면담을 한 백만장자 중 단 한 사람도 도박을 좋게 말하는 사람은 없었다. 도박 습관에 대해서는 제8장 '백만장자의 생활방식 : 그 진실과 허구'에서 자세히 다룰 것이다.

많은 사람들이 위에 언급한 성공의 요소들을 갖추고 있음에도 아직 백만장자가 되지 못했다고 반문할지도 모른다. 이 다섯 가지 요소는 기본이다. 이중에서 한두 가지를 갖추지 못했다면 어떻게 될까? 백만장자들의 여러 사례에 따르면, 그럴 때 우리는 결코 백만장자가 될 수 없다. 하지만 이 요소 외에 다른 무엇이 더 있다면, 우리는 장차 부자가 될 수 있다. 다시 한번, 백만장자들이 자신들에 대해서 어떻게 말하는지 들어보도록 하자.

● 어떻게 해서 우리는 우리 세대에서 백만장자가 될 수 있었는가? 우리는 다른 사람들이 간과해버리는 경제적 기회를 볼 줄 알았다. 우리는 충분한 대가가 예상된다면, 금전적 위험을 기꺼이 감수할 준비가 되어 있었다. 이것은 특히 사업체를 꾸려가는 사람들은 거의 아는 얘기이다. 하지만 우리는 금전적 손실을 기꺼이 각오하는 것과 자신이 갖고 있는 재산의 정도를 파악하는 것 사이에 깊은 관련성이 있다는 것을 안다. 그것은 주식시장에 대한 투자는 되도록 적게 하고, 우리 자신과 직업, 업무수행 및 자신의 개인적인 일 같은 것에는 될수록 많은 투자를 한다는 것을 의미한다.

● 우리는 거의 모두가 지도력이 탁월하다고 말할 수 있다. 우리는 고용주나 상위 업체에 우리의 아이디어를 팔 능력이 있고 우리가 만든 제품을 엄선된 소비자에게 팔 수 있는 능력이 있다.

● 미국의 경제는 왜 우리에게 그와 같은 관대함을 보여주었을까? 우리가 다른 업체들과 달리 엄격한 기준을 만족시켜주는 제품과 서비스를 제공하기 때문이다. 우리는 시류에 편승하지 않는다. 우리는 이러한 원칙을 제품 생산과 투자방식에 적용하고 있다.

지적인 능력

백만장자들은 지적인 능력이 뛰어난 사람들인가? 명문대학의 최우수 졸업생들의 모임인 '파이 베타 카파' 회원들은 다들 어디서 무엇을 하고 있는가? 지적으로 뛰어난 사람이라면, 아주 높은 분석적 지능을 소유한 이

표 1-1. 백만장자들의 학교성적 : 대학교 평점(GPA)*과 수능성적(SAT)

	직업에 따른 분류					
학점	사업주	중역	변호사	의사	기타	전체
평균	32%	16%	10%	9%	33%	100%
GPA(N=715)	2.76	2.93	3.04	3.12	2.96	2.92
SAT(N=444)	1235	1211	1261	1267	1090	1190

* 4.00을 만점으로 할 때 A학점 = 4, B학점 = 3…….

라고 흔히들 여기고 있다. 그리고 분석적 지능은 표준화된 지능지수 검사에 의해 측정된다고 생각한다. 나는 이 조사에서 지능지수 점수보다 대학수능시험(SAT) 성적을 활용했다. 이 두 측정 사이에는 상호 연관성이 있다. 또한 나는 백만장자들이 스스로의 지적 능력을 평가한 것과 그들의 수능성적 및 대학성적이 서로 관련이 있음을 발견할 수 있었다.

백만장자들은 스스로 지능이 뛰어나다고 생각할까? 아니면 아주 간단히 말해서 경제적인 성공을 설명해주는 변수로 과연 지능이라는 것이 얼마만큼 중요한 위치를 차지할 수 있을까? 이러한 몇 가지 질문들이 제2장 '부자가 되는 그들만의 DNA'와 제3장 '부자들의 학창 시절'에서 자세히 이야기될 것이다. 이 주제를 다루기에 앞서 백만장자들의 이야기를 들어볼 필요가 있겠다.

● 교육을 잘 받았다는 것은 우리들 모두가 대학을 우수한 성적으로 졸업했다는 것을 의미하지는 않는다. 우리의 대학 평점은 표 1-1에서 보듯이 4.00 만점에 2.92다.

● 1190점이라는 우리들의 수능성적은 평균을 훨씬 웃도는 것이긴 하지만, 그 점수로는 이른바 명문대학의 입학허가서를 받기 어렵다. 우리들 대

부분은 명문대학을 나오지 못했다. 조사결과 좋은 대학을 나왔다는 것이 경제적 성공을 설명해주는 중요한 지표는 아니었다

● 그리고 1190점이라는 수능성적도 다소 부풀려진 것이다. 대학 때 평점이 A인 사람들은 거의 90퍼센트가 수능성적을 정확히 기억하고 있었다. 그런데 아이러니컬하게도 대학 때 평점이 C인 사람은 반 정도만이 자신의 수능성적을 겨우 기억해낼 수 있었다. 수능성적과 평점은 깊은 관련성이 있다. 1190이라는 수치가 수능성적을 기억해내지 못하는 평점 C학점을 받은 사람들의 기대치를 반영하는 것이라면 문제를 어떻게 처리해야 할까? 1190이라는 평균에서 약 100점 정도를 더 깎아서 봐야 할 것 같다.

● 결국 신뢰할 만한 수치와 표준화된 조사결과에 의거해서 볼 때, 백만장자들은 다음과 같다고 할 수 있다.

– 지적으로 탁월하지 않다.

– 법대를 나올 만한 자질이 없다.

– 의대를 다닐 만한 재목이 못 된다.

– MBA를 통과할 만한 능력이 없다.

– 성공할 것 같은 영민함이 없다.

● "지적으로 탁월한" 사람들이 못 되는 우리가 어떻게 해서 경제적으로 성공할 수 있었는지 우리 자신도 궁금할 때가 많다. 결국, 지능과 학교성적과 경제적 성공이라는 것의 상호관계에 대해서 의문을 갖지 않을 수 없다. 지적 능력과 무관하게 성공할 수 있었던 것인가, 아니면 그러한 부족함을 채우기 위해 더 많이 노력해야 한다는 의식 때문에 그렇게 된 것인가?

읽어볼 만한 책

『성공 지능*Successful Intelligence*』을 보면, 지적 능력 혹은 분석적 지능

과 성공의 여러 기준 사이의 실제적인 관계를 잘못 생각하는 예들을 찾아볼 수 있다. 인간 지능 분야의 권위자인 스턴버그 박사는 성공할 수 있는 지적 능력에는 세 가지 요소가 있는데, 분석적 지능이란 그중의 한 가지 요소에 불과하다는 것을 발견했다.* 나머지는 창조적 지능과 실질적 지능, 즉 상식이다. 그렇다면 대부분의 백만장자들이 성공할 수 있었던 것은 바로 그들이 창조적이며, 풍부한 상식을 지녔기 때문인가? 이 문제와 관련된 내용들을 이 책『부자들의 선택』에서 살펴보도록 하겠다.

부자들의 학창 시절

학창 시절의 경험은 백만장자들이 이처럼 엄청난 부를 축적할 수 있는 성인으로 자라나게 하는 데 어떤 영향을 미쳤을까? 이에 대한 답은 제3장 '부자들의 학창 시절'에서 상세히 얘기될 것이다. 하지만 분명한 것은 그들이 책에서보다 학교생활 그 자체에서 더 많은 것을 배웠다는 점이다. 그들 대부분이 인내력과 사람과의 관계, 자기 관리, 통찰력 같은 것을 거기서 배웠다고 말하고 있다. 백만장자들은 대부분 학창 시절에 공부를 열심히 했다. 그러나 모두들 전과목 A로 졸업한 것은 아니었다. 수능성적도 그리 높지 않았다. 이에 대한 내용은 다른 곳에서 다뤄질 것이다. 그들을 900점대 그룹으로 분류했다. 수능성적이 1000점 이하인 사람들만 모아놓은 것이다. 그들의 말을 들어보자.

---

* Robert J. Stemberg, *Successful Intelligence*(New Yor:Simon & Schuster, 1996)

● 우리들 중 일부는 수능성적이 1000점이 안 된다. 그럼에도 우리들은 백만장자가 되었다. 경제적으로 성공한 사회인이 되는 데 학창 시절의 경험은 어떤 역할을 하였을까? 900점대 사람들의 70퍼센트가 이런 말을 한다.

사람들은 우리들의 능력이 '평균 혹은 그 이하'라고 등급을 매겼다. 이 경험 때문에 우리들은 우리의 목표를 달성하기 위해 싸우는 법을 배울 수밖에 없었다.

● 우리들 대부분이 교육과정에서 많은 것을 얻었다고 생각한다. 93퍼센트가 다음과 같은 말을 한다.

우리는 학교생활을 통해, 무언가를 성취하는 데에는 타고난 지능보다 열심히 노력하는 것이 더 중요하다는 것을 알게 되었다.

● 우리들 대부분이 우리의 능력을 키워나가는 데 있어서 학교가 중요했다고 생각한다.

학교생활 덕분에, 적절하게 시간을 안배하는 방법과 사람을 정확하게 판단하는 법을 배웠다.

백만장자 그룹에는 전과목 A가 아닌 사람이 대부분이다. 하지만 그들은 학교에서 많은 것을 배워나갔다. 중요한 것은 학업만이 아니었다. 자기관리와 인내라는 기초덕목 역시 학창 시절에 배운 중요한 내용이었다.

기회와 그것을 포착하는 방법 : 워런 빌크의 사례

스스로 평범한 학생이었다고 여긴 어떤 사람이, 자기와 같은 부류의 사람은 자신만의 기회를 포착할 수 있어야 한다고 굳게 믿고, 그러한 자신의 경험을 다른 사람도 했으면 하는 마음으로 장학재단을 신설했다. 워런 빌크였다. 그는 미네아폴리스에 있는 오랜 전통을 지닌 고등학교에 100만 달러 규모의 장학기금을 출연하여, 평균 정도의 성적이 나오고 성실하게 수업을 들으며 긍정적 사고방식을 가진 열 명의 학생을 해마다 선발하여 주립대학 등록금의 반에 해당하는 장학금을 지급한다. 나머지 학비는 그들이 일을 해서 충당해야 한다. 빌크 씨는 그들이 대학에서 기숙사 생활을 하기를 바라는데, 그 이유는 다양한 배경의 사람들과 가까이 접할 수 있기 때문이다.

왜 빌크 씨는 학업면에서 그리 눈에 띄지도 않는 학생들에게 그토록 큰 기대를 거는 걸까? 그는 말한다. "똑똑한 학생들은 모든 것이 너무 쉬워서 주어진 기회를 놓칠 소지가 많습니다. 그들은 그렇게 무언가를 애써서 할 필요도 없고 공부를 열심히 할 필요도 못 느껴요. 보통의 아이들은 무언가를 더 하게 되며 더 많은 기회와 맞닥뜨리지요."

빌크 씨는 "기회"라는 말을 강조한다. 그는 아이들이 많은 기회를 접할 수 있도록 대학교육을 받았으면 한다. 그리고 그들이야말로 기회를 어떻게 활용해야 하는지 잘 안다고 생각한다.

그는 말한다. "성공은 자신이 처한 상황과 만나는 사람에 의해 좌우된다고 생각합니다. 어느 누구도 혼자의 힘으로 성공할 수 없습니다. 주변 사람들과 어떻게 관계를 맺느냐에 따라 성공이 좌우됩니다. 전 좋은 사람들을 만났죠. 그래서 성공할 수 있었습니다."

빌크 씨는 미네소타 주 미네턴카에 위치한 어드밴스트 바이오서피스라는 회사의 투자 부문 부사장으로 있다. 그 회사는 현재 폴리머를 개발중인데, 국외에서 임상시험을 하고 있는 단계이다. 그것은 관절염을 앓고 있는 사람들의 무릎 관절에 삽입하여 무릎 전체를 수술하지 않고도 생활하는 데 불편함이 없도록 하는 물질이다. 이 회사는 빌크 씨가 창업과 초기 투자에 참여한 일곱번째 의료기 회사이다. 평범한 학생이었던 사람이 어떻게 최첨단 의료기 회사들을 발굴해서 그 회사들을 대중에 소개하거나 대기업에 수백만 달러를 받고 팔 수 있었을까?

루스벨트 고등학교 시절, 그의 집은 가난했다. 세탁소에서 하루 12시간 일하는 어머니가 그를 키웠고 그는 밤이면 주유소에서 일을 해야 했다. 빌크 씨는 성적이 뛰어난 것은 아니었지만, 자식 교육비를 대려고 열심히 일하는 어머니를 보면서 고등학교 생활을 열심히 해나갔다. "성공하고 싶다면, 거기에 있어야만 합니다. 저는 비록 뛰어난 학생도 아니었고 공부를 열심히 하지도 않았지만, 하루도 빠짐없이 학교에 나갔습니다."

고등학교 시절 상담선생님이 그에게 기회를 향해 나가도록 격려해준 첫 번째 사람이었다. 그 선생님은 졸업반인 그에게 마지막 수능시험을 치러보도록 권유했다. 그리 좋은 점수는 아니었지만, 4년제 주립대학은 갈 만한 성적이 나왔다.

"대학 갈 생각이 없었어요. 빌크는 어디도 가지 않는다는 식이었죠." 하지만 상담선생님은 그 생각과 빌크 인생의 방향까지 모두 바꿔놓았다. 그리고 그가 스스로 학비를 댈 수 있도록 무어헤드주립대학교에 일자리까지 알아봐주었다. 빌크는 학교 기숙사에서 살았다. 거기서 만난 교수와 학생들은 그에게 인생의 다른 길을 제시해주었다.

"저는 그렇게 뛰어난 학생이 아니었어요. 고등학교 졸업성적이 C플러스인가 B인가 그래요. 제가 대학에 가도록 상담선생님이 이끌어주지 않았다면, 아마 지금쯤 주유소에서 풀 타임으로 일하고 있을 겁니다." 장학기금은 빌크 씨가 루스벨트 고등학교에 보답하는 길이다.

대학을 마치고, 그는 의료기 업체에서 영업일을 하며 그의 길을 닦아갔다. 그리고 후에 자신의 회사를 차리고 의료 관련 신생 회사에 투자하기 시작했다.

평범한 학생들에게 주는 그의 충고는 무엇일까? "진부한 얘기처럼 들릴지 모르겠지만, 중요한 것은 노력입니다. 얼마나 열심히 일하느냐, 어느 만큼 정직하냐 이것이 관건이죠. 정직하고 성실하다는 평가를 받으면 사람들은 여러분에게 투자할 것입니다. 저도 그랬으니까요."

"어디선가 읽은 내용인데, '네가 얼마나 똑똑한가는 중요하지 않다. 네가 어떻게 똑똑한지가 중요하다'라는 말이 있지요. 제 밑에서 일하는 사람들 중에는 박사학위 소지자가 참 많아요. 그들은 정말로 머리가 좋고 자신의 분야에서 전문가들이죠. 하지만 그들은 나에게 고용된 사람들입니다. 여러분들은 여러분의 인생에 주어진 다양한 기회를 이용할 줄 알아야 합니다."

일등이 아니어서…… 이것은 핑계일 뿐이다

엄청난 부자가 세상을 떠났다. 그의 전기에는, 대학생활 부분에서 언급할 가치가 있는 몇 가지 중요한 내용이 있다. 다음의 인용문을 보자.

> 그는 과에서 우등으로 졸업하지 못했다. 노력을 하지 않은 것이 아니라, 점수란 게 그렇게 마음먹은 대로 나오는 것이 아니기 때문이다. 심지어 어떤 교수는 다음과 같은 말을 했다. "나는 로베르토 고이수에타가 코카콜라 회사의 회장이 될 줄은 상상도 못 했다."*

고이수에타 씨는 성적증명서로 드러낼 수 있는 것보다 더한 것을 대학에서 배우지 않았을까?

용기-대담함과 결단력

대부분의 자수성가한 백만장자들이 공통적으로 갖고 있는 요소는 무엇일까? 그것은 용기이다. 대가가 예상된다면 금전적 위험을 감수할 용기가 있는가? 그렇다면 당신은 대부분의 백만장자가 지니고 있는 사고방식을 가지고 있는 것이다. 그러나 금전적 위험을 감수할 용기, 또는 배짱이 있다는 것을 도박의 소질이 있다는 식으로 이해하면 안 된다. 도박과 투기는 백만장자와 거리가 멀다. 자산이 많은 백만장자일수록 도박에 경도되는 가능성은 더욱 줄어든다. 그러나 금전적 위험을 감수하는 것과 순자산 사이에는 분명히 비례관계가 있다.

도박을 하는 것과 금전적 위험을 감수하는 것은 전혀 다른 행동양식이다. 금전적 위험을 감수하는 가장 기본적 형태는 직업 선택 혹은 삶의 목표를 정하는 것과 관련이 있다. 백만장자, 천만장자, 억만장자들은 다소 들쑥날쑥하긴 하지만, 대개 업주이거나 경영주 혹은 독립적인 전문직 종사자이다.

자영업의 가장 큰 위험성은 어디에 있는가? 모든 게 당신 자신에게 달려 있고, 당신을 뒤에서 받쳐줄 고용주가 없다는 점이다. 시장 요구를 만족시

---

* David Greising, *I'd Like the World to Buy a Coke*(New York: John Wiley & Sons, Inc., 1997), pp. 14~15.

키지 못하면 내일로 일을 때려치워야 한다. 조금씩 손해를 보기 시작하는 경우가 생길 수도 있다.

백만장자 마인드를 가진 사람들은 위에서 언급한 "실패의 시나리오"말고 다른 관점에서 자영업을 바라본다. 그들은 오히려 자영업을 하지 않을 경우 더 위험하다고 보는 시각을 가지고 있다. 자영업을 한다는 것은 자신의 운명을 자신이 결정한다는 것을 뜻한다. 이윤은 당연히 자신의 것이다. 얼마나 많이 벌 수 있을지는 아무도 예측할 수 없다. 백만장자들은 말한다.

● 우리는 실패가 아닌 성공만을 생각한다. 우리는 모험을 하지만, 예측 가능한 결과를 주의깊게 따져본다. 수익을 올리기 위한 가능성을 높이기 위해 할 수 있는 모든 일을 한다.

● 어떻게 두려움과 걱정을 떨쳐버리고 배짱을 두둑히 할 수 있느냐고? 우리는 자신감을 갖고 열심히 일하면 된다는 믿음을 끊임없이 스스로에게 확인시킨다.

● 자신에 대한 믿음을 강화하는 방법? 우리는 먼저 중요한 목표를 설정한다. 그리고 성공에 이르기 위한 준비와 계획을 정한다. 그리고 목표를 성취하기 위해 조직적으로 움직인다.

● 어떤 사람들은 흔히 운동경기에서 보여주는 정신적 강인함 같은 것으로 두려움과 한계를 넘어선다. 우리들 중에는 우리가 흔히 스포츠 정신이라고 부르는 것으로 자신의 결점을 보완하는 사람들이 많다. 이 말은 신체와 정신의 인내력과 용기를 모두 지칭하는 말이다.

● 열 명 중 네 명은 돈 문제에서 중요한 결정을 내려야 할 경우 두려움과 근심을 줄이기 위해 굳건한 신앙에 의지한다. 실제로, 신앙이 독실한 이들은 다른 사람들보다 금전적 위험을 기꺼이 감수하는 경향이 있다.

용기－남들과 다르게 사고하라

'에이스(ace)'라는 말은 무언가에 뛰어난 사람을 지칭한다. 이는 또 공중전에서 적어도 다섯 대 이상 적기를 격추시킨 경험이 있는 전투기 조종사에게 붙는 명칭이기도 하다. 2차대전중에는 다른 여느 전쟁에서보다 많은 에이스가 배출되어 1285명의 조종사가 에이스 칭호를 받았다.* 그들은 어떻게 해서 이런 무훈을 세웠을까? '도그 파이트(dog fight)'라고 불리는 전통적 공중전을 전개했다. 그들 중 많은 이들이 후에 격추를 당하기도 했다. 그런데, 적어도 두 사람은 아주 다른 방식을 택했다. 그들이 행한 독특한 방법과 그것을 사용하는 원리는 경제적으로 성공하고자 하는 사람들에게 시사하는 바가 매우 크다. 그 두 명의 에이스처럼, 대다수의 백만장자들이 경제적 성공을 거둘 수 있었던 것은 결실을 최대로 모으기 위해 그들의 온 정력을 하나로 모아낼 수 있었기 때문이다. 그렇다면, 무엇이 이들로 하여금 힘을 하나로 모을 수 있게 만들었는가?

"다르게 행동했던"** 그 조종사들은 에이스 이상의 존재였다. 그중 에리히 하르트만 소령은 전쟁사에서 에이스 중의 에이스로 꼽힌다. 그는 적기 352대를 격추시켰다. 똑같은 전술을 취한 다른 한 명의 조종사는 하르트만의 스승이기도 한 폴 로스만 상사이다. 그 역시 80대 이상을 격추했다.

하르트만에게 그와 같은 성공을 안겨준 방법을 창안한 사람은 로스만이었다. 조종사 생활을 시작했을 무렵, 로스만은 치료할 수 없는 팔 부상으로 고생했다. 그래서 그는 기존의 '도그 파이트' 전술을 취할 수 없었다.

---

* "The Last Ace," *Wall Street Journal*, January 29, 1999, p. W11.

** Raymond F. Toliver & Trevor J. Constable, *The Blond Knight of Germany*(Blue Ridge Summit, PA: Aero Books, 1970).

전형적인 공중전에서는 신체적 조건이 우세한 사람만이 승리할 수 있었다. 로스만은 이런 식의 공중전에서는 자신이 살아남기 어렵다는 것을 알았다. 그래서 그것을 보완할 수 있는 전술을 고안해냈다. 그는 단번에 밀어붙이는 공중전 대신 아주 복잡하게 계산된 방법을 채택했는데, 각각의 공격 계획을 세밀하게 세웠다. 실제 적기를 쫓아 기총 소사를 하는 것보다 예상 목표를 분석하는 데 더 많은 시간을 보냈다. 그는 자신이 이길 수 있는 가장 최적의 위치에 있을 경우에만 공격을 했다. 그럴 경우 그는 완벽하게 먹힐 준비가 된 먹이를 향해 전력을 다해 돌진했다. 이렇게 해서 그가 투자한 것에 대한 최고의 보답이 주어졌다. 하르트만은 자신의 공적을 로스만의 "공격하기 전에 상황을 살피고 판단하는" 전술에 돌렸다. 이 때문에 하르트만은 1425회 출격을 했는데도 털끝 하나 안 다치고 살아남을 수 있었다.

이러한 얘기가 경제적 성공을 거두는 것과 도대체 무슨 관련이 있는 것일까? 대부분의 백만장자들은 자신의 한계를 잘 안다. 따라서 학교를 마치기 전에 그들은 자신의 장점과 약점을 정확히 인식한다. 로스만의 경우처럼, 그들은 자신도 "부상당한 팔"과 같은 어떤 한계를 가지고 있다는 것을 안다. 그러므로 그들은 경제적 성공을 거두기 위해 자신만의 독특한 전략을 고안하게 된다.

가령, 대부분의 백만장자들은 분석적 감각에 있어서 지적으로 타고나지 못했다. 학창 시절 전과목 A를 받은 것도 아니고, 수능성적도 1400점 이상의 상위 그룹에 들지 못했다. 그런 까닭에 그들은 성공하기 위해 우세한 분석적 지능이 요구되는 도그 파이트 식의 공중전의 환경 속에서 경쟁하려고 생각하지 않는다.

그들은 법대나 의대나 대학원에서 요구하는 표준화된 검사들을 통과할 만큼 높은 점수를 받지 못했다. 대기업 채용조건에 부합하는 높은 평점도 받지 못했다. 하지만 그들은 경제적으로 성공하기를 바랐고, 따라서 많은 이들이 자영업을 선택했다. 다른 사람이 그들을 고용하지 않자, 스스로를 고용할 수밖에 없었던 것이다.

자신을 "지적으로 타고난 부류와는 거리가 먼" 사람으로 규정한 많은 백만장자들은 다른 부분에서 타고난 면이 있었다. 그들은 상식이 풍부했으며, 창의적이었다. 또 그들은 이른바 천재라고 하는 사람들도 보지 못하는 경제적 기회를 포착해내는 능력이 있었다.

20년간 백만장자들을 연구하면서 내린 결론은 만약 우리가 한 가지 중요한 결정을 정확히 내리기만 한다면, 우리는 경제적으로 성공할 수 있다는 것이다. 만약 자기에게 딱 맞는 천직을 선택할 수 있을 정도로 창의적인 사람이라면, 당신은 성공할 수 있다. 그것도 아주 크게 성공할 수 있다. 가장 위대한 백만장자들은 자신이 사랑하는 직업을 선택한 사람들이다. 그런 일에는 경쟁자도 없고 당신은 아주 높은 수익을 올릴 수 있다.

직업을 선택하는 것은 건물을 짓는 것과도 같다. 이상적이지 못한 곳에 집을 짓게 된다면, 예를 들어 모래땅이거나 늪지일 경우, 그보다 더 심각한 문제는 없다. 그러한 땅 위에 수백만 달러를 쏟아부을 수는 있다. 하지만 아무것도 달라지는 것은 없을 것이다. 그런 땅에 세워진 집은 위태롭다. 움직이는 모래와 물과 진흙 속에서 도그 파이트를 해야만 한다. 그것은 결코 이길 수 없는 싸움이다. 하지만 기초가 탄탄한 반석 위에 세운다면, 당신의 집은 비바람을 가볍게 견뎌낼 것이다. 당신은 그 혹독한 도그 파이트에서 벗어날 수 있다.

천직이라는 반석을 선택했다면 어떤 일이 벌어질까? 당신은 당신이 만들어내는 것을 사랑하게 된다. 고객과 물건을 대주는 사람에 대해 고마움을 갖게 된다. 자신에게 꼭 들어맞는 시장이 무엇인지 누구보다 잘 알게 된다. 고객은 당신의 대학 성적이 어땠는지 상관하지 않는다. 당신이 사리에 밝은 사람이기만 하면 되는 것이다.

결국 당신은 지적으로 타고난 우등생들에게 미안한 감이 들지도 모른다. 종종 타고난 재능이 있다는 말을 듣는 사람은 경제적으로 성공할 것이라고 여긴다. 그리고 지적인 우월함이, 높은 소득과 부의 정도를 의미하는 것으로 생각한다. 그러나 이것을 믿는 사람은 결국 시도 때도 없이 걸려오는 회사 전화를 받아야만 하는 상황에 처하게 된다. 너무도 많은 사람들이 선택한 직업을 보면 이미 분석적 지능이 높은 경쟁자들이 바글바글 대는 직종이다. 그러나 그들은 과거 20년 동안 배출된 수십만 명의 MBA 졸업생 중 한 명일 뿐이다. 그들은 유수한 경영대학원에서 좋은 성적을 받은 덕택으로 대기업에 고용된다. 그들은 경영대학원에서 바로 도그 파이트의 현장으로 투입된다. 그들은 자신도 모르게 극소수의 패권자 혹은 기업 총수만이 존재할 뿐인 경제체계의 한구석에 끼어들어가게 된다. MBA 학위를 가진 중년의 사람에게 지난 20년간 얼마나 많은 도그 파이트를 겪어왔는지를 물어보라. 얼마나 많은 사람들이 그 싸움에서 패하거나 혹은 그들의 영역을 빼앗겼을까?

물론, 그들은 모두 잘난 사람들이다. 하지만 그들이 간과하고 있는 것이 있다. 바로 자신의 천직을 선택하는 문제이다. 싸움을 할 때 어디서 싸움을 할 것인가 하는 문제가, 도그 파이트가 시작된 후 어떻게 싸울 것인가 하는 문제보다 훨씬 더 중요하다. 내가 그동안 가르쳤던 최고의 MBA 졸업생들도 대부분 도그 파이트에서 패했다.

왜 사람들은 싸움에서 승자로 쉽게 등극할 수 있는 자신만의 천직과 목표를 설정하지 않는 것일까? 항상은 아니더라도 대부분의 경우 이길 수 있다면, 먹고살기 위해 하는 일이라 할지라도 그 일을 좋아할 수 있다. 많은 백만장자들이 말하고 있는 초보 시절의 교훈은 무엇인가? 그들이 배운 것은 다음과 같다.

보통 사람들과 다르게 생각하라.

이 책의 많은 부분은 바로 이 주제를 중심으로 구성되었다. 달라야 한다는 것이 초점이다. 백만장자들은 말한다.

● 우리가 어떻게 자수성가할 수 있었던가? 우리에게 맞는 천직을 선택한 것이 가장 중요했다. 일단 그렇게 되면, 경제법칙이라든가 심리학의 법칙 같은 것은 다 우리 하기 나름이 된다. 그렇지 못했다면, 우리는 힘겹게 조류를 거슬러오르려 했을 것이다.

● 현재 자신이 하고 있는 일에 대해서 모든 능력과 적성을 발휘하고 있다고 생각하는 사람은 극소수이다. 하지만 우리는 다르다. 우리는 백만장자 마인드를 지닌 사람들이다. 우리는 우리에게 주어진 능력, 적성 그리고 금전적으로 완전히 독립하고 싶은 강한 욕구 등을 감안하여 현명하게 천직을 선택한다.

● 우리의 천직이 직업소개소나 헤드헌터에게 추천받은 것일까? 그런 식으로 자신의 천직을 선택한 사람은 우리들 중 3퍼센트 정도밖에 안 된다. 우리 가운데 직업박람회에서 자신의 천직을 찾아낸 사람은 아무도 없다.

● 우리들 대부분은 창의적일 뿐만 아니라, 직관력이 뛰어나다. 그렇지 않고서야 어떻게 그와 같은 엄청난 경제적 성공의 기회를 포착할 수 있었겠는가?

그들은 어떻게 배우자를 만나는가

흔히들 하는 말이 있다. 갑부가 되고 싶으면 백만장자와 결혼하라. 아니면, 백만장자 부모를 둔 사람과 결혼하라고도 한다. 나중에 배우자가 황금단지를 상속받게 되면 나눠 가질 수 있을 것이란 생각이다. 혹은 아예 결혼을 하지 않는 것이 귀찮을 것도 없고 더 풍요로워질 수 있는 방법이 되기도 한다. 자신의 재산을 배우자나 자식과 나누고 싶지 않을 경우에 말이다.

조사된 자료에 의하면, 위의 어떤 가정도 사실이 아닌 것으로 드러났다. 물론 배우자의 선택이 부자가 되기 위한 여러 변수를 설명해주는 과정에서 중요한 몫을 차지하긴 하지만, 대부분의 백만장자들은 재산 때문에 자신의 배우자를 선택하지는 않았다.

배우자 부모의 돈 때문에 자신의 남편과 아내에게 매력을 느꼈던 사람은 아무도 없다. 실제, 백만장자들은 성공적인 결혼생활을 위한 배우자의 자질로 재산을 꼽지는 않는다.

그런데, 부부가 얼마나 오랫동안 결혼생활을 유지하고 있느냐 하는 것과 그들이 얼마나 많은 재산을 쌓아올렸느냐 하는 것 사이에는 아주 실제적인 연관관계가 있다. 백만장자의 대부분이(92퍼센트) 결혼했다. 단지 2퍼센트 정도만이 결혼 경험이 없고, 약 2퍼센트 정도가 현재 이혼했거나 별거중이다. 나머지는 혼자가 된 사람들이다. 결혼이란 것이 경제력과 연관관계가 있을까? 조사자료에 의하면 분명히 그런 것으로 나왔다.

맞벌이 부부가 전형적인 백만장자 가정이라고 말할 수 있을까? 전혀 그렇지 않다. 조사에 따르면, 부부의 순자산이 높으면 높을수록 아내 되는 쪽이 바깥일을 하지 않는 경우가 많다. 이 경우와, 백만장자 축에 들진 못하지만 고소득을 올리는 부부의 경우를 비교해볼 수 있다. 이러한 가정의 아내들은 70퍼센트가 바깥에서 일을 하고 있다. 그들은 주로 교사, 영업 담당자, 중간 관리자, 변호사 등으로 일한다. 백만장자의 아내들은 세 명 중 한 명 정도가 바깥에서 일을 한다. 백만장자들의 얘기를 들어보자.

- 전형적인 백만장자 부부들은 28년 이상 결혼생활을 해오고 있다. 열에 여덟은 "내조 혹은 외조를 해주는 배우자"가 있다는 사실이 그 자체로 매우 중요하며, 경제적 성공을 설명해주는 중요한 열쇠라고 말한다.
- 처음에 만날 때 우리는 배우자의 어떤 점에 끌리는가? 배우자의 어떤 덕목이 성공적인 결혼생활을 위해 중요한 역할을 하고 있는가? 그것은 외형적 매력을 훨씬 넘어서는 것이다. 이러한 덕목은 재산을 모으는 과정에서 중요한 보완물 역할을 하며, 그것 자체로 백만장자 마인드의 한 부분을 이루고 있다.

이와 관련된 여러 다양한 문제들은 제6장 '부자들의 배우자 선택'에서 자세히 논의할 것이다.

AMS 주식회사의 대표이사이며 소유주인 폴레트 레익스트로 이야기

아이 하나를 둔 스물한 살의 이혼녀였던 폴레트 레익스트로는 자신의 아파트에서 우편물 택배업을 하고 있었다. 그녀는 현재의 남편 폰을 만날 무렵만 해도 배우자를 찾고 있지는 않았다. 그러나 폰이 자신과 딸에게 너무나 자상했기 때문에 그에게 끌리게 되었다. 오늘날, AMS 주식회사의 창립자가 된 그녀는 남편이 아주 가정적이며 세 아이들과 여가시간을 보내는 것을 좋아한다고 말한다. "우리는 호흡이 착착 맞아요. 그는 천성이 느긋하고 다른 사람이 하는 일을 방해하지 않아요. 한마디로 좋은 친구죠."

사업을 일으켜 세우기 위해 두 사람이 함께 일하던 시절에도 그들은 정말 멋진 팀이었다. "우리는 같이 생활하고 같이 일하면서 하루 스물네 시간을 붙어다녔지만, 단 한 번도 싸운 적이 없어요."

1988년 레익스트로는 그녀가 일하고 있던 회사가 택배업에서 계속해서 큰 손해를 보자, 직접 택배업을 시작했다. "웃긴 일이었죠. 우리는 여기에 많은 돈을 투자했어요. 로켓 만드는 일도 아닌데 말예요." 그래서 그녀는 회사가 필요로 하는 일감들을 처리하기 위해 친구와 가족을 고용하기 시작했다. 얼마 되지 않아 다른 택배 회사들도 일감을 주었다. "이런 일이 필요할 거라는 판단이 섰지요. 그래서 밀어붙이기 시작했던 거예요."

폴레트와 폰의 개성 차이는 서로에게 많은 보완이 되었다. 그녀는 모험가 기질이 있었고, 그는 아니었다. 그녀는 일단 일을 저질러보는 스타일인데 반해, 그는 시간을 두고 신중히 숙고하는 타입이었다.

"때론 그가 나를 말리려 했고, 나는 그를 몰아붙여 앞으로 나아가게 했죠. 모든 부분에서 죽이 척척 맞았어요. 우리는 서로를 잘 보완했고 서로를 일깨워주는 역할을 했습니다."

또다른 차이가 있었다. 그는 자금 문제에 대해서 생각하고 저축을 많이 하는 사람이었던 반면에, 그녀는 회사를 확장하는 데 온 정신이 쏠려 있었다. "그동안 내내 나를 이끌어왔던 주된 원동력은 내가 이 일을 좋아한다는 사실과 좀더 나은 서비스를 제공하고 싶다는 사실입니다. 그는 '정말이지, 당신은 이 일로 엄청난 돈을 벌 거야'라고 말하지만, 회사가 커나가면서 제가 생각하는 것은 오로지 서비스밖에 없습니다."

회사를 키워내던 무렵, 그들은 월세 325달러짜리 아파트에서 같이 생활하고 일을 했다. 그녀가 전화번호부 광고란에 월 800달러짜리 광고를 싣겠다고 하자, 그는 미쳤다고 했다.

"그래도 광고를 실었습니다. 광고가 실린 지 한 달 후에야 그에게 말했지요. 전화가 쇄도하는 것을 보고 그도 기뻐했어요."

오늘날 이 회사의 고객들은 〈포춘〉지가 선정한 500대 회사들이다. 아파트에서 하던 자택 업무가 이제는 1400평이나 되는 첨단 오피스 빌딩에 입주해야 할 만큼 성장했다. 폴레트는 남편의 어떤 점에 끌렸을까? 그녀는 그를 이렇게 평가한다. 그는 진지하고 현실적이며 친절하고 다혈질이긴 하지만, 다정다감하고, 꿍한 데가 없으며, 남의 말에 귀를 기울일 줄 알고, 현명하며, 사람들에게 용기를 북돋울 줄 알고, 명랑하며 동정심이 많다는 것이다. 10년이 넘는 결혼생활을 통해, 그녀가 가졌던 남편의 첫인상이 틀리지 않았음이 입증되었다.

경제적으로 생산성이 높은 가계

지금 당장 백만장자 마인드를 가진 사람들과 일 주일 혹은 한 달 동안 같이 보내보라. 아마도 당신은 그들이 쇼핑하는 모습을 보며 의아해할 것이다. 우선, 그들에게 수입과 순자산이 얼마나 되는지 물어보라. 그리고 나서 그들이 생활비 지출을 줄이기 위해 어떤 식으로 쇼핑을 하는지 물어보라. 앞서 그들이 말한 바를 다시 인용한다.

- 우리의 연평균 가계 실소득은 74만 9000달러이다.
- 평균 순자산은 920만 달러이다.

평균 소득과 순자산의 수치를 본다면, 이들 가계는 소득과 자산 분포도에서 전국 상위 1퍼센트 안에 드는 집단이다. 그런 사람들이 가계 지출을 줄이고 되도록 가계 생산성을 높이기 위해 애쓰고 있다는 것이 상상이 되는가? 수입과 자산의 통계수치에만 기대어 백만장자의 소비생활에 대해 터무니없는 억측들이 분분하다. 하지만 백만장자들이 말하는 실상을 들어보자.

● 우리들 대다수가 정기적으로 신발 밑창을 갈고 수선한다.

● 반 정도가 새 가구를 장만하는 대신 정기적으로 가구에 천을 덧씌우거나 손질해서 사용한다.

● 열에 일곱은 식료품을 사러 가기 전에 목록을 적는다.

● 거의 반 가량이 가재도구를 할인점에서 대량으로 구입한다.

당신에게는 이 모든 것이 모순처럼 보일지 모르지만 백만장자 마인드를 지닌 사람들은 그렇게 생각하지 않는다. 백만장자 마인드를 지닌 사람들은 쇼핑을 하고 물건을 구입하는 과정에서 시간과 비용의 변수를 아주 세심히 따진다.

● 따지고 보면, 신발 밑창을 갈면서 신는 것이 새 신발을 사는 것보다 훨씬 싸다. 가구를 수선하면서 사용하는 이유도 그 때문이다.

● 우리는 시간이 돈이라는 것을 굳게 믿는 사람들이다. 새것을 사러 가게를 돌아다니는 것보다 밑창을 대거나 수선을 하면 훨씬 시간을 아낄 수 있다.

● 우리들 대부분이 슈퍼마켓에 가기 전에 살 품목을 적는다. 그렇게 하

면 돈을 절약하고 충동구매를 피할 수 있을 뿐만 아니라, 매장 내에서 쇼핑하러 돌아다니는 시간을 크게 줄일 수 있다. 우리는 쓸데없이 매장을 돌아다니거나 충동적으로 구매를 하느니 그 시간에 일을 하거나 가족들과 보내기를 바란다.

생산성이 높은 가계를 꾸리고 싶다면, 당신도 백만장자처럼 생각하라. 그들의 사고방식을 채택하라.

새 집보다 오래된 집이 좋다

백만장자들은 자신들이 구입한 집에 대해서 사람들이 이러쿵저러쿵 말이 많다고 했다. 무엇 때문에 3,40년, 아니 50년이나 된 집을 50만 달러 이상을 주면서 사느냐, 무슨 까닭으로 침실이 겨우 네 개밖에 없는 집을 그런 거금을 주면서 사느냐, 대개 아이들이 셋 정도 되는데 만일 손님이라도 와서 하룻밤 묵고 가게 되면 어쩔 거냐 등등.

위와 같은 상황을 보면, 도대체 이들 백만장자들의 머릿속에 부동산에 대한 식견이 있기나 한 건지 의심스럽게 된다. 하지만 얼마 안 있어 나타나는 결과를 보라. 그들의 집값은 10여 년 사이에 엄청 뛰어오른다. 게다가 집도 매우 튼튼하게 지어져 있다. 대부분 벽돌이나 암석을 사용하고 슬레이트 지붕을 올렸으며, 실내는 원목마루로 되어 있다.

그럼에도 분명한 것은 그들의 집이 현대적인 주거공간은 아니라는 점이다. 무슨 이유로 백만장자 마인드를 지닌 많은 사람들은 새 집보다 오래된 집을 좋아하는 걸까? 이는 이러한 집들이 위치한 주위 환경의 질과 관련이 있다. 주거자들의 사회경제학적 특성을 가리키는 용어로 "동질 집단"이라고 한다. 거주자의 열에 아홉이 대학 졸업자이며 대부분 성공한 사람들이다. 많은 수익을 올리는 업체의 경영자, 중역, 변호사, 의사 혹은 달리 잘나가는 사람들인 이들은 집을 고르는 데만큼은 보수적이며 전통적이다. 현대적으로 새로 지어진 집들은 크기도 더 크며, 침실도 여덟 개나 되기도 한다. 그뿐인가, 직경이 6미터가 넘는 아치형 천장도 있고, 특수 욕실도 네 개나 되며 사우나 시설도 있다.

그런데 백만장자들은 왜 이런 새 집을 놔두고 그토록 오래된 집을 선택하는가? 집은 자동차와 다르듯이, 백만장자들은 여타의 일반 사람들과 다르다. 새롭다는 것이 필연적으로 지난해의 모델보다 "더 좋고" "더 낫고" "더 뛰어난" 것이라고 할 수 없다. 우리는 새것이라면 뭐든지 좋아하도록 길들여진 문화 속에서 새것이 옛것보다 더 나은 것이라고 믿고 있지만, 백만장자 마인드를 지닌 사람들은 다르다.

100만 달러 상당의 주택들이 모여 있는 신축지구에서 100만 달러짜리 집을 구입하는 것은 손해가 뻔한 행위다. 어느 누가 부르는 가격이 적정 가격이라고 믿겠는가? 주택 시세의 동향을 보여주는 자료가 있는가? 그런 건 있지도 않다. 어떤 부류의 사람들이 새로 개발된 지역에서 그런 비싼 집을 사고자 하는가? 무슨 꿍꿍이가 있는 사람들이라고 할 수는 없지만, 소득신고서상 돈이 많은 사람들임은 분명하다. 다시 한번 말하자면, "수입은 많지만 순자산은 적은 꼴"의 경우다. 새것이라면 그저 좋아하고 새것과 관련해 판매전략상 끼워지는 그 많은 옵션들에 혹한다. 그에 비해, 지금 현재 어떤 사람들이 시가 140만 달러짜리 주택들이 모여 있는 오래된 동네에 살고 있을까? 그들은 다른 부류의 사람들이다. 그들은 신용카드를 거의 사용하지 않고 순자산 비율이 매우 높으며 대차대조표상 돈이 많은 사람들이다.

그렇다고 해서 새집을 사는 모든 개별 구매자들이 소득신고서상 돈이 많다는 것은 아니다. 하지만 많은 사람들이 말하는 바에 의하면, 큰돈을 만지게 된 사람들만이 편의시설이 잘 갖춰진 동네의 집에서 살고 싶어한다고 한다. 그리고 백만장자들 중의 극히 일부만이 주거용이든 별장용이든 자신을 위해 지은 집을 소유하고 있다고 한다. 이처럼 집을 짓는 것을 꺼려하는 이유에 대해서는 제7장 '부자들이 사는 집'에서 상세히 살펴보겠다. 백만장자들의 얘기를 들어보자.

● 매입하려는 집에 대한 흥정을 제대로 하기 위해서는 어떤 집이든 간에 처음 제시하는 요구액을 지불하는 일은 없어야 한다. 어떤 거래에서도 그만둘 준비가 되어 있어야 한다.

● 우리들 중 많은 사람들이 저당에 잡혀 있긴 하지만, 40퍼센트 정도는 전혀 저당에 잡혀 있지 않다. 아직 갚지 않은 100만 달러 이상의 저당권 대차대조표를 갖고 있는 사람은 5퍼센트 미만이고 30만 달러 정도의 저당권 대차대조표를 갖고 있는 사람이 34퍼센트 정도 된다.

● 백만장자 집단에서 아직 갚지 않은 평균 저당 액수는 얼마인가? 10만 달러가 채 안 되고, 그 액수는 시세의 약 7퍼센트 정도이다. 우리는 일부 사람들이 말하듯 신용거래를 남발하는 사람들이 아니다.

● 우리들 사고방식으로는 가치가 있다고 평가되는 집을 구입하게 된다. 가치 평가의 내용으로는 근처에 좋은 공립학교가 있느냐 같은 것이 있다. 세 명의 아이를 공립학교(유치원에서 고등학교까지)에 보낼 수 있다면 사립학교를 보내는 데 드는 수십만 달러를 절감할 수 있다.

● 우리보다 수입이 적은 사람들도 집에 대해 우리 같은 식의 태도를 취

한다면 충분히 이득을 볼 수 있다.

부자들의 일상생활 들여다보기

백만장자들은 어떤 생활을 해나갈까? 다시 한번 기억해야 할 것은 이들은 수입과 자산면에서 전국에서 최고라는 사실이다. 그들은 좋은 동네에 있는 140만 달러짜리 집에서 산다. 이웃과 친구들은 모두 성공한 사업가들이거나 유명 변호사, 의사들이다. 대부분이 대학을 나왔다. 대부분의 백만장자들이 중상층에 속한다. 그러나 그들이 사는 모습은 보통 사람들이 생각하는 바와 매우 다르다.

- 우리는 제트 족이나 잘난 사람들이 하는 행동들을 하지 않는다. 사실, 흥청망청 노는 것을 좋아하는 사람들은 우리의 생활과 관심사를 두고 지루함의 전형이라고 말할지도 모르겠다. 경제적 위치에도 불구하고, 지난해에 해외여행을 다녀온 사람은 3퍼센트 정도이다. 4퍼센트 정도가 알프스에 스키를 타러 갔다 왔다. 그러나 우리들 중 20퍼센트는 파리에서 지난 여름휴가를 보냈다. 물론, 해외로 휴가를 떠난 이들 중 일부는 사업상의 일도 겸했다.
- 우리는 지난 일 년 동안 일이 없을 때 무엇을 하며 보냈을까? 대부분(85퍼센트) 세금 담당자로부터 조언을 들었으며, 81퍼센트 정도가 박물관에 갔으며, 68퍼센트가 지역사회 혹은 시민모임에 참여했다.
- 우리들 대부분은 자잘한 일은 자기 손으로 직접 하지 않는다. 지난해, 다섯에 한 명만이 잔디를 직접 깎았다. 집에 페인트칠을 한다거나, 수

도관을 손보는 일은 하기 싫어한다. 백만장자 마인드가 우리에게 속삭이는 것은 자신의 직분에만 충실하라는 것이다. 그리고 나머지 자유시간에는 뭔가 재미있는 것을 하라는 것이다.

● 우리의 한 달 생활을 기록한다면 매일 그날이 그날이다. 우리가 하는 많은 활동들은 돈이 거의 들지 않는 일들이다. 돈이 많든 적든 간에, 인생에서 최고의 것은 자유와 그에 준하는 것이다. 친구들과 만나서 놀거나, 투자를 계획하거나, 아니면 아이들이 노는 것을 지켜보는 것과 같은 일은 돈이 거의 들지 않는다. 하지만 이런 일들은 우리들 대부분이 좋아하는 일이다.

● 우리는 친구들이나 가족들과 관계를 돈독히 하고 싶다. 그러나 다른 활동이 돈을 모으는 과정을 대신하기를 원치 않는다. 오히려 그 활동 자체가 돈을 모아가는 연장선상에 놓이기를 원한다.

이와 관련된 내용은 제8장 '부자들의 일상생활'에서 자세히 다룰 것이다.

❷

THE MILLIONAIRE MIND

부자가 되는 그들만의 DNA

도대체 뭐가 뭔지 모르겠다고? 사람들은 미국이 기회의 땅이라고들 한다. 그래서 당신은 수년 동안 그 기회를 찾아다녔다. 그러나 이제는 질려버렸다. 정말 엄청나게 많은 사람들에게 성공하는 비결에 대해 물어봤는데 그때마다 다들 자기 나름의 방식들을 말했던 것이다. 그러나 막상 그 사람에게 순자산의 증거인 대차대조표를 보여달라고 할 때 당신이 듣던 말은 "현재는 중요한 게 아니에요. 내 방식대로 하면 머지않아 곧 부자가 될 테니까요"라는 말이었다. 진실을 알고 싶은 당신에게 정말 중요한 것은 현재의 상태인데 말이다. 도대체 경제적 성공의 비결은 무엇일까?

매주 당신은 주유소에 들러 차에 기름을 넣는다. 현금으로 지불한다. 그리고 같이 딸려 있는 편의점에서 복권을 사려고 길게 줄을 선 사람들을 보게 된다. 그런 모습을 보면 목구멍까지 차오른 질문을 하지 않을 수 없다. 과연 복권을 구입하는 것이 미국에서 한밑천 잡을 수 있는 길일까? 그들은 이구동성으로말한다. 돈을 벌려면 운이 따라야 한다고, 복권이야말로 백만장자 대열에 드는 직행로라고. 하지만 그들은 도무지 백만장자처럼 보이지 않는다. 대부분은 해진 신발을 신고 있다.

다음으론 동네 은행에 들러본다. 이번에도 부자가 되는 방법에 대해서 물어본다. 창구 직원은 그것은 양도성 예금증서(CD)에 달려 있다고 말한다. 그러자 당신 뒤에 줄을 서 있던 사람이 자신을 소개하며 말한다. 자니 브라운이라는 그 사람은 보험회사 직원이다. "생명과 연금 종합 보험을 드세요." 그는 당신에게 부자가 될 수 있는 비결을 가르쳐주겠다며 속삭인다. "어떠세요, 오늘 제 사무실에 들러주시겠습니까?" 당신은 그의 제안을 거절한다. 대신 자녀의 학교로 향한다. 오늘은 당신이 그 학교에서 일일교사를 하는 날이다. 그런데 학교에서도 교사 다섯 분이 같은 얘기들을 하고 있다. 부자가 되는 것과 학교성적에는 직접적인 함수관계가 있다고, 학교성적이 좋아야 부자가 될 수 있다고. 그러나 경제적으로 아직 성공했다고 볼 수 없는 이 사람들은 한때 모두 우등생이었던 사람들이다. 이 법칙에 예외가 있다는 말인가? 왜 모든 우등생들이 경제적으로 성공하지 못한 것일까? 당신은 이제 점점 더 오리무중에 빠지는 기분이 된다.

이제 집에 가서 좀 쉬어야겠다. 텔레비전이 켜져 있고, 아이들이 채널을 이리저리 돌리고 있다. 어느 케이블 방송에 한 사람이 나와서는 자신의 오디오테이프를 들으면 부자가 될 수 있다고 말하고 있다. 그 테이프는 특별할인가격으로 배송료 포함해서 399달러에 판매한다고 한다.

다른 채널을 보니, 한 여자가 나와서 '전문적인 결혼중개 서비스' 판촉을 하고 있다. 그녀는 백만장자가 되는 길은 결혼을 잘하는 것이라고 주장한다. 하지만 안타깝게도 당신은 이미 결혼한 몸이다.

바로 그때, 전화가 울린다. 주식 브로커의 영업 전화다. 명함과 자세한 안내자료를 보내주겠다고 한다. 이왕 이런 전화가 온 김에 부자가 되는 방법에 대해서 물어본다. 그는 바로 자신이 미국에서 부자가 되게끔 만들어 주는 사람이라고 소개한다. 자신이야말로 최근에 에이즈 치료약을 개발한 회사의 주식을 배당받도록 할 수 있는 유일한 사람이라고 한다. 당신은 일단 그 사람에게 그의 재정상태를 알 수 있는 자료를 보내달라고 말해본다. 그러자 그는 몇 가지 말로 얼버무리며 전화를 끊는다. 계속 이런 식이다.

● 아침 라디오 방송에 나오는 친구는 당신이 아주 짧은 시일 안에 부자가 될 수 있다고 말한다.

● 동네에서 보석가게를 운영하는 여자는, 성공의 열쇠는 투자 가치가 높은 보석에 있다고 말한다.

● 동네 골동품 거래상은 이런 말도 한다. "얼마나 많은 사람들이 골동품 거래로 부자가 되었는지 잘 모르실 겁니다."

● 아들의 록밴드에서 같이 활동하는 친구들은 이런 말을 한다. "부자가 되는 길은 뭐니뭐니 해도 로큰롤이죠."

● 고등학교 농구팀에 있는 대부분의 아이들은 미국에서 부자가 되는 가장 확실한 길은 운동선수가 되는 것이라고 한다.

● 수능을 보기 위해 시험장에 앉아 있는 아이들은 이런 말을 한다. "수능점수가 중요해요. 성적이 좋으면 좋은 대학에 갈 수 있고, 그렇게 되면 나중에 큰돈도 벌 수 있죠."

● 전등가게를 운영하는 알라딘 씨는 좀 색다른 제안을 한다. 자기가 새로 개발한 전등을 사서 단다면, 요정이 나타나서 상상도 할 수 없는 부자로 만들어준다는 것이다.

혼란 그 자체다. 이 모든 것이 다 부자가 될 수 있는 비결이라니. 도대체 어떻게 했길래 백만장자들은 부자가 될 수 있었을까? 이 질문에 대한 가장 좋은 답변을 듣고자 한다면, 그들에게 직접 물어보는 길밖에 없다.

부자가 될 수 있었던 요인은 무엇이라고 생각하십니까?

조사에 응해준 733명의 백만장자들에게 30가지의 성공요인에 대해서 순위를 매겨달라고 부탁했다. 그 목록이 샅샅이 망라된 것이라고 할 수는 없지만, 그것은 내가 개별 혹은 표본집단에 대한 일련의 사전조사를 할 때, 거기에 응해주었던 백만장자들이 언급한 100가지 성공요인에서 다시 추출한 것이다. 그 30가지 요인은 언급 빈도가 높으며, 비슷비슷한 여러 요인들을 대신할 수 있는 것에서 선정한 것이다. 표 2-1에서 결과를 볼 수 있다.

백만장자가 되는 길에는 생명보험이나 복권보다 좀더 근본적인 뭔가가 있다. 평점, 수능점수, 학급석차보다도 더 기본적인 어떤 것. 내가 조사한 성공요인이 그것을 말해주고 있다.

이제 우리는 성공의 요인에 대해 좀더 구체적으로 살펴볼 것이다. 다음은 답변의 유형별로 묶은 성공요인들이다.

사회성

- 사람들과 잘 어울린다.
- 통솔력이 강하다.
- 자기의 아이디어나 상품을 팔 수 있는 능력이 있다.

- 주변에 조언을 구할 만한 사람들이 있다.

비판에 대한 태도

- 남 얘기 좋아하는 사람들의 비난에 신경쓰지 않는다.
- 남보다 더 뛰어나고자 하는 마음과 성격이 강하다.
- 제대로 인정받고 싶어하는 마음이 강렬하다.
- 활력이 넘친다.
- 신체적으로 건강하다.

진실성과 도덕적 가치관

- 모든 사람들에게 정직하다.
- 내조/외조를 잘해주는 배우자가 있다.
- 신앙심이 두텁다.

창조적 지성

- 남들이 못 보는 기회를 포착한다.
- 이윤이 남을 만한 곳을 찾아낼 줄 안다.
- 전문성이 있다.
- 자신의 일과 직업을 사랑한다.

투자방식 : 주식시장이나 개인사업

- 일반법인에 투자한다.
- 좋은 투자 자문가를 둔다.
- 현명하게 투자한다.

표 2-1. 백만장자들의 성공요인(N = 733)

	백분율	순위
모든 사람에게 정직하다	57(33)	1
자기 관리가 철저하다	57(38)	1
사람들과 잘 어울린다	56(38)	3
내조/외조를 잘해주는 배우자가 있다	49(32)	4
다른 사람보다 더 열심히 일한다	47(41)	5
자신의 일과 직업을 사랑한다	46(40)	6
통솔력이 강하다	41(43)	7
남보다 더 뛰어나고자 하는 마음과 성격이 강하다	38(43)	8
조직력이 있다	36(49)	9
자기의 아이디어나 상품을 팔 수 있는 능력이 있다	35(47)	10
현명하게 투자한다	35(41)	10
남들이 못 보는 기회를 포착한다	32(40)	12
자기가 직접 운영한다	29(36)	13
대가가 예상된다면 금전적 위험을 감수한다	29(45)	13
좋은 조언을 해주는 사람이 있다	27(46)	15
제대로 인정받고 싶어하는 마음이 강렬하다	27(42)	15
자신의 사업에 투자한다	26(28)	17
이윤이 남을 만한 곳을 찾아낼 줄 안다	23(46)	18
활력이 넘친다	23(48)	18
신체적으로 건강하다	21(44)	20
지능지수가 높다	20(47)	21
전문성이 있다	17(36)	22
좋은 대학을 나온다	15(33)	23
남 얘기 좋아하는 사람들의 비난에 신경쓰지 않는다	14(37)	24
자기 분수에 맞게 생활한다	14(29)	24
신앙심이 두텁다	13(20	26
운이 따라준다	12(35)	27
일반법인에 투자한다	12(30)	27
좋은 투자 자문가를 둔다	11(28)	29
우등으로 졸업한다	11(22)	30

• 백만장자들이 자신의 성공요인으로 아주 중요하게 여기는 것을 백분율에 따라 순위를 매긴 것이다. 괄호 안은 비교적 중요하다고 답변한 사람의 비율.

- 자신의 사업에 투자한다.
- 자기가 직접 운영한다.
- 대가가 예상된다면 금전적 위험을 감수한다.
- 자기 분수에 맞게 생활한다.

운이냐 노력이냐

- 운이 따라준다.
- 자기 관리가 철저하다.
- 조직력이 있다.
- 다른 사람보다 더 열심히 일한다.

지적인 측면

- 지능지수가 높다.
- 좋은 대학을 나온다.
- 우등으로 졸업한다.

지적인 측면은 좀 각별한 흥미를 불러일으키는 부분이다. 나는 그것을 사회성의 측면이나 비판에 대한 태도, 진실성과 창조적 지성의 부분과는 다르게 분류했다.

많은 사람들이 지적인 측면(지능지수 같은 것)이 여타의 다른 분류들보다 더 상위에 오를 것으로 예상했지만, 조사결과는 오히려 정반대였다.

버밍햄의 새벽 : 높은 지능과 사회성

안개 낀 겨울의 어느 월요일, 먼동이 트기 전 나는 앨라배마 주의 버밍햄에 도착했다. 세미나는 아침 8시 30분에 시작하기로 되어 있었다. 나는 한 시간 일찍 도착했기 때문에 간단한 아침식사를 하면서 세미나를 기다리는 200명의 중역들 가운데 몇 사람과 얘기를 나눌 수 있었다.

영업 파트의 한 중역이—그를 '휴'라고 부르겠다—자신은 앨라배마 미식축구팀의 전설적 코치인 "왕곰" 폴 브라이언트 밑에서 선수생활을 한 적이 있다고 했다. 대화를 나누다 보니 나는 그 사람의 사업 성공비결에 대해서 많은 것을 배울 수 있었다. 휴가 말해준 것 중 몇 가지는 그리 생소한 것은 아니었다. 그는 그 방의 또다른 중역들 중에 "왕곰" 밑에서 선수생활을 지낸 사람이 더 있다고 했다. 나는 브라이언트 코치 밑에서 미식축구 선수생활을 한 또다른 사람들이 생각났다.

"왕곰" 폴 브라이언트의 놀라운 업적에는 뭔가 거역할 수 없는 특별한 것이 있었다. 그의 팀은 여러 차례 우승을 차지했으며 최고의 팀으로 인정받았다. 그 안개 낀 새벽 아침에 휴를 만나기 전부터 나는 그러한 위업이 브라이언트 코치라는 보증수표에 의해서 가능했던 것을 알고 있었다. 그는 타의 추종을 불허하는 기록을 세웠는데, 그것은 50개 주에서 뛰어난 선수를 등용하거나 선발해서 일궈낸 결과였다.

나는 브라이언트 코치가 그처럼 성공할 수 있었던 이유를 묻고 싶었다. 하지만 내 앞에 있는 전직 축구선수가 그 질문에 답하려면 꽤나 시간이 걸리겠다는 생각이 들었다. 그래서 휴에게 다른 식의 질문을 던졌다. "당신이 대학에 진학했을 때, 당신처럼 체육 특기생으로 온 선수들에게 브라이언트가 처음으로 해준 말은 무엇이었습니까?"

놀랍게도 브라이언트는 선수들에게 이런 말을 했다고 한다.

가족들한테 감사 전화를 드렸는가?

휴의 말에 따르면, 선수들은 그 말을 듣고 대부분 입을 떡 벌린 채 어리둥절한 표정을 지었다고 했다. 그들은 자기 귀를 의심하면서 서로를 쳐다봤다. 어느 누구도 이런 질문을 받으리라 예상치 못한 것이다.

이 신입 선수들은 대학에 발을 들여놓은 지 채 하루도 안 되어 팀 생산성에 대한 첫 교육을 받고 있었던 것이다. 나는 그 선수들이 굳이 그날 집에 전화를 걸어 가족들에게 고맙다는 말을 하지 않은 것을 이해할 수 있다. 그렇다면, 이 질문의 핵심은 무엇이었을까?

휴는 브라이언트 코치가 그 질문에 이어 한 말을 옮겨주었다.

어느 누구도 다른 사람의 도움 없이는 지금 이 자리까지 올 수 없었다. 자, 지금 당장 가족들한테 전화를 해서 고맙다는 말을 해라.

코치는 이 혜택받은 신입생들에게 새로운 사실을 알려준 것이었다. 타고난 기량이 아무리 뛰어나도 그것만으로 훌륭한 미식축구 선수가 될 수는 없다. 가족들의 보살핌과 희생이 없었다면 그들에게 앨라배마 팀에서 뛸 수 있는 기회는 없었을 것이다.

휴는 이때의 가르침을 결코 잊을 수 없다고 했다. 이 말은 그와 그의 팀 동료들이 4년 동안 성공적인 선수생활을 할 수 있도록 만들어주었다. 그는 또한 자신이 사업에서 이뤄낸 성공도 코치의 가르침 덕이라고 했다.

다른 사람의 도움 없이 성공한 사람은 거의 없다. 제아무리 재능이 특출한 사람들이 모였다 하더라도 그 자체로 팀이 될 수는 없다. 라인맨들이 기회를 만들어주지 않았다면, 러닝백들이 과연 그렇게 화려한 위치에 오를 수 있었을까? 미국에서 부자가 되는 것도 그와 같은 이치다. 나는 자신의 경제적 성공이 순전히 자기 몫이었다고 말하는 부자를 본 적이 없다. 대부분은 그 공을 자신의 배우자나 핵심적인 역할을 하는 피고용인 혹은 주변의 조언자들과 같은 사람들에게 돌린다. 남자든 여자든 어떤 사람도 홀로 떠 있는 무인도가 아니다. 운동경기든 사업이든 간에 어느 누구도 다른 사람의 도움 없이는 정상에 오를 수 없다.

어떤 조건이 갖춰진 상황에서 무엇인가를 잘한다는 것은 상대적으로 수월한 일이 된다. 전력이 매우 약한 팀과 싸우는 강한 팀에 당신이 소속돼 있을 수도 있고, 당신의 사업이나 순자산이 경기 호황을 맞아 하늘로 치솟듯 성장할 수도 있다. 그러나 만일 상대가 아주 강하거나, 불황이 닥치면 어쩔 것인가? 중요한 인적 자원을 찾거나 만들지 못한다면, 당신에게 승산은 전혀 없을 것이다. 그러한 도움 없이는 당신은 실패할 소지가 커진다. 두려움과 근심만이 남는다. 두려움은 공포감의 시작이며, 공포감은 잘못된 판단과 돌이킬 수 없는 실수의 전주곡이다. 조사결과에 의하면 성공한 사람들 대부분은 인생을 살면서 자신만의 방식으로 조언자, 원조자, 일꾼들을 끌어오고, 그들에게 동기를 부여하고 인정하며 자신에게 필요한 사람으로 키워낸다.

탁월한 사회성과 탁월한 지능

경제적으로 엄청난 생산성을 창출하는 이 수많은 백만장자들을 조사하는 과정에서 나타난 결과물을 보면, 그 코치의 가르침이 얼마나 중요한 것인가를 알 수 있다. 그들은 어떻게 자신들의 엄청난 생산력을 설명할 수 있을까? 뛰어난 지능을 타고났는가의 문제인가? 전혀 그렇지 않다.

조사에 응했던 거의 모든 백만장자들은 그들의 경제적 성공을 거론하면서 "사람들과 잘 어울린다"를 중요하게 꼽았는데, 56퍼센트는 아주 중요하다고 했고 38퍼센트가 비교적 중요하다고 했다.(표 2-2 참조) 그 요소를 "아주 중요하다"고 응답한 사람들의 비율을 기초로 다른 29개의 요인들과 상대적 중요성을 가늠해본 결과 그것은 세번째로 중요한 요인으로 매겨졌다.

그러므로 운동이든 사업이든 간에 사람들과 잘 어울릴 수 있는 능력이야말로 중요한 관건이다. 그러나 아직까지도 너무나 많은 사람들이, 성공할 사람은 유전적 요인과 같은 것에 의해 이미 날 때부터 정해졌으며, 성공한 사람은 다른 사람보다 지능이 높다고 믿고 있다. 그렇다면 전과목 우등에 수능 만점을 받는다면 어떻게 될 것인가? 그리고 당신의 지능이 측정이 불가능할 정도로 높다면? 이러한 요소들이 당신을 백만장자 반열에 들게 해줄 것인가? 사람들과 잘 어울리는 능력이 없다면, 다시 생각해볼 문제다. 이것은 내 개인의 생각이 아니다.

나는 백만장자들에게 지적 능력이란 것을 얼마나 중요하게 생각하는지 물었다. 표 2-2에서 보는 바와 같이, 다섯 명 중 한 명만이 "높은 지능지수와 탁월한 지성"을 매우 중요한 요인으로 보았다. 탁월한 지성은 21위를 기록했다. 지성과 관련된 다른 두 기준은 이 요소와 긴밀한 연관관계가 있다. 열 명 중에 한 명이 "우등 졸업"을, 그리고 일곱 명 중에 한 명이 "명문대학 출신"을 경제적 성공의 중요한 요소로 지적했다.

백만장자들 중에는 지능지수를 자신의 성공요인으로 꼽은 사람들도 있었다. 지능지수를 성공요인으로 꼽는 직업군을 보면 부분적으로나마 이유를 이해할 수 있다. 그렇게 꼽는 사람들 중에는 백만장자 변호사들이 가

표 2-2. 백만장자들의 성공요인 : 탁월한 지성과 사회성 (N = 733)
직업적 분포에 따라 백만장자들이 아주 중요하다고 보는
(괄호 안은 비교적 중요하다고 보는) 요인의 백분율

	사업주 (32%)	중역 (16%)	변호사 (10%)	의사 (9%)	기타 (33%)	전체 (100%)	순위
지적인 측면							
높은 지능지수/ 탁월한 지성	16(45)	18(49)	34(49)	24(50)	20(47)	20(47)	21
명문대학 출신	12(31)	12(31)	18(50)	23(31)	16(30)	15(33)	23
우등 졸업	5(16)	8(22)	26(34)	20(29)	8(24)	11(22)	30
사회성							
사람들과 잘 어울린다	61(35)	59(37)	43(47)	47(47)	56(38)	56(38)	3
통솔력이 강하다	45(43)	43(39)	29(51)	37(43)	35(43)	41(43)	7
자신의 아이디어나 상품을 팔 수 있는 능력이 있다	45(47)	41(50)	16(46)	17(46)	35(45)	35(47)	10
주변에 조언을 구할 만한 사람들이 있다	28(43)	29(51)	18(56)	30(52)	26(43)	27(46)	15

장 많았고 그다음이 의사였다. 이유는 뻔하다. 무엇보다 법대나 의대에 진학하기 위해 치러야 하는 시험을 통과하려면 높은 점수를 따야만 한다. 그런데 이 점수는 지능지수와 관련이 있다. 백만장자 변호사와 의사의 표본집단을 전국에서 추출한다고 한다면(이 두 집단을 합치면 전체 백만장자 집단의 5분의 1이다) "지성"에 대한 중요성은 눈에 띄게 줄어든다.

표본에서 추출한 변호사와 의사들을 빼고 보면 다른 재미있는 결과가 나온다. "사람들과 잘 어울린다"는 것을 비롯한 사회성의 요소들에 대한 중요성이 더 강조되고 있다. 백만장자 업주나 경영인 집단의 61퍼센트와 중역 집단의 59퍼센트가 "사람들과 잘 어울린다"를 아주 중요한 요소로 꼽았다. 그보다는 적긴 하지만 변호사의 43퍼센트와 의사의 47퍼센트가 이 요소를 아주 중요한 것으로 꼽은 것도 시사하는 바가 크다.

성공한 사업주나 중역들이 변호사나 의사에 비해 많은 부분에서 사람들과 팀을 이루어야 하기 때문에, 이런 결과가 나오는 것은 놀랄 일은 아니다. 하지만 전체적인 직업 분포에서 볼 때, 더 많은 응답자들이 전반적인 차원에서 사회성을 지적인 요인보다 더 높게 평가하고 있다.

표 2-2에 나타난 사회성 영역의 네 요소를 보라. 이 네 가지 요소는 서로 깊은 상관관계를 가지고 있다. 즉 "사람들과 잘 어울린다"를 중요한 요소로 꼽은 응답자들은 "통솔력이 강하다" "자신의 아이디어와 상품을 팔 수 있는 능력이 있다" "주변에 조언을 구할 만한 사람이 있다"에도 유사한 수준의 중요성을 부여하고 있다.

성공한 세일즈맨에게는 사람을 압도하는 것이 있다

잠시 머리를 비우고, 그 전설적인 코치가 선수들에게 말하고 있는 모습을 그려보자. "다른 사람들의 도움과 협조 없이는 다음 단계로 나아갈 수 없다." 지금 이 순간 사람들과 잘 어울린다는 것은 미래에 강한 리더가 되기 위한 초석이다. 그리고 오직 리더만이 경제적으로 성공할 수 있는 가능성이 있다. 하지만 리더가 되기 위해서는 자신의 아이디어, 계획, 꿈, 제품이나 서비스 같은 것을 팔 수 있는 능력이 있어야 한다.

폴 브라이언트 같은 코치가 사회성을 가르침으로써 성공한 사업가를 그처럼 많이 배출할 수 있었던 것은 그리 놀라운 일이 아니다. 그 가르침은 세일즈와 마케팅 분야에서도 두말할 것 없는 진실이다. 세일즈 담당자들은 수입을 창출하지 않고서는 무언가를 성취했다고 할 수 없고 승진할 수도 없다. 판다는 것은 많은 부분에서 미식축구와 비슷하다. 상대편보다 더 많은 점수를 따야 한다는 것이 이 두 가지 분야의 공통점이다.

내가 만났던 사람 중에 가장 위대한 세일즈맨은 일명 '빌리'라 불리는 윌리엄 페더스톤 길모어 2세이다. 길모어 씨는 북부 버지니아 연대에서 복무했던 남북전쟁의 영웅 W. S. 페더스톤의 직계손이다. 빌의 아버지는 2차대전중 유럽에 50회 이상의 출격을 나갔던 제8비행단의 영웅인 폭격기 조종사였다. 분명, 빌리도 그의 부친의 용기를 어느 정도 이어받았을 것이다. 물건을 팔기 위해서는 많은 용기가 필요하기 때문이다.

나는 아주 뛰어난 세일즈 담당자들의 특성에 대해서 몇 차례 연구를 한 적이 있다. 그들은 용기가 많았으며 사회성도 뛰어났다. 빌리는 이 두 측면에서 탁월했다. 오래 전, 그는 조지아대학에서 내 수업을 들었던 학생이었다. 중간고사를 치렀는데, 몇 시간이 지난 후 그가 내민 답안지에는 단 한 문단만이 적혀 있었다. 보자마자 나는 F를 주었다. 그러나 좀 있자니 "이 정도로는 이런 불성실한 답안지에 대한 제재로는 미약하다"라는 생각이 들었다. 나는 거기에 한마디를 더했다. "페더스톤 군, 이 답안지는 내가 봤던 답안지 중에서 가장 최악이었네. 이 과목의 수강을 그만둬줬으면 좋겠네." 그리고 나서 나는 아흔아홉 명의 동기들이 보는 가운데 그에게 직접 이런 뜻을 전했다.

교직에 몸담고 있으면서 나는 1만여 명 이상의 학생들을 만났다. 그러나 미리 연락도 없이 내 집에 찾아와 점수를 다시 매겨달라고 요구할 만큼 대담하고 배짱이 넘치고 용기가 있던 학생은 단 한 명뿐이었다. 그가 바로 페더스톤 길모어 2세이다. 우리는 서로 마주 앉아서 와인 한 잔씩을 했다. 그가 입을 열었다. "선생님께선 강의하시면서 한 가지를 간과하셨습니다. 용기만 있다면 이길 수 있는 가능성은 얼마든지 있습니다. 남보다 더 빨라야 할 필요도 없고 더 뛰어나야 할 필요도 없습니다. 무엇보다 중요한 건 인내심입니다."

그 이후, 나는 길모어가 무언가를 팔고 있는 모습을 자주 보게 되었다.

평점이 2.01밖에 안 되는 학생이 사람들 앞에서 그처럼 영민할 수 있다는 사실이 도무지 믿어지지 않았다. 사실 2.01이라는 평점은 너무도 당연한 것이었다. 빌리의 아버지는 빌리에게 일자리를 구하기 위해서는 대학 졸업장이 필요하다는 말을 했다. 그런데 빌리에게 정작 중요했던 것은 무언가를 파는 능력이었다. 빌리는 대학에 정규 등록을 하고 다녔으며, 부동산 매매업도 정식으로 했다. 그는 격식이 있거나 없거나 혹은 덜하거나를 막론하고 모든 파티에 얼굴을 내밀고 다녔으며, 경기란 경기에는 모두 쫓아다녔다. 그렇다. 빌리는 생산력이 왕성한 사람이다. 평점 2.01 이상을 받으려면 세일즈 시간을 줄이거나 사회적 수완을 함양할 시간을 줄여야 하므로, 그는 그 이상의 좋은 학점을 받기 위해 버둥거리지 않았다.

빌리와 나는 20년 넘게 친구로 지내고 있으며 때로 일도 같이 한다. 최근에, 어느 유력한 일반법인의 부사장 겸 전국 세일즈 매니저인 사람으로부터 토요일 오전 댈러스에서 백여 명의 간부 직원들을 대상으로 한 세미나를 해달라고 부탁받았다. 역할 재연과 상황 분석이 세미나 프로그램의 내용이었으므로, 나는 빌리에게 전화를 했다. 빌리는 마침 댈러스에 본점을 두고 있는 J.C. 페니 같은 회사에 여성용 스포츠 의류와 청바지를 판매하고 있었다. 나는 그에게 토요일 세미나에서 할 역할 재연을 도와달라고 했다. 그는 흔쾌히 응했다.

> 대신, 한 가지 부탁이 있어요…… 의뢰인의 이름을 알려주세요. 제가 그에게서 세부적인 내용들을 알아볼게요…… 그럼 토요일 아침에 봐요…….

빌리는 세부사항을 알아보기 위해 전화를 한 것말고도 더 많은 일을 했다. 그는 전국 담당 세일즈 매니저의 비서에게 전화를 해서 세미나 장소와 스케줄에 관한 세부내용들을 알아봤다. 그리고 나서 그는 비서에게 몇 가지 재미있는 질문을 했다.

빌리 허먼 부인께서는 청바지를 입으시나요?

비서 그럴걸요.

빌리 사이즈가 어떻게 되는지 혹시 아세요?

비서 저와 비슷해요. 좀 달라붙게 입으면 10이고 넉넉하게 입으면 12 정도예요.

세미나 날 아침, 나는 30분 일찍 강연장에 도착했다. 전국 담당 세일즈 매니저가 나를 보더니, 즉시 강연장을 가로질러 나에게 왔다. "정말 고마워요. 아내가 그 청바지를 너무 좋아해요. 얼마나 고마워하는지 몰라요. 아내는 청바지와 관련된 일이라면 제가 토요일도 없이 일하는 것에 대해서 오히려 좋아하는 눈치예요. 옷이 정말 딱 맞았어요."

허먼 씨가 나에게 고맙다고 말을 하는데, 나는 도대체 무슨 말인지 알 수 없었다. 바로 그때 빌리를 바라보았다. 그는 얼굴에 함박웃음을 띠고 있었다. 순간, 내 머리를 스치고 가는 것이 있었다. 빌리는 자신의 '페더스톤 핏' 청바지로 다시 한번 나에게 스트라이크를 먹였던 것이다. 다시 한번, 그는 "사람들과 잘 어울린다"는 것이 어떤 것인지를 보여주었다. 허먼 씨를 그렇게 기분좋게 만들었던 장본인은 빌리였다. 그렇게 시작했으니 세미나가 대단한 호응을 받으며 끝난 것도 이상한 일이 아니었다. 빌리는 허먼 부인의 사이즈를 확인한 후에, 노련한 재봉사에게 열두 벌의 청바지를 특별히 만들도록 했다. 하지만 이런 정성은 그의 계획의 아주 일부에 불과했다. 바지 하나하나에 '사이즈 8 '이라는 라벨이 다 붙어 있었던 것이다.

아직까지도 나는 확신할 수 없다. 허먼 씨가 나에게 전화를 해서 다른 세미나를 해달라고 부탁한다면, 나는 자문하게 된다. 그 전화를 하게 만든 것이 내 세미나 때문일까, 아니면 빌리의 청바지 때문일까? 빌리는 허먼 씨에게 청바지를 보낸 사람이 자기였다는 말을 하지 않았다. 그는 포장 상자에 "톰 스탠리 드림"이라는 쪽지를 붙여두었다. 덕분에 나는 모든 신임과 신용을 얻을 수 있었다. 이후, 허먼의 회사에서는 내 세미나 책자와 테이프와 기타 자료들을 많이 구입해갔다.

빌리 길모어가 사람들의 욕구를 읽어내는 능력은 도대체 어디서 오는 것일까? 나는 그에게 물어봤다. 그는 자신의 어머니가 항상 이런 말을 했었다고 말했다.

나만, 나만, 하는 것은 너무 따분한 일이야.

다른 말로 하자면, 항상 다른 사람의 욕구와 관심을 주의깊게 살펴야 한다는 것이다. 세일즈 전문가였던 부친 역시 역할을 톡톡히 했다고 한다. 빌리가 아직 어린애였을 때, 그의 부친은 지방 학교에 스쿨버스를 팔기 위해 방문판매를 다니면서 빌리를 데리고 다녔다. 방문하기 전에, 그의 부친은 그에게 스쿨버스 구입을 결정하는 각 사람들의 관심과 배경을 이해하는 것이 얼마나 중요한지를 설명해주었다. 그의 부친은 아주 뛰어난 세일즈 전문가였고 위대한 조언자였다. 그리고 그 역시 그러한 판매의 기본규칙을 확신했고 그것을 실행에 옮겼다.

리더의 자질

부모 저희는 아들이 걱정이에요. 걔 점수로는 좋은 대학은 물건너갔어요.

교장선생님 리처드에 대해서는 그리 심려 마십시오. 그는 잘 살아나갈 겁니다. 사람들은 그 아이를 좋아하고 존경할 겁니다. 그들은 리처드의 말을 따를 겁니다. 리처드는 타고난 리더예요.

교장선생님은 리처드를 정확히 판단했다. 최근 리처드는 내가 요청한 설문지를 작성하면서 다음과 같은 말을 썼다. 고등학교와 대학교에서 열등생. 그러면서 그는 자신이 아주 빠른 속도로 천만장자의 반열에 들었다는 것도 말한다. 현재 그는 리더이며 아주 성공한 사업주임과 동시에 자신의 일에 엄청난 열정을 지니고 있다. 그는 직원들에게 평균보다 더 많은 임금을 주고 있었으며 그들의 요구를 아주 깊이 이해하며 서로가 공감대를 형성하고 있었다. 직원들 역시 리처드를 아꼈다. 그들은 그 감사의 증표로 돈을 조금씩 모아 리처드와 그의 아내가 유럽에서 휴가를 보낼 수 있는 선물을 마련해주었다.

리처드의 삶은 아주 다른 식으로 전개될 수도 있었을 것이다. 그가 만약 다른 스타일의 부모님을 두었다면, 그리고 그가 다녔던 학교의 교장선생님이 전혀 무심한 사람이었다면 어땠을까? 그들이 리처드에게 이런 말을 했다면 어떻게 됐을까?

이런 등수론, 상아탑은커녕 콩밭도 못 오르겠다. 이 학점 갖고 접시닦이나 청소부 자리나 얻으면 다행이다.

그러나 리처드의 부모는 그런 말을 하지 않았다. 그들은 결코 리처드를 포기하지 않았다. 교장선생님 역시 옆에서 그에게 좋은 얘기를 많이 해주었다. 학교에서 리처드는 운동과 여러 활동에서 리더였다. 그는 성적이 나쁘다고 해서 열등하다고 느껴본 적이 없다.

리처드는 엄청난 성공을 거둔 다른 많은 사람들과 비슷하다. 그는 학교라는 공간에서 생활기록부나 성적표에 적힌 것보다 더 많은 것을 배웠다. 지도력과 성적에 대해서 위와 같은 경우를 보여주는 다른 사례를 들어보자.

리더 중의 리더

당신은 이제 막 대학과정을 마치고 대학원에 진학하려고 한다. 입학 허가를 받기 위해서는 대학원 입학시험인 GRE를 쳐야 한다. 시험을 치고 나서 몇 주 후, 성적이 우편으로 배달된다. 얼른 봉투를 뜯어서 내용을 본다. 내용을 읽는 것이 쉽지 않다. 범례를 같이 본다. GRE에는 여러 부분이 있다. 주된 두 요소는 언어적성 점수와 수리 점수다. 그 외의 요소에 물리학, 화학, 생물학, 사회학, 미술 시험이 있다.

점수가 어떻게 나왔는가? 언어적성 점수가 4분의 3 안에 든 정도니 평균보다 못한 점수다. 당연히 실망할 것이다. 다른 점수를 본다. 수리 점수는 밑에서 10퍼센트 선에 있다. 그리고 물리, 화학, 생물, 사회와 미술 과목은 밑에서 15퍼센트 선에 놓여 있다.

당신이 받은 점수가 이 모양인데, 여전히 대학원에 진학할 엄두를 낼 것인가? 이 점수를 진학상담 선생이나 취업상담 선생에게 보인다면 어떨까? 그들은 아마도 당신이 대학원에 갈 만한 재목이 아니라고 충고할 것이다. 그중 대담한 사람은 당신에게 눈을 낮추라고 할지도 모른다. 눈을 낮추라는 말은 다음과 같은 말을 완곡하게 표현한 것이다. "너는 훌륭한 사람이 되기는 글렀다."

얼마나 많은 상담자들이 당신에게 다음과 같은 말을 해줄 것 같은가?

이보게 젊은이, 자네는 리더로서의 탁월한 자질도 갖고 있고 비전도 크네. 언젠가 미국에 팽배한 잘못된 사회의식을 변화시킬 수 있을 사람이지. 자네는 프랭클린 루스벨트 대통령 이후 그 어떤 사람보다 더 많은 사회적, 정치적 변화를 이뤄낼 거야.

장담하건대, 아무도 없을 것이다. 대부분의 상담자들은 표준화된 시험 결과만 갖고 우리의 미래를 판단하기 때문이다.

하루에 다 치르고 마는 시험결과가 이후 우리의 직업 인생의 30년 내지 40년을 결정하는 근거자료로 쓰인다면 그것은 불행한 일이다. 만약 당신이 그 결과에 수긍하게 된다면 당신은 나머지 인생 동안 무언가 제자리를 찾지 못한 사람처럼 생각하고 행동하며 보내게 될 것이다.

마틴 루터 킹 목사가 그의 인생을 이런 식으로 생각하고 행동하며 보냈다면 어떻게 됐을지 상상이 되는가? 위에서 언급한 GRE 점수는 마틴 루터 킹 목사의 점수이다.* 하지만, 그는 그가 가고자 하는 길에 그러한 반대자들이 길을 막고 서 있도록 하지 않았다. 그는 성취한다는 것의 진정한 의미를 알고 있었다.

우리에겐 어떤 균형의식이 있어야 한다. 물론, 우리 모두는 자식들이 학교에서 뛰어난 학생이기를 바란다. 하지만 그와 동시에 우리는 그들에게 학교에서 좀더 많은 것을 경험하고 어떤 책임 있는 역할을 할 수 있도록 북돋워주어야 한다. 그들이 특별활동이나 단체활동에 참여하도록 권장해야 한다. 그렇게만 할 수 있다면, 우리에겐 아주 많은 리더가 생길 것이다. 우

---

* Ethan Bronner, "Colleges Look for Ansers to Racial Gaps in Testing," *New York Times*, November 8, 1997, p. A8.

리는 사회성과 분석적 능력을 갖춘, 성장하는 리더 집단을 둘 수도 있다.

비판에 귀기울일 줄도 알고 초연할 줄도 알아야 한다

백만장자들은 비판을 대하는 태도와 성공과의 연관성을 어떻게 생각할까? 그들은 비판에 초연하거나, 아니면 그 비판을 성공의 자극제로 이용한다. 대부분의 백만장자들은 비판하는 사람을 다른 사람에 대해 부정적인 판단을 하고 선입견을 갖는 사람으로 규정하고 있었다. 다른 사람이 어떻게 하면 그들 자신을 계발할 수 있을까 하는 문제에 관심을 갖는 조언자들과 달리 비판하는 사람들은 다른 사람들이 목표를 달성하는 데에는 관심이 없다. 오히려 그들은 다른 사람들이 실패하는 꼴을 보고 싶어한다. 그들은 마치 자신들이 내린 판단이 맞아떨어지는 것을 봄으로써 만족해하는 것 같다.

비판하는 이들은 백만장자에게 많은 말을 한다.

- 당신은 결코 성공할 수 없다.
- 당신은 변호사가 되기엔 지적인 능력이 모자란다.
- 내가 들어본 것 중 가장 바보 같은 사업 구상이다.
- 이 의료 분야에 여자들이 활동할 곳은 없다.
- 당신이 성공할 가능성은 눈곱만치도 없다.
- 당신은 대학원에 갈 재목이 아니다.
- 수능 900점을 갖고서는 대학을 제대로 졸업하기도 힘들다.

이런 부정적 견해를 수용하는 사람들은 일찌감치 경제의 싸움터에서 물러나게 마련이지만, 다른 이들은 그러한 비판을 적당히 감안해서 들을 뿐이다. 실제 많은 백만장자들은 그러한 언급을 단지 이론일 뿐이라고 여기며 그러한 이론을 뒤집는 것을 좋아한다. 진짜 악의가 넘치고 신랄한 비평가들에겐 공통점이 있는데, 그들의 유일한 재능은 바로 부정적 선입견을 떠벌리며 다닌다는 점이다. 그들은 성공할 수 있는 진짜 재능과 의지를 가진 사람들만 보면 배 아파 못 견뎌한다. 그러면서도 남들이 자신을 비판하는 것은 참지 못한다. 대부분의 전문 비평가들이 다 그렇다. 그들은 비판을 받지 않기 위해 어떻게 하는가? 선제공격을 한다. 그들은 성공했거나 성공할 것 같은 사람들을 호전적으로 비판한다. 그것만이 그들의 입지를 강화시켜줄 유일한 방법이기 때문이다. 그들은 마치 판사 혹은 신이라도 된 듯 남을 심판한다.

대부분의 자수성가한 백만장자 사업주들은 비판에 대한 여러 가지 얘기를 들려준다. 그들은 대출신청서를 몇 번이고 퇴짜맞은 경험이 있다. 그들이 보기엔, 대출담당자야말로 비평가들이다. 그들은 신청자에게 말한다. "당신 사업은 성공하기 어렵겠네요." 그러면서도 어떻게 사업을 발전시킬 수 있는지에 대해서는 아무런 제안도 해주지 않는다. 다른 사람에게 돈을 빌려준다는 것은 얼마나 큰 권력인가!

표본집단과의 인터뷰에서 오클라호마 출신의 어느 자수성가한 백만장자가 내게 들려준 얘기는 생각해볼 만하다.

금요일 아침이었습니다. 저는 그날 오후 4시에 직원들에게 줄 급료를 준비해야 했습니다…… 저는 몇 해 동안 수백만 달러를 대출받았던 은행으로 찾아갔습니다. 그들은 저를 신출내기 대출 담당자의 방으로 안내했습니다. 30

> 대쯤 되어 보이던 그 친구는 제 사업에 대해서 재검토중이라는 얘기를 하더군요…… 거래관계를 다시 설정해야겠다고 했습니다…… 그동안 저는 한 번도 상환일을 어겨본 적이 없었습니다. 그러면서 그는 한 시간 동안이나 저에게 베일, 애스펀, 스팀보트에 스키 여행 갔다 온 얘기를 늘어놓더군요…… 끝이 없었어요. 저는 거기 앉아서 직원들에게 급료를 못 주는 일이 생기면 어쩌나 하고 걱정하고 있었는데 말입니다.

결국, 그는 "아주 가까스로" 그날 오후 직원들에게 급료를 주긴 했다. 하지만 두말할 것 없이, 그는 더이상 그 "악독한 은행"의 고객 노릇을 하지 않았다.

그 악독한 은행은 내가 조사했던 표본집단의 또다른 백만장자 고객도 놓쳤다. 그는 사업을 하면서 단 한 번도 채무 이행을 어겨본 적이 없는 성공한 사업주였다. 그런데 갑자기 그 은행은 규모가 큰 그의 대부금을 회수하기 위해 전화를 했다. 바로 그 전날, 그 지역 신문에 이 백만장자 사업주가 이혼한다는 기사가 났기 때문이었다.

야심이 넘치는 사람들의 꿈을 여지없이 짓밟으려는 비평가들의 사례는 이외에도 셀 수 없이 많다. 하지만, 비평가들은 미국의 사회 제도 내에서 필요한 요소이긴 하다. 적어도 비판에 맞서서 성공할 수 있는 용기와 결단력을 갖추지 못한 사람들을 가려내주긴 하니까 말이다.

성공한 경영주들은 남다른 추진력과 단호함을 지니고 있다. 최근의 어떤 기사는 그들의 추진력의 원천에 대한 내용을 다루었다.* 커머셜 파이낸셜 서비스의 창립자이며 회장인 빌 바트먼은 그 기사에서 그의 형수가 자

* Adrienne Sanders, "Success Secrets of the Successful," *Forbes*, November 2, 1998. pp. 22, 24.

신을 가장 많이 고무시킨 존재라고 했다. 그녀는 일종의 비평가였다. 그에 대한 그녀의 부정적 평가는 바트먼 씨에게 그녀가 틀렸다는 것을 보여주어야 한다는 강한 동기를 부여했다. 그는 말했다. "형수님은 나를 좋아하지 않았어요…… 그녀에게 걸맞은 시동생이 아니었던 거예요. 그 사실이…… 저를 무척이나 화가 나게 만들었죠."

바트먼 씨는 고교 중퇴생이었는데, 형수의 비판에 자극을 받아 검정고시를 보고 대학에 들어갔다고 한다. 대학에서 그는 가로 5인치 세로 7인치 크기의 색인카드에 형수의 이름을 써넣고 그것을 벽에다 붙여두었다. 그것을 보면서 그는 공부에 대한 열의를 불태웠다. 공부하다가 잠시 고개를 딴 데로 돌리게 되면, 그는 까다롭기 그지없는 비평가의 이름을 보게 되었다. 그러면 그는 지체없이 다시 책으로 돌아왔다.

같은 기사에 보면, 인터랙티브 미디어 사장인 데브라 스트라이커파인이 자신의 동기가 어디에 있었는지를 소개하고 있다. 그녀가 살던 작은 시골 마을 사람들은 여자가 경영주가 된다는 것은 어울리지 않는 일이라고 생각했다. 이에 그녀는 자신과 자신의 일에 대한 평가를 뒤집어야 한다는 강한 충동을 느낀다.

백만장자 마인드가 가르쳐주는 교훈은, 사람의 말을 가려서 들어야 하며 이른바 상담자들이 해주는 말에 대해 신중할 필요가 있다는 것이다. 당신의 야망과 노력과 일이 상승일로에 있게 되면, 당신은 그들 중 일부에게 위협적인 존재로 비칠 소지가 있다. 우리 젊은이들이 취업상담을 받는 과정에서 의지하게 되는 사람들이 바로 이런 사람들이라는 것은 불행한 일이다.

따라서 대부분의 백만장자들은 그 비판에 귀를 기울이지 않는다. 더 나아가 부정적 평가나 예상들이 자신의 단호함을 꺾도록 내버려두지 않는

표 2-3. 백만장자들의 성공요인 : 탁월한 지성과 사회성 (N = 733)
직업적 분포에 따라 백만장자들이 아주 중요하다고 보는
(괄호 안은 비교적 중요하다고 보는) 요인의 백분율

	사업주 (32%)	중역 (16%)	변호사 (10%)	의사 (9%)	기타 (33%)	전체 (100%)	순위
지적인 측면							
높은 지능지수/ 탁월한 지성	16(45)	18(49)	34(49)	24(50)	20(47)	20(47)	21
비평에 대한 태도							
남 얘기 좋아하는 사람들의 비난에 신경쓰지 않는다	20(40)	9(39)	11(28)	11(47)	13(34)	14(37)	24
남보다 더 뛰어나고자 하는 마음과 성격이 강하다	37(49)	46(40)	40(33)	37(44)	34(42)	38(43)	8
제대로 인정받고 싶어하는 마음이 강렬하다	23(44)	28(42)	21(47)	38(39)	31(38)	27(42)	15
활력이 넘친다	24(50)	22(45)	16(43)	26(58)	24(45)	23(48)	18
신체적으로 건강하다	24(44)	19(48)	16(36)	18(49)	23(44)	21(44)	20

다. 험담하는 사람들의 비판에 초연하는 것은 경제적 성공과 직업적 성취를 이루는 데 아주 중요하다.(표 2-3 참조)

한 가지 사실을 명심하라. 성공한 사람들은 각자의 지적인 수준과 무관하게, 성공하지 못한 사람보다 더 심한 비판의 대상에 오른다. 사실 비판이야말로 성공하고자 하는 사람들을 강철을 단련시키듯 훈련시킨다. 오늘날의 전형적인 백만장자에게 물어보라. 그는 아마도 필요한 단련을 하기 위해 여러 가지 경험들을 했을 것이다.

성공한 사람은 남다른 데가 있다. 그들은 대중을 좇지 않는다. 대중을 좇지 않는 사람들은 그 이유 하나로 종종 비판의 대상이 된다. 내가 강의를 들은 적이 있던, 왕성한 학구력을 갖춘 어느 교수는 내가 졸업하기 전 다음과 같은 말을 들려주었다.

책을 출판하지 않으면, 좋은 학교에 자리를 얻기 어려울 거야. 하지만 친구들은 많이 둘 수 있네. 책을 많이 내면, 자네는 동료들 사이에서 인기가 없어질 걸세.

성공하게 되면, 좋았던 옛 친구들과 사이가 멀어지게 된다. 실제로 백만장자 네 명 중 세 명이 성장기에 보통 사람들과 다른 식으로 생각하는 방법을 익히게 되면, 이후 생산력이 풍부한 성인으로 자라나는 데 매우 중요한 영향을 미친다고 말한다. 다르다는 것은 경제적 성공 같은 보상으로 이어진다. 물론 사회집단으로부터 비판받고 따돌림당하게 되는 고난도 주어진다.

인터뷰 조사 초기에 만났던 한 백만장자는 따돌림에 대해서 다음과 같은 말을 해주었다.

따돌림을 감정적으로 받아들이지 말라.

또다른 사람은 아주 좋은 충고를 해주었다.

비판을 받게 되면, 화를 내기 전에 우선 2주 정도 참아본다…… 2주가 지난 후에도 여전히 화가 풀리지 않으면, 다시 2주를 더 기다려본다. 이처럼 또 2주가 지난 다음에도 여전히 화를 삭일 수 없다면, 어떻게 해야 하는가? 비판을 한 사람에게 긴 편지를 쓴다. 당신이 왜 화가 났는지를 적어내려간다. 편지를 쓰면서 불편한 심사를 순화시키는 과정을 거치고 나면 당신은 파괴적인 분노에서 벗어날 수 있다. 아마도 그 편지를 보내야 할 필요성도 느끼지 못할 것이다.

성공하기 위한 신체적 조건 : 비평가들의주장을 반박하는 문제와 관련해서

조사한 바에 따르면, 대부분의 백만장자들은 규칙적으로 체력관리를 한다. 비록 건강한 신체가 성공요인의 목록에는 20위에 올라 있지만 말이다.(표 2-1 참조) 순자산이 1000만 달러가 넘는 천만장자들은 규칙적인 운동을 하는 경우가 많았다. 3분의 2 가량이 규칙적으로 운동을 했다. 나머지 3분의 1에 속하는 사람들은 골프나 테니스를 하지만 항상 규칙적으로 하는 것은 아니었다.

경제적으로 성공하면 할수록, 당신 주위에 더 많은 비평가들이 생길 것이다. 건강을 잘 유지해둔다면 그러한 훼방꾼들을 상대하기에 아주 좋은 무기를 갖고 있는 것이나 다름없다. 왜냐하면 몸이 건강해야 상대를 제압할 수 있는 정신력이 생기기 때문이다. 많은 백만장자들은, 특히 천만장자들은 도전적 성향이 아주 강해서 비판을 반기기도 한다. 비판을 받은 백만장자들은 오히려 심기일전하여 비평가들의 판단이 잘못된 것임을 보여주고야 만다. 신체적 조건은 또한 대부분의 백만장자들이 지니고 있는 남다른 에너지의 주요한 원천 중 하나다. 나는 자수성가한 백만장자 중에서 무기력하거나 혹은 눈에 띄게 비만인 사람은 거의 보지 못했다. 탈진과 무기력은 비평가들을 도와주는 것이다. 그러므로 비평에 대해 초연할 수 있고 그것을 발판으로 더 앞으로 나아가고자 한다면, 결코 둔하거나 맥없는 모습이 되어서는 안 된다. 신체적으로 건강하다는 것은 성공의 또다른 요인들과 중요한 관련성이 있다. 자신의 의지를 믿고 금전적 위험을 감수할 수 있는 사람은 그것을 회피하는 사람에 비해 신체적으로 훨씬 건강한 사람이다.

신체적 건강은 그 사람의 전체적인 자기 만족도와 심지어 자신의 일에 대한 애정에도 영향을 끼친다. 좋아하는 일을 하고 있다면, 열심히 일한다는 것이 훨씬 수월하다. 그리고 열심히 일할 수 있는 저력은 바로 그 사람의 신체적 건강과 관련이 있다.

당신이 자신의 일과 사람과 여가생활을 제대로 즐길 줄 모른다면, 돈이란 것은 그리 큰 의미가 없다. 그리고 억만장자 파웰 씨가 그랬던 것처럼 당신이 제 명을 살지 못하고 죽는다면, 당신이 이뤄낸 경제적 성공에서 건질 것은 하나도 없게 된다. 최근 파웰의 유언 집행인은 내가 파웰 씨에게 보냈던 설문지를 다음과 같은 쪽지와 함께 되돌려보냈다. "스탠리 박사 귀하, 많은 재산에도 불구하고 파웰 씨는 얼마 전 세상을 떠나셨습니다."

진실성과 도덕적 가치관

나는 응답자가 작성한 모든 설문지를 직접 일일이 확인한다. 왜냐하면, 몇 가지 중요한 정보들은 설문지의 항목란 외의 여기저기에 쓴 메모나 표시사항에서 발견할 수 있기 때문이다. 이런 정보들은 가장자리 여백이나, 다른 선택항목 아래 혹은 전혀 예기치 않았던 곳에서 발견된다.

한 응답자는 설문지의 모든 항목에 일일이 다 설명을 써넣었다. 다른 사람들의 평가라는 물음에 대해서는 다음과 같이 썼다. "공정하고 정직함." 그는 또한 각 질문 바로 옆에 짤막하게 자신에게 영향을 끼친 경험을 옮겨 적었다. 거기에는 그의 부모 외에 또다른 중요한 요인으로 인해 경제적 성공을 거둘 수 있었다는 내용이 있었다. 다름아닌 해병대에서 보낸 3년!

공정함과 정직함 그리고 해병대에서 보낸 시간이 경제적으로 성공할 수

표 2-4. 백만장자들의 성공요인 : 탁월한 지성과 진실성/완전성 (N = 733)
직업적 분포에 따라 백만장자들이 아주 중요하다고 보는
(괄호 안은 비교적 중요하다고 보는) 요인의 백분율

	사업주 (32%)	중역 (16%)	변호사 (10%)	의사 (9%)	기타 (33%)	전체 (100%)	순위
지적인 측면							
높은 지능지수/탁월한 지성	16(45)	18(49)	34(49)	24(50)	20(47)	20(47)	21
진실성							
모든 사람에게 정직하다	62(30)	61(32)	46(41)	55(36)	55(33)	57(33)	1
내조/외조를 잘해주는 배우자가 있다	55(30)	48(38)	32(39)	54(33)	47(30)	49(32)	4
신앙심이 두텁다	15(22)	12(27)	11(20)	17(21)	13(15)	13(20)	26

있는 것과 무슨 연관성이 있는가? 굉장히 많은 백만장자들이 성실성을 그들의 성공요인이라고 말하고 있다. "모든 사람에게 정직하다"라는 항목은 대부분의 백만장자들에 의해서 아주 중요하거나 중요한 요인으로 평가되었다.

또다른 응답자는 자신이 업무용 부동산 매매를 하는 사람이라고 써놨다. 이것과 그 사람이 써놓은 몇 가지 사항들을 보면서 나는 생각했다. "이 사람은 분명히 그 항목이 아주 중요하다고 생각할 거야." 내 예상은 틀리지 않았다. 업무용 부동산 매매를 하는 사람이 그의 성공요인으로 매우 중요하다고 여기는 요인은 과연 무엇일까?

모든 사람에게 정직하다.

이 요인은 아주 중요하다. 다른 사람의 재산과 돈을 다루는 경우, 진실성이 성공의 중요한 요인이 되기 때문이다. "모든 사람에게 정직하다"라는 진실성의 기준은 그것을 경제적 성공의 가장 중요한 이유로 꼽는 백만장자들을 백분율로 해서 보았을 때, 동률 1위를 차지하고 있다.

불행히도 오늘날의 신문 머릿기사나 뉴스에는 진실성이 결여된 상류층에 대한 기사로 가득하다. 심지어 빌 클린턴 대통령조차 자신의 부정한 행위를 성적표의 한 항목에 올려놓으라고 말했다. 이 말은 대통령으로서 다른 일들을 훌륭히 처리해낸 그의 타율이 그것을 충분히 보완할 수 있다는 의미를 함축하고 있다. 그러나 경제적으로 성공한 대부분의 사람들은 진실성의 유무가 다른 점수들과 섞여 평균 점수 속에 대충 얼버무려질 수 있다고 생각지 않는다. 다음을 상상해보자. 경제정책 A, 외교정책 B, 국정안정 B, 사회적 위임의 강화 B, 진실성에선 F. 이 정도라면 대학에서 평점 평균이 충분히 2.6을 넘을 것이다.

하지만, 인생이라는 이수과목에서 진실성은 아주 다른 부분을 차지한다. 그것은 선택과목이 아니라 필수과목이다. 대부분의 백만장자들은, 진실성을 결여하고 있으면 경제적 성공이라는 과목을 이수할 수도 없고 해서도 안 된다고 말할 것이다. 매우 장래가 유망한 젊은 사업주나 이제 막 임상활동을 시작한 의사가 고객이나 환자를 속인다면 어떻게 될까? 사업주가 그가 생산하는 제품에 대해 책임을 지지 못한다면 어떻게 될 것인가? 진실성이라는 필수과목에서 그들의 성적은 F이다. 그리고 진실성을 이수하지 못하고서는 성공도 졸업도 불가능할 것이다.

진실성이 문제가 된 좋은 사례로서 마흔다섯 살의 의사인 로버트 씨의 경우를 들 수 있다. 그는 아주 왕성한 의료활동을 했지만, 늘상 여자 간호사에게 추근댔다. 그는 자신의 몇몇 의료진과 수많은 염문을 뿌리며 다녔다. 이후, 그의 아내는 남편의 불륜을 이혼사유로 제기했고, 즉심에서 이혼판결이 났다.

최종적으로 이혼판결이 나기 전부터, 로버트의 아내는 이혼수속중인 여자들을 위한 지역 후원회에 가입한 상태였다. 로버트 부인은 그 후원회 회원들에게 몇 가지 사례를 들어가며 남편의 불륜에 대해 상세히 얘기했다. 로버트의 환자였던 몇몇 회원들은 그날 이후로 더이상 그의 병원에 가지 않았다. 로버트의 불륜에 대한 소문이 입에서 입으로 퍼지자 다른 환자들도 더이상 그의 병원에 가지 않았다. 요즘 그는 다른 곳에서 개업하려고 준비중이다.

15제곱

웹스터 사전에 의하면 진실성은 "특정한 도덕적 가치를 함의하는 규범을 확고하게 지키는 것, 즉 타락하지 않는 것"이라고 정의돼 있다. 진실한 사람은 옳고 그름을 구분하며, 진실과 가식을 구분한다. 설문조사에 따르면, 경제적으로 왕성한 생산력을 가진 대부분의 사람들은 진실성을 아주 높이 평가하며 자신들의 성공요인을 그것에 두고 있다.

존 배리는 성공한 부동산 관리 회사의 대표이며, 아주 진실한 인물이다. 그는 정말 빈손으로 시작해서 오늘날의 사업을 일궈냈다. 그의 고객들은 대부분 쇼핑센터의 대표들이며 존의 회사는 그것을 관리해주는 일을 하고 있다. 그 회사는 임대료를 거두는 일에서부터 개·보수 공사가 필요한 경우 도급업자를 고용하는 일까지 모두 책임진다.

존은 개·보수 공사를 하기 위해 가장 저렴한 가격에 최고의 제품과 서비스를 제공하는 도급업자를 고용한다. 듣기에는 간단해도 일이 항상 그렇게 만만하게 진행되는 것은 아니다. 그러나 존은 고객들에게 최상의 서비스를 제공하기 위해 최선의 노력을 다한다. 그는 도급업자를 선정하고 감독하는 매 단계를 일일이 다 문서로 기록해둔다.

성실성에 대한 그의 명성은 그의 성공을 설명해주는 가장 중요한 요인이다. 존은, 아주 유명하고 성공적인 탤런트 매니저였던 그의 아버지가 진실성에 대해 아주 많은 가르침을 주었다고 말했다. 존의 아버지는 다음과 같은 말을 했었다.

> 절대 거짓말하지 말아라. 단 한마디의 거짓말도 해서는 안 된다. 네가 1번 거짓말하게 되면, 나중에 그 거짓말을 변명하기 위해 15번 거짓말을 하게 된다.

존의 아버지의 말대로라면 1번의 거짓말을 변명하기 위해 15번의 거짓말이 필요해진다. 그러면 15번 거짓말을 하게 되면 각각 15번 씩의 거짓말을 더 해야 하는 것이니, 총 225번 거짓말을 해야 하는 것이 된다. 그런 식으로, 225번의 거짓말을 하기 위해서는 각각 15번씩의 거짓말이 필요하게 되므로 총 3375번의 거짓말을 해야만 한다. 3375에 다시 15제곱을 하면 5만 625가 된다. 그렇게 계속 이어진다. 이건 정말 어리석은 짓이다. 언제나 진실을 말하고 사람들에게 정직해라. 그러면 거짓말하는 시간과 노력과 머리를 보다 생산적인 곳에 쓸 수 있게 될 것이다.

난자 하나 주세요, 크고 똑똑한 걸로요

오늘날, 의료과학이 일궈낸 기적 덕분에 아이를 갖고 싶어하는 많은 불임 부부들이 도움을 받고 있다. 난자와 정자 시장이 급속히 증가하고 있는 이유도 그 때문이다. 대부분의 부부들은 그들이 불임이든 아니든, 아이를 갖고 싶어한다. 많은 사람들이 첫째 혹은 둘째아이가 “건강하기만 하다면" 남자든 여자든, 혹은 파란 눈이든 갈색 눈이든 상관하지 않는다.

하지만 "건강하기만 하다면"보다 더 많은 것을 원하는 부부들도 있다. 예를 들어 머리가 아주 비상했으면 하는. 최근 몇몇 대학 신문에 실렸던 광고들을 보면 다음과 같은 머리말이 있다. "난자를 주실 분 찾습니다. 사례는 충분히 하겠습니다."*

뉴욕타임스의 기사에 따르면, 이 광고가 미국의 여러 유명 대학 신문에 실렸다고 한다. "사례는 충분히 하겠습니다"라는 구절은 다소 완곡한 표현이다. 그 불임 부부는 난자를 제공하는 사람에게 5만 달러를 주겠다고 했다. 그러면서 제공자는 반드시 똑똑하고 체격이 좋아야 한다는 조건이 붙었다. 광고에 따르면, 제공자는 수능이 1400점 이상, 키도 175센티미터 이상이어야 하며 위임된 사람에게 운동능력을 측정받아야 한다고 돼 있다.

이것은 수능 1400점 이상을 받은, 키가 큰 사람의 난자는 분석적 지능을 갖춘, 키 큰 아이를 낳을 수 있다는 가정에서 비롯된 것이다. 주목할 사실은 이들 불임 부부의 바람이다.

> 그들은 고등교육을 받았으며…… 자신들의 아이도 고등교육을 받을 수 있기를 바란다. 그들은 키가 크다. 그래서 아이들도 키가 크기를 바란다…….

나는 이 기사를 몇 번이고 반복해서 읽었다. 읽을 때마다 나는 사냥개를 키우는 사람에 대한 기사를 읽는 듯한 기분이 들었다.

---

* Gina Kolata, "$50,000 Offered to Tall, Smart Egg Donor," *New York Times*, March 3, 1999, p. A10.

나는 이 불임 부부가 자신들에게 걸맞은 아이를 찾는 것이 나쁜 의도라고 생각지 않는다. 그들은 겉으로 보아 지능지수가 높다. 그러니 높은 분석적 지능을 소유한 제공자를 찾고자 하는 것에 무슨 잘못이 있겠는가? 그리고 둘 다 키가 크고 운동신경이 발달했으니, 당연히 그러한 부분도 더 이어가고 싶을 것이다. 하지만, 삶은 우리 인간에게 많은 장난을 친다. 엄마와 아빠가 지능지수가 높다고 해서 자식인 태드와 버피가 똑똑하리라는 보장은 없다. 태드와 버피가 부모의 입장에서 원하지 않는 특질을 가질 소지도 있다. 나는 최근에 "국가 장학생"이라는 제호의 연합통신 기사를 읽었다. 부제 옆에 수상자의 사진이 있었다. 키가 크고 매력적인 젊은 여성이었다. 그녀는 지적인가? 그렇다. 그렇지 않았다면, 어떻게 국가 장학생의 후보자가 될 수 있었을까? 그 기사에는 그녀가 "작품활동에 전념하기 위해" 장학금이 필요한 대학생이라고 쓰여 있었다.*

나는 이 불임 부부가 이 젊은 장학생에게서 난자를 구입하려고 하지는 않을 것 같다는 생각이 들었다. 장학생이라는 것 때문이었는지 그녀의 기사는 대서특필되지는 않았다.

> 엠마…… 18세, 국가 장학생, 미용실을 터는 과정에서…… 권총으로 사람을 위협한…… 혐의로 기소…….

지능지수가 높다고 해서 진실한 것은 아니다. 만약 당신이 하나를 골라야 한다면, 무엇을 택할 것인가? 당신들이 만약 난자가 필요한 부부라면,

* Martha Mendoza, "College Student Held in Robberies," *Atlanta Journal-Constitution*, January 28, 1999, p. A10.

당신들은 무장강도 행위를 한 제공자의 똑똑한 난자를 받을 것인가? 아니면, 도덕적으로 고결한 제공자의 난자를 바랄 것인가? 만약 내가 정직하고 올바르며, 인간적인 아이를 낳을 수 있는 가능성을 높일 수 있다면, 나는 개인적으로 지능지수의 부분을 좀 감안하고 들어가겠다. 설문조사에 응했던 자수성가한 백만장자들도 위와 같은 선택을 지지하고 있다. 똑똑하다고 해서 경제적으로 성공하는 것은 아니다.

유유상종

어떤 사람을 평가할 때 그 사람이 살고 있는 동네를 알아보는 경우가 있었을 것이다. 확실히 어떤 동네에는 다른 이웃보다 대학을 나온 사람들이 더 많이 모여 사는가 하면, 어떤 동네에는 다른 동네보다 범죄율이 높게 나타나기도 한다.

대체로 미국에는 사회경제학적 차원에서의 동질집단이 존재한다. 이는 내가 부유한 가계를 표본추출하는 데 기본이 되었다. 나는 미국에서 백만장자들이 많이 집중된 동네를 있는 대로 다 모았는데, 그것은 백만장자 집단을 집중 조사하는 데 가장 유용한 방법이다.

특정 동네를 선정하지 않고 전국적 표본을 추출하게 되면, 스무 명의 응답자 중 한 명만이 백만장자의 범주에 들 것이다. 하지만, 이 책에서는 백만장자들이 80퍼센트 이상 모여 사는 지역에서 표본을 추출했다. 이 부유한 응답자들은 전형적으로 좋은 교육을 받았으며 높은 보수를 받는 자리에 있었다. 평균적으로 그들은 다른 곳에 사는 사람들보다 더 영리하거나 더 지적이라고 말할 수 있을 것이다. 물론, 이 책 전반에서 얘기했던 대로, "영리하다"라는 말에는 여러 의미가 있다.

만약 영리하다라는 말을 지능지수가 평균을 넘거나 수능성적이 평균이 넘는 것으로 정의한다면, 부유한 동네에 사는 사람들은 일반적으로 이른바 중하위층 지역에 사는 사람들보다는 "더 영리하다"라고 말할 수 있을 것이다. 하지만 부자 동네에 산다고 다 영리한 것은 아니다. 가난한 동네에 산다고 다 어리석은 것은 아닌 것과 같은 이치다. 하지만 동네의 모습과 거기에 사는 사람들의 특성 사이에는 몇 가지 중요한 상관관계들이 있다. 그 점에 대해서는 다음의 사례에 잘 나타나 있다.

나는 어떤 낯선 사람으로부터 자신을 도와달라는 내용의 편지를 받았다. 당신이 보기에 이 사람은 어떤 곳에 사는 것 같은가?

> 스탠리 박사님 귀하.
>
> 저는 선생님의 거의 모든 저서들을 읽었습니다. 저는 수학적 재능이 아주 뛰어납니다. 그리고 대학에서 수학을 공부했습니다.

여기까지만 보면, 이 친구가 글을 읽을 수 있다는 것은 알 수 있다. 확실치는 않지만, 당신은 이 사람이 대학을 졸업하고, 평균적인 중산층보다 좀 더 상위인 사람들이 모여 사는 동네에 살 것이라고 추측해본다.

그리고 당신은 그가 수학의 천재이며 명문대학 학위라는 부분에 주목한다. 그는 아마도 지능지수, 수능성적, 평점이 높고, 수입과 순자산 총액도 많은 사람들이 모여 있는 곳에서 살고 있을지 모른다.

그가 나의 설문 응답자들과 같은 동네에 살 수도 있지 않을까? 그리고 그는 140만 달러짜리 전형적인 주택에서 사는 백만장자이지 않을까? 편지를 더 읽다보면 당신의 이러한 판단은 바뀔 것이다.

> 저는 현재 직업을 찾는 중입니다. 앞으로 다른 직업의 길로 갈 생각입니다.

선생님께선 부유한 사람들에 관한 연구에 아주 정통하십니다. 선생님께 간청합니다. 저는 부유한 가정의 자제들을 위한 수학 가정교사가 되고 싶습니다. 다음의 지역에 사는 백만장자들의 이름과 주소를 저에게 알려주실 수 있습니까?

아마도 그는 백만장자가 아닌가 보다. 수학 가정교사들은 대개 부자가 아니다. 이제 당신은 그가 평범한 야망이 있는, 머리 좋은 사람이고 썩 나쁘지 않은 중산층 동네에 살고 있을 거라고 추측한다. 그러나 이렇게 추측을 했다면, 당신은 지금 이 퀴즈 문제를 맞출 가능성이 거의 없다. 나머지 얘기를 더 들어보자.

저는 현재 감옥에 있습니다…… 내년 9월에 석방될 예정입니다.

음, 당신이 어느 정도 맞긴 했다. 이 친구는 유사한 특성을 지닌 사람들이 많이 모여 사는 동네에 거주하고 있다. 하지만 대부분 백만장자가 아니다. 그리고 모두가 수학적 재능이 있는 것도 아니다. 그들 모두는 백 퍼센트 유죄선고를 받은 범죄자들이다.

이 죄수는 유별나게 자부심이 강했다. 그는 자신이 수학에 뛰어나기 때문에 판사로부터 진실성이 결여되었다고 선고받았다는 사실을 내가 넘어갈 줄 알았던 것이다. 당신이 아이 때문에 수학 가정교사를 두어야 하는 백만장자라고 생각해보라. 어느 날, 교도소 대학이라는 소인이 찍힌 편지를 받는다. 지원서와 이력서가 들어 있다. 지원동기를 보면,

출옥해서 부잣집 자제를 개인 교습하기 위해…… 현금 보수에 시설이 완비

된 아파트에서 숙식을 제공받았으면 함.

여기서 말하는 메시지는 간단하다. 이 죄수처럼 지적으로 타고난 사람들이 있다. 하지만 그렇다고 해서 그들이 진실하다는 것을 의미하진 않는다. 똑똑한 사람들을 둘러싸고 있는 후광이 때로 우리의 눈을 멀게 한다. 우리는 똑똑한 사람들이라면 당연히 다른 생활태도도 진실할 거라 생각한다. 하지만 똑똑한 사람들 중에도 진실하지 않은 사람들이 있다.

배우자

정치가를 두고 링컨은 다음과 같은 말을 했다. "당신들은 모든 사람을 항상, 속일 수는 없다." 하지만 사업의 세계에서는 진실성을 결여한 사람은 어떤 경우에도 고객을 속일 수 없다. 마가복음 3장 25절을 인용하면서, 링컨은 쪼개진 집이 버틸 수 없는 것처럼 배우자와의 관계도 그러하다고 말한다. 진실성과 깊은 관련이 있는 성공의 요인 중의 하나를 살펴보자.

내조/외조를 잘해주는 배우자가 있다.

백만장자 응답자의 거의 반 정도가 이 요인을 자신들의 성공을 설명해주는 매우 중요한 요인으로 꼽았다. 대부분의 응답자들은 다음의 말을 믿고 있다.

진실됨은 가정에서부터 비롯한다.

당신이 거짓말을 하거나 속이려 든다면, 배우자의 도움을 기대할 수 없다. 배우자와 아이들은 당신의 행동을 눈여겨볼 기회가 아주 많다. 단지 자신이 정직하다고 말하거나 매주 종교 모임에 참석하는 것만으로는 충분치 않다. 당신은 배우자와 아이들과 다른 모든 사람들에게 진실된 모습을 보여주어야 한다. 그래야 당신의 배우자는 아마도 좋을 때건 힘들 때건 옆에서 당신을 도와줄 것이다.

배우자가 부유한 가정에서 맡고 있는 역할에 대한 상세한 논의는 제4장 '백만장자의 용기'에서 다룰 것이다. 그리고 백만장자들이 배우자를 선택하는 것에 관해서는 제6장에서 자세히 다뤄질 것이다. "내조/외조를 잘해주는 배우자가 있다"는 것은 백만장자들 집단에서 경제적 성공을 설명해주는 아주 중요한 요인들과 깊은 연관성이 있다.

창의적 지성

당신이 분석력을 갖춘 천재가 아니라면 어떻게 살아야 할까? 학교 상담선생님은 당신의 성적이 딱 평균이거나 좀 웃도는 정도라는 사실을 자꾸 일깨운다. 수능성적을 보니 좋은 대학 가기는 글렀다. 성적도 그저 그렇다. 그러나 지적인 능력은 타고나지 못했지만, 당신에게는 다른 능력이 있다.

당신은 학교의 천재들이 주로 활동할 직업 분야에서 같이 경쟁한다는 것은 어리석은 생각이라는 것을 알 만큼은 영특하다. 그래서 변호사나 의사가 되려는 생각은 일찌감치 접는다. 당신은 이윤이 많이 남고 경쟁자는 적은 분야의 사업을 모색한다. 당신은 당신에게 딱 알맞은 사업내용을 찾는다. 그리고 자신에게 내재한 지성의 유형이 무엇인지를 직관적으로 깨닫게 된다. 당신에겐 창의적인 지성이 있다.

무언가에 혼신을 쏟을 줄 아는 창의적 지성을 갖고 있는 사람들이 오늘날 미국에서 경제적으로 가장 성공한 사람들을 구성하고 있다. 그들이 분석적 지능의 측면에서 그리 높은 수치가 안 나온다 한들 뭐 그리 대수일까? 그들은 일반적으로 빡빡한 대학원 과정이나 경쟁이 심한 전문가 과정에 들어갈 엄두를 내지 않는다. 하지만 그들은 종종 돈벌이 판에선 커다란 성공을 거두는 사람들이다. 그게 어떻게 해서 가능한 것일까?

창의적 지성이 뛰어난 백만장자들은 직업을 제대로 선택할 줄 안다. 그들은 자신들에게 커다란 부를 안겨줄 자신들의 일을 선택한다. 많은 경우 바로 그 일이 그들이 가장 사랑하는 일이 된다. 기억해둘 것은, 만약 당신이 하고 있는 일을 사랑한다면, 당신의 생산성은 아주 높을 것이며 창의적인 천재성이 유감없이 발휘되어 당신만의 독특한 모습을 드러낼 것이라는 점이다. 인간 지능에 관한 미국의 권위 있는 학자 중의 한 사람인 로버트 스턴버그 교수는 창의적인 사람은 자신이 선택한 일을 사랑하는 사람이며, 이는 그들이 인생에서 성공할 수 있도록 한 주된 요인 중의 하나라고 했다. 스턴버그 교수가 정의하는 바에 의하면 창의적인 지성이란 성공을 위한 중요한 요소인 것이다.*

분석적인 지성의 소유자라 할지라도 종종 경쟁자들로 넘쳐나는 직업을 선택하며, 결국 자신들이 선택한 일을 사랑할 수 없음을 알게 된다. 제아무리 천재라 할지라도 자신의 마음과 열정이 성공하고자 하는 그것에 온전히 투여되지 않는 한, 이 치열한 경제의 싸움터에서 승자가 되기란 무척 어렵다. 최근 셀레스티얼 시즈닝즈의 창립자이며 회장인 모 시걸이 성공에 대해 기자에게 한 말을 생각해보자.

* Stemberg, pp. 251~252.

천재가 아니라면 열정밖에 없습니다. 나는 우리 회사의 모든 직원들이 열정적이기를 바랍니다.*

표 2-5에 나타난 결과를 보면, 백만장자의 거의 반 정도가 "자신의 직업과 일을 사랑한다"는 항목이 그들의 경제적 성공을 설명해주는 매우 중요한 요인 중의 하나라고 말하고 있다. 다른 40퍼센트도 이 요인을 중요하다고 보았다. 이들을 합쳐보면, 백만장자의 86퍼센트가 자신의 직업을 사랑하는 것이 그들을 백만장자 반열에 올려준 중요한 요소라고 여기고 있다. 그와는 대조적으로 "높은 지능지수와 탁월한 지성"을 갖는 것은 백만장자 응답자들 중에서 단 5분의 1, 즉 20퍼센트 정도만이 아주 중요한 요인으로 꼽고 있다. "다른 사람들이 보지 못하는 기회를 포착한다" 역시 "높은 지능지수와 탁월한 지성"을 갖는 것보다 더 중요하다고 평가되었다. 특히 직업 분포도에서 사업주 다섯 명 중 네 명 이상이 "다른 사람이 보지 못하는 기회를 포착한다"와 "이윤이 남을 만한 곳을 찾아낼 줄 안다"를 아주 중요한 성공요인으로 여기고 있음은 주목할 만하다.

기회를 포착하고 이윤이 남을 곳을 찾는 것은 모두 다 자신의 직업을 사랑하는 것에 도움이 된다. 왜냐하면, 기회를 포착하거나 자신을 자극시켜줄 이윤창출의 적소를 개별적으로 찾아내는 것은 바로 백만장자 자신이기 때문이다. 그의 직업 선택은 부모나 다른 영향력 있는 사람에 의해 강요되는 내용이 아니다.

실제, 순자산의 수준과 "이윤이 남을 만한 곳을 찾아낼 줄 안다"를 중요한 요인으로 꼽는 것 사이에는 아주 깊은 연관성이 있다.

---

* Josephine Lee, "you Are What You Sell," *Forbes*, February 22, 1999, p.22.

표 2-5. 백만장자들의 성공요인 : 탁월한 지성과 창의적 지성 (N = 733)
직업적 분포에 따라 백만장자들이 아주 중요하다고 보는
(괄호 안은 비교적 중요하다고 보는) 요인의 백분율

	사업주 (32%)	중역 (16%)	변호사 (10%)	의사 (9%)	기타 (33%)	전체 (100%)	순위
지적인 측면							
높은 지능지수/ 탁월한 지성	16(45)	18(49)	34(49)	24(50)	20(47)	20(47)	21
창의적 지성의 측면							
다른 사람들이 보지 못하는 기회를 포착한다	42(43)	34(40)	19(35)	28(31)	25(40)	32(40)	12
이윤이 남을 만한 곳을 찾아낸다	35(54)	21(38)	14(43)	16(49)	17(42)	23(46)	18
전문가가 된다	16(42)	9(21)	20(37)	43(30)	12(37)	17(36)	22
자신의 직업과 일을 사랑한다	51(37)	45(41)	29(48)	56(38)	43(41)	46(40)	6

창의적인 사람은 출구가 막혔을 때, 무엇을 해야 할지 안다. 그들은 성공할 수 있는 다른 길을 모색한다. 그들은 자신들의 힘뿐만 아니라 자신의 단점도 잘 아는 것 같다. 만약 자본금이 부족하다면, 그들은 다른 직업을 택할 것이다. 헤이즐 비숍의 사례를 보자. 그녀는 경제적인 사정 때문에 의대를 갈 수 없었다. 그래서 그녀는 화학자의 일을 선택했고, 미용 관련 알레르기를 연구하는 최고의 피부병 학자 밑에서 일했다.

이와 같은 경험들 덕에, 그녀는 자신의 부엌에서 묻어나지 않는 립스틱을 개발했다. 이후 그녀의 브랜드는 시장의 25퍼센트를 장악했다. 경제적 난관을 극복하고 그녀의 창의성이 발휘된 것이다. 피부과 의사로서는 그러한 경제적 성공을 거둘 수 없었을 것이다. 치료를 아주 잘하는 피부과 전문의들은 많다. 하지만 "그의 입술에는 묻지 않아요…… 당신 입술에만 남아 있어요"라는, 묻어나지 않는 립스틱을 개발한 사람은 단 한 사람뿐이다.*

내가 모아놓은 자료들을 보면, 아주 독특한 자기만의 사업을 시작한 백만장자들의 얘기가 많다. 창의적인 사람이란 아주 독특한 사업 구상을 갖고 있는 사람이다. 이런 창의적인 사람들은 선생이나 교수들로부터 칭찬받는 일이 드물다. 그들은 공식적인 시험답안지 여백에 "답이 하나 더 가능하다"고 쓰고 그 이유를 차근차근히 설명하는 급진적인 사람들이다. 이에 대한 자세한 사례 분석은 제5장 '부자들의 남다른 직업의식'에서 하도록 하겠다.

어릴 적부터 뭔가 다르게 생각하도록 교육받은 경영주들이 미국의 경제를 주도하고 있다. 미국경제는 창의성이 자랄 수 있는 풍토였다. 그러므로 미국의 젊은이들이 다른 나라의 경쟁자들에 비해 표준화된 검사에서 뒤지는 것을 뭐라 하는 사람이 있다면, 나는 다음의 글을 인용하고 싶다.

> 싱가폴의 교육부장관이 미국을 방문했을 때였다…… 사람들이 그에게 물었다. "무엇을 보러 여기 오셨나요? 당신네 나라의 아이들이 표준 성취도 검사에서 전 세계 최고의 성적을 냈는데……." 그는 대답했다. "우리나라 아이들이 잘할 수 있는 것은 시험보는 것뿐이랍니다."**

분명, 싱가폴 교육부장관은 정작 미국의 교육자들이 이해하지 못하고 있는 것을 이해하고 있다. 유일한 기회를 찾아내고 그것을 개척하는 창의

* Mary Tannen, "Hazel Bishop... Innovator Who Made Lipstick Kissproof," *New York Times*, December 10, 1998, p. C24.

** Ethan Bronner, "Freedom in Math Class May Outweigh Tests," *New York Times*, March 2, 1999, pp. A1, A4.

성이야말로 오늘날 미국이 지금과 같은 경제적 위치에 오를 수 있게 된 것과 깊은 관련이 있다는 것을 말이다. 사회적인 측면에서, 우리는 미국의 젊은이들에게서 좀더 많은 창의성을 키워낼 수 있도록 할 필요가 있다.

많은 교육관련 종사자들이 두뇌의 분석적 지능에만 신경을 쓴다는 것은 안타깝기 그지없는 일이다. 만일 그들이 분석적으로 뛰어나지 못한 아이들에게 창의성이 밥 먹여주냐는 식으로 계속 말한다면 어떤 일이 벌어질까? 우리는 큰 문제에 봉착할 것이다. 심지어 가장 창의적인 학생들에게도 "네 시험성적이 별로니까, 너는 그것밖에 안 돼"라고 계속 얘기하게 되면, 경제적으로 낙오된 사람을 한 명 더 만들어내는 꼴이 될 것이다. 그보다, 아이들에게 성공할 수 있는 길이 많다고 얘기해야 한다. 창의성, 상식, 사회성 그리고 진실성이 얼마나 중요한지를 얘기해주어야 한다. 그러한 믿음을 우리가 제대로 전할 수 있다면, 좀더 많은 사람들이 생산적인 부류에 포함될 것이다.

시험도 사회에서 차지하고 있는 위치가 있다. 하지만, 젊은이들이 자신들의 마음속에 갖고 있는 관심들을 테스트할 기회를 더 많이 줘야 한다. 그들에게 다음과 같은 얘기를 들려준다. "성공하고 싶다면, 네가 정말 좋아하는 일을 선택해라." 자신들이 선택한 일이 헌신과 긍정적인 마음을 끌어낼 수 있을 때, 사람들이 자신의 삶을 얼마나 멋지게 살아가는지를 보는 것은 경이로운 일이다.

하지만 불행히도, 자신이 좋아하는 일을 선택한 많은 사람들이 시험 혹은 학교 환경 때문에 그 길로 바로 인도되지 못했다. 백만장자의 14퍼센트 정도만이 "표준 적성검사 결과에 따라 자신에게 맞는 일을 찾았다"고 한 사실은 주목할 만하다. 대학 취업상담실에서 알선한 일을 선택한 사람은 6퍼센트 정도로 극히 미미했다.

운동선수의 마음

어떤 일에 대한 갈망, 사려 깊은 선택과 강한 애정이, 높은 분석적 지능을 충분히 대치할 수 있을까? 몇 년 전 내가 지도했던 어떤 학생이 대학원에 가서 MBA 학위를 따고 싶어했다. 그는 교양과정의 2년 동안 각 과목을 C학점으로 채웠던 학생이었다. 그리고 나서 3학년과 4학년 때는 B학점을 받기 시작했다. 그는 자신이 지원하는 대학원에서 입학 허가를 받기 위해 필요한 GMAT(경영대학원 적성시험) 시험을 치렀다. 나에게 조언을 구하던 날 아침, 그는 시험 때문에 걱정이 많은 모습이었다.

그가 가고 싶어하는 경영대학원은 GMAT 성적이 450점만 돼도 들어갈 수 있는 곳이었다. 하지만 그 학생의 성적은 300점대였다. 그는 경영대학원의 면접관들과의 개별면접이 그 낮은 점수를 벌충해줄 것으로 생각했다. 하지만 그가 들은 말은, "당신은 대학원에서 공부할 자격이 없습니다"였다.

대학원에 진학하고자 하는 꿈을 포기해야만 하는 젊은 학생에게 무슨 얘기를 해줄 수 있을까? 나는 그에게 다른 여러 MBA 프로그램이 있다고 얘기해줬다. 당시는 야간 혹은 파트 타임 프로그램이 너도나도 학생들을 끌어모으려고 하던 때였다. 어떤 곳은 GMAT를 요구하지 않는 데도 있었다.

그 학생은 "대학원 재목이 못 된다"는 얘기를 들은 상처에서 곧 회복되었고 나는 그 모습을 당연하게 받아들였다. 이 친구는 타고난 운동선수였다. 그는 운동을 하면서 자기 관리와 결단력을 보여주었다. 그는 자신의 이러한 장점들을 활용해서 그를 받아주는 학교를 찾았고, 마침내 대학원에 들어갈 수 있었다.

등록을 하고서 그는 밤낮으로 공부를 했다. 대학원 지도교수는 그의 학습태도와 창의성을 높게 샀고 그를 연구조교로 뽑았다. 그는 그 교수에게 매우 쓸모있는 존재임을 보여줬고, 학위과정 내내 잘해내었다.

연구자로서의 명성을 지니고 있으며, 많은 논문도 발표한 그 교수는 자신의 조교에게 경영학 박사과정에 진학할 것을 권했다. 그 교수는 다양한 박사과정 프로그램을 개설하고 있는 많은 지인들에게 그의 연구조교를 추천하는 편지를 써주었다. 교수는 자신이 추천하는 학생에 대해 솔직하게 썼다. "이 지원자는 GMAT 성적이 좋지는 않을 것입니다. 하지만 그는 학업을 성실히 이행할 것이며, 꼭 필요한 조교가 될 것입니다."

어떤 박사과정 프로그램에서 그를 받아들였다. 그는 저명한 교수와 함께 열심히 연구생활을 했다. 그러면서 그는 논문을 쓰기 시작하여 오늘날까지도 꾸준히, 알아주는 여러 저널에 논문을 발표하고 있다. 이러한 저널의 편집위원들이 결코 그의 GMAT 점수를 물어보는 일은 없다는 것을 명심하라. 그들은 이 친구가 스물다섯 살이 지나서 대학 졸업장을 딴 것에 개의치 않는다. 그들이 보는 것은 "추진력, 새로운 아이디어, 독창적인 연구결과"이다.

나는 이 젊은 친구가 이뤄내는 업적을 수년간 추적했다. 그가 오늘날 저명한 연구교수 자리를 차지할 수 있었던 것은 어떻게 가능했던 것일까? 그가 아직 대학생일 때 이미 대학원에서 박사과정을 밟고 있던 그 수많은 학생들은 다 어디 간 걸까? 그들도 대부분 교수가 되었다. 대부분 GMAT와 GRE 성적이 아주 좋았다. 하지만 그 학생이 이뤄낸 것만큼을 이뤄낸 사람은 극히 드물다.

나는 특히, 그가 대학원 입학 거부를 당한 사실에 흥미가 있다. 그는 자신이 선택한 첫 학교에서 그가 대학원감이 못 된다는 얘기를 들었다. 하지만 몇 년이 채 지나지 않아서 그는 그를 거부했던 학교의 정교수들 중 그 어떤 사람보다 더 많은 논문을 발표하고 있다.

시험 보는 사회의 엄격한 시험제도

지능검사 등으로 측정된 지능의 정도와, 인생에서 성공하는 것과는 어떤 관련성이 있는가? 25년도 더 전에 발표되었던 어느 유명한 논문에서, 하버드의 데이빗 맥클랜드 교수는 표준 지능검사와 그와 관련된 적성검사의 타당성에 대해 문제를 제기했다.*

타당성에는 여러 의미가 있지만, 무엇을 측정하기 위한 평가기준이 되려면 선천적으로 타고난 개인 특유의 행동양식을 잘 설명해줘야 한다. 맥클랜드 교수에 의하면, 전통적인 방식의 지능검사는 삶에서 무언가를 성취하고 성공하는 데 필요한 다양한 요소들을 설명해주지 못한다는 것이다. 하지만 그는 지능검사와 그와 관련된 적성검사가 학교성적과 깊은 연관성이 있다고 본다. 그 이유는 이러한 검사에 포함된 질문들이 문제해결 능력, 유추 능력, 독해 능력 등을 측정하는 것들이기 때문이다. 이것들은 숙제나 시험에서 학생들이 대하게 되는 주제나 시험문제들과 똑같은 것이다.

지능과 적성검사라는 것은 이런 식으로 학교성적과 연관되어 있다. 검사결과가 높으면 학업능력이 높다고 평가되고 학업능력이 높으면 인생에서도 성공할 수 있다고 추측하는 것이다. 지능검사를 철석같이 믿고 있는 사람들에게는 유감이다. 이 주제를 연구하는 대부분의 사람들은 지능검사 결과와 학교성적은 아주 깊은 연관성을 갖고 있다는 것에 동의할 것이다. 부자들에 대해서 내가 직접 실시한 조사를 보더라도 이는 입증되고 있

* David C. McClelland, "Testing for Competence Rather Than for 'Intelligence'," *American* Psychologist, January 1973, pp. 1~4.

다. 그러나 이러한 검사들이 학업생활 외의 부분도 예측할 수 있도록 해 주는가?

> 도대체 점수란 게 무엇인가? 그것이 평가의 기준으로 얼마나 타당한가? 실제로 학자들은 학교성적이 적성검사를 잘 본다는 것 외에 다른 중요한 행동양태와 어떤 연관이 있는지를 입증하는 데 많은 어려움을 느끼고 있다.*

하지만 지능지수의 신화는 계속된다. 지능검사와 적성검사는 아주 논리적으로 보인다. A학점짜리 학생은 엄청난 성공을 거둘 것이고 B학점짜리 학생은 평균 이상의 삶을 살 것이라고 본다. 그리고 나머지 C, D, F학점짜리들은 우등생 명단이나 학장의 리스트에 올라 있는 동기들보다 못한 인생을 살 것이라고 낙인을 찍어버린다.

성적표의 점수대로 성공의 여러 단계를 예측할 수 있다면, 이 세상은 정말 완벽하게 짜여진 세상이 될 것이다. 이것이 맞다면, 당신은 확고한 믿음을 갖고 전과목 A로 졸업하는 당신의 아들이나 딸에게 다음과 같이 말해줄 수 있을 것이다. "애들아, 이제부터 55년 동안 너희 인생은 쫙 펼쳐진 탄탄대로가 될 것이란다." 하지만, 변변치 않은 성적으로 졸업하는 자식이 있다면 무슨 말을 해줄 것인가? 이런 말을 해줘야 할 것이다. "넌 앞으로 55년 동안 겨우 벌어먹으면서 살겠구나."

인생은 마라톤과 같다. 이 레이스의 성공 여부는 학교성적 이외의 다른 많은 요인들에 의해 좌우된다. 그리고 의외의 변수는 자주 생기게 마련이다. 표준화된 검사는 실제의 달리기를 대신할 수 없다. 그렇지 않다면 미

* McClelland, p.1.

국정부가 해마다 국가 재산을 재분배하는 과정에서 지능지수가 높은 사람들에게 모든 몫을 줘야 하는 일이 생길 수 있다. 그런 식으로 끝내버릴 거라면 왜 재빨리 처리하지 않겠는가?

그보다, 우리의 젊은이들에게 기회를 줘보는 것은 어떨까? 인생이라는 게임를 한번 멋지게 뛰어보도록 해주는 것이다. 게임도 해보기 전에 이런 말을 해서는 안 된다.

> 게임은 끝난 거나 마찬가지야. 넌 졌어. 승산이 없어. 이 점수로, 이 수능점수로 이긴다는 것은 어림도 없지.

일반 사람들과 많은 심리학자들 그리고 대학 관계자들은 시험점수가 학업 수행의 정도를 예측할 근거는 되지만, 기타 다른 행동양태나 돈 버는 부분에서는 성공 여부를 예측할 근거가 되지 못한다는 사실을 믿으려 하지도 않고 받아들이려 하지도 않는다. 왜 우리 사회는 지능검사에 그렇게 관심이 많은 걸까? 우리는 무언가를 이뤄내는 것에 많은 의미를 두며, 누가 미래의 실제 활동 공간에서 무언가를 성취할 수 있는 사람이 될 것인지 점찍고 싶어한다. 우리는 그들이 무언가를 이뤄내기도 전에 그들에게 상을 주고 싶어한다. 우리는 미리 규정하고 예측하는 사회에 살고 있다.

이러한 상황에도 불구하고, 어떤 학생들은 성적에 기반을 둔 편견이 자신들에게 영향을 미치도록 두고 보지만은 않는다. 비율을 정확히 말할 수는 없지만, 백만장자의 많은 비율이 이런 범주에 든다. 학교성적과 지능검사의 수치가 좋은 사람들이 성공할 것이라는 예측을 잠시 머뭇거리게 만드는 것이다. 우등생도 아니었고 성취도 검사에서 높은 점수도 받지 못한 이들 백만장자들을 어떻게 설명할 수 있을까? 그들은 학교에서 "차등을 매기는 존재들"이 그들의 인생살이를 좌지우지하도록 놔두지 않았다. 그들은 창의성과 성실한 노동과 자기 관리 그리고 지도력을 포함한 사회성이 학교성적과 적성검사 결과보다 더 중요하다는 것을 알고 있었다. 이들은 그들의 선생들과 지능과 적성검사 신봉자들을 난처하게 만드는 사람들이다.

> 교육자들은 학업을 잘 따라오는 학생이 인생도 더 잘 꾸려갈 것이라는 믿음이 너무도 확고하기 때문에 그처럼 오랜 시간 동안 쌓아놓은 것에 위배되는 증거가 보이면 그것들을 고의적으로 무시하는 경향이 있다.

물론 이것은 경제적 성공을 설명하면서 교육의 중요성을 폄하하고자 하는 것이 아니다. 맥클랜드에 의하면, 대학성적이 고소득 직장을 얻는 데 중요한 영향을 준다고 한다. 그렇지만 그는 대학에서 성적이 평균보다 못한 학생들이 우등생들만큼이나 경제적으로 잘나가는 삶을 영위한다는 것을 발견했다. 백만장자에 관한 나의 연구결과도 맥클랜드 교수와 아주 많이 일치하고 있다. 대학에서 받은 성적은 재산이나 수입을 좌우하는 통계상의 중요한 변수들을 설명해주지 못한다. 그것은 수능점수도 마찬가지다.

유일하게 눈에 띄는 예외는 의대와 법대를 졸업한 응답자들의 경우이다. 그들은 대학에서 높은 점수를 받아야 했으며, 이러한 학교에 들어가기 위해서는 적성검사에서도 높은 점수를 따야만 했다. 하지만 이들 대부분은 천만장자 범주에는 들지 않는다. 그들의 순자산 정도는 보통 100만에서 500만 달러 사이를 오간다. 그렇다면 누가 미국에서 천만장자의 반열에 들까? 성공한 경영인들이다. 그들 대부분은 우등생들이 아니었다. 시험성적을 놓고 봤을 때 경제적으로 큰 성공을 거두리라고는 생각지도 못했던 사람들이다.

수능이나 다른 표준화된 검사에서 높은 점수를 받는 것과 관련해서 또 다른 문제가 제기된다. 검사결과가, 앞으로 공부할 내용을 좌지우지하게 만들기도 하고, 궁극적으로 그들이 직업을 선택할 때도 좌지우지하게 만든다는 것이다. 예로서, 수학의 천재라고 알려진 R.A.박사를 들어보자. 그녀는 수학 분야에서 고득점을 냈다. 그러자 일류 공과대학에서 그녀를 받아들이고 싶어했다. 컴퓨터과학이나 공학 혹은 수학을 전공한다면, 장학금을 주겠다는 제의도 받았다.

하지만 R.A.박사에게는 수능점수나 분석적 지능보다 더 뛰어난 게 있었다. 그녀는 풍부한 창의력과 상식을 겸비하고 있었다. 그녀 주위에는 사람이 많이 모였다. 그녀는 사교적이었고 친구도 많았다. 그런데 그녀가 고등미적분학 시험에서 최고 점수를 땄다고 수학과 공학만이 그녀의 유일한 선택이어야 할까? R.A.박사는 사람들과 어울리며 사람들을 연구하고 싶었다. 수치라는 것은 인간 행동과 연관되어 있지 않으면 그녀에겐 따분한 것이었다. 그래서 R.A.박사는 심리학을 전공했다. 그녀의 주 관심 분야는 심리 측정이다. 그녀는 자신이 최근에 완성한 프로그램을 사랑하며 자신의 일도 사랑한다.

만약 R.A.박사가 수학이나 과학이나 공학을 전공하라고 권하는 진학상담 선생님의 말을 들었다면, 그녀는 그러한 과정에 들어가서 행복하지 못했을 것이다. 진학상담 선생은 수학점수만 봤을 뿐이지, 다른 특징에 대해서는 아무런 관심도 없었다.

내가 조사한 자료를 보더라도, 직업 만족도와 시험점수를 근거로 해서 부모나 상담선생님이 권유한 직업 선택 사이에는 반발적 관계가 강하게 나타난다. R.A.박사의 말을 따르라. 당신이 원하고 필요로 하는 것을 위해 싸울 수 있는 힘과 단호한 의지를 가져야 한다. 다른 사람이 "당신을 행복하게 만들어줄 것은 이것이다"라고 함부로 말하게 놔두지 말라.

만일 당신이 지능지수가 높게 나왔다면 당신에겐 아주 많은 능력과 잠재력이 있다. 그러나 그러한 능력이 심리적으로 당신을 충족시켜주는 방식으로 이용되지 않는다면, 당신이 완전한 성공을 거두기는 어려울 것이다. 완전한 성공을 얻기 위해서는 자신의 일을 즐길 수 있어야 한다. 스턴버그 교수가 이 점에 대해 아주 적절한 말을 하고 있다.

> ……그러나, 지능지수 수치만으로는 직무수행 같은 실제상황에서 나타나는 75퍼센트 내지 96퍼센트의 변수를 설명할 수 없다.*

경제적 성공에 대해서는 그것을 설명하는 이치가 뻔하다. 자신이 선택한 일을 잘 수행하면, 다른 사람보다 더 많은 돈을 벌 것이고, 특히, 자신이 직접 운영할 때는 더 그렇게 될 수 있다는 것이다. 돈을 많이 번다면, 재산을 모을 여지도 더 많아질 것이다. 쓰기보다는 저축하고 투자해야 한다는 상식을 갖추고 있다면 두말할 나위도 없다.

투자하기 : 일반투자 혹은 개인투자

최근에 많은 투자자들이 주식시장에서 한몫 단단히 잡았다는 얘기들

* Robert J. Sternberg, et al., "Testing Common Sense," *American Psychologist*, November 1995, p. 923.

이 많다. 미국의 백만장자 1세대를 배출한 곳은 주식시장인가? 최근의 경영 및 투자 잡지를 보면, 아마도 그렇다는 생각이 들 것이다. 하지만 나는 다른 생각을 갖고 있다. 그동안 25년 넘게 백만장자들에 관해 모은 자료가 그 근거이다.

표 2-6에 제시된 자료를 자세히 보자. 단지 여덟 명 중 한 명만이 "일반법인에 투자한다"를 자신들의 경제적 성공을 설명해주는 매우 중요한 요인으로 꼽고 있다. 열 명 중 세 명이 그것을 중요한 요인으로 꼽았다. 그렇다면 대부분의 백만장자들은 주식에 투자하지 않는 것일까? 그런 것은 아니다. 단지 그들은 다른 투자자들보다 주식시장에 대해서 훨씬 현실적인 태도를 취하고 있을 뿐이다. 그들은 주식시장을 그들의 돈을 투자할 수 있는 여러 곳 중의 하나로 여길 뿐이다. 아주 많은 비율의 백만장자들이(35퍼센트) "현명하게 투자한다"를 자신들의 경제적 성공을 설명해주는 아주 중요한 요인으로 꼽고 있다. 이들은 "일반법인에 투자한다"를 아주 중요한 요인으로 꼽은 12퍼센트의 사람들과 대비된다.

백만장자들은 현명한 투자를 하는 사람들이다.
그러나 현명한 투자라는 것은 주식거래에만 국한된 것은 아니다.

대부분의 백만장자들은 주식투자가 유일한 게임은 아니라고 말한다. 아주 많은 비율이 다음의 요인들을 중요한 것으로 꼽고 있다.

"자신의 사업에 투자한다"(26퍼센트) "자기가 직접 운영한다"(29퍼센트) "대가가 예상된다면 금전적 위험을 감수한다"(29퍼센트). 예상했던 대로, 대부분의 사업주와 경영인들은 자신들의 사업에 투자하는 것의 중요성을

표 2-6. 백만장자들의 성공요인 : 투자 방식
직업적 분포에 따라 백만장자들이 아주 중요하다고 보는
(괄호 안은 비교적 중요하다고 보는) 요인의 백분율

	사업주 (32%)	중역 (16%)	변호사 (10%)	의사 (9%)	기타 (33%)	전체 (100%)	순위
주식투자							
일반법인에 투자한다	12(28)	10(36)	11(32)	13(26)	14(30)	12(30)	27
좋은 투자자문가를 둔다	13(29)	8(32)	6(22)	20(33)	11(27)	11(28)	29
자신의 사업							
현명하게 투자한다	41(42)	27(41)	23(43)	33(48)	35(39)	35(41)	10
자신의 사업에 투자한다	50(37)	12(20)	15(21)	24(38)	14(23)	26(28)	17
자기가 직접 운영한다	45(40)	12(31)	19(40)	46(39)	21(34)	29(36)	13
대가가 예상된다면 금전적 위험을 감수한다	42(49)	27(43)	15(36)	21(48)	22(45)	29(45)	13
자기 분수에 맞게 생활한다	14(30)	9(23)	13(27)	16(36)	15(30)	14(29)	24

너무도 잘 알고 있다.

이것과 대조적으로, 사업주의 단 12퍼센트만이 "일반법인에 투자한다"를 아주 중요한 요인으로 꼽고 있으며, 28퍼센트가 중요한 요인이라고 선택했다.

백만장자들이 자신의 사업에 투자하는 것에는 그렇게 '애착'을 가지면서 주식시장에 대해서는 신뢰를 거의 하지 않는 이유가 뭘까? 이 설문에 응답한 사람들은 보통 연간 실소득이 60만 달러가 넘는 사람들이었다. 이 모든 수입은 거의 대부분 사업주로서, 중역으로서, 변호사로서, 의사로서 혹은 기타 여러 형태로 자신들의 직업에서 거둬들인 것이다. 몇 년 전 인터뷰를 했던 한 백만장자의 말은 내가 곧잘 인용하곤 한다.

제 재산의 원천은…… 제 일에 있습니다…… 경제적으로 성공한 사람은 도박을 하지 않습니다…… 저는 도박을 하지 않습니다…… 저는…… 현재 상태에 도달하기 위해…… 열심히 일했습니다. 열심히 일해서 얻어낸 것은 함부로 다룰 수 없지요.

이 사람은 위험부담이 높은 매물에 투자하지 않는다. 그리고 다른 법인에 투자하는 데 존재하는 위험에 대해서는 현실적인 자세로 임한다. 대부분의 백만장자들은 우량주에 투자하지만, 그렇게 해서 한몫 단단히 잡으려는 의도는 없다. 그들은 주가가 아무리 올라도 수수료와 세금과 시장 침체로 인한 손실을 생각한다면 자신의 사업이나 법률회사나 의료기관에 공동투자함으로써 벌어들이는 이익보다 많지 않다고 생각한다.

"자신의 사업"이라는 영역의 한 항목으로 "자기 분수에 맞게 생활한다"가 있다는 것을 눈여겨볼 필요가 있다. 자칭 현명한 투자가이며 모험가이며 자신의 사업에 투자하는 사람들은 이러한 특성을 공통적으로 갖고 있다. 그들은 두드러지게 "자기 분수에 맞게 생활한다".

비록 검소함과 "자기 분수에 맞게 생활한다"가 내 조사에 포함된 전체 응답자들의 경제적 성공을 설명해주는 결정적인 요인은 아니지만, 대부분의 열정적인 투자가들과 경제적 모험가들은 역시나 설문대상이었던 다른 백만장자들에 비해 훨씬 더 검소했다. 그들은 자신들이 좀더 검소하고 덜 쓰게 되면 더 많이 투자할 수 있다는 것을 알고 있다.

예측과 수확 : 일반의 경우와 개인의 경우

오늘날 자수성가한 백만장자들은 돈에 대해 아주 물정이 밝고 경제적 기회 포착에 아주 예민하다. 주식시장에 대한 예측이 정확하고 일관될 수 있다고 여긴다면, 그들 중 많은 이들이 사업체를 팔아치우거나 법률회사에 들어가 있는 자신의 몫을 모두 현금화해서는 그것을 몽땅 주식시장에 쏟아넣을 것이다. 하지만 이런 일이 일어나지 않는 것은 대부분의 백만장자들이 주식시장의 실체와 허상을 잘 알고 있기 때문이다. 그것은 한 개인 투자자가 좌지우지하거나 영향을 미칠 수 없는 것이다. 하지만 대부분의 백만장자들은 자신의 개인 사업체나 자신의 병원 그리고 자신의 법률회사에 대해서는 많은 영향력과 통제력을 행사할 수 있다. 그리고 그들은 아주 잘 분배된 자산구조를 갖추고 있다. 그들은 한 바구니에 그들의 모든 달걀을 넣어두지 않는다.

주식시장은 백만장자들이 현금 일부를 맡겨두는 여러 곳 중의 하나일 뿐이다. 그런데, 이런 데 투자하는 돈은 어디서 생긴 것일까? 주식시장을 열심히 기웃거리는 사람은 그 돈은 주식시장에서 벌어서 다시 투자된 것이라고 답할 것이다. 투자회사나 뮤추얼 펀드에서 내고 있는 광고를 보노라면, 그런 생각이 드는 것은 당연하다. 그런 광고들을 보면 돈이 도대체 어디서 나오는지 언급되지 않는다. 그들은 주식과 뮤추얼 펀드에 투자한 사람들이 몇 해 동안 거두었던 최고의 수익율만을 얘기할 뿐, 돈이 어디서 나오는지에 대해서는 일체 언급이 없다.

그들이 빼놓고 있는 것은 무엇인가? 아주 간단한 것이다. 당신이 자신의 일에서 먹고 입고 자는 데 필요한 것말고 더 많은 돈을 벌지 못한다면, 주식시장에는 투자할 수 없다는 점이다. 거의 대부분의 백만장자들은 자신들의 부의 원천은 바로 자신들의 일이라고 말할 것이다. 전문적인 주식 투자가들은 극히 드물다. 그들은 다른 것에서 돈을 벌고 있다. 그런데 몇백만 달러의 자산을 갖고 있는 사람은 어떤가? 천만장자들은 일반법인에 투자하는 것에 대해 재산이 그보다 적은 사람들보다 더 많은 신뢰를 갖고 있는가? 그렇지 않다. 실제, 천만장자의 3분의 1이 "일반법인에 투자한다"를 그들의 경제적 성공을 설명해주는 중요한 요인으로 생각하지 않고 있다. 재산이 200만에서 500만 달러 정도 되는 백만장자들 중에서는 그중 5분의 1만이 일반법인에 투자하는 것이 경제적 성공을 위해 중요하다고 생각하고 있다.

평균적으로 보면, 천만장자들은 그들 자산의 많은 부분을 공개적으로 거래되는 주식에 투자하기보다 개인 혹은 아주 가까운 사람이 소유하고 있는 주식에 투자하고 있다. 순자산이 1000만 달러가 못 되는 백만장자들에게는 이런 현상이 역전되어 나타난다.(표 2-7 참조)

유사한 이유로, 천만장자들은 그들의 경제적 성공을 투자 자문가들의 덕택으로 보지 않는다. 이 문맥에서 투자 자문가라는 말은 공개적으로 거래되는 주식과 관련하여 그것을 팔거나 그에 대한 조언을 하는 사람들을 지칭한다. 이는 자수성가한 백만장자의 경우에도 마찬가지이다. 재산을 상속받은 사람의 경우는 어떨까? 적어도 자기 자산의 10퍼센트 정도를 유산 혹은 증여의 형태로 물려받은 백만장자는 다른 시각을 갖고 있다.

재산을 상속받은 사람의 반 정도는 자신들의 경제적 성공을 얘기할 때 일반법인에 대한 투자와 투자 자문가들의 역할을 빼놓지 않는다. 그런데 그들이 유산으로 물려받은 돈이 없는데도 투자할 수 있었을까? 한편, 자수성가한 백만장자들은 개별투자를 특히 선호한다. 그들은 일반법인을 운영하는 사람들이 모두가 뛰어난 운영진이 아니라는 것을 안다. 개별 사업장 내에서는 탁월한 재능을 갖춘 매니저들이 많다. 변호사들의 경우는 개인법인들을 대리하는 일로 부분 또는 전액 보상 차원에서 종종 그 법인체의 지분 참여를 제안받곤 한다. 소규모 회계법인을 책임지고 있는 경우에는 의뢰인으로부터 유한 책임의 동업자 자리를 제안받기도 한다.

표 2-7. 백만장자의 투자 : 공개거래 주식과 다른 금융자산

순자산의 범주(괄호 안은 평균)

	1백만~2백만 달러 (147만 1000달러)	5백만~1천만 달러 (680만 9000달러)	1천만 달러 이상 (2791만 7000달러)
순자산의 비율에 따라 선정한 금융자산의 보유			
공개거래 주식	16.8	23.6	26.4
개별/비공개 소유 주식	8.5	15.8	28.3
면세 채권	8.8	12.4	12.4
현금 및 현금 등가물	7.5	4.1	2.3
외상 매출금	3.2	3.8	3.1
비법인 주식	2.7	3.8	6.1
동업	1.1	3.1	4.1
상업용 및 투자용 부동산	18.1	15.1	11.0
총합	66.7	82.3	93.7
공개거래 주식을 제외한 총합	49.9	58.7	67.3
금융자산 항목 전체에서 공개주식이 차지하는 비율	25.2	28.7	28.2

자신의 사업

자신의 사업으로 한 해에 수백만 달러를 벌어들일 수 있다면, 자신의 시간과 정력으로 무엇을 할까? 대부분의 백만장자들처럼, 당신은 아마도 그렇게 많은 이윤을 거둬들인 원천인 자신의 사업에 열중할 것이다. 그렇다면, 일반법인에 투자하게 되는 주식시장에 대해서는 당신은 어떤 생각을 가질 것인가?

당신을 연간 수백만 달러를 벌어들이는 성공한 변호사라고 가정해보자. 당신의 일은 큰 노력을 요하는 것으로 일주일에 평균 60 내지 80시간을 일하게 된다. 하지만 당신은 당신 서비스 상품의 목록을 만들어 보관해둘 수 없다. 사건마다 의뢰인마다 다르기 때문이다. 그러므로 당신이 작년에 300만 달러를 벌었다 하더라도, 다음 해에는 더 열심히 일하지 않으면, 더 많은 돈을 벌 수가 없다.

만약 당신이 자신이 제공하는 서비스 상품을 쌓아둘 수 없다면 다른 방도를 취하게 된다. 즉, 자신이 번 돈을 투자하는 것이다. 번 돈의 일부를 주식에 배당하고 이런 식으로 투자되는 당신의 수입이 적어도 인플레이션의 상승폭은 따라잡기를 기대한다. 만약 짭짤한 수익이 생긴다면, 더할 나위 없다. 당신의 주식 포트폴리오가 지난 몇 년 동안 30퍼센트 정도의 수익을 착착 챙겨주었다면, 당신은 아마도 아주 잘나가는 지금의 변호사 일을 그만두고 투자 전문가 일을 본직으로 삼을 생각도 할 것이다.

그런데 당신이 이런 코스를 결코 밟지 않을 것이라는 근거는 많다. 당신 마음 한켠엔 전업 투자가라는 것은 진짜 일이 아니라고 생각한다. 일다운 일은 손님과 고객이 있어야 하는 것이다. 혼자 사무실에 덩그라니 앉아 컴퓨터 화면 앞에서 일한다면, 수백 명의 성실한 고객을 결코 이끌어낼 수 없다. 그것은 결코 당신을 인력시장에서 인기 있는 실세로 만들어주지 않을 것이다. 그리고 당신은 몇몇 대형 일반법인체가 전략상 커다란 실수를 범한 것을 잘 안다. 당신은 이런 실수를 범하는 업체에서 헤아릴 수 없이 많은 돈을 거둬들인 몇 몇 성공적인 민사소송 사건을 맡은 적이 있기 때문이다. 당신이 만약 이런 실수를 범한다면, 당신은 파산할지도 모른다. 당신은 자신의 사업이 대부분의 규모가 큰 법인체들보다 훨씬 생산성이 높다는 것을 안다. 직원 일인당 거둬들이는 수입과 회사 전체의 매출액은 최고의 생산성을 보여주는 두 기준이다. 게다가, 당신은 최근 주식시장에서 산출되는 고수익은 부풀려진 주식시장에서 파생된 인공물이라는 것을 잘 알고 있다. 그러므로 당신은 법률회사를 그만두고 매일 거래자가 되라고 부추기는 주식시장의 제안을 거절한다.

다른 사람의 일을 하려고 하지 말라.

당신이 사업주거나 중역이거나 혹은 개업한 의사 혹은 변호사라면, 당신의 운명을 당신이 통제할 수 있다. 한 억만장자는 그것을 다음과 같이 요약했다.

> 우리는 힘과 통제력을 감지합니다. 우리는 우리 자신이 무엇을 하려는지 압니다. 우리가 결정합니다…… 그것은 힘을 느끼게 해줍니다. 우리는 사리가 닿는 범위 안에서 왕인 것입니다. 저는 조그만 회사를 갖고 있습니다…… 어떤 때는 사우나를 하면서도 중역회의를 갖습니다. 저와 의견을 같이 하지 않는 사람은 사표를 낼 수 있습니다…… 간단합니다…… 매우 민주적이지요.

투자의 달인을 알아내는 평가기준

이렇게 생각해보자. 백만장자의 11퍼센트만이 "탁월한 투자 자문가를 둔다"를 그들의 금전적 성공을 설명해주는 매우 중요한 요인으로 꼽고 있다. 이와 대조적으로, 백만장자의 35퍼센트는 "현명하게 투자한다"를 매우 중요한 요인으로 꼽고 있다. 자문가의 덕으로 돌리는 사람보다 무려 세 배나 많은 숫자이다. 왜 그처럼 '투자 자문가'에 대한 신뢰가 미약할까? 과반수 이상의 백만장자들이 적어도 한 개 이상의 통합주식 중개회사에 계좌를 트고 있긴 하지만, 대부분이 투자를 직접 결정한다.

백만장자들은 주식 중개업자들이 제안하는 많은 부분들을 무시하거나 신뢰하지 않는다. 면담에서 그들은 주식 중개업자들은 판매 전문가들이라고 말한다. 그들은 많은 시간을 파는 데만 쏟고, 투자 적기를 연구하는 데는 거의 시간을 할애하지 않는다는 것이다. 한 응답자는 다음과 같은 말을 해주었다. "만일 주식 중개업자들이 미래를 예측할 수 있다면, 그들은 결코 주식 중개업을 계속 하지 않을 것입니다. 그들은 예측할 수 없어요. 그들이 하는 일이란 그저 돈을 매매하는 일입니다."

그런데 여기선 백만장자들의 단순한 견해 이상의 것이 필요하다. 다음과 같은 평가기준을 생각해보자. 같은 나이대의 사람들이 있고 같은 수준의 수입을 갖고 있다고 해보자. 누가 더 많은 재산을 모을 수 있을까? '주식 중개업자'일까? 그들은 고작해야 투자 자문가 역할밖에 할 수 없다.

미국 전역의 부자를 대상으로 한 최근의 조사에서, 121명의 주식 중개업자들이 설문에 응답했다. 이들 응답자들의 연간 수입은 여섯 자리 숫자에서부터 100만 달러가 훨씬 넘는 데까지 분포되어 있었다. 어떻게 그들을 유사한 수입을 벌어들이는 사업주, 경영인, 중역, 변호사 그리고 의사에 비견할 수 있을까? 나의 이러한 비교에는 수입과 나이가 모두 고려되었다.

그들은 나이가 많으면 많을수록 더 많은 재산을 모았다. 즉, 일반적으로 나이와 재산이 깊은 상관관계를 갖고 있었다. 수입도 순자산과 깊은 상관관계가 있다. 이러한 예를 보여주는 자료를 얻기 위해, 각 응답자의 순자산의 기대치를 측정하는데 사용되는 수식은 다음과 같다. 순자산의 기대치 = 나이 × 0.112 × 수입. 좀더 설명을 하자면, 예를 들어 에디슨이라는 사업가가 있다고 하자. 그의 나이가 쉰이고 연간 벌어들인 가계 총수입이 34만 달러라고 한다면, 그의 순자산의 기대치는 190만 4000달러가 된다는 것이다. 그리고 마흔다섯 살에 수입이 15만 5000달러인 스미스 씨는 순자산의 기대치가 78만 1200달러에 달할 수 있다는 것이다.

만약 에디슨씨의 순자산이 예상치보다 적어도 두 배는 많다고 한다면 어떻게 설명할 수 있을까? 그렇다면 그는 '대차대자표 부자'의 부류에 속할 것이다. 그런데 만약 스미스 씨의 순자산이 기대치의 반도 안 된다고 한다면 '소득신고서 부자'에 속하게 된다. 이것은 스미스 씨의 나이와 수입을 고려해볼 때, 그의 실제 재산의 정도가 낮다는 것을 의미한다.

표 2-8에 나타난 결론에는 재미있는 내용이 담겨 있다. 사업주 다섯 명 중의 네 명 가량이 기대치를 훨씬 넘는 실제 순자산을 보유하고 있었다. 주식 중개업자는 세 명 중 한 명만이 기대치를 넘는 순자산을 보유하고 있을 뿐이었다.

이것이 의미하는 바는 기대치를 넘는 주식 중개업자가 1명이라면, 그것을 넘는 사업주는 2.3명이라는 것이다.

이 두 고소득층 집단을 대차대조표 부자(BA)라는 기준에 따라 비교해보면 좀더 분명한 것이 드러날 것이다. BA 집단은 재산가들의 상위 25퍼센트를 점유하고 있다. 즉 그들은 수입과 나이에 비해서 최고로 많은 순자산을 모은 것이다. 나의 조사에 따르면, 순자산이 기대치보다 적어도 두 배 이상 되는 응답자들은 대차대조표 부자에 포함되었다.

사업주의 반 가량이 대차대조표상 돈이 많은 사람인데 반해, 주식 중개업자들 중에 이 부류에 드는 사람은 13.6퍼센트밖에 안 되었다. 아주 대조적으로 주식 중개업자의 27퍼센트는 소득신고서 부자(IA)에 드는데 반해, 사업주의 약 7퍼센트만이 이 범주에 들었다.

이제, 이 두 집단의 비율을 살펴보자. IA 집단(순자산의 정도가 하위 25퍼센트에 해당)의 사업주가 1명이라면, BA 집단(순자산의 정도가 상위 25퍼센트에 해당)의 사업주는 6.6명이다. 이와 대조적으로, IA 집단의 주식 중개업자가 2명이라면, BA 집단의 주식 중개업자는 1명뿐이다.

표 2-8. 주식 중개업자와 고소득 직종의 사람들 중 누가 더 부자인가?

경제적 성취도 측정지표	주식 중개업자 (N = 121)	사업주 (N = 244)	중역 (N = 120)	변호사 (N = 93)	의사 (N = 78)	기대치 : 고소득자들
순자산의 기대치를 넘는 백분율	34.4	77.7	80.0	59.1	56.4	50.0
BA	13.6	46.3	43.3	29.0	21.8	25.0
IA	27.0	7.0	10.8	22.6	12.8	25.0
비율	0.5	6.6	4.0	1.3	1.7	1.0

주식 및 투자 상품을 치열하게 판매하는 그들 중 많은 사람들이 자신들이 추천하는 종목을 정작 본인들은 좇아가지 않는다는 말인가? 만약 그렇다면, 더 많은 주식 중개업자들이 BA 범주에 들어갈지도 모른다. 하지만, 주식 중개업자들을 보면, 고소득층을 차지하는 비율은 높은데, 상대적으로 자산의 정도는 낮게 나타나는 불균형을 보인다. 대차대조표상 돈이 많은 측에 드는, 눈에 띄는 주식 중개업자들이 몇 있다. 그들은 투자에서도 현명하게 처신할 뿐만 아니라, 힘들게 벌어들인 돈을 어떻게 사용해야 하는지에 대해서도 현명하게 처신한다.

BA와 IA의 비교 사례

나의 요점을 구체적으로 보여주기 위해, 다음의 두 예를 생각해 보자. 이 두 응답자 모두 아주 바람직한 방향성을 지니고 있는 사람들이다. BA 범주에 있는 한 사람을 나는 워드 씨라고 부를 것이다. 다른 사람은 고소득의 주식 중개업자인 로저 씨다.

워드 씨는 여덟 자리 수의 순자산을 가진 사업주이다. 그는 아주 성공한 재활용품 업체의 주인이며 경영자이다. 그는 100만 달러를 호가하는 주택에서 살고 있다. 그는 그 집을 20년 전에 20만 달러 좀 넘게 주고 구입했고 특별히 저당잡힌 것도 없었다.

워드 씨는 자신의 경제적 성공의 비결을 어떻게 얘기하고 있는가? 그가 아주 중요한 것이라고 순위를 매긴 요인들은 다음과 같다. "자신의 사업에 투자한다" "대가가 예상된다면 금전적 위험을 감수한다" 그리고 "이윤이 남을 만한 곳을 찾아낼 줄 안다" 등이다. 워드 씨가 중요하지 않게 보는 요인은 다음과 같다. "일반법인에 투자를 한다"와 "좋은 투자 자문가를 둔다"이다. 워드 씨는 일반법인에 투자하는 것이 재생산업에서 얻은 이윤을 이용하는 방법 중의 하나라고 생각하지만, 주식시장을 그의 경제적 성공의 원천으로 여기진 않는다. 그는 자산의 30퍼센트 정도를 공개거래 주식에 투자했고, 그가 가진 주식의 주가는 상승했다. 하지만 그의 자산의 핵심은 바로 그의 회사다. 주식시장이라는 것은 바로 그러한 핵심적인 투자에서 이윤을 창출해주는 공간일 뿐이다.

워드 씨는 주식 중개업자의 조언을 듣지 않으며, 이는 3년 전에 200만 달러 상당의 주택을 구입한 로저 씨의 경우도 마찬가지다. 하지만, 워드 씨와 달리 그는 100만 달러가 넘는 저당권에 잡혀 있으며 그 외에도 다른 점이 더 있다. 워드 씨는 나이와 수입을 고려해볼 때, 기대치보다 다섯 배 이상의 순자산을 소유하고 있는 반면, 로저 씨는 순자산이 기대치의 34퍼센트에 머물고 있을 뿐이다. 그럼에도 로저 씨는 자신이 부자라고 생각하고 있다. 그는 아주 중요하다고 여겨지는 요인들보다 더 중요하다고 생각하는 한 가지를 꼽는다.

자신의 아이디어와 상품을 팔 수 있는 능력이 있어야 한다.

즉, 로저 씨는 자신의 경제적 성공을 설명할 때 그가 파는 것이 어떤 것이냐 하는 것에 대해서는 그리 큰 비중을 두지 않는다. 그는 주식뿐만 아니라 조언도 팔아야 한다고 역설한다. 그렇다면, 그가 자신의 경제적 성공을 설명할 때 중요한 요인으로 여기지 않는 것은 무엇일까?

- 일반법인에 투자한다.
- 좋은 투자 자문가를 둔다.

로저 씨는 부의 축적이 투자보다 판매에 좌우된다고 믿는 것일까? 그런 것 같다.

당신에게 투자 조언과 종목을 제시해줄 사람으로 어떤 사람을 고르면 좋겠는가? BA범주에 딱 합당한 투자 자문가를 찾는 것이 좋을 것이다. 그들은 자신들이 믿는 바를 실천에 옮기는 사람들이다. 나는 여기서 금융 자문가, 의사, 변호사 혹은 IA 유형의 다른 전문직 종사자들에 대해서 말하고 있지 않다. 나는 수년 동안 그들 중의 몇몇 부류에 대해 비판적 입장을 취하고 있다. 그들의 목표는 호화로운 생활을 영위하기 위해 최대한 많이 벌고, 많이 쓰는 것이다. 그들은 일반적으로 상당한 채무를 지고 있으며, 파산의 위험이 있을 경우 당신에게 최상의 서비스를 제공해줄 수 있는 사람들은 아니라고 개인적으로 믿고 있다.

> 지혜로운 사람은 집에 값진 보화와 향유를 남겨두지만 어리석은 사람은 그것을 모두 써버린다. ―잠언 21: 20

노력인가 운인가?

'자기 관리'의 사전적 정의는 "정신적 능력이나 도덕적 성품을 교정하고 형성하고 완전하게 만드는 훈련"이다. 역으로, 이러한 관리가 잘되어 있는 사람은 정신적 능력과 도덕적 성품이 잘 갖춰진 사람이라고 할 수 있다. 도덕적 성품은 진실성과 관련 있는데, 왜냐하면, 자기 관리가 잘되어 있다라는 것은 생산적이며 도덕적인 방식으로 완벽한 행동을 실어낸다는 것을 의미하기 때문이다.

대부분의 백만장자들은 자기 관리가 잘되어 있는 사람들이다. 그들은 높은 이상을 설정하고 그런 규준에 도달하기 위해 앞으로 나아간다. 대개 그들보고 이래라저래라 하는 사람들은 없다. 사실, 자기 관리가 잘되어 있다는 징표의 하나는 길을 보여주는 지도가 없더라도 경제적으로 성공을 거둘 수 있는 능력이다. 백만장자들은 스스로 자신들의 지도를 만든다. 어느 누구도 그들에게 일어나서 일하러 갈 시간이라고 말하지 않는다.

일단 일에 들어서면, 그들은 가장 급한 일과 스케줄과 처리해야 될 것들을 결정한다. 자신의 삶을 잘 꾸려나갈 수 있도록 해주는 자기 관리의 결과 그들은 언제, 어디서, 무엇을, 왜 해야 하는지를 일일이 얘기해주는 사람이 없으면 결코 살아남을 수 없는 다른 많은 사람들과 다르다.

백만장자란 말 그대로 재산을 많이 모은 사람이다. 미국에 사는 대부분의 사람들은 그렇지 못하다. 그들은 그들의 번 돈을 거의 전부 써버린다. 따라서 열 가구 중 세 가구는 순자산이 마이너스이다. 대부분의 백만장자들은 무일푼으로 시작했고, 60퍼센트는 단 한푼의 유산도 물려받은 것이 없다. 열 명 중 한 명만이 그들 자산의 10퍼센트 이상을 유산으로 물려받았다. 대부분의 백만장자들은 그들 스스로의 힘으로 일어서는 아주 전통적인 방식으로 재산을 모았다.

그들의 성공은 대부분 자기 관리의 결과이지 행운이나 우연과는 거리가 멀다.

표 2-9에 나타난 결과를 주목하기 바란다. 설문에 응한 백만장자 중의 12퍼센트만이 "운이 따라준다"를 자신들의 경제적 성공을 설명해주는 아주 중요한 요인으로 꼽았다. 이 비율을 자신들의 성공이 "자기 관리가 철저하다"(57퍼센트)는 데 있고 "다른 사람보다 더 열심히 일한다"(47퍼센트)는 데 있다고 말하는 백만장자의 비율과 비교해보자.

셀 수 없이 많은 백만장자들이 자신들이 미국에서 살면서 일할 수 있는 것이 행운이라고 나에게 말했다. 백만장자 농부가 수백만 달러의 곡식을 수확하는데, 비가 충분히 와준다는 것은 분명 운이 좋은 것이다. 그렇다. 운도 일정의 역할이 있다. 하지만 대부분의 경제적 성공은 생산적인 행동에서 비롯한다.

나와 가장 절친한 한 친구는 언젠가 이런 말을 한 적이 있다. 내가 뉴욕 타임스 선정 베스트셀러 목록에 오르게 된 책을 쓴 것이 행운이라고 말이다. "그것은 유전학의 문제야." 그는 덧붙였다. 나는 그에게 말했다. 그 책을 쓰기 위해 중간 굵기의 파란색 펜으로 150만 개의 문자 상징을 만들어내는 것과 운이 좋은 것 사이의 상관관계에 대해서 분석해볼 필요가 있겠다고 말이다. 이 말은 자수성가한 많은 백만장자들이 나에게 한 말과 다르지 않다.

내가 열심히 일할수록, 나에겐 더 많은 운이 따른다.

부자가 되는 데 운이 어느 정도 작용하는가에 대한 상세한 논의는 제4

표 2–9. 백만장자들의 성공요인 : 우연과 자기 관리 (N = 733)
직업적 분포에 따라 백만장자들이 아주 중요하다고 보는
(괄호 안은 비교적 중요하다고 보는) 요인의 백분율

	사업주 (32%)	중역 (16%)	변호사 (10%)	의사 (9%)	기타 (33%)	전체 (100%)	순위
우연							
운이 좋아야 한다	17(35)	12(43)	7(34)	4(35)	11(32)	12(35)	27
자기 관리							
자기 관리가 철저하다	54(39)	57(37)	63(35)	73(24)	54(42)	57(38)	1
조직력이 있다	36(48)	32(48)	42(42)	50(40)	32(54)	36(49)	9
다른 사람보다 더 열심히 일한다	49(40)	42(46)	49(35)	61(35)	44(43)	47(41)	5

장 '부자들의 용기–대담함과 결단력'에서 다뤄질 것이다. 자기 관리가 되어 있는 사람은 어떤 높은 목표를 향해 시선을 가져간다. 그리고 나서 그 목표에 도달하기 위한 생산적인 방법을 찾아낸다. 그들은 쉽게 샛길로 빠지지 않는다. 그들이 고급 브랜드의 술로 가득찬 창고에 산다고 하더라도 술에 빠지지는 않을 것이다. 그들이 프랑스 빵집에서 산다 하더라도 체중이 늘지는 않을 것이다. 혹은 그들이 수백 가지의 돈벌이 기회를 맞이한다 하더라도 그들의 능력과 시장의 요구에 가장 잘 맞는 한두 가지만을 선택할 것이다.

대부분의 백만장자 의사들이 행운이라는 것을 어떻게 생각하는지 보면 아주 흥미롭다. 오직 4퍼센트만이 그들의 경제적 성공을 설명하는 데 행운을 아주 중요한 요인으로 꼽을 뿐이고, 73퍼센트는 자기 관리를 아주 중요한 요인으로 생각했다. 이들 대부분은 이미 고등학교도 들어가기 전에 의사가 되고 싶어했던 사람들이다. 그들에겐 목표가 있었고, 그것을 한시도 잊어본 적이 없다. 게다가, 의대를 졸업하는 데 운이라는 게 도움이 되기나 할까? 이들 의사의 말에 따르면, 관계는 거의 없다.

경제적 성공의 여러 다양한 변수를 설명할 때 자기 관리의 중요성을 지나치게 강조하는 것은 무리가 있다. 그러나 만약 자기 관리가 충분치 못하다면, 많은 재산을 모을 가능성은 그만큼 줄어들 것이다. 물론, 복권에서 당첨될 수 있다. 하지만 대개의 경우, 타락하게 될 가능성이 많아지게 된다.

버몬트에 있는 슈거 부쉬라는 곳에서 저녁모임이 있을 때였다. 내 친구 존은 나를 종합병원의 방사선과장에게 인사시켰다. 친구는 나중에 그 의사에 대해 재미있는 일화를 들려주었다. 그는 고등학교를 중퇴했다고 한다. 고등학교 중퇴자가 어떻게 방사선과 의사가 될 수 있었는지 의아해하자, 존은 얘기를 더 들려주었다. "그는 군대 시절 자기 관리의 필요성을 깨달았어. 그 유명한 벌지 대전투에서 포탄으로 패인 구덩이에서 밤을 보낸 것이 그의 나이 열일곱 때였는데……."

거기서 그 친구는 바로 다음에 떨어지는 포탄에 자기가 맞아 죽을 것이라는 생각을 했다. 그리고 밤새도록 고등학교를 중퇴한 것에 대해 스스로를 자책했다. 그는 자신이 좀더 자기 관리를 했더라면 이렇게 죽음을 넘나드는 상황에 처하진 않았을 것이라는 생각이 들었다. 그날 밤, 그는 다짐을 했다. "내가 여기서 살아나간다면, 반드시 의사가 될 것이다."

죽음의 그림자가 드리워진 그날 밤을 전후로 해서 그가 변한 것은 딱 한 가지밖에 없다. 그는 자기 관리를 하기로 결심한 것이다. 결국 그는 의학공부를 마친 사람들 중 자기 관리가 가장 철저한 사람 중의 한 명이 되었다.

자기 관리를 하는 사람은 보이지 않는 나침반을 갖고 있어서 스스로를 통제하고 방향을 잡아간다. 자기 관리를 한다는 것은 자신의 목표에 도달하기 위해 변화와 수정이 필요하다면 그렇게 해나간다는 것을 의미한다.

텔레테크의 창립자인 케네스 터크만은 최근의 인터뷰에서 자신만의 자기 관리 방식에 대해 다음과 같이 말했다.

> 나는 선발주자가 가득한 사회에서 결승선을 끊는 사람이다…… 이러한 생각이 나의 머릿속에서 한시도 떠난 적이 없어요.*

당신이 제아무리 행운아라도 보장된 것은 없다. 서른의 나이에 500만 달러짜리 복권에 당첨됐다 하자, 그렇다고 당신이 예순다섯 살이 됐을 때도 여전히 백만장자로 남아 있을까? 그 수준을 유지하는 데도 운말고 다른 것이 필요하다.

나는 수백만 달러를 상속받은 많은 행운아들을 설문조사한 적이 있다. 이러한 재산을 늘린 사람들은 다음과 같은 말을 할 것이다. "그건 행운이 아닙니다." 그들은 적어도 그들을 도와줄 능력이 뛰어난 신탁 혹은 자산 관리인을 고용하기도 했지만, 그들이 투자할 수 있는 돈을 적재적소에 할당하는 데도 많은 노력을 기울였다.

자기 관리란 무엇인가? 네바다 출신의 한 억만장자의 경우, 그것을 다음과 같이 말한다. "메르세데스를 임대해서 탄다고 해서 부자가 되는 것은 아닙니다…… 중요한 것은 순자산에 대한 생각을 놓치지 않는 겁니다!!!"

자기 관리는 또한 좋을 때건 나쁠 때건 자신의 배우자와 항상 같이 한다는 것을 의미하기도 한다. 그것은 자신이 그런 멋진 배우자와 많은 혜택들을 누리고 있으므로 하루하루 자신이 받는 그 은총을 헤아릴 줄 알아야 한다는 것을 의미한다. 매일 자신의 배우자에게 고마운 마음을 갖는 것이다. 조지아 출신의 천만장자 건설업자는 다음과 같이 말한다. "우리

---

* Sanders, p.24.

집사람은…… 너그럽고 합리적이며 자립심이 강하며 차분한 사람입니다. 정말 고마운 사람이죠."

자기 관리란 또한 자신이 관리가 잘 안 되고 있다고 느낄 때, 자극을 받을 수 있는 곳을 찾아낼 수 있다는 것을 의미하기도 한다. 한번은 내쉬빌 출신의 억만장자에게 그의 생산력과 일에 대한 엄격한 윤리적 태도의 원천은 무엇인지를 물은 적이 있다. 그는 일곱 번을 반복해서 "군대"라고 써 넣었다.

부자가 되기 위해서는 생각과 행동에 자기 관리가 따라야 한다. 커다란 경제적 성공을 거두기에 충분할 만큼의 자기 관리가 필요한 것이다.

❸

THE MILLIONAIRE MIND

부자들의 학창 시절

만약 당신이 보통의 미국인에게 백만장자가 되기 위해서 무엇이 필요한가를 물어본다면, 아마도 유산, 행운, 주식투자 등의 여러 가지 결정적인 요인을 들 것이다. 그가 말하는 것 중에 가장 상위를 차지하는 것이 높은 지능지수와 수능점수 그리고 좋은 학교성적과 명문대학 졸업장일 것이다. 우리의 관념 속에서 이런 믿음을 지워내기란 쉽지 않을지도 모른다. 하지만, 자수성가한 백만장자들을 대상으로 한 나의 조사는 이 믿음을 뒤집었다. 통계에 따르면, 내가 조사했던 백만장자들 중 극히 일부만이 시험성적이 좋거나 학점이 좋았으며, 명문대학 출신이었다. 이러한 요인들은 몇몇 백만장자들에게는 유용한 것일 수 있다. 하지만, 대부분은 위와 같은 유용한 요인들 없이도 아주 높은 경제적 생산성을 이뤄냈다.

그들은 지적으로 타고난 사람들인가?

어떤 경로를 통해서인지, 내가 다른 책을 준비하고 있다는 게 출판업계에 알려졌다. 출판 유통지인 퍼블리셔스 위클리는 다음과 같은 기사를 실었다.

> 스탠리 씨는 『The Millionaire Mind』라는 다음 책을 준비하고 있다. 그는 아직 이 책에 대한 출판 계약을 맺지 않은 상태이다.*

이 기사는 많은 흥미를 불러일으켰다. 어느 중견 출판사의 편집장이 전화를 걸어와 이 책에 대해 지대한 관심을 보였다. 그는 내게 그 책의 내용에 대해 간략하게나가 얘기해주기를 요청했다. 그는 특히 다음의 내용에 대해 깊은 관심을 나타냈다.

내가 인터뷰했던 대부분의 백만장자들은 우등생 콤플렉스가 없었다. 오히려 반대로, 그들은 자신의 이미지에 대해서 한 가지 이상의 열등감을 갖고 있었다. 그들은 이런 얘기들을 했다.

> "저는 대학 다닐 때, C학점짜리 학생이었죠."
> "제 수능성적은 보잘것없었어요."
> "저는 심리학 과목에서 D를 받았어요."
> "제 얘기가 뭐 쓸 만한 거리가 되기나 하나요?"

---

* Daisy Maryles, "No Shotgun Approach for This Millionare," *Publishers Wddkly*, September 1, 1997.

"저는 학습장애가 있었어요."

"저는 대학에서 성적이 좋지 않아 퇴학당했어요."

"저는 6학년 때 유급당했지요."

"제겐 고등학교 졸업장밖에 없어요."

"저를 받아주는 법대는 없더군요."

이처럼 스스로를 낮춰 말하는 백만장자들에게서 나타나는 공통점은 무엇인가? 학창 시절, 선생님, 부모님, 진학상담 선생님, 혹은 적성검사 기관 등과 같이 책임의 위치에 있는 사람들은 그들에게 다음과 같은 말을 했다.

"너는 머리가 나빠."

나와 통화했던 그 편집자는 내가 진행하고 있는 작업에 깊은 관심을 표명하고서 내 연구작업에 가장 많은 통찰력을 제공해준 책이 뭔지를 물었다. 인간 지능에 관한 한, 가장 권위 있는 사람 중의 한 사람인 로버트 스턴버그는 그의 책 『성공 지성』 서문에 다음과 같이 썼다.

저는 예일대학의 교수입니다. 저는 상도 많이 받았으며, 600편이 넘는 논문과 책을 발표했고, 연구기금으로 약 100만 달러에 달하는 돈도 받았습니다. 나는 미국 문리 아카데미의 회원이며, 미국의 인명록에도 등재돼 있습니다. 그런데, 제 인생에서 가장 큰 행운은 좌절의 경험이라고 할 수 있습니다. 어릴 적 지능지수 검사에서 아주 나쁜 점수를 받은 겁니다. 그게 무슨 행운까지나 되냐고 말씀하시겠죠? 저는 이미 초등학교 때, 제가 만약 성공한다면 그것은 저의 지능지수 덕분은 아닐 것이라는 것을 알았기 때문입니다. 그리고…… 지능지수가 낮다고 해서 성공하지 못하란 법이 없듯 지능지수가 높다고 해서 성공이 보장되는 것도 아닙니다.

스턴버그 교수와 내가 조사한 많은 백만장자들 사이에 공통되는 부분은 무엇일까? 그들은 학창 시절, 다른 사람이나 다른 무엇에 의해 낮은 평가를 받았다. 그러나 그들은 일에 있어서 탁월함을 보여주었고, 이른바 지적으로 타고난 사람들보다 훨씬 더 뛰어난 능력을 보여주었다. 스턴버그는 또한 다양한 형태의 지능을 측정할 수 있는 방식을 개발하는 놀라운 창의력까지 보여주었다. 스턴버그 교수는 자신의 저서를 그의 4학년 때 담임선생님에게 헌정했다. 알렉사 선생님은 지능지수 점수에는 그리 큰 비중을 두지 않았다. 그에게 많은 조언을 해주면서, 선생님은 그가 우등생이 되도록 격려했고, 이후 그는 줄곧 우등생이 되었다. 스턴버그 교수는 최우수 성적으로 예일 대학을 졸업했으며, 스탠퍼드대학에서 박사학위를 땄다.

이 장을 쓰는 중에 나는 내 딸 사라와 함께, 조지아대학에서 그가 강의하는 것을 들으러 갔다. 강의는 화창한 봄날, 금요일 오후 3시 30분에 시작됐다. 금요일 오후 강의에는 참석하는 학생이 거의 없기 마련이다. 하지만 그 강의는 달랐다. 자리가 꽉 찼다. 스턴버그 교수의 강의에 실망하는 사람이 없었다. 그는 글쓰기도 뛰어날 뿐만 아니라, 언변도 뛰어났다. 그는 성공한 대부분의 사람들이 자신이 선택한 직업에 깊은 애정을 갖고 있음을 몸소 보여주었다. 또한 그는 누가 뭐래도 창의적인 사람이다. 600여 편의 논문을 발표한 사실만 봐도 알 수 있다. 스턴버그 교수는 독창적인 아이디어로 10개의 박사학위를 취득했으며 이로써 많은 대학으로부터 종신 교수직을 제의받고 있다.

강의를 듣고 돌아오면서, 나는 딸과 얘기를 나눴다. 사라에게 들려준 말은 나의 설문에 응답한 백만장자들이 입증해준 것이다.

스턴버그의 『성공 지성』이라는 책을 읽어보거라. 그 책을 네 목표를 성취하기 위한 지침으로 삼도록 하고 그가 말하는 내용을 명심하거라. 네가 네 일과 네가 다루고 있는 연구 주제에 대해서 애정을 가질 수만 있다면, 반드시 네가 원하는 것을 이룰 수 있어. 하지만 노력도 많이 해야 하고, 너의 창의적이고 분석적인 지성도 잘 활용해야 하겠지. 그가 600여 편의 논문을 쓴 것을 아니? 너도 주제 선정에 대해서 많이 숙고하고, 열심히 연구하고 자주 발표해보아야 한다. 그렇게 할 수 있다면, 너도 성공할 수 있을 거야.

네가 제아무리 뛰어난 분석적인 재능을 타고났다 하더라도, 그 연구결과를 출판하지 않으면 성공하긴 어려워. 그리고 책으로 발표하기 위해서는 창의적이고 신선한 주제를 쓰는 데 온 노력을 기울여야 한다.

젊은이에게 성공에 대한 조언을 주고자 하는 사람은 스턴버그의 책을 반드시 읽어야 한다. 성공의 이면에는 그것을 가능케 한 많은 동기들이 있다. 하나의 차원이나 요소로 성공을 온전히 설명하는 것은 절대 불가능하다. 젊은이들이 자신들의 정력을 충분히 활용한다면 그들은 성공할 수 있다. 스턴버그는 사람들에게 내재해 있는, 성공하기 위한 아주 다양하고 많은 방법을 알고 있다. 그 자신의 이야기는 내가 진행하고 있던 백만장자 마인드에 하나의 중요한 통찰력을 제시해준 완벽한 사례이다. 대부분의 백만장자들은 표준화된 검사 혹은 학교성적으로 미루어보건대 지적으로 타고난 존재들이 아니었다.

바보들 줄에 끼어 있는 똑똑한 아이

제임스 패트릭 씨가 3학년 때, 잊지 못할 일이 생겼다. 그의 선생님인 일명 "체벌자", 에일린 수녀님은 30명의 반 아이들을 세 그룹으로 나눴다. 첫번째 그룹은 첫째 줄과 두번째 줄에 앉혔다. 그리고 수녀님은 이들을 "똑똑한 아이들"이라고 불렀다. 두번째 그룹은 셋째 줄과 넷째 줄에 앉혔다. 이 그룹은 "보통 아이들"이었다. 다섯번째와 여섯번째 줄에 앉는 아이들은 "바보"나 "멍청이"들이었다.

에일린 수녀는 아이들을 왜 이렇게 나눴던 걸까? 패트릭 씨에 의하면, 그녀에게는 다음과 같은 기준이 있었다고 한다. 글씨를 얼마나 잘 쓰느냐, 철자가 얼마나 바르냐, 깔끔하게 정리한 숙제를 제시간에 내느냐 등. 이런 것들이 한 사람의 지적인 능력을 판단하는 데 적절한 기준일까? 패트릭 씨가 보기엔 아니었다. "그녀의 기준에 따라 전 바보 줄에 있었죠. 하지만 제가 가장 똑똑한 아이였어요."

현재, 그는 명문대학 박사학위를 갖고 있으며, 사업체 3개를 소유하고 운영하는 억만장자가 되었다. 그는 여전히 철자법이 시원치 않아 오직 그의 비서만이 "컨디션이 좋은 날이면" 그의 글씨를 다 읽어낼 수 있다고 한다. 하지만, 그는 제시간에 맞춰 할 일을 처리하는 데는 아주 부지런하다.

패트릭 씨는 초등학교 선생님들이 창의성이라는 부분에 대해서는 그다지 주목하지 않는 것 같다고 한다. "제가 알파벳에 새로운 문자 하나를 더 첨가하자고 제안했을 때, 에일린 수녀님 반응이 어땠을지 상상이 가십니까?" 패트릭 씨는 창의적인 사람이며 여러 가지 혁신적인 사업분야를 창안해내었다. "창조적인 가능성을 지닌 미국의 모든 아이들이 에일린 수녀님 같은 분에 의해 3학년 때 미리 분류된다면 어떤 일이 벌어지겠습니까?"

글씨도 잘 쓰고 철자법도 틀리지 않는 첫번째 줄에 앉은 똑똑한 아이들이 미래에 위대한 창의성을 띤 사람이 될 수도 있다. 하지만 이런 식으로 나누고 재단하는 경우가 드문 일이어서 고마울 뿐이다. 패트릭 씨는 바보들 줄에 앉았던 다른 친구들에게 어떤 일들이 생겼을지 궁금해하고 있다.

이들은 정말 자신들이 바보라고 믿었을까? 일찌감치 성공할 생각은 포기했을까? 패트릭 씨는 많은 친구들이 포기했을 것이라고 생각한다. 그는 자신의 경우는 아주 예외라고 본다.

그동안 사람들은 저보고 "너는 안 돼…… 넌 능력이 없어. 네가 사업에서 성공하기엔 쟁쟁한 경쟁자들이 너무 많아. 에일린 수녀님 말을 믿어야 해"라고 말했어요. 그런데 제가 그 말을 믿었다면, 저는 다리에서 통행료나 거두고 있거나, 아니면 트럭을 몰고 가며 통행료나 지불하는 처지가 되었겠죠.

패트릭 씨는 자신에 대한 에일린 수녀님의 평가를 결코 인정하지 않았다. 오히려 어린 나이에도 불구하고, 그 선생님의 권위에 의문을 가졌다. 그는 자리에 앉아 항상 자문하곤 했다.

어떻게 글씨와 철자법은 그렇게 중요하게 생각하면서 종이에 써낸 생각의 깊이는 그렇게 하찮게 취급할 수 있었을까요? 6학년 때 독후감 쓰는 일도 그랬습니다. 거의 모두가 다른 사람의 생각을 베껴낸 것이었죠. 하지만 에일린 수녀님과 다른 선생님들은 독후감을 써오라고 하는 것만 좋아했습니다. 이러한 부류의 사람들은 독창적인 생각을 가려내고 판단할 수 있는 능력이 없었는지 모릅니다.

패트릭 씨만 그런 것은 아니다. 대부분의 성공한 사업주 백만장자들은 에일린 수녀님과 같은 사람을 겪은 적이 있다.

어떤 기준과 기존의 어떤 것 그리고 권위에 대해 의문을 품는 것은 자수성가한 백만장자들과 앞으로 부자가 될 소지가 있는 사람들의 사고방식에 나타나는 특징이다. 독창적인 내용 없이 글만 잘 쓰는 재주와 철자법 혹은 글씨를 예쁘게 쓰는 것이 사람을 부자로 만들어주는 것은 아니다. 이러한 능력을 가진 사람들은 똑똑한 아이들이 앉는 자리에 앉을 수 있을 뿐이다.

지금도 여전히 패트릭 씨를 비판하거나 과소평가하는 사람들이 있다. 하지만 그는 이미 어렸을 때부터, 그를 판단하는 위치에 있는 사람들에 대해 의문을 품을 줄 알았다. 실제로 그는 바보들이 받게 될 마음의 상처에 대해 면역이 되어 있었다. 바보 줄에 앉았던 다른 친구들은 그들의 지적 능력에 대한 에일린 수녀님의 판단의 피해자가 되었다. 하지만 그는 예방접종이 되어 있었다. 에일린 수녀님의 판단쯤이야 오히려 항체를 만들어주는 알약에 불과했다.

학교에서는 별로 좋은 평가를 못 받았지만, 집에서는 비행기 모델을 만들고 집짓기 세트를 가지고 놀며 새로운 디자인을 구상했다. 그의 부모님은 그가 완성한 작품을 보고선, "너는 정말 손재주가 좋구나…… 아주 창의적이다"라는 말을 해주었다.

후에 고등학교와 대학교를 다니면서, 영어와 외국어에선 D나 C를 받았지만, 전공에서는 전부 A를 받았다. 그가 언제나 느끼는 거였지만, 영어에서 A를 받는 친구들 중에 문학적 창의력을 가진 친구들은 거의 만나지 못했다. 또한 그가 보건대, 그들은 수학과 과학도 그리 잘하지 못했다. 그는 줄곧 이런 생각을 했다. 저들은 교실 밖 험한 세상으로 나가면 초라한 모습이 될 거야, 라고 말이다. 현실에서는 누가 성공하는가? 시련에 견딜 수 있는 사람이다. 패트릭 씨의 경우, 에일린 수녀님이 바보들 줄에 앉힌 것으로 인해 그의 면역력은 키워졌다.

똑똑한 아이들의 줄에 앉았던 패트릭 씨의 친구들은 어떻게 됐을까? 그들은 고용주로부터 안 좋은 평가를 받고, 직장을 잃게 되는 경우 어떻게 처신하는가? 그들은 이전에 어떤 권위로부터도 자신들을 바보들 줄에 앉히는 경험을 한 적이 없다. 자신의 창의적인 아이디어나 행동, 생각에 대해 이러쿵저러쿵하는 것에 잘 처리할 수 있는 사람은 누구일까? 패트릭 씨와 같은 사람들은 비판하는 사람들에게 "꺼져"라고 말할 수 있으며 자신들의 새로운 생각을 얕보는 사람들로 인해 더욱 자극받는 사람들이다.

나는 패트릭 씨 같은 사람들이 이러한 문제를 다룬 최근의 한 기사에 얼마나 많이 동감할지 궁금하다. 나는 특히 이 문단에서 얼마나 많은 밑줄이 그어질지 자못 기대된다.

> 읽기나 쓰기보다 수학과 미술 혹은 음악을 더 잘하는 아이들은 초기 학습에 싫증을 낼 소지가 많다…… 언어적 능력이 뛰어나서 명문 학교에서 졸업장을 받은 아이들이 말은 잘할지 모르지만, 결국 알맹이 없는 어른으로 자랄 소지가 많다.*

에일린 수녀님의 지적 분류를 받아들이지 않는 사람들은 어떤 사람인가? 그들은 왜 열등생이라는 딱지를 인정하려 들지 않는가? 어떤 이는 그런 부분에서 깨어 있는 조언자를 만날 수 있다. 그렇지 않으면, 그들이 성

---

* Cynthia Crossen, "Mind Field : Think You're Smart? Then Just Try to Sell a New Kind of IQ Test," *Wall Street Journal*, June 5, 1997, p. 12A.

공할 수 있도록 인정해주고 격려해주는 부모들이 있다. 많은 백만장자들이 지나치리만치 구식 스타일인 우직함을 보여준다. 그들은 에일린 수녀님 같은 사람들을 그저 평범한 적수로 생각한다. 패트릭 씨는 자신을 인정해주지 않는 사람이 틀렸다는 것을 보여주는 것을 대단한 즐거움으로 여겼다. 실제, 그는 억만장자가 된 이후 몇 년 동안, 자신의 지갑에 재산보고서 요약본을 넣고 다녔다. 그 요약본의 맨 위에는 다음과 같은 글이 쓰여 있었다. "바보들 줄에 있었으나 가장 똑똑한 아이."

진짜 중요한 것 : 우직한 끈기와 지도력

좋은 시험점수나 학점과 같은, 성공할 수 있는 개인의 잠재력을 측정하는 전통적인 방법이 백만장자 마인드를 가진 사람들을 가려낼 수 있는 믿을 만한 기준이 못 된다면, 정말 중요한 요인은 무엇일까? 백만장자에게는 두 가지 중요한 속성이 있다. 끈기와 지도력.

끈기에 대한 강연

데이브 롱거버거는 최근에 작고했다. 그의 초등학교 선생님들은 그가 성공한 사업가가 될 줄은 꿈에도 몰랐을 것이다. 그는 초등학교 때 세 번이나 유급당했고 고등학교를 겨우 졸업한 것이 그의 나이 21살 때였다. 그가 학업을 제대로 수행하지 못했던 것은 경미한 간질병에다가 말더듬 증

---

* Robert McG, Thomas Jr., "David Longaberger, Basker Maker, Dies at 64," *New York Times*, March 22, 1999, p. A18.

세가 있었기 때문이었다.*

학교에서 세 번이나 유급당한 사람이 억만장자가 될 수 있다는 것은 불가능해 보인다. 그의 직원 7천 명 중 적어도 한 번이라도 학교에서 유급당했던 사람이 몇이나 될까? 21살이 되어서야 고등학교를 졸업할 수 있었던 사람 밑에서 일하고자 하는 사람이 얼마나 될까? 하지만 현실적으로 말해서, 7천 명의 직원들 중에 그의 학급석차에 신경쓸 사람은 없을 것이다. 그들은 믿고 의지할 수 있는 사람 밑에서 일하고 싶어할 뿐이다. 어느 누가 자신들에게 월급을 주는 사람이 학교 다닐 때 일등을 못했다고 신경이나 쓰겠는가?

학업성적이 별로 좋지 못했던 백만장자들이 공통적으로 갖고 있는 특징과 경험들은 무엇인가? 거의 대부분이 아주 일찍부터 직업전선에 뛰어들었다. 그들의 자긍심은 학교에서는 별볼일 없었을지라도, 파트 타임으로 일하면서 스스로의 자긍심을 회복했다. 롱거버거 씨는 6살에 가게의 창고 심부름꾼으로 첫 일을 시작했다. 하지만, 그와 같은 자수성가형 백만장자들은 다음의 내용을 계발하고 보여주었다.

끈기를 놓치지 않고 보여준다.

말더듬과 간질과 유급을 극복하기 위해서는 끈질겨야 한다. 그에게는 또한 그가 결점을 극복할 수 있도록 이끌어주고 격려해준 부모가 있었다. 깨어 있는 부모라면 자식들에게 이런 말을 들려줄 것이다. "열심히 하면, 뭔가 이뤄낼 수 있다." 열심히 일하는 것이 초등학교에서 성취해낸 것보다 성공의 가능성을 더 보여준다. 지난 해 7억 달러 이상 되는 그의 제품을 구매한 소비자들 중에 몇이나 그의 학업성적을 확인하려고 들었겠는가?

나는 결코 크라이슬러 자동차를 구매하지 않겠다

왜 그런가? 크라이슬러에서 만든 자동차를 살 생각이 없다고 치자. 여러 이유가 있을 것이다. 아마도 우리는 성적이 시원찮았던 사람을 회장으로 선임한 회사에 대해 신뢰를 못 하고 있는 것인지 모른다. 그렇다. 크라이슬러사의 전직 사장 겸 부회장인 로버트 러츠는 22살에야 고등학교를 졸업했다. 그리고 7년이 걸려서야 대학 졸업장을 받을 수 있었다.* 더 따져볼 것 없다. 크라이슬러가 아무리 좋은 차를 만든다 하더라도 당신은 아무런 관심이 없다. 파이 베타 카파 회원이 운영하는 회사에서 차를 구입하면 될 테니까.

러츠 씨와 같은 많은 백만장자들은 학업성적이 나쁘다고 좌절하지는 않았다. 러츠 씨가 그럴 수 있었던 것은 그의 부모와의 관계 덕분이라고 볼 수 있다. 장담컨대, 자상하게 옆에서 도와주는 자상한 아버지가 있었을 것이다. 아마도 그래서 그가 자신의 멋진 책을 아버지에게 헌정했는지 모른다. 당신은 러츠 씨의 아버지와 같은 사람인가? 아니면, 당신의 아들 혹은 딸이 21살에도 여전히 고등학교에 있다고, 격려도 조언도 신경도 쓰지 않는 사람인가? 그렇지 않기를 바란다.

대부분의 백만장자들처럼, 러츠 씨에게도 몇몇 훌륭한 조언자들이 있었다. 해병대조차 그에게 자기 관리와 지도력과 진실성에 대해 가르쳐주었다. 그는 후에 성실히 노력한 결과 MBA를 땄다. 그가 크라이슬러사의 사장이었을 때, 많은 부하직원들은 고등학교 성적이 아주 뛰어나서 많은 대학으로부터 입학 허가들을 받았던 사람들이었을 것이다. 하지만, 이 영예의 졸업생들이 러츠 씨를 위해 일하고 있었던 것이다.

---

* Robert A. Lutz, *Guts*(New York : John Wiley & Sons, 1998), pp. 4, 13.

성적을 갖고서 성공을 판단하기는 어렵다. 미국 경제체제의 가장 좋은 전통 덕분에, 러츠 씨는 그가 가장 적임이라는 사실 하나로 사장이 되었다. 그는 사람들을 잘 이끌 수 있었기 때문에 다른 사람들 위에 섰던 것이다. 다른 사람들이 지적으로 타고난 사람이든 아니든 간에 그들은 그들을 이끄는 사람에 의해 움직인다. 지도자는 인적 혹은 여러 다른 요소들에게서 최고의 생산성을 이끌어낼 줄 아는 사람이다. 러츠 씨는 시간이 갈수록 이러한 능력을 입증했다.

분명히, 러츠 씨는 고교 시절의 학업 부진이 그의 미래를 결정할 것이라고는 생각지 않았다. 그렇지 않았다면 그는 크라이슬러사를 운영할 배짱도, 22살에 고등학교를 졸업했다는 것을 밝힐 배짱도 생기지 않았을 것이다.

다른 사회였다면, 러츠 씨는 그의 운명을 그의 고교 시절의 성적으로 결정지었을지 모른다. 다른 나라에서는 뒤집을 수 없는 일도 미국에서는 뒤집을 수 있다. 미국이라는 나라는 "돌아온 탕아"의 나라이다. 다만 어떤 이에게는 경제적 생산력을 증대시키기 위해 거쳐야 될 과정이 다소 길 수도 있는 것이다.

좋은 평가를 받지 못한 유년기, 형편없는 학교생활, 끔찍한 수능점수, 이런 것들에 영향을 받는 사람은 그러한 결과 앞에서 좌절하여 포기해버리는 사람들이다. 하지만 자신의 원대한 꿈을 향해 꾸준히 나아간다면, 성공할 수 있으며 성공할 것이다. 운과는 상관없다.

우등생이면 모두 리더?

아무런 생각 없이 문화적으로 굳어진 고정관념을 따른다면 우리는 자동적으로 최고지도자의 역할을 다음과 같은 사람에게 맡길 것이다.

- 유치원과 초등학교 시절을 통틀어 전과목 우등생인 사람
- 대학에서 전과목 A를 받은 사람
- 수능시험에서 만점을 받은 사람

나머지 사람들은 이들 밑에서 일하러 다닐 수밖에 없다. 하지만, 학창 시절을 우등으로 보냈다고 해서 수완이 뛰어난 지도자가 될 수 있는 것은 아니다. 왜냐하면, 분석적 지능이 지도력과 깊은 연관관계가 있는 것이 아니기 때문이다. 이러한 관계를 폭넓게 연구한 내용을 조목조목 분석해놓은 글에서, 프레드 피들러와 토머스 링크는 다음과 같은 결론을 내렸다.

> 인지능력 측정검사는 지도력 행사 여부에 대해서 거의 말해주는 것이 없다…….
>
> 지능과 지도력 및 관리능력의 관계는…… 변수의 10퍼센트도 채 설명해주지 않는다…….
>
> 이처럼 미미한 관련성에도 불구하고 마치 진짜 어떤 관계가 있는 듯 과대평가된다…… 어떤 경우엔, 지도자의 지적 능력과 지도자의 역할수행 사이에 역관계가 존재하기도 한다.*

불행히도, 학생들의 지도력을 결정짓는 변수의 90퍼센트가 표준화된 지능검사로 해명이 안 된다는 것을 말해주는 선생님은 거의 없다. 얼마나 많은 아이들이 학교성적이 좋지 못하다고 혹은 수능점수가 나쁘다고 일찍부

---

* Fred E. Fiedler and Thomas G. Link, "Leader Intelligence, Interpersonal Stress and Task Performance," in R. J. Steinberg and R. K. Wagner, eds., *Mind in Contrast : Interactionist Perspectives on Human Intelligence*(New York : Cambridge University Press, 1994), p. 152.

터 스스로 포기하고 마는가? 그들에게 이런 말을 들려줘야 할 것이다. "너에겐 아직도 기회가 있다. 남보다 더 노력을 기울이기만 한다면, 다른 사람들을 지도할 수 있는 능력도 가질 수 있다." 성공할 수 있다는 희망을 갖게 하는 것이 그들을 그렇게 하도록 이끄는 길이다. 희망을 빼앗게 되면, 남는 것은 또 한 명의 경제적 낙오자이거나 주변부 수준의 생산성을 지닌 사람이다.

만약 지도력과 끈기를 갖췄다면, 당신은 언젠가 교실의 그 똑똑했던 친구들을 훨씬 앞서 나갈 수 있을 것이다. 이것은 바로 많은 백만장자 응답자들이 실제 입증한 사실이다.

학창 시절에 진정으로 배운 내용

고등학교에 다니는 자식을 둔 많은 부모들이 나를 찾아와 학업문제를 상의한다. 그들은 아주 헌신적인 부모일 수 있다. 하지만 그들은 종종 자신과 아이들을 너무 병적으로 염려한다.

어떤 부인은 자신의 아이가 TAG 프로그램(영재 프로그램)에 선발되지 않았다고 학교를 상대로 법적 대응을 고려하고 있었다. 그녀는 자신의 아이가 영재라고 굳게 믿고 있었다. 거기에 들어갈 수 있는 아이는 다섯 명 중의 한 명에 불과했으며, 인정 조건은 표준화된 검사 점수를 기반으로 하고 있다. 그 외에 학교수업에서 받은 점수를 고려에 넣었다.

그 어머니는 예감이 안 좋았다. 그녀는 자신의 아이가 OTTAG (비영재) 멤버에 끼는 불명예를 염려하고 있었다. 좀더 구체적으로 살펴보자. 2학년 학생 433명 중에 영재아 그룹은 20퍼센트이고, 비영재아 그룹은 80퍼센트니까 숫자론 346명이다. 비영재라는 검사결과가 나왔다고 해서 이 아이가 앞으로 생산적인 어른이 되지 못하는 것은 아니다. 내가 걱정스러운 것은 한참 예민할 때의 아이를 이런 식으로 분류하게 되면, 아이는 결코 자신의 잠재력을 살려낼 수 없을지 모른다는 것이다. 그는 자기에게 아무런 재능도 능력도 없다고 믿을 수 있다. 그리고 그는 영재 판결이 난 아이들만이 인생에서 성공할 수 있다고 생각할 것이다.

등급을 나눠주는 것은 때로는 그에 부합하는 행위를 이끌어내기도 한다. 이 경우 아이 어머니는 아이의 장래가 바로 이런 등급에 달린 것임을 믿고 있었다. 하지만, 그것은 그녀가 그렇게 믿는 경우에만 사실일 수 있는 것이다. 만약 그녀가 자신의 아이가 실패할 것이라고 믿는다면, 아이는 그것을 받아들이고 그에 따른 행동을 할 것이다.

하지만, 인생은 단거리 달리기가 아니다. 마라톤 중의 마라톤이다. 순위야 앞서갈 수도 있고 뒤쳐질 수도 있다. 당신은 실패할 운명이라고 규정짓는 부정적 평가에도 불구하고 인생에서 성공할 수 있다고 믿는다면, 당신은 마라톤에서 우승할 수 있다. 이는 백만장자들의 공통적인 경험이다. 많은 사람들이 말하길, 인생의 어떤 지점에서 그들은 열등할 수도 있고, 그저 그럴 수도 있지만, 그들은 그러한 평가가 자신들의 미래까지 좌지우지하게 두지 않는다. 그들은 자신들에게 붙여진 열등생이라는 딱지를 극복한다. 이상이 내가 그 어머니에게 해준 말이었다.

나는 또 그 어머니에게 다른 얘기도 해줬다. '비영재'라는 굴레를 극복하는 과정은 그러한 등급이 매겨진 아이를 더 강하게 만들어준다고 말이다. 그것은 강철에 티타늄을 첨가하는 것과 같다. 순수한 강철로 있을 때보다 몇 배나 더 강한 강철이 된다. 미국의 백만장자들 중에서 열등생이라는 딱지가 붙지 않았던 소수의 사람들은 변호사와 의사 정도이다. 모든 사람이 수석졸업생이 될 수는 없다. 그 외의 모든 이들은 뭔가를 이뤄내기 위해 오랜 세월과 수많은 기회를 맞이해야 한다. 자식들에게 끊임없이 그들이 성공할 수 있다고 말해주는 부모들이야말로 자식들을 성공한 어른으로 키울 수 있다.

그러므로 이 어머니는 자신의 생각을 바꾸는 것이 좋다. 소송료로 준비해두었던 돈을 저축해두었다가, 아이에게 좋은 가정교사를 구해주는 데 쓰는 것이 나을 것이다. 아이에게, 하기만 한다면 뭔가를 이룰 수 있다는 것을 얘기해주어야 한다. 그러한 등급표시 하나 갖고 16살 난 학생의 미래를 함부로 써내려간다는 것은 불합리하다.

나는 백만장자들에게 그들의 고교 시절과 대학 시절에 대해 물었다. 그들 전부가 학과에서 상위 1퍼센트 안에 드는 성적으로 졸업했을까? 거의 그렇지 않다. 조사대상이었던 백만장자의 약 2퍼센트 정도만이 상위 1퍼센트에 들었다고 한다. 경제적으로 성공한 사람 중에 수석으로 졸업한 사람은 드물다. 하지만 또 한편으로 바닥 성적으로 졸업한 사람도 드물다.

백만장자들은 자신들이 대학 시절 우등생이 아니었다고 말한다. 실제, 열 명 중에 세 명만이 A학점을 좀더 많이 받았다고 한다. 대략 90퍼센트 정도가 대학을 졸업했고 전체의 평점평균은 대략 2.9 정도이다. 그리 좋은 학점은 아니다.

그러나 거의 모든 백만장자들은 그들의 학창 시절이 훗날 성공한 어른으로 자라게 하는 데 어떤 면에서 영향을 주었다고 말한다. (표 3-1 참조) 그런데, 그중의 어떤 경험은 다른 것보다 더 중요한데, 학점이나 등급과는 비교할 수 없는 것이다. 많은 사람들이 "일에 있어서 엄격한 윤리성을 갖춘다"가 중요한 경험이었다고 한다. 거의 모든 백만장자들은 이 경험이 그들이 경제적으로 성공한 어른으로 자라도록 영향을 미쳤다고 했다.

표 3-1. 자기 관리와 통찰력 : 백만장자로 만들어준 학창 시절의 경험

학창시절의 경험	내용 영향을 받은 (괄호 안은 받지 않은) 백만장자의 비율 (N = 733)
자기 관리	
일에 있어서 엄격한 윤리성을 갖춘다	94(2)
적절히 시간을 안배하는 것을 배운다	91(1)
학교에 다니면서 파트 타임 일을 한다	55(21)
대학 장학금을 받는다	20(60)
통찰력	
사람을 정확하게 보는 법을 배운다	88(3)
자신의 관심과 능력을 객관적으로 본다	86(3)
일반 사람들과 다르게 생각한다	76(6)

백만장자들은 일의 윤리성의 부분은 중시하면서도, 학습이나 수업에 관해서는 언급도 하지 않았다. 많은 이들이 학교에 다니면서 파트 타임으로 일을 했다. 그리고 많은 사람들이 사람을 정확히 판단하는 것을 배우는 데 상당한 시간을 할애했다. 이러한 배움의 과정은 학교 내외에서 많은 사회적 관계를 맺고 활동을 하면서 확장되었다.

일부 사람들이 보기엔, 그러한 식의 사회화 과정은 학교제도 내에서 비생산적이라고 여길 수도 있을 것이다. 하지만 이런 훈련은, 사람들을 판단하는 데 뛰어난 사람과 그렇지 못한 사람을 구분하는 아주 중요한 비결인 것 같다. 학교에서 받은 높은 학점과 백만장자들이 말하는 사람들을 정확히 판단하는 고도의 능력과는 누가 보기에도 역관계가 존재한다. 따라서 존이라는 사람이 어떤 일을 제대로 못 한다고 한다면, 그것은 그가 사람들을 정확히 읽어내는 능력이 부족하기 때문이라고 생각할 수 있다.

이 책에서 얘기하는, 경제적으로 성공한 대부분의 사람들은 많은 일들을 모두 잘해낸다. 다른 사람들은 분석적인 면에서 천재이긴 하지만, 사람들의 능력을 읽는 데 있어선 별 재주가 없을 수 있고, 한편으로 그 반대일 수도 있다. 만약 당신이 돈을 벌고 싶다면, 능력과 자질을 배가시키는 법을 배우는 것이 가장 좋다. 열심히 일하고, 열심히 사람들을 만나고 어울려야 한다.

많은 백만장자들이 성공의 가장 중요한 기반이 되어주었다고 믿는, 표 3-1에 나타난 학창 시절의 경험들의 내용을 살펴보자. 그것은 학교에서 배운 어떤 특정과목보다, 그리고 높은 학점보다, 그리고 수능점수보다 더 소중하다. 진짜 중요한 영향력은 다음과 같은 일반적인 능력들에서 비롯한다. 성실함, 효율적인 시간과 자원 안배, 판단력, 끈기, 유대관계…….

장애를 극복하고 무장하기

백만장자들이 오늘날의 지위에까지 오를 수 있었던 것은 여러 장애에도 불구하고 그것을 극복하기 위해 노력을 했기 때문이 아닐가? 나는 대부분의 백만장자들이 그들의 인생에서 한 가지 이상의 장애를 겪었다는 것을 알았다. 사람을 좌절시키는 장애물을 극복하지 않았다면, 그들은 경제적으로 성공하지 못했을 것이다. 그들이 성공할 수 있는 초석을 깔아준 것은 바로 그러한 투쟁의 힘든 여정이었다.

불행히도, 백만장자가 아닌 대부분의 사람들은 권위를 가진 사람이 내리는 부정적 평가를 그대로 수용한다. 지능지수 검사와 수능 그리고 기타 여러 가지 검사를 제대로 치르지 못한 사람들은 대부분 자신의 운명이 그러한 것이라고 받아들인다. 심지어 선거권을 가질 나이가 될 때까지도 그

대로 굴복하며 산다. 그들에게 나쁜 성적은 자동적으로 경제적으로 윤택하지 못한 인생을 살아야 한다는 것을 의미한다. 그러나 자수성가한 백만장자들은 다른 길을 택한다. 인생의 매 순간, 그들은 자신들을 평가절하하는 사람들을 신뢰하지 않는다. 그들에겐 선생과 교수와 사람들과 교육기관이 만들어놓은 평가에 대해 의문을 제기하는 통찰력과 용기와 대담함이 있다.

자수성가한 백만장자들에겐 면역체계와 같이 흥미로운 것이 있는 것 같다. 나는 무슨 전염병과 싸우는 것을 얘기하고 있는 것이 아니다. 그들의 정신력을 두고 하는 말이다. 그들에겐, 악의에 넘치는 비평가가 내린 아주 고약한 평가도 되받아칠 줄 아는 후천적 능력이 있다. 햇병아리 시절을 거치면서, 이러한 정신의 갑옷은 튼튼하게 만들어진다. 시간이 갈수록 그들의 면역체계는 더욱 강해진다. 왜 그런가? 심지어 말년의 시기에도, 백만장자들은 그들에게 던져지는 여러 다양한 비판과 권위세력의 부정적인 평가에 대항해 싸워야 하기 때문이다.

강철도 제련을 하지 않으면 견고해질 수 없다. 사람이라고 다르지 않다. 자수성가한 백만장자들은 권위를 지닌 사람들이 내리는 낮은 평가와 의견이 그들이 성공한 인생을 살아가는 데 필요한 나름의 역할을 한다고 말한다. 그처럼 망치질을 해줌으로써 비판에 맞서서 단호함을 키울 수 있는 항체가 형성되는 것이다.

단호함을 키우기

오늘날 성공한 사람들은 인생의 햇병아리 시절에 어떻게 자신의 갑옷을 만들어낼 수 있었을까? 자신에 대한 부정적인 평가를 극복할 수 있는 능력은 여러 원천에서 생겨난다. 대부분의 1세대 백만장자들은 이혼은 해본

적도 없으며 사랑이 넘치고 자상한 금실 좋은 부모 밑에서 자라났다. 대부분 결혼생활이 한평생 갔다. 대중매체와 같은 데서 말하는 것과 달리, 대부분의 자수성가형 백만장자들은 압력밥솥과 같은 가정환경에서 자라지 않았다. 그래서 경제적으로 성공한 어른으로 자라난 아이들은 부모에게서 다음과 같은 소리를 들어본 적이 없다.

"이런 성적 갖고선, 큰사람 되기는 글렀다."
"학교에서 좋은 성적을 받지 못하면, 넌 인생의 낙오자가 될 거야."
"이런 수능점수로 대학 문턱에나 가겠니."

경제적으로 성공한 사람들의 부모는 훨씬 더 긍정적이다. 부모의 도움과 건설적인 제안은 아이의 갑옷에 기본적인 안감을 대준다. 그리고 이러한 부모들은 아이의 마음에 장차 성공하는 데 장애가 될 심적인 부담을 심어주지 않는다. 그들은 자식들을 함부로 하는 경우도 없으며, 무조건 잘하라고만 하면서 아이들에게 부담을 주는 경우도 없다.

오늘날 자수성가한 백만장자들이 오래 전 형편없는 성적표를 갖고 집에 돌아왔을 때, 그들의 부모는 이런 말들을 했을 것이다.

"넌 더 잘할 수 있어."
"다시 본 궤도에 들기 위한 계획을 세워보렴."
"나와 같이 문제를 풀어보자."
"이 부분을 이해할 수 있도록 도와줄 좋은 선생님을 찾아보자."
"나도 항상 이 부분에서 걸렸었단다. 해보렴. 너도 할 수 있을 거야."

"수학 천재도 이 수식을 고안해내려면 평생이 걸릴 거야. 하룻밤 새에 할 수 있는 게 아니니 기운내."

그리고 나서 좀더 자세한 얘기로 들어간다.

너희 반의 브라이언이 전과목 A를 받고 졸업생 대표가 된다고 해서 신경 쓸 건 없어. 그애는 밤낮으로 공부만 할 테니까 친구도 없고 다른 활동도 하지 않을 거야. 토드야, 그런데 나 같으면 브라이언보다 너를 직원으로 채용할 거야. 반 대표이고, 학교 육상선수이기도 한 너는 괜찮은 B학점 학생이니까. 너는 모든 면에서 골고루 잘하기 때문에 언젠가 잘될 거야. 장담컨대, 언젠가 브라이언이 너 같은 사람 밑에서 일하게 될 거다. 학급석차 때문에 네 인생의 다음 50년 동안 네가 할 수 있는 일에 제약받지 말아라. 너희 선생님과 상담 선생님이 그렇게 미래를 잘 예측할 수 있었다면, 그들은 월 스트리트의 백만장자 주식 투자가나 라스베이거스의 잘나가는 도박사가 되었을 거야.

토드는 이 얘기를 들으면서 무엇을 얻었을까? 든든한 갑옷! 토드는 그가 미래에 성공할 수 있는 정도를 얕잡아보는 사람들에게 맞서면서 그 자신을 보호할 수 있는 법을 배운 것이다. 누가 장차 성공할 가능성이 더 많은가? "가장 지적으로 뛰어난" 사람으로 뽑힌 전과목 우등생인 브라이언일까? 자수성가한 백만장자들을 조사한 결과에 따르면 그렇지 않다. 브라이언은 사업에서 성공하는 데 필요한 갑옷을 만들어놓지 않았다.

사업을 하다 보면 몇 년 간 밤낮으로 일한다 하더라도, 그 이듬해 파산할 수 있다. 대출신청서에 멋들어진 사업계획서를 첨부할 수도 있지만, 그 대출이 거부당할 수도 있다. 그렇다, 12개의 은행에서 12명의 대출담당자로부터 거절을 당할 수도 있는 것이다. 한 백만장자는 은행 대출계 직원을 가리켜, "거절 박사님들"이라고 했다.

토드와 브라이언 중 어떤 사람이 12명의 대출담당자의 부정적 평가를 이리저리 잘 피하고서 대출 승인을 받을 때까지 계속 신청하는 배짱을 보여줄 수 있을까? 나는 토드와 같은 사람이 그럴 수 있다고 장담한다. 수천 명의 자수성가한 백만장자들을 만나면서, 나는 그들의 사업계획이 모두 한 번 이상 거절당한 적이 있음을 알았다. 십여 차례나 거절당한 사업계획들도 많았다. 그렇게 되면 그들은 다음 대출기관으로 갔다. 그들은 어릴 때부터 훈련이 돼서 그들의 계획이 실현 가능성이 없다고 말하는 비평가들의 말에 그리 개의치 않는다. 그들에게는 자신들의 요구를 들어줄 대출담당자를 찾기 위한 시간과 노력만이 문제가 될 뿐이다.

자수성가한 백만장자들에게 최근에 고등학교 동창회에 가봤는지, 그리고 가장 특기할 만한 것이 무엇이었는지 물어보았다. 대답은 거의 비슷했다. 고등학교 시절, 반의 우상이었던 똑똑한 아이들이 오늘날 잘 풀리지 않았다는 것이다.

대부분의 백만장자들은 이런 모임에 좀 어색함을 느낀다고 말할 지 모른다. 많은 경우, "가장 성공할 것 같은" 학생들, 즉 지적으로 타고났으며 크게 성공할 것으로 선생님들이 믿어 의심치 않았던 아이들이 더이상 선두그룹에 존재하지 않는다. 지금은 누가 리더인가? 브라이언 같은 친구가 아니라, 토드 같은 친구들이다.

최고의 졸업생 뽑기 : 심사숙고하라

'최고'라는 말을 사전에서 찾아보면, "가장 높거나 으뜸가는 것"이라고 정의되어 있다. 고등학교 선생님들과 학생들은 '최고의 졸업생 뽑기'라는 학내 행사를 위해 한 표씩 행사하게 된다. 누가 성공할 것인가? 누가 가장 재능이 뛰어난가? 누가 가장 머리가 좋은가? 백만장자를 20년 이상 연구해오면서 알게 된 것은 이처럼 각 분야 최고로 선정된 사람이 백만장자 중에는 거의 없다는 사실이다.

연구의 일환으로, 나는 자수성가한 백만장자들에게 '최고의 졸업생 뽑기'에 대해서 어떻게 생각하는지 물었다. 그들에게 한 질문은 다음과 같다.

> 고등학교에 다닐 때, 당신을 가르쳤던 선생님들은 당신을 어떻게 평가했다고 생각하십니까?

선생님들 중에 그들이 "가장 성공할 것 같다"고 생각한 사람은 거의 없었다. 그들 중에 "뛰어난 지적 재능이 있다"거나 "가장 머리가 좋다"고 인정받은 사람도 없었다.(표 3-2 참조) 더 흥미로운 사실은 선생님들이 그들을 그러한 지명의 대상이 될 수 있다고 여기지 않았다는 것이다. 즉, 여러 다양한 분야의 최고를 뽑는 데 있어서 그들이 단 한 군데에서라도 뽑힐 수 있다고 생각한 사람은 없었다.

학교에서 행한 평가를 가지고 장차 경제적으로 성공할 사람을 예측하기에는 문제가 많은 것 같다.

처음부터 알아주는 사람이 없는데도 어떤 사람에게는 그것이 계기가 되어 경제적으로 성공하게 되는 것일까? "최고의 졸업생"으로 뽑히지 않

표 3-2. 백만장자들이여, 고교 시절 선생님들은 당신을 어떻게 평가했다고 생각하십니까?

최고의 졸업생 뽑기	백만장자들이 받은 평가의 정도 (N = 733)
가장 믿음직스럽다	28
가장 성공할 것 같다	20
가장 양심적이다	17
가장 성실하다	16
가장 논리적이다	15
공부를 가장 열심히 한다	14
지적 수준이 가장 높다	12
가장 의욕적이다	12
뛰어난 지적 재능이 있다	11
성적이 가장 좋다	10
인기가 가장 좋다	9

은 것 때문에, 아니면 그것에도 불구하고, 어떤 학생들은 경제적인 성공을 이뤄낼 수 있는가? 어떻게 그들이 "가장 성공할 것 같은" 사람으로 뽑힌 다른 친구들보다 더 크게 성공할 수 있었을까?

내 설문에 응답한 사람들은 '최고의 졸업생 뽑기'가 부자가 될 것인가를 보여주기엔 두 가지 문제가 있다고 한다. 우선, 선생님들은 그들 자신이 경제적으로 성공한 사람들이 아니므로, 경제적으로 성공할 수 있는지를 판단하는 데 있어서 아주 미숙하다. 따라서, 이들 부자 응답자들은 선생님들의 평가를 그렇게 중요하게 생각하지 않는다.

다음으로, 선생님들은 종종 바르지 못한 기준들을 적용해 판단한다. 어떤 학생이 학업면에서 뛰어나고 그와 관련된 상을 받았다고 해서 앞으로 인생에서 성공할 것이라는 보증을 받은 것은 아니다.

학창 시절 끈기라는 것을 경험한 후의 모습	영향을 받은 백만장자 (괄호 안은 영향을 받지 않은 백만장자)
성공하는 데 있어서, 열심히 일하는 것이 타고난 머리보다 더 중요하다고 생각했다	76(8)
나쁜 성적 때문에 자신이 성취해야 할 목표를 포기하지 않았다	52(23)
누군가 자신에게 보통 혹은 그 이하라고 딱지를 붙인 것에 자극을 받아 자신의 목표를 위해 싸우는 법을 터득했다	45(29)

표 3-3. 끈기로무장하기 : 백만장자들에게 영향을 끼친 학창 시절의 경험

* 여기서 영향을 받았다는 것은 많게 혹은 보통 정도로 영향을 받았다는 것을 말한다. 보통 이하의 영향을 받았다는 부분은 이 항목에서 제외했다.

흥미로운 것이 있는데, 학교와 관련된 경험 중에 세 가지 정도가 경제적으로 성공할 수 있는 동기를 주었다고 한다. 그것들은 끈기라는 일반적 통칭 내에 포함되는 내용이다.(표 3-3 참조) 가장 중요한 것은 백만장자들이 뭔가를 생산해낸다는 것의 의미를 제대로 이해했다는 점이다.

그들이 아직 자아 형성기에 있다 할지라도, 그들은 다음과 같은 사실을 깨닫는다.

성공하는 데 있어서, 열심히 일하는 것이 타고난 머리보다 더 중요하다.

학교생활이 이런 면에서 영향을 미쳤다고 말하는 백만장자들과 그렇지 않았다고 말하는 백만장자들의 비율을 비교해보라. 대부분의 백만장자들은 성공은 타고난 머리에서가 아니라, 열심히 일하는 데서 비롯한다고 믿고 있다. 그들은 또한 아주 똑똑한 친구들과의 경쟁에서도 경제적으로 충분히 앞설 수 있다는 자신감이 있다.

대부분의 백만장자들은 성적이 나쁘다고 자신의 꿈을 포기하지 않는다.

고등학교와 대학교를 좋은 성적으로 졸업한 백만장자들도 이따금 형편없는 점수를 받았다. 하지만, 성공을 결심한 사람답게, 그들은 모든 좌절을 일시적인 것으로 본다. 끈기는 백만장자의 특성 중의 하나다.

대부분 소중한 목표를 위해 싸우고 겨루는 방법을 일찍부터 터득한다.

많은 백만장자들은, 심지어 공부를 잘했던 사람들도, 권위적인 위치에 있는 사람이나 표준화된 검사결과에 의해 "보통" 혹은 "그 이하"로 등급이 매겨지는 일이 흔했다. 하지만 위의 조사에 따르면 그러한 평가가 어떤 사람들에겐 좀더 끈기를 갖게 만들어버린다.

그들이 내게 분명히 언급했듯이, 어떤 백만장자들은 그러한 판단을 누르고 앞서간다. 그들은 어디서 그러한 단호함을 익혔을까? 그것은 부정적인 판단에 맞섰던 아주 초기의 경험에서 얻어진 것이었다.

그처럼 두각을 나타내지 못했던 많은 학생들이 어떻게 해서 사업체의 소유주가 되고 백만장자가 될 수 있었는가? 그 해답은 자신들이 지적으로 타고나지 못했고, "최고의 졸업생"에 끼지도 못했고, 법대에서 받아주지도 않으며, 군대에서는 거들떠보지도 않는 존재로 규정되는 것에 대해 그들이 어떻게 반응하는가를 보면 알 수 있다. 백만장자들 중에는 대학을 갈 재목이 못 된다는 평가를 받은 사람들도 있다. 이들 중의 일부는 대학을 진짜 들어가지 못했으며, 들어갔던 일부는 학교에서 쫓겨났다.

이처럼 "지적으로 특별하지 않은" 그들은 성공한 사업체를 소유하고 직접 운영하는 차세대 백만장자가 됨으로써 그들에게 "등급을 매기던" 사람들의 생각이 틀렸음을 보여주었다. 따라서 그들은 의대나 법대에서 오라고 하는 친구들과 직접적으로 경쟁하지 않는다. 사업체를 소유한다는 것은 그것을 기반으로 부의 일가를 이룬다는 것을 말한다.

또다른 이론에 따르면 자수성가한 일부 백만장자들은 선생님이 그들에게 해준 말을 믿는다고 한다. 만약 당신이 지적으로 타고난 바도 없고 학교성적도 평범하기 그지 없다면, 열심히 일하고 돈을 모아야만 이 경쟁사회에서 살아남을 수 있다. 돈은 지적으로 열등한 부분을 상쇄시켜주고 이 냉담한 환경에서 보호막 구실을 한다. 백만장자가 "나는 보잘것없어"라고 말하는 것은 쉽지 않다. 그래서 그들은 다른 식으로 자신들의 감정을 드러낸다. 즉, 그들은 대학 시절의 나쁜 성적을 언급한다든가, 자신들이 이러저러한 책에 실릴 만한 사람이 못 된다고 하는 것이다.

역경의 힘 : 워렌 씨의 경우

당신의 대학 시절 학점이 아주 좋지 않았다면, 어땠을까? 한 백만장자가 대학에 잠시 있었을 때를 회상했다. 기껏해야 그는 D학점짜리 학생이었다. 이러한 경험이 그에게 큰 상처로 남아 지금도 그는 "저는 취직이 안 돼요"라고 말한다. 괜찮은 첫 직장에서 쫓겨난 이후, 오직 한 사람만이 자신을 고용해줄 것을 깨달은 것은 온갖 고생을 다하고 난 후였다. 그는 자신을 고용했고 자신의 사업을 시작했다. 그때만 해도 그는 실패에 대한 두려움이 컸다. 하지만 지금 그는 성공한 경영주가 되었다.

그는 자신에 대한 선생님들의 평가를 믿었다. 그는 지적으로 타고나지 않았던 것이다. 오늘날 그는, 자신이 그렇게 똑똑한 사람들 축에 못 들었으며 대학에서 A학점을 받지 못했던 것을 다행으로 여긴다. 대학 시절, 그는 명문대학의 MBA 학위를 받을 수 있는 재목이 아니었다. 이 사람은 당신에게 다음과 같은 말을 들려줄 것이다. "내가 만약 능력 있고 좋은 교육을 받았더라면, 돈을 벌고 사업적 모험을 시도하기 위해 결코 그렇게 열심히 일하지는 않았을 것"이라고. 그는 일반 기업의 편하고 가벼운 일자리를 찾아갔을 것이고, 성공을 이루지도 못했을 뿐만 아니라, 그것을 향해 나가지도 않았을 것이다. 그가 어떻게 해서 성공할 수 있었는가? 다음의 사례 연구에서 이 사람이 겪은 놀라운 경험을 자세히 살펴보자.

역경은 사람에게서 최상의 것을 이끌어낸다는 얘기를 종종 하게 된다. 그런 것을 가리켜 기질이라고 한다. 워렌 씨는 그런 기질이 풍부했을 뿐만 아니라, 인물 중의 인물이었다. 그는 최근에 3000만 달러짜리 카페트 업체를 매각하고 "일종의" 은퇴를 했다. 그는 이제 생활에 "그의 돈을 투자한다".

현재의 워렌 씨의 모습을 간단히 묘사해보자. 그는 부자이고 자신감이 넘쳐 보인다. 좋은 집에 살며, 비록 캐주얼 복장이긴 하지만 옷도 잘 입고 인생도 즐긴다. 자수성가한 많은 백만장자들이 가지고 있는 특성을 그 역시 갖고 있다. 즉, 그는 재산을 불리는 것에 많은 관심을 갖고 있다.

그는 여전히 일을 많이 하며, 투자 내용을 관리하고 계획하는 데 아주 적극적이다. 그런데, 미국의 재력가들 중 상위 0.5퍼센트에 드는 사람이 무엇 때문에 아직도 좀더 많은 재산을 모으는 것에 관심을 기울일까? 워렌 씨는 이제 겨우 50대 초반이다. 그는 매우 건강하고 지루한 것을 참지 못한다. 따라서 완전한 은퇴란 그에게 있을 수 없다. 그는 왕성한 활동력과 살아 움직이는 것에 대한 애착이 강하다.

건강함과 정력과 삶에 대한 애착만으로는 재산을 더 모으려는 그의 동기를 모두 설명할 수 없다. 유년과 청소년기의 체험들이 그의 마음에 지워질 수 없는 흔적을 남겼다. 사실, 그의 성공은 학업상의 어려움과 경제적인 어려움, 그 둘을 겪고 극복하면서 직접적으로 생겨난 것이다. 어린 시절 겪었던 경험과 고통들은 성공을 향한 그의 목표에 아주 중요한 계기가 되었다. 그의 말을 들어보자.

어릴 적 우리 집은 아주 가난했습니다. 한때 재산이 있었지만, 모두 잃었지요. 고등학교를 다니던 사춘기 시절 내내, 집안의 경제사정 때문에 극심한 스트레스 속에서 말로 표현할 수 없는 심적 고통을 겪어야 했습니다. 저는 아주 형편없는 학생이었죠.

워렌 씨가 어렸을 때 겪었던 정신적 외상을 한번 생각해보자. 이러한 일들은 많은 젊은이들의 정신을 파괴시킬 수도 있다. 하지만 워렌 씨는 그러한 역경이 자신을 패배시키도록 가만히 있지는 않았다. 워렌 씨는 힘든 여정이 그를 성공하도록 만들었다고 주장한다. 워렌 씨가 학업성적이 좋지 못했던 이유 중에는 그와 그의 부모가 매일매일 겪어야만 했던 금전적 문제가 연관되어 있다.

저는 고등학교를 졸업하는 데 4년 이상이 걸렸습니다. 닥치는 대로…… 그야말로 닥치는 대로 돈을 버는 데 대부분의 시간을 보냈지요…… 저는 돈을 벌기 위해 대학도 중도에 포기해야 했습니다.

워렌 씨는 첫 2년간의 대학등록금을 댈 수 있을 만큼 돈을 벌었지만, 예기치 않은 일이 생겨서 대학을 그만둘 수밖에 없었다. 갓 대학 공부를 시작할 무렵인 20살 때, 그는 결혼을 했다.

> 저는 집으로 돌아왔고…… 결혼을 하자 바로 애가 생겼습니다.

다시, 상황이 뒤집어졌다. 그는 다시 한번 가족으로 인해 대학을 그만둬야 했다. 부양할 식구는 많아졌고 돈을 마련할 길은 없었다. 이런 상황임에도 그는 낙심하지 않았다. 그는 시간제 호텔 야간 경비직으로는 가족을 부양하기 어렵다는 것을 알고 다른 일자리를 찾았다. 그는 의식은 못 했지만, 자신의 천부적 능력을 발휘할 수 있게 해줄 일을 찾고자 했던 것이다. 그 실체가 당시에는 분명하지 않았지만, 워렌 씨는 물건을 팔기 위해 태어난 사람이었다. 그는 바로, 내가 타고난 판매 전문가(ESP)라고 부르는 유형의 사람이다. 그는 고등학교와 대학 시절, 집을 방문하면서 여러 가지 물건을 팔았다. 그리고 자신의 학업능력에 부족함이 많다는 것을 알았을 때도, 돈을 버는 일을 통해 잃어버린 자존심을 어느 정도 회복할 수 있었다.

워렌 씨의 결혼식 때 일어난 어떤 일이, 그가 후에 억만장자가 되는 데 많은 영향을 미쳤다. 그날, 그는 자신을 성공시켜줄 일을 선택했다.

> 결혼식에서 집으로 돌아올 때였습니다…… 저는 정식으로 고용돼서 일하는 사람이 아니었습니다. 제 자신 뭔가 무능한 사람처럼 느껴지더군요…… 호텔의 야간 경비직원이라니…… 마침, 새로 생긴 마키라는 할인점을 지나고 있었습니다…… 저는 바로 들어가서 일자리가 있냐고 물었지요. 그들은 저에게 판매직 일을 주었습니다.

워렌 씨는 가구판매 부서에 배속되었고 그 분야에서 자신의 위치를 키워나갔다. 판매실적이 뛰어나서 승진도 하고 간부 훈련 프로그램에도 참여하게 되었다. 이렇게 잘나가게 되자, 그는 좀더 보수가 괜찮은 자리를 찾았다. 간부 경력이 적힌 이력서를 들고…….

저는 뉴욕으로 가기로 했습니다. 취업소개소에 부탁을 했고, 그들은 여러 면담을 주선해주었습니다. 저는 대학을 졸업했다고 거짓말을 했습니다…… 그리고 판매 수습사원 일자리를 제안받았지요.

워렌 씨는 규모가 큰 무역회사에서 판매 수습사원으로 몇 달간 일했다. 하지만, 그는 "자의로" 회사를 그만둘 수밖에 없었다. 무례한 많은 채권자들이 일을 하고 있는 그를 가만히 두지 않았기 때문이다. 취업소개소 사람들은 그에게 폭력을 행사할 뿐만 아니라, 급여와 수당을 차압하기 위해 그의 상사들을 못 살게 굴었다.

정말 어려울 때는 저에게 땡전 한푼 없었습니다…… 하지만 그 무렵, 한 대기업과 취업 면담을 할 수 있었지요.

어떻게 해서 워렌 씨는 대학 졸업자를 선호하는 회사에 고용될 수 있었을까?

저는 총무부에 찾아가 제 방식에 대해 말을 했지요…… 그들은 저를 채용했고 모든 일이 무리 없이 잘 진행되었습니다.

"무리 없다"는 표현은 겸손한 표현이다. 워렌 씨가 처리한 일은 대단했다. 20살의 나이에 그는 판매 수습사원에서 시작했다. 4년이라는 짧은 시간에 그는 가구업체의 영업과 판매 부문에서 최고의 위치에 올랐다.

저는…… 우연히…… 침대에서부터 카페트, 쿠션, 매트리스까지 판매하는 일을 하게 된 것이었어요…….

과연 우연이었을까? 그렇지 않다. 워렌 씨는 가구산업과 그 제품에 대한 애정이 각별했다. 그가 일단 그곳에 기반을 잡자, 어느 누구도 그의 학력에 대해 묻지 않았다. 그는 특히, 마루바닥재 사업에 관심이 많았으며, 이 때문에 그는 가구업에서도 카페트 쿠션 분야에 열중하게 되었다.

25살이 되자, 저는 정말로 뉴욕의 카페트 쿠션 사업의 신동이 되어 있었습니다…… 그 당시에 카페트 사업 분야에서 최고였죠…… 때로 제 자신을 돌아보건대, 그것은 정말 믿기 어려운 일이었습니다.

25살의 나이에, 워렌 씨는 매년 수백만 달러를 벌어들이게 되었고, 그는 미국의 가계 총소득의 상위 0.1퍼센트 내에 있다. 그것만이 다가 아니다.

정말 멋진 일이었습니다…… 뉴욕의 커다란 사무실…… 무제한의 수당…… 그 외의 파생 이윤들 하며…… 영업이든 사람을 만나는 일이든, 제가 하고 싶은 일에 쓸 수 있는 수백만 달러의 비용…… 저는 일등석으로…… 전 세계를 여행했습니다. 파크 애비뉴 59번가에 스위트 룸도 있었습니다. 저는 이른바 다이아몬드 짐이라고 불렸지요. 이발사와…… 재단사가 제 사무실로 왔었습니다.

도대체 어쩌자고 25살 먹은 대학 중퇴자에게 수백만 달러의 연봉을 지급하고 영업 및 기타 활동에 수백만 달러를 마음대로 쓰도록 허락한 것일까? 그 이유는 간단하다. 그는 그것을 너무도 잘 활용하는 사람이기 때문이다. 그는 수억 달러의 계좌들을 관리하였다. 그는 그를 고용한 사람에게 많은 돈을 벌어주었으니 그는 정당한 대가를 받는 것이었다. 그 당시 그는 자신이 꿈을 꾼다고 생각했다. 어떻게 평점 D를 받고 대학을 중퇴한 사람이 그렇게 성공할 수 있었을까? 믿을 수 없고, 사실 같지가 않았다.

워렌 씨는 25의 나이에 이미 판매 경험이 풍부했으므로 카페트 쿠션을 많이 팔 수 있었다. 고교 시절, 그는 식기세트에서부터 카페트까지 다 팔아봤으며 그것도 매우 열악한 조건에서였다. 즉, 혼자서 팔러 다녀야 했고 수수료가 유일한 수입이었다. 그것도 팔아야만 수수료가 떨어졌다. 그는 아주 끈질긴 방문판매원이었다. 나중에 그는 수백만 달러어치의 카페트 쿠션을 파는 것이 일일이 집을 방문해서 식기세트를 파는 것보다 훨씬 더 쉽다는 것을 알았다.

워렌 씨에게는 탁월한 판매 전문가들 사이에서 공통적으로 찾아볼 수 있는 중요한 특징들이 있다. 즉, 그는 인상이 좋고 끈질기며 설득력이 뛰어나다. 하지만 이런 특징을 가진 다른 많은 사람들이 워렌 씨와 같은 경제적 지위에 오른 것은 아니다. 여기에는 또다른 특징이 더 있다.

백만장자는 자신의 일을 사랑한다.

워렌 씨는 이 점에서 대부분의 다른 백만장자들과 다름이 없다. 그는 최상의 수준으로 일을 처리해나가는데, 그럴 수 있는 것은 그가 자신의 일을 사랑하기 때문이다. 주요 고객들에게 물건을 팔 때, 그는 자신의 능력을 최대한 활용한다. 사람들이 그의 성적증명서를 보려고 하지 않는 한, 그는 자신의 일을 계속 할 수 있을 것이다. 기억해야 될 것은 워렌 씨 주변에는 회사 수뇌부의 다른 중역진들이 있다는 것이다. 이따금 워렌 씨는 자신이 사기꾼처럼 느껴질 때가 있다. 미국의 회사가 아니라면, 그가 어떻게 이처럼 높은 자신의 지위를 설명할 수 있을까?

자신의 일에 대한 애정 때문에, 워렌 씨는 엄청난 생산성을 발휘한다. 그러한 형태는 내가 백만장자들을 대상으로 한 전국적인 조사에서 잘 드러났다. 자신의 일을 사랑하는 것과 순자산의 수준 사이에는 직접적인 연관관계가 있는 것이 사실이다. 만약 당신이 자신의 일을 즐길 줄만 안다면, 장차 부자가 될 가능성은 많아진다. 자신의 일에 투여되는 그 긍정적인 에너지와 열정의 결과물은 결코 가볍게 볼 수 없다.

어떻게 해서 카페트 쿠션과 사랑에 빠지는 사람이 생겨난 것일까? 워렌 씨의 경우, 단지 카페트 쿠션이 좋아서 그러한 지위에 오를 수 있었던 것은 아니다.

> 카페트 사업을 좋아하긴 해요. 하지만 제가 가장 좋아하는 것은…… 바로 제가 이 길을 가면서 그리고 사람들을 만나면서 만끽하는 자유입니다…… 그것은 제가 생각해왔던 일 중에 가장 나를 자유롭게 해주는 사업입니다. 판매 시연회도 멋지게 합니다. 카페트 사업은 정말 재미있어요.
>
> 저는 카페트 쿠션을 팝니다. 하지만 제 일은 파는 행위 이상의 것입니다…… 거기엔 재미가 있고 사람들과의 만남이 있습니다.

뭐라고 불러도 좋다. 판매, 사람들과의 만남, 오락…… 뭐든지 좋다. 워렌 씨는 카페트 쿠션 업계의 가장 큰 바이어와 일을 성사시키는 데 핵심적인 역할을 했다. 이런 역할에 그는 만족했고 경기 상승세를 잘 탔다. 따라서 그는 미래를 대비한 저축은 하지 않고 소득의 대부분을 써버렸다.

젊은 갑부인 워렌 씨는 자신을 이길 자가 없다고 생각했다. 그는 자신의 사업분야에서 최고의 판매이사였다. 그의 회사는 그가 수억 달러의 판매계약을 따올 것으로 믿었다. 그는 밤낮으로 주중과 주말을 가리지 않고 물건을 팔러 다녔다. 그는 자신이 벌어들이는 많은 돈의 일정 비율을 저축하고 투자하는 것에 신경쓸 시간이 없었다. 그는 돈을 엄청나게 잘 썼다. 자신의 지위를 유지하기 위해 거리낌없이 돈을 썼다. 그는 기꺼이 옷과 비싼 가구에 많은 돈을 지출했다.

어느 날 아침, 워렌 씨는 회장의 호출을 받았다. 미리 귀띔도 없이, 회사가 매각됐다는 얘기를 듣게 되었다. 설상가상으로, 인수한 회사에서는 더 이상 워렌 씨를 영업이사로 둘 생각이 없다고 했다. 한순간에, 그의 환상적인 일이 물거품이 되었다. 직업을 잃게 되자, 그가 붙잡아두었던 악몽들이 풀려났다. 어려운 집안사정으로 인해 힘들었던 어린 시절의 모든 기억들이 되살아났다. 대학 때의 D, F 성적들이 악몽처럼 떠올랐다. 그런 성적을 가진 사람을 누가 고용하려 들 것인가?

그러나 이처럼 역전된 상황에서 오히려 긍정적인 결과가 빚어졌다. 워렌 씨의 마음에 있던 이런 어두운 기억이 자신의 사업체를 꾸리게 하였고 드디어 워렌 씨는 억만장자의 길로 들어섰던 것이다.

제 사업을 꾸린 것은 저의 선택이 아닙니다. 그렇게 할 수밖에 없었지요. 제가 일하던 회사는…… 팔렸고…… 저는 해고됐습니다! 저는 회사에서 가장 많은 급여를 받는 사람이었기 때문에 해고됐습니다…… 어디서 일자리를 구할 수 있었겠습니까? 저는 허울좋게 돈만 많이 벌었다는 소문이 났기 때문에 일자리를 구하기가 어려웠습니다…… 그리고 저는 대학 졸업자도 아니구요.

해고라는 나쁜 소식에 이어, 워렌 씨는 회사로부터 받은 지 얼마 안 되는 회사차를 반납하라는 얘기까지 듣게 된다. 그는 차에 들어가 앉아, 자신에게 닥친 이 불행에 대해 생각했다.

저는 자리에 앉아 눈만 멀뚱히 뜨고 있었습니다…… 정말 절망적이었죠.

며칠 후, 워렌 씨는 그 카페트 제조회사의 소유주이자 대표이사인 사람으로부터 전화를 받았다. 그 대표이사는 탁월한 그의 카페트 판매능력을 잘 아는 사람이었다. 그는 워렌 씨를 채용할 상황에 있지 않아서, 다른 방안을 제시했다. 그는 워렌 씨에게 판매 대행사를 차려볼 것을 권했고 워렌 씨는 그의 조언을 받아들였다.

자기가 직접 회사를 차리는 것은 쉬운 일이 아니었다. 더 많은 고된 일도 열심히 해야 했고, 허리띠를 졸라맨 생활을 해야 했다. 그러자니, 뉴욕에서 생활하고 사업한다는 것은 포기해야 했다. 뉴욕에서 조지아 주의 달턴에 있는 카페트 컨트리 유에스에이로 옮기는 것은 큰 변화이긴 했지만, 그는 그렇게 했다.

그래서 저는 달턴으로 갔습니다…… 거기에 있는 한 친구는 저에게 많은 배려를 해주었고…… 제가 사업을 할 수 있도록 도와주었습니다. 그는 제품관리, 가격책정 그리고 그 밖의 필요한 모든 것을 지원해주었습니다. 그는 내가 카페트를 잘 팔 것이라는 것을 알았습니다.

워렌 씨는 자기의 사업을 시작하는 것 외에 다른 방도가 없었다. 그 길만이 그가 회사 중역으로 화려한 나날을 보낼 때만큼 돈을 벌 수 있는 유일한 길이라고 생각했기 때문이다. 그는 미국의 어떤 회사도 그에게 그런 엄청난 보수를 지불할 수 없다고 믿었다.

그 화려했던 일을 하다가 제 발로 일어서는 데, 무려 7년의 세월이 필요했습니다. 드디어 기회를 찾은 것이었습니다.

워렌 씨의 인상이 좋은 데는 그의 겸손함도 한몫 한다. 그는 자신의 재능과 성과에 대해서 낮춰 말하고 변변치 못했던 고교 시절, 대학 중퇴, 해고, 고군분투하는 경영주 과정을 겪었던 자신의 결점에 대해 계속해서 생각한다. 그는 자신이 일궈낸 것을 과장하지 않고 자신이 어떻게 성공할 수 있었는지 모르겠다며 놀라곤 한다. 마음 깊은 곳에서 그는, 대학 중퇴자는 미국사회에서 경제적인 성공을 거둘 수 없으리라 느끼고 있는 것이다.

상처받은 마음에서 시작했죠. 거기서 사업을 일군 겁니다. 안 되면 꽝이고 잘되면 3000만 달러가 걸려 있는 큰 사업이었죠.

워렌 씨는 현재도 열심히 일한다. 그러나 다른 종류의 일을 하고 있다. 투자계획을 세우고 관리하는 일이다. 워렌 씨는 이제 그의 성공을 당연시하지 않을 것이다. 젊은 이사로서 엄청난 재력을 가지고 있다가 한순간에 날려버린 그 경험을 잊지도 않을 것이다.

워렌 씨는 그를 다시 그만한 경제적 지위로 올려준 7년의 세월을 다음과 같이 말하고 있다. "그것은 고문 그 자체였습니다…… 정말 힘든 세월이었죠." 이 경험이 오늘날까지도 강한 힘이 되어주고 있지만, 그는 그러한 시기를 다시 겪을까 봐 몸서리친다.

> 만약 그 모든 것을 잃게 되고, 편안한 삶을 누릴 길이 끊기고, 그 힘든 노동의 세월로 다시 돌아가야 한다면, 저는 맹세컨대 차라리 죽겠습니다. 진짜 궁핍하다는 것은 몸서리칠 만한 일입니다. 다시는 그런 상태로 돌아가고 싶지 않습니다.

의심할 여지 없이 자신감과 긍정적인 사고방식이 성공을 설명해주는 요인이긴 하지만, 워렌 씨가 일궈낸 성공은 어떻게 설명할 수 있을까? 그는 자신감을 결여하고 있었으며, 그의 사고방식을 보면 긍정적이라기보다 부정적이다. 그와 가족이 겪었던 가난한 시절로 돌아가게 될까 봐 두려워했던 것이 오히려 그를 앞으로 나아가게 하는 원동력이 되었다.

하지만 그는 다른 사람보다 더 잘 팔 수 있다는 자신감은 있었다. 이러한 자신감과, 가난을 거부하고자 하는 그의 의지가 한 쌍이 되어 그를 사업의 세계로 몰아넣었다. 그는 자신이 "채용되기에 적합한 인물이 아니었고…… 따라서 일자리를 구할 수 없다"고 믿었다. 그러니, 자신이 직접 일을 하는 것이 마지막 희망이었던 것이다.

그는 자신이 대학 졸업자가 아니기 때문에 대기업에서는 그에 대해 재고의 여지가 없을 것이라고 믿었다. 그는 오로지 "유망한 사람들"만이 대기업의 "큰손"들에 의해 고용된다고 믿었다. 워렌 씨는 단 한 번도 자신이 그런 "유망한 사람들"의 모임에 낄 수 있는 자격이 되리라곤 생각하지 않았다. 만약 그럴 수 있다고 생각했다면, 그는 오늘날 억만장자가 되어 있지 않았을 것이다. 워렌 씨가 "만약 그랬다면 어땠을까"에 대해 어떻게 생각하는지 보자.

저는 항상 그 점에 대해 생각합니다…… 그러한 생각을 갖고 산다고 말할 수 있겠죠. 한 회사가…… 대학을 갓 졸업한 젊은 사람들을 채용합니다. "유망한 사람들" 중에서 알짜만을 뽑아내죠. 규모가 큰 카페트 회사의 소유주이자 대표이사인 제 친구는 자기 모교의 우수한 졸업생들을 채용할 겁니다. 입사한 그런 젊은이들을 보면, 땀이라곤 한방울도 흘려보지 않은 것 같고 모두가 훤칠하고 잘생겼죠…… 제가 만약 저런 용모에 대학 졸업장만 있었다면 제 삶이 얼마나 쉬웠을까 하는 생각을 하게 됩니다.

시계를 돌릴 수만 있다면, 그는 고등학교와 대학교에서 전과목 A를 받을 수도 있을 것이며, 명문대학에서 MBA 학위도 딸 수 있을 것이다. 그리고 그는 다른 유망한 사람들과 마찬가지로 초급 간부직에 뽑혔을 것이고 거드름을 피우면서 자신의 경제적 성공을 낙관하였을 것이다. 그런데 워렌 씨는 과연 시간을 되돌리고 싶어할까? 유망한 사람이 되지 못한 데 대한 아쉬움이 있을까? 전혀 그렇지 않다. 이에 대한 그의 생각은 내 조사에서 드러난 사실과 아주 유사하다.

자기 세대에서 부자가 된 대부분의 사람들은 다른 선택의 여지가 없었다. 즉, 그들은 금전적으로 독립해야만 했다. 그들은 남 밑에서 일한다는 것이 숨막히는 일이라는 것을 알았다. 워렌 씨의 목표는 재산을 모아 금전적으로 독립하는 것이었다. 가난을 이기는 주 무기는 바로 자산이었다. 수년간 허리를 졸라맨 생활과 사업에 대한 그의 열정이 한데 어우러져 오늘날과 같은 재산이 모여질 수 있었다.

중역이 될 수 있는 성적과 자부심이 있었다면, 그는 결코 백만장자가 될 필요성을 못 느꼈을 것이라고 말한다.

> 제가 중역이 될 수 있는 성적만 되었다면, 저는 평범하게 사는 것을 선택했을 것입니다…… 저는 카페트 사업에 뛰어들 생각이 없었습니다…… 솔직히 말씀드려서, 적당한 일자리만 있었다면, 저는 제 사업을 시작하지 않았을 겁니다…… 어쩔 수 없이 제 사업을 시작하게 된 것이지요.

워렌 씨는 "유망한 사람들"은 각자 자기 몫의 자산을 갖고 있다고 한다. 그들이 받은 교육정도와 이력 그리고 우수한 성적들이 바로 그들의 자산이다. 이에 따라 그들은 자신들의 생활방식을 유지하고 지켜나간다. 하지만 화려한 이력을 갖지 못한 워렌 씨는 다른 대안을 찾아야 했다. 그가 쌓아올릴 수 있는 요새는 바로 금전적 성공이었다. 그는 재산을 모으기 시작했다. 왜냐하면 그는 자신의 모든 것을 이 모험적 사업에 투자했기 때문이다. 하지만 그에게 다른 대안이 있었다면, 그는 그처럼 열심히 일을 하지도 않았을 것이고 그처럼 부자가 되지도 못했을 것이다.

내 조사에서 나온 결론도 워렌 씨의 주장을 뒷받침하고 있다. 워렌 씨와 같은 사람에게는 평생 다른 사람 밑에서 일하게 되는 상황이 존재하지 않는다. 대학 시절, 그는 자신이 똑똑하지 않다는 것을 알았다. 그래서, 그가 성공할 수 있는 유일한 길은 "유망한 그들"보다 더 열심히 일하는 것밖에 없었다. 여기에 기꺼이 사업이라는 모험에 뛰어들 의지가 덧붙여져 그는 마침내 부자가 되었다.

부모라는 굴레

많은 부모들은 자식들이 처음부터 "뛰어난 성적"을 받지 못하면 커서 성공하기는 어렵다고 생각한다. 우리가 이 장에서 충분히 살펴봤듯이, 이 가정은 잘못된 것이다. 실제로, 자수성가한 대부분의 백만장자들은 고등학교 때와 대학교 때 우수한 학생들이 아니었다고 말한다. 대부분 수능점수도 좋지 않고 그들의 선생님들도 그들이 장차 성공할 수 있다고 보지도 않았다. 그들 중 80퍼센트 이상이 이른바 우수 학생들을 위한 학부 프로그램에 참여해본 적이 없다. 모든 부모들은 아이들에게 전통적인 방식으로 학교에서 뭔가를 해내라고 무작정 몰아붙이기 전에 이러한 사실들을 분명히 깨달아야 한다.

그런데, 여기에는 또다른 식으로 진행되는 게임이 있다. 어떤 부모들은 성공이라는 것을 좀 다르게 본다. 그들은 자식들에게 성공 이상의 것을 바란다. 그들이 원하는 것은 자식들이 명망 있는 높은 지위의 직업에 종사하는 것이다. 즉, 의사나 변호사나 과학자가 되기를 바란다. 의대나 법대나 박사과정에 들어가려면 좋은 성적이 필수다. 흥미롭게도, 이른바 명망 있는 직업에 종사하는 사람들 중에 백만장자의 범주에 드는 사람들은 많지 않다. 물론 돈이 전부가 아니고, 이러한 직업에는 고상한 직업의식도 존재한다. 하지만 자식들이 의대에 가기를 바라는 부모들은 명성과 수입과 재산을 기대하고 있다. 그런데 내가 여기서 분명히 말할 수 있는 것은 수입이 많다고 해서 금전적 독립을 이룰 수 있는 것은 아니라는 사실이다. 그리고 이러한 직업에 종사하는 사람들 모두가 수입이 많은 것도 아니다. 왜냐하면 그들 중 많은 이들이 자신들의 위치에 걸맞은 품위를 유지하기 위해 많은 돈을 쓰기 때문이다.

또 어떤 부모는, 친구와 친척과 이웃들에게 베키는 하버드에, 얼은 예일에 그리고 조엘은 컬럼비아에 갔다는 얘기를 할 수 있는 것을 중요하게 여긴다. 이른바 학벌을 따지는 것이다. 명문대학에 갈 수 있는 자식들을 두었다는 사실 때문에 부모들은 그것 자체로 자신들의 지위가 상승된다고 믿는다. 경제적 성공의 변수를 모두 설명하기는 어렵다. 하지만 분명한 것은 고등학교와 대학교 때의 성적을 갖고서는 미국에서 부자가 되는 것에 대한 그 다양한 변수들을 설명할 길이 없다는 점이다.

부모들은 자신들이 살아온 세월들을 돌이켜보며, "만약 이랬으면 어땠을까"라는 생각을 하곤 한다.

> 내가 만약 명문대학에 갔더라면, 오늘날 이 모양 이 꼴로 살고 있지는 않을 텐데.

분명히, 그들은 자신들의 인생이 바뀔 수 없다는 것을 알고 있다. 하지만 그들에겐 기회가 하나 남았다. 바로 그들의 자식이 그렇게 해주면 되는 것이다. 이런 부모들은 아이들을 통해 대리인생을 산다. 그들은 자신들이 어떻게 공부했는가 하는 부분은 도외시하고 자식이 공부를 잘하고 좋은 대학에 갔다는 얘기만 하려고 한다. 그들은 자식들을 불필요한 경쟁상태에 몰아넣음으로써 오히려 아이들의 미래를 평범한 것으로 만들어버릴 수 있다는 것을 전혀 모르고 있다.

다음의 기준을 따른다고 한다면, 오늘날 백만장자인 대부분의 사람들은 내가 가르치고 있는 주립대학에 들어오지도 못했을 것이다.

> 조지아대학의 신입생 집단⋯⋯ 입학한 학생들의 평균 수능점수는 1220점

표 3-4. 상관관계 : 수능점수, 대학수준, 평점평균과 순자산과 수입

경제적 생산성을 보여주는 지표	수능점수	상관관계	학교수준	상관관계	평점	상관관계
나이 : 45~54 (N = 252)						
순자산	.05	없음	.01	없음	.01	없음
연간 실소득	.07	없음	.17	없음	.11	없음
나이 : 55~64 (N = 205)						
순자산	.02	없음	.04	없음	.04	없음
연간 실소득	.06	없음	.01	없음	.02	없음

이고, 고교 시절 평점은 3.7이었다.*

소득과 자산이 높은 사람들의 수입이 가장 높을 때가 나이 44세에서 54세 사이인데 반해, 자산이 가장 많을 때는 이보다 좀 뒤인 55세에서 64세일 때이다. 나는 경제적 성공 요인(자산과 수입)과 수능점수, 대학수준, 대학성적 사이에 어떤 구체적인 통계적 연관성이 있는지를 찾지 못했다.(표 3-4 참조) 예를 들어, 44세에서 54세 사이의 집단의 순자산과 수능점수 사이의 상관계수를 주목해보자. 수능점수로 설명이 되는 순자산의 변수의 몫은 어떻게 되는가? .05를 제곱하면 답이 나온다. 1퍼센트도 안 되는 적은 비율이다. 다른 요인으로 설명될 여지가 너무 많다.

수능성적이 수입도 순자산도 설명해주지 못한다면, 수능성적이 말해주는 것은 무엇일까? 이 통계조사에 따르면 수능성적은 평점평균 변수의 11

* Rebecca McCarthy, "99 Freshmen : UGA Will Take 4,200 in Class," *Atlanta Journal-Constitution*, April 6, 1999, p. 1E.

퍼센트 정도를 설명해주고 있다. 그 역도 그 정도이다. 하지만, 현실에서는 경제적 성공이 평점평균으로 설명되지 않는다. 통계적으로 의미가 있는 관계는 45세에서 54세 사이 집단의 수입과 대학수준과의 관계에서만 나타나고 있다. 하지만 여기에서도 대학수준은 수입변수를 설명함에 있어서 3퍼센트에도 미치지 못하는 적은 부분(.17을 제곱한 것)밖에 설명해주지 못하고 있다.

900클럽

나는 900클럽이라는 집단을 가정했다. 수능성적이 1000점도 안 되는 백만장자들이 이 집단에 포함될 수 있다. 내가 1000점 이하의 숫자를 임의로 설정한 것은 뭐 특별한 이유가 있는 것은 아니다. 이는 백만장자들 중에서 일정하지 않은 비율의 사람들이 1000점 이하의 수능점수를 받았다는 것을 보여주기 위한 것도 아니다. 실제, 백만장자 중에 소수만이 이 범주에 해당한다. 요점은 성적이 보통이거나 그 이하여도 경제적으로 성공할 수 있다는 점이다.

수능점수가 좋지 않은 사람들에게 그들이 성공할 수 있다고 말한다면 어떻게 될까? 아마도 더 많은 사람들이 경제적으로 성공할 수 있을지 모른다. 이는 성적체계에도 마찬가지로 적용된다. 16살 혹은 17살에 받은 학교성적이 대수롭지 않다고 해서 앞으로 할 수 있는 일의 정도가 결정되는 것은 아니다. 그런데 문제는 사람들이 그렇게 생각하고 있다는 점이다.

900클럽 초기 회원 중의 한 사람이 있다. 나는 그를 리퓨즈 씨라고 부르기로 하겠다. 그는 겨우겨우 학업을 좇아가서 대학을 졸업하긴 했다. 왜 그를 "리퓨즈(refuse:거절 혹은 쓰레기)"라고 하는가? 우선, 그는 고등학교와 대학교 성적이 미래의 성공을 보여주는 지표라는 것을 "거절했기" 때문이었다. 둘째, 학창 시절 그는 학과목을 전공하면서, "고물, 쓰레기, 폐물, 잡동사니"를 부전공했기 때문이다. 후에 그는 "재생"이라는 과목도 수강했다. 900클럽의 많은 회원들처럼, 리퓨즈 씨도 시간제 혹은 방학 동안의 아르바이트로 쓰레기와 재생사업 분야에서 많은 경험을 했다. 후에 그는 쓰레기를 치우던 경험을 살려 수억 달러짜리 자신의 사업을 일궈냈다. 이처럼, 어린 나이에 일에 대한 관심과 경험을 쌓는 것이 빠르면 빠를수록 부자가 될 가능성은 점점 더 많아진다.

수능 900점과 1400점의 비교

만약에 당신의 아들이나 딸이 삼수를 하고 있고 매번 성적이 전국 평균에서 밑돈다면, 어떻게 하겠는가? 당신은 아이가 좋은 대학에 가기는 어렵다는 것을 알게 된다. 하지만 그 아이를 기꺼이 받아주려는 곳도 많을 것이다. 특히 학습태도가 좋고 의지력만 있다면 그런 기회가 많이 주어진다. 또한 1~2년간 2지망 혹은 3지망 대학을 목표로 열심히 한다면, 1지망이었던 대학으로 옮길 수도 있다.

대학을 다니고 졸업한다는 것은 경제적 성공의 중요한 요인이다. 좋은 대학에서 불합격 통지를 받을까 봐 걱정하기보다 아이가 학교를 제대로 마칠 수 있는 것에 더 신경을 써야 한다. 아이가 상처받지 않게 막아준다면, 그것 자체로 아이에게 기회가 남아 있게 된다. 아이를 격려하는 가장 좋은 길은 그들에게 성공할 수 있는 잠재력이 있음을 확인시켜주는 것이다. 만약 아이들이 수능과 같이 표준화된 검사의 결과가 미래에 성공할 수 있는지 없는지를 보여주는 완전한 기준이라고 믿는다면, 성적이 나쁜

표 3-5. 경제적 성공요인 : 수능점수 1000점 이하의 백만장자와 1400점 이상의 백만장자

	1000점 이하(N = 100)	1400점 이상(N = 100)
높은 지능지수와 탁월한 지성	3	50
모든 사람에게 정직하다	65	50
내조/외조를 잘해주는 배우자가 있다	57	46
자신의 일과 직업을 사랑한다	51	39
사람들과 잘 어울린다	63	49
남들이 못 보는 기회를 포착한다	42	29
전문성이 있다	26	17
조직력이 있다	42	30
남 얘기 좋아하는 사람들의 비난에 신경쓰지 않는다	34	25
주변에 조언을 구할 만한 사람이 있다	31	26
자기 관리가 철저하다	61	56
이윤이 남을 만한 곳을 찾아낼 줄 안다	38	27

한, 더이상 뭔가를 해보려고 노력하는 것을 포기하게 될 것이다. 아이들의 미래는 짜여진 대로 움직일 도리밖에 없게 된다. 평균 이하의 점수는 부모와 아이들에게 아주 심각한 내용으로 받아들여지며 아주 낮은 점수는 모든 가능성을 다 막아버릴 것이다.

물론 모두에게 해당되는 말은 아니다. 900점대 백만장자들과 1400점 이상의 백만장자들 사이에 존재하는 중요한 차이는 무엇인가?

이 물음에 답하기 위해 백만장자들이 이 두 사례에서 설문에 응답한 내용을 분석했다. 900클럽에 해당하는 100명의 응답과 1400점 이상의 100명의 응답은 서로 대조적이었다.

900클럽에 속한 백만장자들 중 오직 3퍼센트만이 지능이 높고 머리가 좋은 것을 경제적 성공을 위해 매우 중요한 요인으로 꼽았다.(표 3-5 참

표 3-6. 고등학교 때 선생님들은 그들을 어떻게 보았는가 : 수능점수 1000점 이하의 백만장자와 1400점 이상의 백만장자

	1000점 이하(N = 100)	1400점 이상(N = 100)
가장 머리가 좋다	0	42
뛰어난 지적 재능이 있다	0	41
가장 성공할 것 같다	3	32
성적이 가장 좋다	2	28
가장 논리적이다	8	31
가장 믿음직스럽다	28	30
가장 인기가 좋다	27	23
가장 양심적이다	13	19
공부를 가장 열심히 한다	12	20
가장 성실하다	16	18

조) 다시 한번 말하지만, 표준화된 지능검사와 수능결과는 서로 관련이 있다. 900클럽의 어느 누구도 고등학교 시절 선생님들이 그들에게 "가장 머리가 좋다"거나 "뛰어난 지적 재능이 있다"는 말을 해본 적이 없다는 것도 주목할 사실이다.(표 3-6 참조)

이와는 매우 대조적으로, 수능이 1400점 이상 되는 응답자들의 반 가량은 지능이 높고 머리가 좋은 것이 경제적 성공요인으로 매우 중요하다고 생각한다.

그들은 고등학교 시절 선생님들이 그들을 판단한 내용에 대해 어떻게 생각하고 있는가?

900클럽의 사람들과는 아주 대조적이다. 열 명 중 네 명 이상이, 선생님들이 그들을 지적 수준이 아주 높은 것으로 평가해주었다고 한다. 그리

표 3-7. 경제적으로 성공한 사람으로 만들어준 학창 시절의 경험들 : 수능점수 1000점 이하의 백만장자와 1400점 이상의 백만장자

경험 내용	1000점 이하 (N = 100)	1400점 이상 (N = 100)
누군가 자신에게 보통 혹은 그 이하라고 딱지를 붙인 것에 자극을 받아 자신의 목표를 위해 싸우는 법을 터득했다	72	21
무언가를 성취하는 데 있어서 열심히 일하는 것이 타고난 머리보다 더 중요하다고 생각했다	93	4160
나쁜 성적 때문에 자신이 성취해야 할 목표를 포기하지 않았다	66	34
아주 독창적이었다	62	51
학교를 다니면서 파트 타임으로 일했다	58	47
선생님으로부터 격려를 받았다	64	50

고 41퍼센트 가량이 "뛰어난 지적 재능이 있다"고 평가를 받았고, 32퍼센트는 "가장 성공할 것 같다"는 얘기를 들었다.

900클럽 사람들에게는 무슨 얘기를 해주었을까? 전부는 아니지만, 거의 대부분이 그들의 학창 시절에 분석적 지능의 정도가 높지 않았다는 것을 인정하고 있다. 그럼에도 그들은 여전히 경제적으로 성공할 수 있기를 바랐다. 학창 시절 900클럽의 대다수는(72퍼센트) 보통 혹은 그 이하의 학생으로 낙인이 찍혔다 하더라도 자신들의 목표를 향해 싸워나갔다.(표 3-7) 그들은 경제적으로 성공할 수 있게끔 해줄 또다른 중요한 요인들을 찾아냈다. 대부분이(93퍼센트) 성공을 하기 위해서는 타고난 지능보다 열심히 노력하는 것이 더 중요하다는 것을 알았다.

표 3-5에서 보여준 900클럽에 해당하는 사람과 1400점 이상에 해당하는 사람을 비교한 12개의 항목을 다시 한번 보도록 하자. 보다시피, 높은 수능점수를 받은 사람들은 경제적 성공요인에 지적인 것의 비중을 많이 두고 있다. 하지만, 900클럽의 사람들은 다른 11개의 성공요인에 더 큰

비중을 두고 있다.

어떤 사람들이 성공의 요인으로 높은 지능을 꼽고 있는가? 1400점대 사람들 중 변호사와 의사들이 대표적이다. 그리고 명문대학에서 MBA 혹은 박사학위를 받은 중역진과 과학기술 분야에 종사하고 있는 사업주도 포함된다. 결국 지능과 성공은 같이 간다고 하는 사람들은 분석적 지능을 말하는 것이고, 이것은 표준화된 지능지수 검사에 의해 측정되는 것이다. 그리고 이 지능지수 검사 수치는 수능과 GRE와 같은 시험결과와도 연관성이 있다.

반면 900클럽의 사람들은 그들의 성공요인을 어떻게 설명하고 있을까? 표 3-5에서 보는 바와 같이 그것은 뛰어난 분석적 지능과 상관관계가 없다.

진실성

900클럽 회원 중 거의 3분의 2 가량이 "진실성"을 가장 중요한 성공요인으로 생각한다. 1400점 이상의 백만장자들과 비교해볼 때 대단히 많은 비율이다. 물론 이것은 지능이 뛰어난 사람은 진실되지 못하다고 말하는 것은 아니다. 성공한 거의 모든 사람들이 진실성에 대해 많은 비중을 두고 있다. 하지만, 900클럽 회원의 많은 수가 매일매일 무언가를 파는 활동을 하는 업체의 주인이다. 진실성이라는 것이 항상 전면에 놓여 있어야 한다. 한편, 뛰어난 분석적 지능을 지닌 사람들은 과학 연구개발을 하거나 의뢰인의 요청을 뒷받침해주기 위한 합법적 방안을 강구하거나, 암환자의 생명을 연장시켜주기 위한 치료방법을 찾아내야 하는 사람들이다.

진실은 돈을 버는 시점에 매우 중요한 요소로 작용한다. 이 과정에서 만에 하나 진실됨을 놓친다면, 앞으로 성공하기도 힘들고 성공을 했어도 그것을 유지하기가 힘들다. 진실에 대한 규정이 많지만 나는 특히, 로버트 러츠가 자신의 책에서 진실의 중요성을 말하고 있는 대목을 좋아한다.

러츠는 누가 만약 회사의 중역이 되고자 한다면, 진실은 절대적으로 중요한 덕목이라고 믿는다. 그는 진실되지 못한 것을 참지 못한다. 1000만 달러의 뇌물을 누가 주려 할 때, 그것을 거절하고 그러한 자와 다시는 거래를 하지 말아야 한다고 말한다.* 상식이 있고 사물을 제대로 볼 줄 아는 머리만 있다면, 사람들은 그들이 하는 모든 일에서 진실성을 가장 으뜸으로 칠 것이다. 만일, 러츠 씨가 22살이 아닌 15살에 고등학교를 졸업했거나, 진실됨은 모자라고 머리만 영리한 아이였다면, 그는 중역이 되는 성공한 삶을 살지 못했을 것이다.

내조/외조

900클럽의 많은 사람들은 그들의 성공 요인으로 "내조/외조해 주는 배우자"를 높이 꼽는다. 그러한 배우자를 두는 것은 우연이 아니다. 결혼하기 전부터, 900클럽의 사람들은 수능점수가 아주 높은 사람들보다 미래의 배우자감에게서 나타나는 이러저러한 특징에 매우 민감하다. 900클럽의 많은 사람들은 결혼 전부터 자신들에게는 내조/외조를 잘해주는 배우자가 필요하다는 것을 알고 있다. 백지장도 맞들면 낫다는 것을 그들은 너무도 잘 알고 있었다. 만약에, 900클럽의 사람이 자신의 분석적 재능이 부족함을 알지만 그럼에도 성공할 수 일을 꿈꾸고 돈 잘 버는 사업을 꾸리고 싶다면, 그에게 필요한 것은 자기 관리를 하고 겸소함과 침착함과 신중함을 가지며 그리고 알맞은 배우자를 맞이하는 것이다. 많은 사람들은

* Lutz, pp. 183~186.

돈을 많이 벌 수 있는 배우자에게 끌리기도 할 것이다. 900클럽 사람들 중, 열 명 중에 네 명 정도가 자신의 배우자에게 끌리게 된 이유는 바로 배우자의 이런 생산성 때문이라고 한다.

사랑과 외모를 빼고 선택을 하라고 한다면, 나는 사업을 할 수 있는 여인과 결혼할 것이다.

나는 성공한 사업주들이 이런 비슷한 말을 하는 것을 많이 들어왔다.

이 때문에 900클럽의 사람들이 오랜 기간 성공적인 결혼생활을 영위할 수 있는 걸까? 이에 대한 통계적 근거는 없다. 하지만 900클럽 사람들뿐만 아니라 "지적으로 뛰어난" 백만장자들도 오랜 결혼생활을 영위하고 있다.

부부가 일궈내는 경제적 생산성은 다른 차원의 문제다. 부부가 함께 일해서 벌 경우, 경제적인 측면에서 아주 높은 수치를 보여준다. 그리고 그러한 경제수준은 한 배우자가 개인적으로 사소한 것까지 의견을 나눌 대상이 되어준다거나 정서적 안정을 제공할 때도 나타난다. 배우자의 선택 문제와 관련한 자세한 논의는 6장에서 하도록 하겠다.

900클럽의 사람들은 잘 알려진 또다른 성향을 가지고 있다. 그들은 많은 사람들에게 조언을 구한다. 그 대상은 친구일 수도 있고, 중요한 위치에 있는 사람일 수도 있고, 남편이나 아내일 수도 있다. 아니면, 전문 상담가나 상담단체일 수도 있다. 대부분의 경우, 그들은 인생에서 성공하기 위해 자신의 머리에만 의존하지 않는다. 수능이 1400점 이상인 지적으로 뛰어난 사람들의 경우는 어떨까? 정반대다. 실제로 수능점수가 높은 사람일수록 자신에게만 의존하는 경향이 높다.

어떤 분야에서 성공하고 싶을 때 자신보다 그 분야를 더 잘 아는 자문가를 채용하는 것이 얼마나 중요한지를 아는가? 고개를 끄덕인다면, 당신은 뛰어난 능력을 가진 사람을 채용하는 것의 가치를 알아보는 사람이다. 만약 당신이 사람들과 잘 지내지 못한다면 특히, 당신에게 조언해주는 사람들과 잘 지내지 못한다면, 당신은 문제가 있다. 아마도 당신이 "너무 똑똑해서"일 수도 있을 것이다. 당신은 자신이 도움이 필요하다는 것을 인정하기 싫어하는 것인지도 모른다. 아니면, 당신보다 못한 사람에게서 조언을 받을 필요가 없다고 생각해서 자신의 지적인 우월성을 너무 자신하고 있는 것인지도 모른다.

기타 요인들

표준화된 검사결과에 따르면 "보통" 혹은 "보통 이하"거나 아니면 "보통보다 조금 나은" 정도임에도, 당신은 경제적으로 성공하고 싶다? 당신은 직감적으로 자신이 성공할 것임을 안다. 아마도 당신의 결심의 배후에는 당신에게 무언가 남다른 것이 있다고 말해준 사람이 있을 것이다. 아마도 당신의 조언자거나 선생님일 수 있다. "너에겐 뭔가 특별한 것이 있어. 우리는 아직 학생들에게서 그러한 특징을 어떻게 파악해야 할지 모르고 있단다."

샤론이 바로 이러한 경우에 속한다. 열린 사고방식을 가진 어느 중학교 상담선생님이 그녀에게 특별한 창조적 능력을 가지고 있다고 말했다. 샤론은 표준화된 성취도 검사에서 평균 이상의 점수를 받았다. 하지만 그녀의 진짜 재능은 바로 창의적인 부분에 있었다. 오늘날 그녀는 최고의 그래픽 디자이너 중의 한 사람이 되었다. 그녀의 부모는 한참 후에야 그녀가 의대에 가지 않은 이유를 이해했다. 샤론은 올해의 디자이너 상을 두 번이나 수상했다.

900클럽의 사람들을 많이 만들어낸 데 있어서 몇몇 선생님과 상담선생님의 공을 인정해야 한다. 그 클럽에 해당하는 거의 3분의 2 가량이 "선생님으로부터 격려를 받은 것"이 경제적으로 성공하는데 영향을 주었다고 지적하고 있다. 어린 학생을 긍정적인 방향으로 이끄는 데는 종종 한 명의 선생님이나, 한 명의 상담선생님 혹은 한 명의 운동코치 선생님만으로도 충분하다. 이런 점에서 종종 운동코치 선생님은 중요한 역할을 한다. 900클럽의 많은 사람들이(63퍼센트) 남과 겨루는 운동경기를 했었다고 한다. 아마도 이러한 경험 덕분에 그들은 자신들을 험담하는 사람들을 처리할 수 있는 능력과 이미 진 게임이라고 생각됐던 게임을 역전시키는 능력을 갖게 되는 것 같다.

학교를 다니면서 파트 타임 일을 하는 것 또한, 많은 900클럽 사람들(58퍼센트)을 긍정적인 방향으로 이끌어주었던 경험이다. 미국의 많은 부자들의 경력을 살펴보면, 파트 타임 일을 안 해봤던 사람을 찾아보기 힘들다. 다른 특별한 경험 없이 바로 이 경험만으로도 그들은 모텔의 프론트 직원이나 레스토랑에서 음식 나르는 일을 평생직업으로 삼을 생각이 없게 된다.

> 닐슨 씨는 1억 달러를 받고 지분의 20퍼센트를 팔았다. 그는 정유 사업에 투자하기 전에 농장 일꾼, 트럭 운전사, 건물 청소부 등의 일을 전전했다.*

닐슨 씨가 성공할 수 있었던 이유 중의 하나는 그가 다른 사람들이 못

---

* Barnab J. Feder, "Glenn E. Nielson, 95, Builder of Oil and Asphalt Business," *New York Times*, November 5, 1998, p. C27.

보는 사업의 가능성을 보았고 이윤이 남을 만한 곳을 찾았던 데 있다. 한 곳에만 가만히 머물러 있고, 한 가지 일에만 종사하는 사람은 이런 기회를 포착하기 어렵다. 자수성가한 많은 백만장자들은 여러 다양한 파트 타임 일과 임시직 등을 통해 다른 사람보다 더 많은 경험을 한다.

"천재적이다"라는 말의 의미

존 파크는 억만장자다. 35년 전 그가 대학을 졸업할 때만 해도, 그는 그렇게 성공하리라고는 꿈도 꾸지 못했다. 파크 씨는 대학 내내 성적이 C 정도였다. 그는 공학을 전공했기 때문에 졸업할 무렵 큰 공학 컨설팅 회사에 채용됐다.

얼마 되지 않아, 상사들은 파크 씨에게 강력한 리더십이 있음을 알아보았다. 오래지 않아 그는 회사 주무부처의 책임자로 임명된다. 나중에 그는 자재감리 회사를 차리기 위해 중역자리를 내놓는다.

파크 씨가 설립한 회사는 〈포춘〉지에서 50대 회사로 선정된 어느 회사에 최근 매각됐다. 현재 존은 "형식상 은퇴상태"이긴 하지만, 아직도 두 가지 일에 열심이다. 그리고 자문일도 쉬지 않고 있다. 그의 직업 인생에서 그는 다양한 배경을 가진 수백 명의 사람을 채용해봤다. 과학자나 공학자도 있었고 회계사나 경영자도 있었다.

존이 사람을 고용하고 관리했던 경험에 대한 얘기는 재산을 모은 얘기 못지않게 내 연구에 큰 도움이 되는 답변들이었다. 어떻게 평점이 C인 사람이 억만장자가 될 수 있었을까? 왜 전과목 A를 받은 그의 친구들은 다른 길을 찾지 못하고 그의 밑에서 일하게 됐을까? 내가 이런 물음을 던지기 전에 존은 이미 이러한 질문을 스스로에게 했었다. 존이 생각하기에, 학업생활과 경제적 성공 사이에는 뭔가 상관관계가 없어 보인다는 것이다. 이에 답하기 위해 그는 자신의 개인적인 경험담을 들려줬다.

저는 보통 정도의 학생이었지만, 공대에는 갈 수 있었습니다. 공대로 간 것은 저희 모친이 그렇게 하라고 해서였습니다. 부모님께서는 집안에 전문직 종사자가 한 명쯤 있어야 된다는 생각에서였지만, 제가 보기에 제 자신은 적격자가 아니었습니다. 하지만 제가 할 수 있는 한 가지는 마음속으로 주문을 외고 다니는 것인데, 저는 어느 누구도 저보다 더 열심히 일할 수 없다고 주문처럼 외고 다녔지요. 아무도 나보다 더 열심히 노력할 수 없다…… 뭐 이런 내용이었죠. 제가 최선을 다할 수만 있다면, 돈은 상관이 없었습니다. 두려운 것도 없었습니다. 제가 최선을 다하기만 한다면, 전 그것으로 만족할 수 있을 것 같았죠. 그렇게 하기 위해서는 정말 피나는 노력을 해야 했습니다. 저는 마침내 경영을 하게 됐습니다. 그리고 똑똑한 사람들을 채용해야 했지요. 그들은 경영을 할 수 없었습니다. 왜냐하면 그들에겐 방향성이 없었기 때문입니다.

그들의 지능을 보건대…… 지능을 재는 기존의 방식이 좀 잘못된 것 같다는 생각이 들었습니다. 천재들이라고 하는 그들은 일의 주변 요소에 대한 감각도 없었으며, 제대로 된 것을 얘기할 줄도 몰랐습니다. 게다가 불성실했습니다. 특히 공학의 영역에서…… 그 많은 천재들이 제대로 이해하지 못하고 있었습니다. 아주 작은 부분에서는 탁월했지만요.

내 밑에서 일했던 그 천재들은 더 작고 사소한 것일수록 그것에 대해 더 해박한 사람들이었습니다. 똑똑한 많은 사람들이 연구소와 강단에서 일하고 있습니다…… 그것은 경영과 기업 운영의 스타일과는 다르죠…… 그들은 많은 부분에서 실무에 적합한 사람들이 아닙니다.

존이 말하고자 하는 것은 무엇인가? 만일에 당신이 지적인 면에서 평균 이하임에도 불구하고 성공하기를 바란다면 열심히 일하기만 하면 된다는 것이다. 또한 당신이 사람들과 잘 지내고, 다른 사람보다 더 열심히 일하며 그리고 다른 사람이 필요로 하는 것을 들어주기 위해 자신의 길을 잠시 접을 수 있는 사람이라면 된다는 것이다. 그렇게만 한다면 당신은 리더가 될 수 있다. 지적으로 타고난 많은 사람들은 그러한 것을 갖추기 위해 노력해야 할 필요를 느끼지 못하는 사람들이다. 뛰어난 지적 재능이 직업 생활에서 장애가 된다는 것은 실로 어이없는 일이다.

많은 백만장자들은 지적으로 타고난 사람들과 직접적으로 경쟁해야 하는 상황으로 자신들을 몰아가지 않는다. 지능지수로 대결하는 것은 어리석으며 아무런 이득도 없는 일이라는 것을 잘 안다. 대신, 그들은 지적으로 뛰어난 사람들을 고용한다. 그것도 많이 고용한다. 그리고 나서 그는 그들끼리 경쟁하도록 만든다.

제발 이런 말만은……

이 책을 읽는 분들에게—당신의 학교성적은 경제적으로 성공하지 못한 데 대한 핑곗거리가 더이상 되지 못한다.

스탠리 아주 잘 벌 때는 어느 정도 벌 수 있었습니까?

탁월한 판매 전문가(ESP) 하루에 800만 달러어치도 팔아봤습니다. 수수료가 24만 달러였지요. 순이익이 그렇습니다.

스탠리 대학성적이 어땠습니까?

ESP C였습니다.

스탠리 A학점을 받은 것은 몇 개나 되죠?

ESP 하나 아니면 두 개입니다. 제가 A학점을 받을 때마다 수수료가 떨어졌다면, 저는 굉장히 많은 A학점을 받았을 겁니다. 저는 돈을 벌기 위해 일을 하지, A학점을 위해서가 아닙니다.

주의 : 부모들은 자식들에게 그들의 장래에 대해 얘기할 때 주의해야 한다.

너무도 많은 부모들이 좋은 의도를 가지고 한다는 말이 자신들도 모르게 다음과 같은 말을 수없이 반복함으로써 아이들을 별볼일 없는 사람이 되도록 만들어버린다.

네가 학교생활을 제대로 해내지 못하면, 넌 아무짝에도 쓸모없는 사람이 될 거야.

보통 정도의 성적을 지닌 아이들 중 몇몇은 백만장자가 될 자질이 있음에도 불구하고 부모의 이러한 예언을 따라갈 수밖에 없다. 그들은 평생 경제적으로 별볼일 없는 존재로 살도록 선고받는다. 그들의 마음은 돈을 벌 수 있는 기회를 맞이하더라도 부정적으로 반응하게 된다. 결국, 그들은 아주 평범한 방식대로 처신하게 되거나, 아무짝에도 쓸모가 없는 존재가 돼버리고 만다.

4

THE MILLIONAIRE MIND

부자들의 용기 – 대담함과 결단력

자수성가한 백만장자의 자질에 용기가 포함된다는 것은 놀라운 일이 아니다. 특히 금전적 모험과 관련해서 더욱 그렇다. 삶의 장애를 극복하고 최고의 수입을 얻기 위해서는 어떤 시점에서 두려움을 억누를 수 있는 능력과 과감한 행동이 필요하다. 그렇다면 백만장자들은 이런 용기를 어떻게 해서 갖게 되었을까? 많은 사람들이 생각하듯, 조상이나 부모로부터 물려받은 선천적 능력일까? 놀랍게도 백만장자들은 아니라고 말한다. 그들은 일을 하면서 용기를 단련시키고 의식적으로 계발했다고 말했다. 이번 장에서 우리는 금전적 위기에 맞서서 그것을 처리했던 백만장자들의 다양한 테크닉에 대해서 알아보도록 한다.

모험을 감당하는 용기

자기 세대에 백만장자가 되기 위한 과정에서 '용기'가 차지하는 비중은 어느 정도일까? 자수성가한 거의 모든 백만장자들은 용기를 갖추고 있는데, 그 이유는 부를 축적하기 위해서는 금전적 모험 같은 것을 감당할 수 있어야 하기 때문이다. 그리고 모험에는 두려움과 위험이 뒤따른다. 거기에 용기가 필요한 것이다. 백만장자들의 주요한 특징 중의 하나는 자신의 사업체를 운영한다는 것이다. 스스로 사업체를 운영하기 위해서는 용기가 필요하다. 자신의 사업에 투자하는 데도 용기가 필요하다.

그들의 또다른 특징은 자신의 사업에 투자한 자본과는 별도로 일반법인의 지분을 소유하고 있다는 점이다. 지분 투자에는 위험이 수반된다. 아무런 보장 없는 투자를 하기 위해서는 용기가 필요하다. 주식시장에 변동이 있을 때에도 허둥대지 않고 차분할 수 있어야 한다. 용기가 없는 사람들은 시장 경기가 가장 좋을 때 제일 마지막으로 투자하며, 잠깐 동안 빠질 때 제일 먼저 나온다.

중역진에 있는 백만장자들 또한 용기를 갖추고 있다. 용기가 없었다면 그만한 지위에 오르지도 못했을 것이다. 그들에게는 성공하기 위해서 감수해야 할 모험이 있었다. 만약 그들이 처음 도입한 생산라인이 본전도 뽑지 못한다면 어떻게 될까? 반대로, 그 라인이 모든 판매기록을 갱신한다면 어떤 일이 벌어질까?

수입이 엄청난 사람들을 보면, 대개 사업주이거나 전문직 종사자, 중역 혹은 판매 전문가(수수료가 유일한 수입인)인 경우가 많다. 이 직업들 중 어떤 직업도 고소득을 보장해주는 것은 없으므로 많은 사람들은 그러한 일에 따라다니는 경제적 모험을 피하고자 한다. 그런 사람들은 일이 잘 안 될 경우를 두려워한다. 꼬박꼬박 월급을 받으면서 일하는 안정된 직장을 추구한다.

그렇다면 백만장자 마인드를 가진 사람들이 위험을 감수하는 이유는 뭘까? 그들은 경제적 위험을 감수하는 것이 금전적 독립을 이룩하기 위해 필요하다고 생각한다. 금전적으로 독립했을 때 생기는 이점은 부를 축적하는 과정에서 생기는 위험을 상쇄하고도 남는다. 하지만 많은 사람들은 무시할 수 없는 두려움 때문에, 자신의 사업을 갖거나 직접 운영하거나 주식시장에 투자하거나 혹은 의지 하나만 갖고 일을 벌이기를 꺼린다. 경제적으로 실패할까 봐 두려워하는 것은 쉽게 제어되는 감정이 아니다. 그런 까닭에 소수의 사람들만이 직접 자기 사업을 하는 것이다. '만약'과 관련된 생각을 하면서 그들은 고민한다. 만약 사업을 차렸는데, 물건이 안 팔리면 어떡하지? 내가 벌인 사업과 투자한 돈이 물거품이 되면 어떡하지? 내 가족을 부양하지 못하면 어떡하지? 친구와 친척과 이웃들이 내가 사업에 실패했다는 것을 알면 어떡하지?

실패의 위험은 항상 도사리고 있다. 하지만, 백만장자들은 어떻게 하면 경제적 위험에 대처하고 자신들의 두려움을 잘 다스려서 평정상태를 유지할 수 있는지를 아는 사람들이다. 자수성가한 몇몇 백만장자들의 생각을 추려서 다시 정리해보면, 다른 사람 밑에서 일하는 데서 주어지는 안전함이라는 것을 그들이 어떻게 생각하는지 알 수 있다.

> 다른 사람 밑에서 일하는 것은 오히려 우리를 심각한 위험에 빠뜨릴 수 있습니다…… 수입의 원천이 한 곳뿐이라면…… 수많은 결정을 처리하는 법을 익힐 기회는 주어지지 않습니다…… 만약 자신이 직접 사업을 한다면, 그러한 결정들을 혼자서 완전히 처리할 수 있어야 합니다.

다른 사람 밑에서 일하게 되면…… 자신에게 이익을 주는 고객은 존재하지 않습니다…… 부자로 성공할 수 있는 일이 아니죠…… 우리가 하는 일이래야 고작 고용주를 위한 일이니까요.

부자가 되고 싶은가? 그렇다면, 경제적 손실에 대한 두려움을 상쇄시킬 수 있는 용기를 키워야 한다. 본격적으로 일을 해나가며 용기를 끌어낼 수 있어야 한다. 하지만 보통 사람에게 용기가 저절로 생긴다는 것은 말처럼 쉬운 일이 아니다. 그런 까닭에 이 책에서 다루는 내용은 매우 중요하다.

오늘날 경제적 독립을 이룬 사람이 아주 적은 이유는 사람들이 부정적인 생각을 너무 많이 하기 때문이다. 사실, 부자가 된다는 것은 마음먹기에 달렸다. 백만장자들은 금전적 독립을 이룸으로써 생길 이점을 스스로에게 확인시킨다. 그리고 위험을 무릅쓰지 않는 한, 그러한 성과를 얻기 힘들다고 스스로에게 다짐한다.

백만장자가 되기에 앞서, 이런 식으로 생각하는 법부터 배워야 한다. 용기를 가지고 끊임없이 두려움에 맞설 수 있도록 자신을 북돋는 법을 배워야 한다. 자신의 일이나 사업 혹은 투자에 있어서 중요한 결정을 내리는 것은 곧 두려움과 직면해야 한다는 것을 의미한다. 두려움에 직면하는 것은 부자가 되기 위한 한 과정이다. 이는 사업을 직접 운영하거나 이익이 보장되지 않은 곳에 자신의 많은 재산을 투자했을 경우에는 너무도 분명한 사실로 드러난다.

두려움을 통제하고 용기를 내는 법을 배우는 것이 가능할까? 예기치 않은 위기가 닥쳤을 때, 허둥대지 않고 침착함을 찾는 법을 배우는 것이 가능할까? 그럴 수 있다면, 이러한 능력은 어디서 오는 걸까? 설문에 응답한 백만장자들은 자신들이 용기를 내기 위해 사용하는 행동과 전략과 방법을 얘기해주었다. 그들이 "두려움을 극복하기" 위해 사용하는 방법은 무려 100가지가 넘었다. 여기에서는 사람들이 가장 많이 지적한 24가지의 방법만 추렸다. 그것은 표 4-1에 나와 있다. 여기에 언급된 행동이라든가 사고방식들은 표 4-2에서 보여주듯이 큰 묶음으로 다시 정리할 수 있다. 이런 방법들 중 가장 중요한 것을 이 장에서 자세히 살펴본다.

벤저민 씨와 트럭 씨

벤저민 씨는 자식들의 교육비를 모두 댔다. 그의 딸과 아들들은 사립 초등학교와 고등학교를 졸업했으며, 명문 사립대와 의대를 나왔고 대학원까지 다녔다. 벤저민 씨는 방값, 식비, 등록금, 책값, 그리고 기타 잡비 등 모든 비용을 다 댔다. 이 엄청난 등록금 청구서를 처리할 수 있는 능력을 보여준 이 사람은 과연 어떤 사람일까? 수입 좋은 의사나 대기업 총수라도 되는가?

벤저민 씨는 은퇴하기 전, 스쿨버스 운전사였다. 그는 월급만 가지고 아이들을 명문 사립대와 의대 그리고 대학원까지 보낼 수 있었을까? 그는 검소한 사람이긴 했다. 하지만 그렇다고 하더라도 여섯 자리 수의 등록금을 지불하기란 쉬운 일이 아니었을 텐데…….

아이들을 키우면서 벤저민 씨는 자기 아이들이 아주 똑똑하다는 것을 알았다. 그래서 좋은 교육을 받게 해야겠다고 생각했다. 그러나 돈이 문제였다. 그래서 벤저민 씨가 생각해낸 것이 "자아 성장" 독서 프로그램이었다. 프로그램의 주된 내용은 '투자'였다.

버스운전사라는 직업은 한편으로 좋은 점이 있었는데, 하루에 몇 시간이나마 자유 시간이 있다는 점이었다. 동료 운전사들은 그 시간에 낮잠을 자거나 신문과 잡지를 보거나 커피를 마시며 잡담을 하며 보냈다. 벤저민

표 4-1. 두려움과 근심을 억제하고 가라앉히기 위해 백만장자들이 사용하는 행동과 마음가짐(N = 733)

	%	순위
열심히 일한다	94	1
자신을 믿는다	94	1
준비한다	93	3
중요한 사안에 집중한다	91	4
단호하게 처신한다	89	5
계획한다	87	6
큰 사안을 다룰 수 있도록 철저히 준비한다	83	7
문제 해결을 위해 즉각적으로 조처한다	80	8
부정적인 생각이 들면 긍정적인 생각으로 맞불을 놓는다	72	9
더 많이 일하고 더 많이 생각하고 더 많이 참는다	71	10
성공을 마음속에 그린다	68	11
두려움이 내 마음을 지배하도록 놔두지 않는다	66	12
두려움에 적극적으로 대처한다	65	13
배우자와 의논한다	65	13
하느님의 은총을 믿는다	64	15
규칙적으로 운동한다	60	16
다른 사람으로부터 조언을 구한다	59	17
유능한 공인회계사나 변호사에게 자문을 구한다	56	18
지난 실수에 연연하지 않는다	55	19
믿을 만한 친구와 의논한다	50	20
운동을 통해서 강인한 정신력을 키운다	50	20
용기 있는 사람에 대한 전기를 읽는다	40	22
종교적 믿음을 굳건히 한다	37	23
기도한다	32	24

표 4-2. 두려움과 근심을 억제하고 가라앉히기 위해 백만장자들이 사용하는 행동과 마음가짐의 유형

육체노동
- 열심히 일한다

계획
- 계획한다
- 큰 사안을 다룰 수 있도록 철저히 준비한다
- 준비한다
- 중요한 사안에 집중한다

단호함
- 단호하게 처신한다
- 문제 해결을 위해 즉각적으로 조처한다
- 더 많이 일하고 더 많이 생각하고 더 많이 참는다

긍정적 사고방식의 힘
- 자신을 믿는다
- 성공을 마음속에 그린다
- 두려움에 적극적으로 대처한다
- 부정적인 생각이 들면 긍정적인 생각으로 맞불을 놓는다
- 용기 있는 사람에 대한 전기를 읽는다

마음을 통제하기
- 지난 실수에 연연하지 않는다
- 두려움이 내 마음을 지배하도록 놔두지 않는다

정신적 조언자
- 다른 사람으로부터 조언을 구한다
- 유능한 공인회계사나 변호사에게 자문을 구한다
- 믿을 만한 친구와 의논한다
- 배우자와 의논한다

운동선수의 마음자세
- 규칙적으로 운동한다
- 운동을 통해서 강인한 정신력을 키운다

종교
- 기도한다
- 종교적 믿음을 굳건히 한다
- 하느님의 은총을 믿는다

씨는 이 자투리 시간을 아주 현명하게 사용했다.

그는 여러 유형의 투자방법을 소개하는 책을 읽었다. 혼자 공부를 시작한 지 얼마 되지 않아서, 그는 회사채, 저축예금증서, 단기채권, 지방채권, 양도성 신용증서, 주식, 귀금속, 부동산 등에서 파생되는 장기적인 이익의 실체를 꿰뚫었다.

벤저민 씨는 인플레이션과 세금을 다 고려해보고서, 주식만이 투자 실수익을 남겨줄 것이라는 결론을 내렸다. 하지만 그의 어머니는 그에게 절대 주식에 투자하는 말라는 말씀을 하시곤 했다. 그녀는 1929년, 주식시장이 붕괴되던 해를 기억하고 있었던 것이다. 벤저민 씨는 1929년 주식시장의 붕괴 같은 것도 다 계산에 넣었다. 그런 일이 있다 하더라도, 장기적으로 보면 주식이 다른 투자들보다 더 낫다고 생각했다.

벤저민 씨는 서서히 본격적인 주식 투자자가 되었다. 벤저민 씨 부부가 모을 수 있는 여분의 돈은 주식을 사는 데 다 쓰였다. 물론 아무 주식이나 매입했던 것은 아니다. 벤저민 씨는 쉬는 시간이면 특정 회사와 주식 매물에 대한 사항을 꼼꼼히 챙겼다. 몇 년이 지나자, 그는 부업으로 시작한 일에서 전문가가 되었다.

벤저민 씨의 자아 성장을 위한 독서 및 투자 프로그램은 최근에 그가 은퇴할 무렵, 300만 달러가 넘는 순자산을 남겨주는 결과를 낳았다. 그것도 자식들을 모두 등록금이 비싼 명문 사립대학에 보내고 난 뒤에 남은 돈이 그렇다는 것이다.

여기서 요점은 무엇인가? 벤저민 씨가 자산가가 될 수 있었던 것은 바로 그에게 용기가 있었기 때문이다. 주식시장에 투자하기 위해서는 용기가 필요하다. 주식시장은 아무것도 보장해주지 않는다. 오르기도 하고 내리기도 한다. 사람들은 비쌀 때 들어가서 너무 일찍 나와버린다. 많은 돈을 잃어가면서 말이다. 벤저민 씨는 언제나 장기 투자가였다. 그는 자신의 독서 프로그램에서 배운 지식을 두려움 때문에 포기하는 일이 없었다. 벤저민 씨는 한번 주식을 사면, 십 년 안에 파는 법이 없었다. 시장이 호황이건 불황이건, 그는 최고가가 될 때까지 붙잡고 있었다. 그는 자주 두려움을 느꼈다. 하지만 긍정적인 자세로 두려움에 대처할 수 있어야 부자가 될 수 있는 것이다.

자신의 사업에 투자하는 것만큼이나 주식시장에서 거래되는 일반법인에 투자하는 데도 용기가 필요하다. 다른 투자자들이 두려워하고 술렁일 때, 자신이 투자한 것을 굳건히 유지하기 위해서는 더 큰 용기가 필요하다. 그에게 용기가 없었다면, 벤저민 씨의 자제들은 오늘날 박사가 되지 못했을 것이다.

용기와 관련해서 벤저민 씨의 일화와 비교되는 사람이 있는데 나는 그를 트럭 씨라고 부르겠다. 트럭 씨는 최근 주식시장이 "조정"된 그 다음날만 해도 택배회사(UPS)에서 일하고 있었다. 그가 관할하던 곳은 어느 큰 도시의 금융가였다.

스탠리 트럭 씨, 주식시장의 갑작스런 하락이 당신의 투자습관에 어떤 영향을 미쳤습니까?

트럭 그런 건 없었습니다.

스탠리 시장이 더 하락한다고 하는데 걱정이 되지 않으십니까?

트럭 전혀요. 전 주식이 한 주도 없어요. 있었다면, 제대로 잠도 못 잤을 겁니다.

스탠리 UPS의 배당주조차 없단 말입니까?

트럭 전혀요. 전 그런 것 때문에 걱정하며 살고 싶지 않거든요.

나는 트럭 씨의 대답에 할 말을 잃었다. 당시만 해도, UPS는 미국에서 가장 큰 흑자를 내는 수십억 달러 상당의 개인 업체 중 하나였다. 더군다나 그는 그 회사 직원이었기 때문에 회사주를 매입할 수 있었다. 과거 20년 동안, 그 주식은 다우 지수를 크게 넘어섰다.

주식에 대한 두려움이 그의 이성을 흐리게 만든 것일까? 벤저민 씨는 아이들을 교육시키고 자산가가 될 길을 알았기 때문에 트럭 씨보다 훨씬 편안하게 잠잘 수 있었던 것일까? 트럭 씨는 투자의 위험을 감수하지 않고서도 부자가 될 수 있다고 생각한 것일까?

트럭 씨는 벤저민 씨에게서 배워야 할 것 같다. 벤저민 씨는 자신이 투자한 돈을 잃을지도 모른다는 두려움을 극복했다. 그렇게 할 수 있었던 그의 용기는 스스로를 그렇게 훈련시키며 자신의 경제적 운명을 개척해나간 데서 비롯된 것이다.

왜 그처럼 극소수일까?

사전에서는 용기를 "위험과 두려움과 어려움을 직면하고 견뎌낼 수 있는 정신적, 도덕적 힘"이라고 정의하고 있다. 자기가 직접 회사를 꾸려가는 위치에 선다는 생각은 대부분의 사람들에게 커다란 두려움을 불러 일으킨다. 그런 상황을 매우 위험하다고 보기 때문이다. 자신이 직접 회사를 꾸려가는 주인이 됐을 때 생길 수 있는 위험은 그러한 모험에 따를 수 있는 금전적 손실과 연관되어 있다.

아주 극소수만이 백만장자가 될 수밖에 없는 이유 가운데 한 가지는 자영업자나 전문직 종사자가 가계를 이끄는 경우가 18퍼센트에 불과하기 때문이다. 왜 그리 자영업자가 적은 것인가? 나는 지적이고 교육수준이 높으며 일도 열심히 하는 월급직의 중간 관리자 수백 명에게 물어봤다.

왜 당신은 자신의 사업을 차리지 않습니까?

왜 당신이 일한 만큼 벌어들일 수 있는 일을 찾지 않으시죠?

아닌 게 아니라 많은 응답자들도 스스로 이런 질문을 던져보지 않은 것은 아니었다. 왜 그들은 샐러리맨으로 남아 있는 걸까? 중요한 이유는 용기에 대한 그들의 생각에 있다. 그들은 용기 있다는 것은 두려움이 없는 것이라고 생각한다. 그래서 자신들처럼, 직접 사업을 할 경우에 생길 수 있는 문제들을 두려워하는 사람들은 용기가 없는 것이라고 단정짓는 것이다. 그러나 이런 생각은 옳지 않다. 나는 자수성가한 사업주 중에서 두려움에서 완전히 벗어난 사람을 본 적이 없다. 성공한 자영업자는 용기를 어떻게 정의하고 있는지 살펴보자.

용기란 두려움을 쫓는 긍정적인 행위이다.

그러므로, "사업가적 기질"이란 것의 진정한 의미는 두려움에도 불구하고 "밀어붙일 수 있는" 용기를 말한다. 성공하는 기업가들은 두려움에 맞서서 그것을 극복한다.

용기에 대해서 또다른 오해가 있는데, 그것을 마치 재산처럼 조상으로부터 물려받는 것으로 생각하는 점이다. 용기에 대한 이 모든 생각은 틀렸다. 조사결과에 따르면, 용기는 일을 시작한 초기에 드러나기도 했다. 하지만 많은 응답자들이 내게 말해준 바에 의하면, 나이 사십이나 심지어 오십이 돼서야 비로소 용기라는 것을 제대로 내어보고 키워낼 수 있다고 한다.

나는 용기가 무엇인지 제대로 보여준 사람들을 조사하는 데 많은 시간을 할애했다. 여기서 알게 된 사실들은 내가 자문역할을 할 때 매우 유용하게 쓰였다. 사람들은 자기 사업을 시작하려 할 때 나를 찾아와서 의논하곤 한다. 그럴 때면 나는 책 한 권을 주며 읽어보라고 한다. 자기 사업을 갖고 싶은 사람에게 거기에 나와 있는 몇 가지 사례를 얘기해준 적도 있었다. 내가 연구했던 용기 있는 사람들 중에 가장 두드러진 한 사람이 있었다. 그의 이름은 에리히 하르트만이며, 2차세계대전중에 전투기 조종사였다. 그리고 352대나 격추시킨 세계기록의 보유자이기도 하다.

나는 나를 찾아온 사람들에게 그 책을 읽어보라고 권했다. 그들은 두려움이 없어야 용기가 있는 것이라고 생각하는 사람들이었다. 하지만 하르트만의 책을 보면 용기를 좀더 현실적인 측면에서 이해할 수 있다.

나는 예측할 수 없는 커다란 변수를…… 두려워했다.*

그렇다, 에이스 중의 에이스도 두려움을 느꼈던 것이다. 그럼에도 그는 용기 있게 행동했다. 두려움과 용기는 동전의 양면이다. 위험에 대한 두려움이 없다면 용기는 존재하지 않는다. 사람들이 이 사실을 이해할 수 있다면, 더 많은 용기 있는 사업가가 생겨날 것이고 아울러 더 많은 백만장자가 생겨날 것이다.

진짜 위험은 어디에 있는가?

내게서 배운 수많은 MBA 학생들은 자신들이 많은 위험에서 벗어났다고 생각했다. 그들은 직접 사업을 할 생각이 전혀 없었다. 너무 위험하기

---

* Toliver, p. 175.

때문이었다. 대기업의 일자리를 얻는 것이 해고될 가능성을 사전에 예방할 수 있는 유일한 길이었다. 왜 쓸데없이 투자 기회를 찾는 데 많은 시간을 허비한단 말인가? "회사"가 언제나 중간 관리자들을 보살펴줄 텐데 말이다. 내가 가르쳤던 많은 학생들이 그런 식의 사고방식을 갖고 있었다. 그들은 그저 벌고 쓰며 회사에 자신들의 운명을 맡겼다. 그것이 이상적이고 안전한 길이라는 것이다. 하지만 그들이 간과한 부분이 있었다. 중간직을 축소하는 경우가 종종 있기 때문이다.

이런 일이 있었다. 일 년 전 크리스마스 직전에, 나는 알고 지내던 대기업 중역을 만났다. 그는 회사 내부의 변화에 대해 솔직하게 얘기했다. "내년 초에 1400명의 중간직 사람들을 해고할 예정입니다." 그 얘기를 듣고 내 머릿속에선, 아무것도 모르고 크리스마스 휴가를 보내는 불행한 1400가구의 모습이 떠나질 않았다. "새해 복 많이 받으세요"라며 새해인사를 나누지만, 그 누가 그들의 가장에게 들이닥칠 일을 예측하겠는가.

내가 가르쳤던 학생들 중 몇몇이 그 불행한 1400명에 포함되어 있었다. 이들은 대부분 우등생이었기 때문에 더욱 이해할 수가 없었다. 내 수업을 겨우 이수했던 다른 학생들은 대부분 직접 회사를 차렸다. 대기업에서 일자리를 얻을 수 없었기 때문이다. 그들은 자신들이 경제적 위험을 감당해야 하는 사람으로 여겼다. 하지만, 실제 그랬을까? 사실, 1400명에 포함되었던 내 제자들이 실제 더 큰 위험에 처해 있었다. 대부분 돈벌이도 하나뿐이었으며 한 가지 일밖에 몰랐기 때문이다.

별로 뛰어나지 않았던 학생들에겐 백만장자 마인드가 있었다. 그들은 한 가지 단순한 사실을 늘 유념하면서 직접 사업을 일궈낼 결심을 했던 것이다. 그 단순한 사실이란 자신의 일이 남의 손에 좌우된다는 것만큼 위험하고 위태로운 것은 없다는 것이다. 왜 그처럼 똑똑하고 교육수준이 높고 일도 열심히 하는 관리자들이 갑자기 하룻밤 사이에 유일한 수입의 근거를 상실하게 되었을까? 단지 몇몇 중역들이 그렇게 하는 것이 좋다고 생각했기 때문이다.

운이 좋았다고 할 수 있을까?

자수성가한 백만장자들은 이런 얘기를 들려줄 것이다. 돈을 벌기 위해서는 금전적 위험을 감수하고, 열심히 일하고, 시련을 통해 배워나가며, 뚜렷한 목표의식을 가져야 한다고. 그런데, 경제적 성공을 설명해주는 아주 중요한 요인으로 행운을 꼽는 사람은 백만장자 여덟 명 중의 한 명 정도다. 많은 자산을 갖고 있는 것과 행운에 대해 응답자들이 생각하는 것 사이에는 흥미로운 관계가 엿보인다.

고소득자의 약 9퍼센트와, 순자산이 100만에서 200만 사이를 왔다갔다하는 백만장자의 약 9퍼센트는 행운을 경제적 성공의 원인으로 믿고 있다. 하지만 자산이 1000만 달러를 넘는 천만장자들 중, 아주 중요한 경제적 성공요인이 행운이라고 답한 사람은 22퍼센트였고 비교적 중요하다고 대답한 사람은 40퍼센트였다.

행운이 부자가 되기 위한 중요한 열쇠라면, 우리는 모두 도박을 해야 할 것이다. 그러나 여기서 백만장자들이 말하는 행운이란 카지노나 복권에서 말하는 행운이 아니다. 백만장자들은 도박과 거리가 먼 사람들이다. 백만장자 중에서 지난 일 년 동안 도박을 해본 사람은 네 명 중 한 명뿐이다. 그중 일부는 무역 박람회나 사업상의 모임을 카지노 호텔에서 가졌기 때문에 한 경우이다.

백만장자들이 경제적 성공요인으로 작용한다고 보는 행운의 역할은 다음과 같다.

"열심히 일할수록 행운이 따른다!"

이 말은 자산이 2500만 달러가 넘는 한 응답자가 직접 설문지에 쓴 내용이다. 그와 백만장자 친구들이 보는 관점에 의하면, 행운은 날씨, 경쟁상대, 대출 제한, 소비자 소득수준의 변화, 경기 침체 등과 같은 불가항력의 요소와 관련 있다.

이에 대해 직접 사업체를 운영하는 천만장자의 관점과 고소득의 변호사나 의사의 관점을 비교해볼 가치가 있다. 후자의 범주에 드는 전문가 집단은 자신들의 성공에 행운의 의미를 그리 크게 두지 않는다. 행운도 노력한 결과의 일부이기 때문이다. 그들은 열심히 공부해서 좋은 성적을 받고 의대 혹은 법대에 진학했다. 그리고 열심히 일을 했고 제대로 된 전문직을 선택했고 현명한 투자를 했다. 그 때문에 부자가 될 수 있었던 것이다. 그들은 열심히 준비했고 그 결과가 나타난 것뿐이었다.

그렇다면 사업가나 경영주의 경우는 어떠할까? 사업을 시작하는 시점에서 성공을 예측하기란 매우 어렵다. 돈을 버는 과정에서 예상치 못한 일들이 일어난다고 많은 사람들이 말한다. 하지만 그런 예기치 않은 일들이 그들의 대차대조표에 오히려 긍정적 영향을 미쳤다. 그들 중 일부는 자신들이 무엇인가를 결정할 때, 직관적 판단이 일정한 역할을 한다고 생각한다. 하지만, 엄청난 재산을 모으는 시점에선, 행운이 중요한 역할을 한다고 생각한다. 행운과 모험이란 것이 서로 얽히며 움직이는 것이다.

모험은 하되 도박은 아니다

1001명의 고소득자에게 다음의 간단한 질문을 던져보았다.

대가가 예상될 때 금전적 위험을 감수하는 것이 부자로 성공하는 데 얼마나 중요하다고 생각하는가?

"아주 중요하다"고 답하는 사람들은 순자산이 1000만 달러 이상인 경우가 많다.(표 4-3 참조) 천만장자의 열에 넷 이상이 "아주 중요하다"고 답하고 있다. 자산 범위가 100만에서 200만 정도 되는 사람은 열에 둘 정도만이 같은 응답을 하고 있다. 백만장자가 못 되는 고소득자의 답변은 어떤가? 18퍼센트 정도만이 금전적 위험을 감수하는 것을 성공의 중요한 요인으로 보고 있다.

금전적 위험을 감수하는 것과 순자산 사이에 깊은 연관성이 있는 것은 분명하다. 경제신문에 아주 자주 언급되는 "모험을 담보로 한 보상이론"은, 다시 말하지만 분명히 근거가 있다. 자신들의 경제적 성공요인을 금전적 모험에 둔다고 해서 그들이 돈을 어떻게 투자할 것인지에 대해 무지한 것은 아니다. 그리고 그들 중 많은 사람들이 도박으로 한밑천 잡겠다고 하

표 4-3. 금전적 위험을 감수하는 것과 도박을 하는 것 : 부와의 상관성

순자산 범위의 비율(N = 1001)

모험과 도박	100만 달러 이하	100만~ 200만	200만~ 500만	500만~ 1000만	1000만 달러 이상
"금전적 위험을 감수하고자 하는 마음"을 아주 중요한 성공요인으로 생각함	18	21	28	39	41
지난 한 달 동안 복권을 산 적이 있다	38	36	27	21	14
지난 일 년 동안 복권을 산 적이 있다	47	48	35	27	20

는 것은 바보들이나 하는 짓으로 여긴다. 도박에서 딴다는 것은 우연한 일이다. 많은 부자들과 부자가 될 사람들은 결코 도박을 하지 않는다. 모험을 하는 사람은 도박꾼이 아니다.

내가 만나보았던 백만장자들은 확률이론을 이해하고 있었다. 실제, 그들은 도박에서의 승률과 기대수익이 어느 정도 될지 안다. 그 기대수익은 너무나 하잘것없어서 "도박에 돈을 거느니 차라리 매주 몇 달러를 성냥불에 태워버리는 것이 낫다". 거의 대부분의 도박 특히 복권의 경우, 도박꾼들은 자신들이 선택한 번호에 대해 확신을 할 수 없기 때문에 승률과 기대수익이 어느 정도 될지 전혀 모르며 기대수익은 복권 가격보다 못하다는 것을 백만장자들은 안다. 복권을 사는 것 외에 승률을 높일 수 있는 도박꾼은 한 사람도 없다.

자산 규모가 백만장자들의 것에 훨씬 못 미치는 사람들은 말한다. 일주일에 1달러나 2달러 혹은 10달러 정도만 투자하고 그 많은 상금이 생긴다고 상상해보라고. 기대수익이 어느 정도 될까? 100만 달러 상금이 걸린 1달러짜리 복권은 수백만 복권 중의 한 장이다. 승률은 450만:1 정도 된다. 그렇게 해서 당첨이 된다 하더라도, 수익은 겨우 100만 달러다. 내가 이런 식으로 말하는 것은, 만약 당신이 당첨되었다고 가정할 경우 당신에게는 두 가지 선택권이 주어지기 때문이다. 상금을 10년 동안 해마다 10만 달러씩 받는다고 하면, 현재의 화폐가치로 따져볼 때 100만 달러가 안 된다. 일시불로 받는다 해도, 그것 역시 100만 달러에 훨씬 못 미친다. 그러므로 복권 한 장에 1달러를 투자할 경우, 실제 기대수익은 1달러에 훨씬 못 미친다. 50센트가 채 안 될 때도 많다. 모험적 투자와 그에 대한 보상이라는 관점에서 볼 때, 대부분의 복권 투자는 그것을 하는 사람의 호주머니를 터는 일이다.

표 4-3에서 보듯이, 복권을 사는 것과 순자산의 수준 사이에는 분명한 역관계가 존재한다. 지난 한 달 동안 복권을 산 부류에서 천만장자들이 가장 적었으며, 백만장자가 아닌 사람들이 가장 많았다. 지난 한 달 동안 천만장자 부류 중 단 한 사람이 복권을 샀으며 백만장자가 아닌 부류에서는 세 사람이 샀으니 비율로 따지면 2.7:1이 된다. 백만장자에 못 미치는 고소득자들은 연간 수입이 10만 달러가 넘는 사람들이다. 만약 그들이 자신들의 수입을 진정한 의미의 투자에 할당했다면, 백만장자 범주에 들 수 있었을까?

사람들은 "일주일에 몇 달러 정돈데……"라고 항변할 것이다. 하지만 이것은 단순히 액수의 문제가 아니다. 시간이라는 것도 있다. 복권을 구입하는 데 10분 정도의 시간이 든다고 가정해보자. 그 수치는 줄서서 기다리는 시간과 거기까지 사러 가는 시간을 고려해서 나온 것이다. 일주일에 한 장씩 산다고 해보자. 그렇다면, 일확천금을 얻을 확률이 거의 제로인 일에 일 년 동안 무려 520분을 투자한다는 결론이 나온다.

520분을 시간으로 환산하면 8.7시간이다. 일반적으로 백만장자들은 시간당 300달러를 번다. 거기에 8.7를 곱해보면, 매주 복권을 사러 가게에 가는 것을 백만장자들이 꺼리는 이유를 이해할 수 있을 것이다. 그들은 8.7시간을, 일을 하거나 새로운 기술을 익히며, 가족이나 친구들과 어울리는 것과 같은 좀더 생산적인 일에 사용한다. 그것을 일하는 데 쓴다고 본다면, 백만장자는 연간 8.7×300을 벌게 된다. 2600달러나 된다. 20년 이상이면, 그 액수는 5만 2000달러에 달한다. 만약 이 돈을 그 정도의 기간 동안 홈디포 주식에 전액 투자했다면, 수천만 달러가 될 수도 있을 것이다.

천만장자들은 보통 시간당 1000달러 정도를 번다. 그들이 복권을 살 경우, 그것 때문에 일할 시간을 놓친 것을 돈으로 환산해본다면, 연간 8700달러 정도 된다. 20년이면, 17만 4000달러다. 이 액수를 앞서 말한 곳에 투자한다면, 그 액수는 100만 달러를 넘을 것이다.

자수성가한 백만장자들은 복권에 투자된 시간과 돈을 좀더 생산적인 활동에 쓸 수 있다는 것을 안다. 너무도 많은 사람들이, 너무도 많은 시간을, 확률이 희박한 이 게임에 써버리고 있다. 오랫동안 꾸준히 이 게임을 하게 되면, 좀더 괜찮고 나은 도박꾼이 될 수 있을까? 그리고 더 나은 아버지로 혹은 관리자로 만들어줄까?

바른 충고 한마디 : 위험을 줄이는 열쇠

백만장자들에게서 보이는 뚜렷한 특징 중의 하나는 조언자를 선택하는 능력이다. 이러한 능력에는 그들이 언제, 누구에게, 어떻게 조언을 받아야 할지 아는 것이 포함된다. 좋은 조언자를 찾는 것과 재산을 모으는 것 사이에는 확실한 비례관계가 존재한다. 왜냐하면, 좋은 충고 한마디는 금전상의, 직업상의 혹은 개인적 문제를 결정하는 과정에 따르는 위험요소를 줄일 수 있기 때문이다.

허트 박사 : 머리는 좋은데, 돈은 안 따른다

〈메디컬 이코노믹스〉지(1992년 6월)에 내 논문이 실린 뒤 이틀 후에 그가 전화를 걸어왔다. 우리가 나눈 대화내용은 다음과 같다.

허트 제가 언제 일에서 손을 뗄 수 있을지 모르겠습니다. 제가 얼마를 더 벌어야 할까요? 저는 지금 예순셋입니다…… 작년에 약 20만 달러를 벌었습니다.

스탠리 음, 제 논문에 인용된 공식에 따르면, 선생님 연세 63의 10분의 1에 연간 수입인 20만 달러를 곱하면 기대 순자산이 약 126만 달러가 됩니다. 하지만, 선생님께서 상위 25퍼센트 안에 드신다면, 처음에는 선생님께서 적어도 그 두 배인 252만 달러를 버셔야 합니다.

허트 제 자산은 250만 달러가 안 됩니다. 그렇다면 언제 일에서 물러날 수 있을까요?

스탠리 그야 전적으로 선생님께 달린 문제이지요.

허트 최근에 이런 일이 있었는데요, 제가 투자 담당자를 바꿨습니다. 몇 년 동안 저는 필라델피아의 유명한 자산관리 회사에 제 연금을 맡겼습니다. 그들은 우량 회사의 주식에 투자하는 조건으로 모든 재량권을 가졌습니다.

스탠리 저도 그 회사를 잘 압니다. 명성이 자자하지요. 오랫동안 그런 명성을 유지해왔습니다…… 경영원칙이 보수적이지요.

허트 예, 바로 그 이유 때문에 연금관리인을 바꾸었습니다. 일 처리가 지지부진했어요.

스탠리 현재 연금관리는 어떻게 되고 있습니까?

허트 그 문제 때문에 제가 전화를 드린 건데요. 문제가 생겼습니다. 전 모든 것을 잃었어요. 말 그대로 전붑니다. 150만 달러가 넘어요.

스탠리 어떻게 하다 그렇게 되셨습니까?

허트 얘기가 깁니다.

스탠리 말씀해보세요.

허트 2년 전, 저는 한 세미나에 참석했습니다. 연사는 전국 순회를 하고 있었습니다. 그는 유명한 자산관리자라고 했습니다. 그는 모든 종류의 관리 수치와 차트를 보여주더군요. 그가 관리한 투자는 제 것보다 열 배나 많은 수익을 냈습니다. 저는 그가 말하는 것에 깊은 인상을 받았습니다. 그는 사람들을 부자로 만들어주는 데 공전의 기록을 갖고 있는 것 같았습니다.

스탠리 그가 말하는 투자방식은 어떤 것이었습니까?

허트 개인 회사에 일부, 부동산에 일부, 에너지 산업에 일부, 첨단 과학 기술 분야에 일부, 뭐 이런 투자방식이었습니다.

스탠리 선생님의 공인회계사나 변호사는 이에 대해 어떤 조언을 해주었습니까?

허트 그들의 의견을 구하지 않았어요.

스탠리 어떻게 해서 세미나 참석 전에는 150만 달러나 됐던 돈이 세미나 후에 다 사라져버린 겁니까?

허트 그가 말하는 것을 곧이곧대로 믿었지요. 그가 말하는 액수에 깊은 인상을 받았고, 제가 하는 방식이 잘못됐다고 생각했지요. 그래서 바로 관리인을 바꿨습니다. 그 새 관리인은 땡전 한푼 남기지 않고 모두 잃고 말았어요.

내가 사정이 딱한 이 사람에게 무슨 얘기를 해주었을까? 그의 질문은 이랬다. "언제면 제가 은퇴할 수 있을까요?" 그 답은 "영원히 할 수 없습니다"였다.

허트 혹시 아는 분 중에 앞으로 제 자산관리를 제대로 해줄 만한 사람이 없으신가요?

스탠리 저는 어떤 사람들이 일류 투자 자문가인지 잘 모릅니다. 선생님의 경우뿐만 아니라, 심지어 제 경우에도 적합한 투자 자문가를 알지 못합니다. 하지만 경제적으로 성공한 많은 사람들이 투자 자문가를 어떻게 보는지에 대해서는 얘기를 드릴 수 있습니다. 선생님에겐 담당 회계사와 변호사가 있으시죠?

허트 네. 하지만, 그들이 투자에 대해서 뭘 압니까?

스탠리 다음번에 연금관리를 변경하실 일이 생기면, 선생님의 회계사와 변호사에게 의견을 여쭤보십시오. 그들이 판단을 못 하겠다 싶으면, 그 분야에 있는 다른 사람을 소개해달라고 부탁하십시오.

그리고 나는 그에게 투자 자문가 집단의 전문적인 투자 자문가를 찾으라고 말했다. 그 외에 현안에 밝은 회계사와 일류 변호사를 찾도록 했다. 그의 회계사와 변호사는 점점 늘어나는 주식 중개인과 자산관리인, 금융설계사와 같은 사람들의 다양한 수준을 가늠할 수 있어야 한다. 회계사들은 고객 중 누가 돈을 투자하는지 안다. 그리고 고객의 투자 자문가가 누구인지 물어볼 수 있다.

백만장자에겐 좋은 자문가가 있다

허트 박사가 내게 전화를 하기 몇 년 전에 그에게 괜찮은 자문가 집단이 있었다면 어땠을까? 만약 그 집단의 사람들이 그와 함께 "유명한 그 사람"의 세미나에 참석했더라면, 허트 박사는 오늘날 편안한 노후를 보내고 있을 것이다. 만약 "오랜 전통을 지닌 보수적인 자산관리 회사"와 거래를 유지하고만 있었다면, 그의 연금은 지금쯤 300만 달러가 훨씬 넘었을 것이다.

좀더 간단히 말해서, 허트 박사는 이른바 투자의 달인이라는 사람들의 유혹을 가려낼 수 있었을 것이다. 당신이 만약 그러한 상황에 처한다면, 투자의 달인이라는 사람의 사무실에 전화를 걸어, 다음과 같은 질문을 해라. "당신이 투자 제안을 한 사람 중에 변호사는 몇 퍼센트나 됩니까?" 허트 박사에게 제안한 계획안의 경우, 그 비율은 제로일 것이다. 왜냐하면 정직하지 못한 방식으로 투자 운용과 그에 준하는 일을 하는 사람들은 법률 관계 사람들을 아주 두려워한다. 어떤 억만장자는 이 점에 대해 다음과 같은 말을 해주었다. "그들은 변호사에게 사기를 치려고 들지는 않아요. 왜냐하면, 변호사들은 돈 한푼 안 들이고 소송을 할 수 있기 때문이죠." 투자 전문가라는 사람에게 전화를 해서 변호사를 대동해도 되는지 물어보라. 이에 대한 그들의 반응을 보면, 그들의 의도가 어떠한 것인지를 알 수 있다. 자기의 일을 아주 성실하게 하고 새로운 아이디어가 풍부한 투자 자문가라면 오히려 당신이 결정하는 자리에 변호사를 참석시키라고 권할 것이다. 그리고 변호사들은 부자 의뢰인들을 위해 비공식적이긴 하지만 여러 투자 자문가 집단의 회원 자격을 갖고 있는 경우가 많다.

백만장자들이 투자 자문가를 한 명만 두는 경우는 거의 없다. 적어도 세 명 이상이다. 종종 공인회계사와 믿을 만한 변호사가 같이 참여해서 주식 중개인, 금융 설계사 및 보험 판매원을 선정하고 추리는 과정에 도움을 준다. 주식 중개인은 공인회계사와 변호사를 옆에 끼고 있는 이상 고객에게 최상의 서비스를 제공하지 않을 수 없게 된다. 업무를 불성실하게 처리하거나 평판이 나쁘면 그 소문은 곧 퍼지게 마련이다. 이치에 밝은 전문가인 경우, 자본금이 필요한 벤처 고객도 많이 확보하고 있는데, 이들 중에 커다란 성공을 거둘 잠재력을 가진 사람들이 있을 수 있다. 하지만, 이런 것들은 당신이 최고의 전문가들과 일을 할 때만 가능한 것이다. 대부분의 도서관에서 법률회사와 변호사 주소록을 열람할 수 있는데, 특히 마틴데일-허블 법률 주소록은 각 변호사의 이력까지 제공한다.

믿을 만한 공인회계사와 변호사와 같이 일하는 것은 장기적으로 볼 때, 아주 큰 이익이 된다. 금전적 조언 문제와 관련해서 허트 박사처럼 모든 것을 자기가 다 하는 것은 자수성가한 백만장자들 사이에서 극히 드문 일이다.

혼자서 다 하는 것에 도사리는 위험

왜 사람들은 허트 박사처럼 "인맥 없이" 일을 하는 걸까? 왜 그들은 평생 모은 돈을 투자하는 과정에서 혼자서 모든 것을 다 처리할까? 자료를 모으면 모을수록 이 모든 것은 점점 더 분명해진다. 허트 박사는 과거에도 연구하는 사람이었고 지금도 연구하는 사람이다. 그는 의대 교수였으며 그의 저술 및 독서 습관을 보면 그가 여전히 연구하는 사람임을 보여준다. 한마디로 그는 분석적 지성이 매우 뛰어난 사람이다. 그런 사람들을 조사한 자료에 의하면, 그들 중 소수만이 투자 및 그와 관련된 결정에 공인회계사나 변호사와 같은 노련한 자문가들을 이용한다고 한다. 앞 장에서 보았듯이, 우리는 분석적 지능을 측정하는 기준으로 수능성적을 이용한다. 수능성적이 1400점 이상 되는 백만장자 중 40퍼센트만이 자문가들을 이용한다. 그러나, 수능이 1000에서 1200점 되는 백만장자 중에서는 60퍼센트 이상이 노련한 자문가들에게 규칙적으로 조언을 구한다.

여기에는 어떤 관계가 존재하는가? 왜 분석적 지능이 뛰어난 사람들 중에서 어떤 이들은 혼자서 모든 것을 다 하는 투자자가 될까? 분석적 지능이 뛰어나다고 해서 반드시 실질적 지성이 높은 것은 아니다. 실질적 지성은 사람을 정확히 판단하는 능력과 연관이 있다. 이런 점에서, 허트 박사의 실질적 지성은 그리 높지 않다고 할 수 있다. 그만이 유별난 것은 아니다. 그와 비슷한 부류의 사람들은 학교에서 분석적 능력을 넓히고 키워왔다. 하지만 그들은 지성의 다른 측면을 간과했다. 고소득 직업군 중에서 특히 의사들은 교육을 받으면서 다음의 내용을 가장 많이 간과한다.

사람을 정확히 보는 법을 배우는 것.

"머리는 좋은데, 돈은 안 따라준다"는 역설적 이론을 설명해줄 수 있는 여러 근거들이 있다. 그중 한 가지는 내가 면담했던 한 백만장자가 간단히 요약해주고 있다.

돈벌이는 따분한 것이다.

정말 그렇다. 지능지수가 높은 사람들 중 몇몇은 정말 그렇게 생각한다. "돈을 하나하나 세고 있는 것"보다 심장수술을 하거나 복잡한 수학문제를 푸는 것이 훨씬 더 도전적이고 재미있다고 말한다. 선택을 해야 한다면, 그들은 천만장자가 되는 것보다 노벨상을 향해 가기를 원한다. 그러한 것을 추구하는 데 필요한 시간과 노력을 따로 떼내어 투자 자문가와 상담하는 일은 단순히 차 마실 시간과 노력을 떼내는 정도가 아닐 것이다.

또다른 이론적 근거가 있다. 허트 박사 같은 사람의 분석능력을 검사해보면, 그는 거의 천재에 가깝다. 그래서 그가 조언자를 필요로 하지 않는 것인지도 모른다. 그리고 자신을 조언가들보다 낫다고 여길지도 모른다.

그렇다면 굳이 그들과 접촉하기 위해 시간과 돈을 허비할 필요가 없는 것이다. 어떤 사람들은 투자할 단계에 이르면 자신들이 마치 신이라도 된 듯 여긴다. 그러나 너무 머리가 좋은 것이 오히려 장애가 될 수도 있다. 보통 정도의 지적 능력을 지닌 고소득층 사람들 대부분은 자신이 똑똑하지 않다는 것을 안다. 하지만 그들 대부분은 실제적인 측면에서 매우 뛰어난 머리를 지니고 있다. 그들은 자신들의 장단점을 알고 있으며 그에 따라 처신한다. 그들은 노련한 전문가들에게 먼저 조언을 구한 후 큰 투자를 결정한다.

자수성가한 백만장자들이 말하는 규칙이 있다.

- 자존심을 세우느라 공인회계사나 세금 관련 변호사 같은 노련한 투자 자문가들에게 조언을 구할 기회를 놓치지 말라.
- 혼자서 단기수익을 내는 데 관심을 두기보다 노련한 공인회계사와 변호사를 둠으로써 장기수익을 내는 데 관심을 둬라.
- 자신이 없으면, 능력 있는 자문가를 고용하라.

백만장자에게 조언을 하는 사람은 누구인가?

당신은 돈을 투자하는 중요한 문제를 어떻게 결정하는가? 사업내용을 바꿀 때, 당신은 어떤 결정과정을 따르는가? 만약 당신이 다른 백만장자들과 비슷하다면 당신은 우선 투자 자문가와 의논한 뒤 결정할 것이다. 이제, 백만장자들에게 최선의 조언을 주는 사람들에 대해서 알아보겠다.

내가 가장 많이 받는 질문 중의 하나가 누구로부터 조언을 구하면 좋겠느냐는 것이다. 편지로 혹은 전화로 그들은 이런 질문을 한다. "누구에게 투자 자문을 구하면 좋을까요? 주식 중개인, 금융 설계사, 보험직원, 뮤추얼 펀드 매매인 중 누가 좋을까요?" 내가 여기서 자신 있게 말할 수 있는 것은 전화를 걸어 이런 질문을 하는 사람은 백만장자가 아니라는 것이다. 왜냐하면, 위에 열거된 직업의 사람들은 많은 백만장자들이 즐겨 자문을 구하는 사람들이 아니기 때문이다. 백만장자들은 투자 자문가로 공인회계사나 변호사나 세금 전문가를 이용한다.

미국의 모든 고소득자 중에서 대표 샘플을 추출해서 살펴보자. 10만 달러에서 19만 9999달러까지, 그리고 20만 달러에서 29만 9999달러까지…… 이런 식으로 수입에 따라 분류해본다. 각 집단의 구성원에게 다음과 같은 간단한 질문을 한다.

당신은 투자 관련 금융 자문을 누구에게서 얻습니까?

각 수입별 집단에서, 자산 수준이 높은 응답자들은 공인회계사와 변호사에게 투자 자문을 구한다고 한다. 실제로, 그들은 투자 문제와 관련하여 주식 중개인보다 공인회계사와 변호사에게 3배 내지 5배의 자문을 더 구한다. 여기서 내가 말하는 것은 자문과 상담이지 주식 거래가 아니다. 또한 백만장자들이 관심을 갖는 것은 주식이나 채권 혹은 기타 투자상품만이 아니다. 그들은 이에 못지않게 자신의 사업이나 부동산에도 투자한다.

그러므로 사람들이 나에게 투자와 금융 관련 조언을 구하면, 나는 백만장자들이 내게 해준 얘기를 들려준다. 미국의 자수성가한 백만장자들 중 3분의 2 이상이 공인회계사와 변호사의 조언에 귀를 기울인다. 물론 이 두 직업의 모든 사람들이 투자와 관련한 자문을 해줄 수 있는 것은 아니다. 그러므로 적절한 자문가들을 찾기 위해 좀 둘러봐야 할 것이다.

그러한 전문가들이 제공하는 기본적인 서비스를 받는 것과 그들에게서 투자 조언을 받는 것 사이에는 커다란 차이가 있다. 가령, 당신은 세금 환급 문제로 공인회계사를 필요로 할 수 있고, 주식 거래를 위해 주식 중개인을 필요로 할 수 있으며 유언장 집행을 위해 변호사를 필요로 할 수도 있다. 이러한 일들은 바로 그들 본연의 일이다. 하지만 이런 일상적 업무말고도 더 많은 일들을 처리하는 노련한 공인회계사와 변호사들이 점점 늘어나는 추세다. 그들은 일반 기업 주식 외의 영역에서 의뢰인의 특수성을 고려한 투자 자문을 해준다. 이들은 개별 투자에서부터 업무용 부동산에 이르기까지 여러 투자에 관련된 세금 문제에 대해 매우 유용한 조언을 해준다.

대부분의 백만장자들은 주식과 채권 외의 부분에 대한 투자 덕분에 지금의 경제적 위치에 올랐다. 그러나 이처럼 불특정 범주에 드는 투자에는 나름대로 위험과 기회가 존재한다. 이러한 백만장자들에겐 투자의 옥석을 가려줄 유능하고 잘 단련된 공인회계사와 변호사들이 필요하다.

공공 거래 주식과 같이 정형화된 투자의 경우는 어떠한가? 이런 경우일지라도, 백만장자들은 한 발쯤 물러나서 자문을 하고 거래를 실행하는 전체 세계를 조망한다. 185명의 억만장자들을 대상으로 진행했던 지역별 조사결과를 보자. 모든 응답자들이 최소 순자산액이 500만 달러였으며, 다음의 네 가지 질문을 받았다.

1. 지난 일 년 동안 당신에게 투자 자문을 해준 사람은 누구인가(혹은 무엇인가)?

2. 투자를 성공적으로 하기 위해 받았던 자문이 당신에게 얼마나 큰 도움이 됐는가?

3. 지난 일 년 동안 당신에게 금융 관련 문제에 도움을 준 사람은 누구

인가(혹은 무엇인가)?

4. 이런 도움을 준 사람들이(혹은 단체가) 당신에게 준 도움의 질은 어떠했는가?

이들 억만장자의 대부분은 조사를 시작하기 전 일 년 동안 공인회계사(71퍼센트)와 변호사(67퍼센트)에게 투자 자문을 요청했다.(표 4-4 참조) 네 명 중의 세 명이 공인회계사로부터 받은 투자 자문이 투자 목표를 달성하는 데 아주 큰 도움이 되었다고 말하고 있는 반면, 다섯 명 중의 네 명이 같은 목적으로 변호사에게 받은 투자 자문이 큰 도움이 되었다고 말하고 있다. 거의 반 가량이 세금 관련 전문가로부터 자문을 받았다고 한다. 이들 중 82퍼센트가 이 자문이 크게 도움이 되었다고 한다.

흥미로운 것은, 21퍼센트만이 주식 중개인으로부터 투자 자문을 구한다는 사실이다. 하지만 62퍼센트 정도가 그들의 자문이 아주 큰 도움이 된다고 평가하고 있다. 주식 중개인에게 의존하는 경우는 자문을 받을 때보다 다른 서비스를 받을 때 더 크게 나타난다. 거의 4분의 3 가량이 주식 매매와 관련된 일에서 주식 중개인에게 의존하고 있다. 대부분의 억만장자들이 주식 중개업체가 준비한 보고서를 자세히 보고 참조한다.

한 억만장자 응답자(그를 앨빈이라고 부르자)는 자신의 판단을 되돌아보게 만들어준 주식 중개인과 변호사와 다른 많은 사람들의 얘기를 자세히 들려줬다. 주식 중개인에게 투자 자문을 요청하는 사람들에게 어떤 충고를 해주고 싶냐고 묻자, 그는 다음과 같이 대답했다.

> 음…… 추천해줄 만한 주식 중개인이 없네요. 추천하고 싶지도 않고요. 저는 주식 매매를 할 때만 주식 중개인이 필요하지요. 그뿐입니다. 그들이 제게

표 4-4. 억만장자들이 자문을 구하는 대상 : 투자 자문가와 기타 서비스 제공자들(N = 185)

	투자 자문		기타 금융 관련 서비스	
투자 자문가의 범주	받음	큰 도움	받음	최고 혹은 좋다
공인회계사	71	75	85	87
변호사	67	78	81	84
세금 전문가	46	82	48	88
친한 친구	38	61	23	72
사업 동료	35	69	28	75
보험회사 직원	29	32	35	66
부동산 직원	25	28	35	69
대출담당자	22	60	52	70
주식 중개인	21	62	72	64
신탁 회사	18	55	55	50
친척/배우자	16	64	11	60
금융 설계사	15	70	15	65
투자/자산관리인	14	56	16	65

어떤 정보를 주기를 기대하지 않습니다. 언제 어느 때…… 이런 식의 얘기를 해주기를 바라지도 않고요. 저에게 조언도 추천도 하지 않고, 그저 제가 알고 싶은 것만 얘기해주는 그런 중개인이 있었으면 좋겠습니다. 그런 식으로 되면 기쁘겠습니다.

앨빈이 주식 중개인에게 바라는 서비스는 주식 매매와 투자 분석가들의 서면 보고서를 보여주는 것이다. 그 때문에 내가 인터뷰했던 앨빈처럼, 많은 사람들이 매매뿐만 아니라 투자 정보를 얻기 위해 인터넷을 사용하고 있었다.

앨빈은 어떻게 자기 요구에 부합하는 주식 중개인을 찾을 수 있었을까?

그런 식으로 해주는 주식 중개인은 찾을 수 없어요. 당신에게 그렇게 해주도록 그들을 길들이는 수밖에 없지요.

앨빈은 투자 포트폴리오를 바꾸기 전에 조사 보고서를 많이 읽는다. 또한 공인회계사와 변호사들이 알고 있는 내용을 듣기 위해 그들에게 물어본다.

통상적으로 앨빈은 자기가 사는 지역의 일류 변호사 사무실의 일류 변호사를 고용해야 한다고 생각한다. 그것만이 필요한 재능을 얻기 위한 가장 빠르고도 경제적으로 이득이 큰 길이라는 것이다. 그는 이왕이면 규모가 가장 크고 가장 영향력 있는 최고의 법률회사와 거래하고자 한다. 왜냐하면 그는 회사가 클수록 좋다고 생각하고, 최고의 법률회사라면 일류 변호사를 쓸 것이기 때문이다. 규모가 아주 큰 최고의 법률회사에는 일류 전문가들로 가득하다는 것이다. 그리고 앨빈은 세금 혜택이 있는 투자에 대해 잘 알고 있는 전문가에게 자문을 구한다. 일류 법률회사와 거래하는 것은 비용이 엄청나지 않겠는가? 앨빈은 그렇지 않다고 말한다.

저는 수년 동안 개인 변호사와 소규모 법률회사와 거래를 해왔습니다. 그들 대부분은 법률 서적을 뒤지는 시간에도 수임료로 시간당 수백 달러를 청구했습니다. 하지만 큰 법률회사에 가면, 거기엔 각 분야의 전문가가 있습니다. 해외 거래에 대해 문의하면, 그 분야에 정통한 사람을 제게 보내줍니다. 저는 또 일류 법률회사에 전화를 걸었습니다. "여보게 찰리, 해외 투자 부분에 대해 아는 사람과 얘기 좀 하고 싶네." 그가 대답합니다. "적당한 친구가 있네." 그럼 저는 그를 찾아가, 한두 시간 얘기를 나누는 거죠.

그렇게 1000달러도 안 되는 비용으로 앨빈은 세 시간 동안 필요한 투자 자문을 받는다. 그러한 비용을 지불하고 받은 내용은 충분히 그 값어치를 한다.

세금 관련 변호사나 해외 투자 전문가는 앨빈에게 항상 같은 말을 해줄 것이다.

앨빈 씨, 해외에 투자하고 싶으시면 하십시오. 요청만 하시면, 20년의 세월이 걸린다 해도 저희들이 선생님을 감옥에서 빼내오겠습니다.

통신판매원과의 재미있는 일화

이 전화도 그날 대학 연구실에서 내가 받은 전화 중의 하나였다. 하지만 이 전화는 뭔가 달랐다.

통신판매원 유에스에이 투데이에 보니…… 선생님께서 각 주의 백만장자 판도를 그렸다고 하더군요. 국외에 거주하는 사람들까지 포함해서요. 제가 선생님께 부탁드리고 싶은 것은 미국의 백만장자의 이름과 연락처입니다.

스탠리 제게 명단은 없습니다. 거기에 사용된 수치는 추정된 것입니다. 통계 모델에 따라 나온 수치입니다. 제가 그 백만장자들을 일일이 다 헤아렸다고 생각하는 건 아니겠죠?

통신판매원 돈을 줘서라도 사고 싶습니다. 라벨이 붙은 것을 구입할 수 있을까요?

스탠리 명단은 없습니다. 말씀드렸듯이 저는 명단을 파는 사람이 아닙니다.

전화한 사람은 백만장자를 대상으로 한 통신판매원이었다. 그는 "세금 혜택을 받는 투자"를 선전하고 있었다. 그는 여덟 번이나 전화를 걸어왔다. 첫 일곱 번의 대화에서 나는 같은 말을 일곱 번 했다. "저는 명단을 파는 사람이 아닙니다." 한번은 그에게 다른 방법을 써볼 것을 권하기까지 했다.

스탠리 대부분의 백만장자들은 당신이 말하고 있는 투자방법이 괜찮은지를 평가하고자 할 때, 회계사와 변호사에게 의견을 구합니다. 그러니 차라리, 공인회계사와 세금 전문 변호사에게 연락을 취하시는 것이 어떻습니까? 당신의 생각이 괜찮다고 생각되면, 그들이 추천해줄 겁니다.

통신판매원 공인회계사라구요…… 공인회계사를 말씀하시는 겁니까? 그들은 거래에 훼방을 놓고 다니는 인간들입니다. 어떤 사람도 모험을 하려 들지 않아요. 그들은 고객이 정해진 길 외로 가는 것을 싫어합니다. 배짱이 없어요. 고객이 엄청난 세금을 무는데도 팔짱만 끼고 있어요…… 그 사람들은 한마디로 거래 훼방꾼입니다.

스탠리 글쎄요. 대부분의 공인회계사들은 세법에 정통한 사람들입니다. 공인회계사 중에는 법학학위까지 받은 사람도 있고, 세법을 따로 전공한 사람도 있습니다. 그들이 고객에게 최종적으로 해주는 일은 회계 결산을 해주는 일이지요.

통신판매원 제 생각으로는…… 선생님이 매년 회계 결산을 받지 않으면, 선생님의 회계사는 할 일이 없을 겁니다. 선생님도 좀더 과감해지실 필요가 있어요. 틈새는 아직도 많아요.

여러분도 충분히 상상할 수 있듯이, 이런 사람들이 제시하는 내용은 심지어 노련한 투자가들조차 두렵게 할 수 있다. 나는 그가 나에게는 팔 의도가 없음에도 은근히 나를 겁주고 있다는 것을 알았다. 일곱번째 통화가 끝나고 나는 좀더 강하게 나갈 필요가 있다는 생각을 했다. 토요일 아침 집으로 걸려온 여덟번째 통화에서 나눈 대화를 다음에 옮겨본다.

통신판매원 자, 결정하셨습니까? 부자가 되고 싶지 않으신가요? 제게 명단을 주시면 큰것 한 장 드리지요.

스탠리 좋아요, 좋아요. 당신이 이겼습니다. 시험 명단부터 시작하지요. 그리고 나서 그것이 당신이 원하는 것인지 보도록 하세요. 뉴욕에 사신다고 하시니, 뉴욕에 거주하는 백만장자들부터 어떻습니까?

통신판매원 그럴 줄 알았어요. 역시 선생님께 명단이 있는 줄 알았습니다. 뉴욕 시부터 할 수 있을까요?

스탠리 좀더 잘해보려면, 맨해튼부터 어떻습니까?

통신판매원 맨해튼에 얼마나 많은 백만장자들이 삽니까?

스탠리 약 3만 3000명 정도…….

통신판매원 얼마 드리면 좋겠습니까?

스탠리 주소와 전화번호를 포함해서 이름 하나에 10센트 어떻습니까?

통신판매원 좋습니다. 이제 명단을 빨리 받아보았으면 합니다.

스탠리 속달로 보내드리지요. 항공 속달 청구 번호나 불러주세요. 3300달러짜리 송장을 넣어서 보내드리지요. 각 10센트에 3만 3000명의 명단을 드리는 겁니다.

통신판매원 좋습니다…… 아무 문제 없습니다.

이 대화를 나누고 난 그 다음 월요일 아침에, 나는 3300달러 송장을 준비해서 속달 상자에 넣었다. 그리고 거기에 또다른 것도 넣었다. 2년 전의 뉴욕 전화번호부였다. 그 소포는 다음날 아침 통신판매원에게 배달되었다. 예상했던 대로, 그는 바로 내 사무실에 전화를 걸어왔다. 그는 불쾌한 듯했다.

스탠리 네, 여보세요. 톰 스탠리입니다.

통신판매원 이건 ××× 백만장자 명단이 아니잖아. 너 도대체 뭣 하는 ×××야? 이건 ××× 같은 전화번호부잖아. 너에게 ××× 땡전 한푼 줄 수 없어.

스탠리 맞다니까요. 그게 진짜 백만장자 명단이 맞습니다. 거기 실린 일흔 명 중의 한 명이 백만장자예요. 제가 드린 명단은 당신과 똑같아요. 당신과 그 명단은 도대체가 엉성하기 짝이 없어요.

아직까지 그 통신판매원은 나에게 3300달러를 지급하지 않고 있다. 내 전화번호부도 돌려주지 않았다. 그는 그 엉성한 명단에 대한 불평을 터뜨린 후, 다시는 나에게 연락하지 않았다.

승률 올리기

당신이 생각하는 모험적 사업이 결실을 맺을 수 있는 승산은 어느 정도일까? 당신은 대가가 보장된다면 기꺼이 금전적 모험을 감수할 용의가 있는 사람인가? 자신에게 "모험할 만한" 용기가 없다고 여길 수 있다. 혹은 승산을 기대하기에는 그 가능성이 너무 희박하다고 본다. 자신의 용기가 어느 정도인지 가늠하기 전에, 다음의 내용을 생각해보자. 위험을 감수하는 대부분의 백만장자들은 승률을 높이기 위해 여러 가지 일을 한다. 그러한 일들이 어떤 것일까?

자신의 사업

대부분의 천만장자들은 자신의 재산을 주식 매물에 올라 있는 다른 사람 소유의 회사에 투자하기보다 자기 사업체를 차리고 거기에 투자한다. 자기 사업체는 스스로 직접 통제하거나 지시를 내릴 수 있지만, 일반 기업일 경우에는 주식시장 가격 결정은 고사하고 통제나 지시조차 할 수 없기 때문이다. 그리고 특징적인 것은 대부분의 백만장자들은 "이것만은 내가 최고"라는 사업분야를 가지고 있다는 것이다. "이것만은 내가 최고"라는 부분이 무엇보다 중요하다.

성공한 모험가들은 시장의 틈새를 읽어내는 사람들이다. 그들은 다른 사람들이 하지 않는 것을 한다. 혹은 적어도 경쟁자가 아주 적은 시장에서 일을 한다.

자칭 모험가들이란 사람들과, 성공의 요인을 그 외의 요소에 두는 사람들을 비교해보는 것도 재미있다. 표 4-5에서 보는 바대로, 모험가들은 자신들의 성공을 뒷받침해주는 요인으로 어떤 특정 요인을 중요하게 꼽는

표 4-5. 자칭 금전적 모험가들과 그렇지 않은 사람들이 말하는 중요한 성공요인(N = 1001)

	응답자의 백분율 (괄호 안은 금전적 모험을 하지 않는 사람들의 비율)
자신의 사업에 투자하기	52(7)
현명하게 투자하기	56(12)
다른 사람들이 못 보는 사업 기회 포착	52(10)
이윤이 날 만한 틈새 시장을 찾기	42(10)

경향이 두드러진다.

대부분의 금전적 모험가들은 다른 사람의 사업에 투자하는 것은 승산이 아주 희박하다고 본다.

그들의 철학은 다음과 같다. 일을 잘해주어야 할 최고의 사람은 첫째도 나, 둘째도 나, 셋째도 나라는 것이다. 그렇지 않으면, 그들은 자신의 요구와 금전적 성공에는 관심이 없는 다른 사람의 비위를 맞추며 일할 수밖에 없다.

고소득 집단 중에서, 자신이 성공할 수 있었던 이유를 과감하게 금전적 모험을 감행한 덕분이라고 말하는 사람들은 역시 자기 사업을 운영하는 사람들이다. 회사 중역들이 그 다음이고, 뒤이어 의사, 변호사가 있다. 위험을 감수하는 사람들은 대부분 자기 사업체를 갖고 있는 사람들이다.

제대로 된 아이템

25년 동안 백만장자들을 연구해오면서, 나는 그들이 혼자 사업을 함으로써 파생되는 위험 요소를 줄이기 위해 많은 일을 한다는 것을 알게 되었다. 그동안 부에 대해 연구하면서, 나는 이런 말을 하는 억만장자를 한 명도 만나본 적이 없다.

그냥…… 자기 사업을 하는 것이 좋을 것이라는 생각이 들었어요…… 그래서 그냥 굴착기 청부업자나 어유(魚油) 도매상 혹은 모래 분사기 청부업자가 되어야겠다고 생각했지요.

내가 면담을 했던 자수성가한 거의 모든 억만장자들은 자신들이 선택한 일에 대해서 어떤 경험을 하였다. 많은 사람들이 자신의 일을 결정하기 전에 여러 가지 사업에서 그 이윤 가능성을 따져보았다. 경제적으로 모험을 하는 이들은 사업에 뛰어들기 전에 여러 사업에서 생길 수 있는 이윤 가능성을 모험을 하지 않는 사람들보다 거의 두 배나 더 자세히 따져봤다. 그들은 여러 가지 사업이 내포하고 있는 성장 가능성이라든가 이윤 가능성을 파악하였다. 실제로, 모험가들은 투자하기 전에 미리 많은 준비를 하기 때문에 부분적으로 성공하며 들어간다고 할 수 있다. 그들은 자신들이 즐기며 할 수 있는 일을 알아보는 데 직관력 같은 것을 갖고 있다. 거의 대부분의 경우, 적어도 두 단계의 절차가 있다. 모험가들은 우선 자신이 좋아하는 사업분야를 선정한다. 그것은 돈보다 더 중요한 일이다. 소속감을 주기 때문이다. 그들은 일단 다른 사람 밑에서 경력을 쌓아간다. 그리고 나서 그 일이 자신에게 맞는지 판단한다.

그 다음 단계로, 모험가들은 사업 구상을 한다. 일과의 궁합, 그 일에 대한 지식, 훈련된 정도, 경험한 내용, 그리고 잠재 고객과 공급업자와의 허물 없는 관계 유지 등이 구상단계에서 고려해보아야 할 중요한 요인들이다. 이런 조건을 다 갖추었다 하더라도 막상 사업을 시작할 때 나타나는 진짜 위험 요소는 무엇일까? 많은 사람들이 생각하는 것처럼 그다지 심각한 위험은 없다. 유사 업종에서 피고용인의 신분으로 있다가 자신이 고용인이 될 경우, 새로운 일이나 업종을 익히는 것보다 노력이 훨씬 덜 든다.

만약 그 일 혹은 업종과, 같이 일하는 사람들을 좋아하기까지 한다면 성공할 가능성은 더 많아진다.

> 금전적인 모험가들은 그렇지 않은 사람들보다 두 배나 많이 자신의 경제적 성공의 요인을 "자신의 일 혹은 업종에 대한 애정"에 두는 경향이 있다.

식스 센스 : 기회 포착 능력

금전적인 모험가들은 종종 아주 특별한 감각을 지니고 있음을 보여주는데, 그들은 "다른 사람들이 보지 못하는 사업 기회를 본다". 자수성가한 백만장자들을 오랜 기간에 걸쳐 인터뷰하다 보니, 어떤 유형이 그려졌다. 많은 자산을 갖고 있는 응답자들은 그렇게 될 수 있었던 이유를 다른 사람들이 갖지 못한 기회 포착 능력에 둔다.

이른바 모험가들이라고 하는 그들은 다른 사람들이 피하거나 잘 모르는 사업분야에 투자함으로써, 어떻게 하면 실패의 가능성을 줄이고 성공할 가능성을 높일 수 있는지 아는 사람들이다. 경쟁자들은 저 멀리 뒤처져 있다. 왜냐하면, 무엇인가에 가려져 있어 그것을 알아보지 못하기 때문이다. 그들은 빛을 보지 못하는 셈이다. 백만장자들이 어떻게 사업 기회를 포착하는지에 대한 자세한 얘기는 제5장 '부자들의 남다른 직업의식' 편에서 다룰 것이다.

성공한 사람들은 다른 사람들이 감지하지 못하는 것을 볼 줄 안다. 경제적 성공의 기회를 포착하는 데 있어 뛰어난 안목을 지닌 어떤 사람의 아들이 최근에 내게 보낸 편지의 내용을 보자. 바로 그러한 예민한 감각 때문에 그 아버지는 유년 시절의 나쁜 경험을 막을 수 있었다.

아버지는 작년에 돌아가셨습니다. 살아 계셨다면 선생님의 설문지를 흔쾌히 작성하셨을 겁니다. 아버지는 성적이 좋지 않으셨죠. 선생님과 할아버지가 자꾸 때리셨다고 하더군요. 지옥 같은 생활이었겠죠. 그러다…… 아버지는 ○○회사(본사 사진이 동봉되어 있었다)를 설립하셨습니다. 아버지는 차고에서 시작한 가게를 커다란 공장으로 성장시키면서 집안 사업에서 많은 역할을 하셨습니다.

아버지는 사람들이 매일매일 지나쳐버리는 기회를 찾으셨던 겁니다.

사장 R.J.R

제아무리 좋은 기회를 포착하였다 하더라도, 거기에 돈을 투자하기 위해서는 용기가 필요하다. 6학년 때 학교를 그만둘 수밖에 없었던 사람이 수천만 달러 규모의 사업체를 일으킬 때에는 분명히 용기가 필요했을 것이다. 그의 아버지와 선생님들이 했던 행동은 자아를 성장시키고 자신감을 갖도록 도와주는 처사가 아니었다. 하지만, 기회를 포착하는 그의 안목이 그런 좋지 않은 경험들을 극복하게 했다. 때때로, 사업 기회를 포착하는 본능이 강하게 나타나는 사람들은 사람들의 비판이나 장애에 전혀 아랑곳하지 않는다. 그러한 본능이 용기와 단호함을 키워줄 수 있다.

만약 당신에게 다른 사람들이 간과하는 뛰어난 아이디어가 있다면 어쩔 것인가? 당신은 어떻게 사람들을 설득해서 당신이 이끄는 대로 따라오도록 만들 것인가? 경제적으로 성공한 대부분의 사람들은 다른 사람에게 "자신의 아이디어를 파는" 능력을 갖추고 있다. 그것은 성공한 사업주들과 회사 중역들이 갖고 있는 특징이다. 그들은 또한 자신들이 이끄는 대로 따라올 가능성이 있는 사람들 즉, 용기 있는 사람들을 구분해낼 줄 안다.

용기와 안목 사이의 균형관계를 아주 잘 보여주는 사례 중의 하나는 레이 크록이 맥도널드 프랜차이즈를 판매하면서 취했던 초기 전략이다. 그것은 용기 있는 사람들을 찾는 것을 기반으로 하고 있었다. 믿거나 말거나이지만, 한때 크록 씨는 오늘날 프랜차이즈의 대명사가 된 사업을 확장하는 데 어려움을 느꼈다. 하지만 그에게는 안목이 있었다. 그는 프랜차이즈 판매를 시작하기 직전부터 모든 사람이 보지 못하는 것을 보고 있었다.

크록 씨는 비서를 시켜서 방문판매 전문가들을 모두 불러들이라고 지시했다. 그에게 보험에서부터 성경까지 온갖 것을 판매하려 드는, 이들은 누구인가? 크록 씨는 방문판매자들이야말로 용기와 배짱을 갖고 있는 사람들이라는 것을 알았다. 그는 만약 그들이 이런 식으로 물건을 팔 용기가 있는 사람들이라면, 맥도널드 프랜차이즈도 구입해서 운영할 수 있는 배짱이 있을 것이라고 확신했다. 그의 예상은 적중했다. "판매 전문가들에게 팔기"라는 이 멋진 논의는 존 러브의 탁월한 저서*에 자세하게 소개되어 있다. 안목의 의미를 이해하고 싶은 사람이면 꼭 읽어야 할 책이다.

두려움을 줄이는 첫 과정 :
긍정적으로 생각하기

경제적으로 성공한 대부분의 사람들은 경제적 위험을 감수할 수 있는 용기를 갖추고 있다. 그리고 그들의 용기는 반복해서 시련을 겪게 된다. 만약 사업을 시작하기 위해 당신이 가진 모든 것을 저당 잡혀야 한다면, 혹은 회사를 차리기 위해 잘나가는 법률회사의 동업자 자리를 포기해야 한

* John Love, McDonald's : *Behind the Arches*(Toronto : Bantam Books, 1986).

다면, 혹은 중역으로서 회사의 제품 견본을 모두 회수해야 한다면 어떻게 할 것인가? 이러한 결정을 하는 과정에서 드러나는 두려움과 근심들을 백만장자들은 어떻게 처리하는가?

표 4-1에 나타난 것처럼, "자신을 믿는다"는 그들이 사용하는 가장 중요한 테크닉 중의 하나다. 이 표현은 어느 유명한 책에 쓰여진 첫 세 단어와 유사하다. 그 책은 몇 주 연속으로 뉴욕 타임스 베스트셀러 목록에 올랐던 공전의 기록을 갖고 있는데, 그것은 노먼 빈센트 필의 『긍정적 사고방식의 힘*The Power of Positive Thinking*』이라는 책이다. 이 책이 처음 나온 것은 1952년인데, 아직도 판매되고 있다.

나는 최근, 1898년 5월 31에 태어난 노먼 빈센트 필의 탄생 100주년을 기념하며 발간한 이 책의 100주년 기념판을 받게 되었다. 그의 저서는 아직도 시사하는 바가 컸다. 그 책은 2000만 권 이상 팔렸으며 많은 사람들에게 영향을 미쳤다. 헤아릴 수 없이 많은 설교 강의, 세미나, 격려 연설 그리고 심지어 심리치료 섹션에 필 박사의 원리들이 사용됐다.

필 박사는 성경을 자주 인용했으며, 그의 많은 원리들은 주로 미국의 백만장자들에게서 따온 것이었다. 그의 저서는 종교적 색채가 있어서 특히 신앙심이 깊은 백만장자들에게 영향을 미쳤다. 하지만 다른 많은 사람들도 종교적 믿음이 있든 없든 적어도 필 박사의 원리 몇 가지를 인용하곤 했다.

자기 분야에서 뛰어난 여러 전문가들과 작가들이 필 박사의 조언을 흉내냈다. 나는 조지아주립대학 경영학과에서 13년 동안 데이브 슈와츠와 같이 일했다. 그는 『큰 생각의 마술』이라는 베스트셀러 책을 썼다. 책은 350만 권 이상 팔렸으며, 오디오테이프는 9만 개가 팔렸다. 그 책의 요점

* David J. Schwartz, *The Magic of Thinking Big*(New York : Fireside, 1965).

은 큰 일을 하기 위해서는 크게 생각할 줄 알아야 한다는 것이다.*

데이브에게 성공비결에 대해 묻자, 그는 언제나 긍정적인 생각을 하고자 한다고 했다. 그는 항상 성공만 생각하지 실패는 생각하지 않았다.

> 그렇지 않나, 톰, 자네는 긍정적으로 생각할 수도 있고 부정적으로 생각할 수도 있어. 한 번에 한 가지 생각밖에 할 수 없고…… 자신에게 달린 문제야…… 긍정적이 되고 싶은가, 부정적이 되고 싶은가?

데이브는 낙관주의적 입장을 취했다. 만약 그가 두려움이나 근심거리를 갖게 된다면, 그는 그것을 긍정적인 생각으로 이겨낼 것이다. 데이브는 성공한 다른 사람들과 많은 공통점을 가지고 있었다. 그들처럼 그도 부정적인 생각이 깔린 두려움을 어떻게 처리해야 하는지 알았다. 『큰 생각의 마술』에도 쓰여 있듯이 그는 성공하고자 하는 사람에게 다음과 같은 것을 하라고 권하고 있다.

- 성공에 대해 생각하라. 실패에 대해 생각하지 말라.
- 무슨 일이 있어도 당신 자신을 믿어라.
- 크게 생각해라.

큰 생각, 긍정적인 생각을 하기 위해 제시되는 데이브의 지침은 자신의 사유를 능란하게 통제하는 백만장자들에 의해 입증되고 있다. 그들은 성공할 수밖에 없는 방식으로 생각하고 그에 따라 행동한다. 그들은 자신들이 좀 못하다는 생각은 밀어내버린다. 데이브 슈와츠는 『큰 생각의 마술』에서 마지막 생각의 내용으로 퍼브릴리어스 시러스의 말을 인용하고 있다.

현명한 이는 자기 마음의 주인이 되지만, 어리석은 이는 그 마음의 노예가 될 것이다.

만약 당신이 성공할 수 없을 것 같다는 생각을 하게 되면, 당신은 아마도 그렇게 될 것이다. 자신이 다른 사람보다 못하다는 생각이 드는가? 얼마 되지 않는 금전적 모험도 당신 마음에서 위협적인 두려움을 유발시키는가? 너무도 많은 사람들이 이 두 질문에 고개를 끄덕인다. 두려움과 근심은 열등감의 사촌뻘쯤 된다.

어떤 백만장자들은 자신에게 동기를 부여하고 긍정적인 생각을 할 수 있는 자신만의 방법을 갖고 있다. 다른 사람들은 그 모델을 따라간다. 조언자들은 당신에게 어떻게 생각하고 어떻게 행동하라고 말해주지 않는다. 긍정적인 사고를 자극할 수 있도록 긍정적 자세와 행동을 취하기만 할 뿐이다. 그렇게 되면, 상대에게 아주 깊은 영향을 미칠 수 있다.

그 내용이 무엇이든, 모험을 두려워하지 않는 대부분의 백만장자들은 긍정적으로 생각을 하며, 낙관적이 되기 위해 다양한 방법을 취한다. 그렇게 할 수 있는 사람들은 부자가 되는 데 방해가 되는 두려움과 근심을 이겨낼 수 있다.

미끼와 자신에 대한 믿음

설문조사를 했던 거의 모든 백만장자들은 성공의 비결과 두려움과 근심을 극복하는 능력은 바로 다음에서 말하는 것과 직접적인 관계가 있다고 말한다.

자신을 믿는다.

그렇다고 그들이 언제나 백 퍼센트 자신감에 차 있는 것은 아니다. 그들도 커다란 시련과 도전을 받을 때는 주춤거린다. 하지만 그들은 그것을 어떻게 극복해야 하는지 알고 있고, 다시 자신감을 회복할 수 있는 능력이 있다.

톰 만은 낚시에서 가장 널리 사용되는 미끼 중의 하나를 발명한 사람이다. 그가 발명한 고무미끼는 수십억 개나 팔려나갔다. 톰 만은 단순한 발명가가 아니다. 그는 세계적 수준의 프로 낚시꾼이며, 어류에 대해 체계적인 공부를 했으며 미끼와 낚시기술을 개발하기도 했다. 나는 그가 낚시에서 중요한 요소가 무엇인지 얘기할 때 듣는 것을 좋아했다. 그가 자기 발명품만 떠벌리는 것은 아니었다. 톰 만은 낚시에서 가장 좋은 미끼는 바로 낚시꾼의 확신이라고 말한다. 만약 당신이 자신의 미끼에 대해 큰 확신을 가질 수 있다면, 분명히 고기를 낚아 올릴 수 있다. 믿으면 성공하리라. 물고기조차 누가 자신감을 갖고 있는지 알고 있다.

톰 만이 사람들에게 얘기하는 내용은 나에게 정말 신선한 충격처럼 다가왔다. 나도 낚시를 아주 좋아하는 사람이어서 미끼도 많이 갖고 있다. 7살 때부터 낚시를 해왔다. 하지만 미끼에 대해 확신이 없는 채로 고기를 낚아 올렸던 적은 단 한 번도 없었다. 톰 만의 말은 사실이다.

인생에서 성공하는 것도 그와 같다. 자신감이 없으면 성공하기 어렵다. 자신을 믿을 수 없다면, 무언가를 해보려는 것도 불가능하기 때문이다. 자신에 대한 믿음이 서 있지 않으면 당신은 자신이 하는 일을 확신할 수도 없고 다른 사람들도 당신이 자신 없어한다는 것을 알아차리게 될 것이다. 만약 당신에게 필요한 사람들이 당신의 눈에 비친 불확실한 자신감을 읽어낸다면, 당신은 어떻게 그들에게 같이 일하자고 설득할 수 있겠는가? 그런 상태에서 의료 기구든 베어링 부속이든 무엇을 팔 수 있겠는가? 만약 고객이 당신의 마음에서 당신 자신과 당신이 팔려고 하는 것에 대한 믿음이 없다고 여기면, 당신은 아무것도 할 수 없다.

내가 백만장자들을 대상으로 행한 전국적인 조사에서 알게 된 것 중의 하나는 당신이 성공할 것이라고 믿는다면, 그 성공 가능성은 더욱 높아진다는 것이다. 백만장자들이 종종 하는 말, "자신을 믿는다"는 것은 적재적소에서 효과를 나타내는 심리적 기법 혹은 사고방식이다. 그들은 자신의 일과 사업 혹은 기타 경제적 문제에 대해 중요한 결정을 내려야 할 때 생기는 두려움과 근심을 극복하기 위해 이 방법을 사용한다.

이처럼 "자신을 믿을 수" 있는 근거는 무엇인가? 어떤 사람들은 그러한 자신감은 타고나는 것이라고 한다. 하지만 나는 생각이 다르다. 자신감이란 것은 가족들에게서 서서히 배워나가거나, 스스로 키우고 성장시키는 것이다. 대부분의 백만장자들은 자신감과 스스로에 대한 믿음을 키우는 능력을 갖고 있다.

사람들은, 성공한 사람들은 늘 언제나 자신에 대한 믿음이 있었을 것이라고 여긴다. 그러나 항상 그런 것은 아니다. 내가 면담했던 백만장자들 중에 두려움과 근심거리를 갖고 있지 않은 사람은 없었다. 그렇지만 그들은 두려움이 닥치면, 그러한 감정을 극복할 수 있는 능력이 있다. 성공한 사람들은 두려움과 근심을 몰아내는 방법을 알고 있다. 그 방법 중의 하나가 그들 내면에 자리하고 있는 자신감과 자신의 능력에 대한 믿음을 확신하는 것이다.

경제적 성공으로 이끄는 특성에 대해서는 제2장 '부자가 되는 그들만의 DNA'에서 자세히 얘기했다. 제아무리 타고난 특성이라 하더라도 그것은 모두에게 나타나는 일반적인 것이다. 자기 관리, 사회성, 일에 대한 애정, 현명한 투자, 리더십, 성실한 노력, 금전적 위험의 감수, 진실성, 이윤 포착 능력 등……. 백만장자의 지위를 누리고 싶다면, 이러한 특성들은 필수적이다. 만약 목표가 이보다 더 높다면, 즉 단순한 백만장자가 아니라 천만장자 그 이상이 되고 싶다면, 타고난 품성 외에 다른 무엇이 더 필요하다.

당신은 끊임없이 자신의 갑옷을 튼튼히 해야 한다. 경제적 성공을 이루며 앞으로 나가는 매 단계마다 그만큼 더 많은 용기가 요구된다. 물려받은 재산 안에서만 맴도는 사람들이 커다란 경제적 위험에 직면하지 않고 그 이상의 갑부가 되는 경우는 극히 드물다. 위험 수위가 높아질수록, 그만큼 더 큰 용기를 내어야 한다. 경제적 이유든 무엇이든 간에 두려움을 겪지 않고 용기가 나올 리는 만무하다.

다른 사람과 마찬가지로 백만장자들도 두려움과 근심이 사라질 날이 없다. 가장 중요한 문제는 이처럼 돈을 잘 버는 사람들은 자신감과 스스로에 대한 믿음을 끊임없이 쌓아간다는 점이다. 그러므로 그다음에 이어질 것이 경제적 성공일 것은 충분히 상상이 간다. 경제적 성공이 이어지면, 그에 따라 자신감이 더욱 커져갈 것은 두말할 나위도 없다.

두려움을 줄이는 방법 :
모험을 감수하는 사람들과 피하는 사람들

경제적 모험을 감수하는 사람들은 두려움과 걱정거리들을 어떻게 억제하는가? 이 물음에 답하기 위해서, 나는 응답자 1001명의 답변을 분석했는데, 그중 733명이 백만장자 군에 속했다. 비교 대상은 고소득자이긴 하지만 백만장자는 아닌 사람들이다. 이들 고소득자들은 순자산이 낮은 응답자들인데, 이들은 대부분 모험을 꺼린다. 일반적인 표현을 쓰자면, 그들은 투자보다 쓰는 것을 좋아한다. 그들은 소득만 높으면 "경제적으로 성공"했다고 생각한다. 그리고 이들은 성공비결이 금전적 모험이나 그것을 이루기 위한 용기가 아닌, 자신들의 뛰어난 머리와 지능에 있다고 말한다.

전체적으로 볼 때, 경제적 모험을 하는 것과 수능성적 같은 분석적 지능의 척도 사이에는 반비례관계가 존재한다.

한편에선 뛰어난 지능을 얘기하는 데 반해, 전형적인 경제 모험가들은 실제적이고 창의적 지성이 뛰어남을 보여준다. 여러 성공한 사람들에 관한 스턴버그 교수의 연구결과는 나의 연구조사에서 다시 확인된다. 분석적인 측면에서 모험가들이 잘 처리하지 못하는 부분은 자문가를 고용하거나 많은 금융 자료들을 분석하거나 혹은 다른 사람들이 간과하는 기회들을 포착함으로써 보완한다. 이러한 능력은 창의적 지성에서 생겨난다. 이것은 또한 실제적인 사고방식, 즉 상식을 구비하는 데 도움을 준다.

경제 모험가들은 그렇지 않은 사람에 비해, 두려움과 근심을 상쇄할 행동이나 생각을 하고자 하는 경향이 두드러진다. 앞서 보았듯이 그들은 자신들에 대한 믿음을 강화시키고 용기를 키우며, 실속 있는 투자를 선택할 가능성을 높일 수 있는 시스템을 마련해놓고 있다. 다른 테크닉에 대해서도 살펴보자.

배우자와 상의하기(경제 모험가 : 71퍼센트, 모험을 피하려는 사람들 : 59퍼센트)

이 때문인지 모험가들은 특히 배우자 선정에 있어서 매우 세심하다. 통계를 보면, 그들은 자신의 배우자를 고를 때 어떤 부분에 특히 예민한 것으로 나타난다. 예를 들어, 동정심, 지혜, 포용력, 믿음직스러움, 침착성, 덕성, 철저함 등. 경제 모험가들은 성공적인 결혼은 믿을 만하고 인내심이 많으며 밝고 이기적이지 않은 배우자를 만나는 것이라고 보는 경향이 강하다.

이러한 자질들은 부부가 같이 경제적 모험을 하는 경우에 특히 중요하다. 사업에 투자한 돈의 흐름이 원활할 수도 있고 그렇지 않을 수도 있기 때문이다. 부부가 같이 의논해서 하게 되는 투자는 좋은 집과 자동차를 장만하거나 혹은 휴가를 가는 것보다 우선권을 지닌다. 이것은 결혼생활 초기에 더욱 분명하다. 모든 사람들이 경제 모험가들의 배우자가 될 수는 없다. 경제적으로 성공하고 싶은 사람은 큰 부를 이루기 위해 도움이 될 품성을 지닌 배우자를 신중하게 골라야 한다. 이에 대해서는 제6장 '부자들의 배우자 선택'에서 자세히 얘기될 것이다.

규칙적으로 운동하기(64퍼센트 대 53퍼센트)

운동에서 단련한 강인한 정신력을 이용하기(55퍼센트 대 43퍼센트)

그는 고등학교와 대학교에서 운동을 했다. 하지만 자신의 체력을 항상 최상으로 유지할 수는 없었다. 존 피터슨 박사는 치과 병원을 개원하고서 5년이 지난 후, 뭔가 변화의 필요성을 느꼈다. 그는 건강을 다지기로 했다. 그는 개인 트레이너를 고용했다.

피터슨 박사는 이 프로그램을 시작한 이후 최상의 몸 상태를 유지해왔다. 그는 운동을 하는 것과 중요한 경제적 모험을 하는 것 사이에는 직접적인 연관관계가 있다고 말한다. 자칭 경제 모험가라고 하는 그는 최첨단 의료 장비와 도구에 엄청난 돈을 계속해서 투자했다. 그럼에도 그는 자신이 투자했던 수백만 달러의 돈을 회수할 수 있다는 데 대해 아무런 걱정이 없었다. 그는 훈련을 잘 받은, 의료 기술이 뛰어난 전문가였다. 하지만 그것보다 더 소중한 것은 두려움을 이길 수 있는 능력이었다. 피터슨 박사는 매일 아침 체육관에서 해병대 신병 훈련소에서 하는 것과 같은 체력 단련 프로그램을 수행한다. 그것이 매우 고되다는 것은 두말할 나위도 없다.

하지만 그 운동결과는 단순한 체력 단련 이상의 것이다. 피터슨 박사는 그것이 자신의 정신력의 근간이라고 말한다. 그는 긍정적 정신 자세와 마음의 품성을 유지하는 것이 훨씬 쉬워졌다는 것을 느낀다. 피터슨 박사는, 두려움과 공포는 준비되지 않은 몸과 마음과 정신에서 나온다고 본다. 만약에 피터슨 박사가 수술 도중, 투자한 거액의 돈을 생각할 때마다 실수를 한다고 한다면 어떤 일이 벌어지겠는가? 그렇게 되면, 그는 어디에도 투자를 하지 않을 것이다. 그리고 뉴욕 주의 낫소군에서 가장 돈을 잘 버는 사업자 중의 한 사람이 될 수 없었을 것이다.

어떤 사람들은 긍정적 사고방식이나 두려움을 이겨내는 용기는 타고나는 것이라고 본다. 피터슨 박사는 그렇지 않다고 말한다. 나는 그에게 몸이 건강하지 않은 상태에서 스트레스를 받을 때도 건전하고 긍정적인 태도와 평정 상태를 유지할 수 있는지 물어보았다. 그가 말했다. "불가능해요. 부모가 어땠는지는 중요하지 않습니다. 피곤한 몸은 스트레스와 금전적 위험을 감수해야 하는 일을 하는 사람에겐 최악의 조건입니다. 정예부대와 일류 운동선수들이 왜 최상의 신체 조건을 갖추려고 하겠습니까? 매일 아침 운동을 하고 있지 않다면 저는 은퇴를 하거나 다른 일을 찾아보아야 할 것입니다. 육체적으로 힘들면 실수를 하게 됩니다. 그리고 일에서 실수를 하게 되면, 오랫동안 일을 할 수 없게 되죠."

두려움에 적극적으로 대처하기(74퍼센트 대 51퍼센트)

성공을 머릿속에 그리기(76퍼센트 대 57퍼센트)

모험가들을 일컬어 나는 "종이와 연필" 인간형이라고 부른다. 그들은 종이의 한 면에 모험에서 느끼는 긍정적인 내용을 모두 기록하고 다른 면에는 부정적인 내용을 기록한다. 먼저 그들은 부정적 내용이 적힌 기록을 검토하고서 두려움은 제거하고 부정적 내용들을 처리할 수 있는 긍정적 내용들을 하나하나 대치시킨다. 제아무리 경제 모험가라 할지라도 긍정적 요소들이 부정적 요소들보다 강할 때라야, 모험을 실행에 옮길 수 있다. 형세를 잘 관찰하면서 모험을 실행에 옮기기 위해서는 모험가들은 성공의 상태(모험에서 얻어낼 수 있는 모든 이점)를 머릿속에 그려낼 수 있어야 한다. 백만장자 모험가들은 인적 자원과 금전적 자원 모두를 잘 통괄할 수 있어야 한다. 그들을 따르는 사람들에게 성공을 머릿속에 그릴 수 있는 법을 가르쳐줌으로써 그들이 가질 수 있는 두려움을 제거할 줄 알아야 한다. 그들은 혁신가이며, 스승이고, 판매 전문가이며, 사람들을 고무시키는 사람이다. 그리고 무엇보다 그들은 원대한 안목을 갖고 계속 앞으로 나아가는 사람들이다.

사랑과 가족

어떤 사람들은 승산이 없어 보이는 목표를 향해 꾸준히 나아간다. 그들은 상황이 좋지 않아도 그것을 이겨내며 나아간다. 경제적으로 성공한 대부분의 사람들은 이미 어릴 적에 부모로부터 어려운 일에서 생겨나는 두려움과 근심에 맞서고 과감히 모험을 감수하는 법을 배운다. 그들의 부모는 사랑과 온정이 넘치고 안정되고 긍정적인 환경을 제공했다. 하지만 오늘날은 그렇지 않다. 결혼한 사람의 반 이상이 이혼하는 추세다. 부모가 한 사람뿐인 가정도 흔하다. 배우자와 자식에 대한 학대 통계 수치가 매년 증가하고 있다. 물론 이러한 사실이 미국의 장래를 보여주는 것은 아니다.

간단히 말해서, 안정된 사람은, 안정되고 온정이 넘치고 따뜻하고 사랑이 가득한 가족에서 나온다. 그리고 불안정한 사람은, 불안정하고 삐걱거리며, 심적 부담이 큰 가족 환경에서 자랐을 확률이 크다. 그러한 가정에서는 사랑과 온정은 찾아보기 어렵다. 전통적인 가족 분위기에서도, 일정 부분에서 자유가 주어지지 않는다면, 아이들은 성공할 수 있는 인물로 자라기 어렵다.

결국 이 말은 창의적인 행동방식을 키워줄 수 있는 안정된 환경에서 자란 사람들만이 자수성가한 백만장자가 될 수 있다고 하는 것인가? 물론 아니다. 하지만 안정된 환경에서 자란 사람이 아니라면, 경제적 성공을 이루는 것이 쉽지 않다. 왜냐하면 성공하기 위해서는 엄청난 긴장감과 스트레스를 극복할 수 있어야 하기 때문이다. 성공하기 위해서는 모험을 감수해야 하고 두려움과 근심을 이길 수 있는 능력이 있어야 한다. 사람들과 잘 어울리고 그들을 격려하며, 그들을 이끌어나가며, 스스로 본보기가 될 수 있어야 한다. 성공은 때때로 외조/내조를 잘해주는 배우자와의 안정된 결혼생활에서 생겨나기도 한다. 자수성가한 부자들은 목표가 뚜렷하며, 성공하기 위한 준비가 되어 있다. 이러한 목표 내용은 그들의 일과 결혼에도 똑같이 적용된다.

안정된 조건이 아니라면, 성공하기 위해서는 가파른 길을 올라야만 한다. 그런 상황에서는 목표가 뚜렷하지 않으며 변덕스럽다. 그리고 사람들과도 잘 어울리지 못한다. 심지어 배우자와 자식들과도 잘 지내지 못한다.

또한 반복되어 나타나는 경제적 위협 상태나 위험, 그리고 두려움과 근심 등을 처리할 수 있는 단호함을 결여하게 된다. 안정적이지 못했던 자신의 과거를 극복한 사람들의 사례도 많다. 그들은 분명 축하받아 마땅한 장한 일을 했다. 이런 사람들은 예외의 경우에 속한다.

아주 어려운 상황에 처해보지 않고서는 가정환경이 얼마나 소중한지 알 수 없다. 많은 백만장자들이 사업과 일을 시작하기 위해 자기가 가진 모든 것을 걸어야 할 때가 있었다. 실패했다면 그들은 어떻게 됐을까? 누가 인생의 마지막 페이지에 놓여버린 그들을 거기서 빼낼 수 있을까? 그들은 많은 위험을 겪었는데 그것이 미국에서 부자가 될 수 있었던 한 이유였다.

매순간, 백만장자들은 다음과 같은 생각으로 자신의 용기를 북돋운다.

> 내가 모든 것, 마지막 한푼까지 모두 잃게 된다면 어떻게 될까? 그래도 내게는 아직도 가장 소중한 것이 남아 있을 것이다. 그것은 바로 내 남편/아내와 아이들이다. 그들만은 나를 버리지 않을 것이다.

백만장자들과 인터뷰를 하면서 알게 된 것인데, 위 생각은 백만장자들 사이에서 성공하고 싶다는 말만큼이나 보편적인 것이었다.

이 책의 사례연구는 백만장자가 자기에게 맞는 이상적인 일을 선택한 얘기, 그리고 창의적인 사업을 시작한 얘기, 그리고 현명한 투자를 한 얘기들로 채워져 있다. 그런데 이런 내용의 이면에는 더 근본적인 내용이 있다. 그것은 공공연히 자주 입에 오르지는 않는 것들인데, 다음과 같다. 안정된 가정환경, 부모의 사랑, 충실하며 내조/외조를 잘하는 배우자, 그리고 신앙인인 경우에는 강한 종교적 믿음 등이다. 성공한 사람들의 이야기가 신문에 실릴 때 머릿기사로 이런 내용이 실리는 경우는 거의 드물다.

하지만 이러한 환경 없이 성공한 사람은 극히 드물다. 백만장자들의 자신감은 대부분 가정에서 유래한다. 부모는 아이들에게 자신감을 심어주어야 한다.

5

THE MILLIONAIRE MIND

부자들의 남다른 직업의식

멜은 어떻게 해서 천만장자가 되었을까? 여러 이유가 있겠지만, 그중 한 가지가 유독 두드러진다. 내가 인터뷰를 했던 미국의 다른 부자들처럼, 멜 역시 알맞은 때 알맞은 장소에서 자신에게 맞는 일을 찾아냈던 것이다.[*]

멜은 군대에 징집되었고 거기서 2년을 보냈다. 그는 항상 자신을 "도시 청년"이라고 생각했다. 하지만 남부의 시골에 주둔해 있을 때, 그는 거기서 아주 중요한 경험을 하였다. 동료들은 군대 음식과 시골 환경에 대해 불평을 하는 동안, 멜은 대부분의 여가 시간을 부동산으로 돈 벌 궁리를 하면서 보냈다. 군복무를 마치기 직전, 그는 주둔했던 데서 멀지 않은 곳에서 부동산 투자를 할 만한 곳을 찾았다.

그 지방 보안관이 저당권 행사로 팔려고 내놓은 매물이었습니다. 7000달

* 설문에 응답한 사람들이 하고 있는 사업의 종류에 대해서는 이 책의 부록 2와 3을 참조할 것.

러를 부르더군요.

다른 사람들은 스물네 살의 멜이 알아차렸던 기회를 보지 못했다. 어느 누가 남부의 시골 마을에 지어진 오래된 집을 사려고 하겠는가?

사업 감각이 뛰어난 저희 아버지조차도 "그 부동산은 사지 말라"고 하시더군요. 그래도 전 샀습니다.

멜의 아버지와 주변 사람들은 철저한 "양키 즉, 도시 사람"들이었다. 그들은 남부에 대한 편견을 갖고 있었고, 특히, 투자에서는 두말할 나위도 없었다. 멜은 지금은 선벨트라고 불리는 곳의 투자 가치를 직감했다. 그는 그 마을이 장차 북부와 남부를 잇는 요지가 될 것이라고 보았다. 그곳에 대한 투자가 앞으로 자신의 사업을 키워나가는 시발점이 되리라는 것을 알았다.

제가 구입한 건물은, 2만 명의 직원을 거느린 큰 공장에 인접해 있었습니다. 저는 한 달에 100달러를 받고 그 건물을 임대했습니다. 지금은 한 달에 3000달러를 받습니다.

그 건물을 임대해주고 나서, 멜은 그만이 할 수 있는 사업을 시작했다.

그 이듬해 5년 동안, 저는 그 주변의 땅 주인들을 만나러 다녔습니다. 장소를 막론하고 7500에서 1만 달러를 줘가며 땅을 사들였지요.

얼마 되지 않아 멜은 다른 사람의 돈을 이용하여 세 블록 정도의 땅을 소유하게 되었다.

저는 거기에 17만 5000달러를 투자했는데, 모두 은행돈이었죠…… 처음 15년 동안에 50개의 점포를 지었습니다. 거기에 쓰인 빚은 모두 갚았습니다. 현재 거기에서 일 년에 75만 달러를 벌어들입니다.

이 모든 일을 하기 위해, 멜은 모든 자금을 빌려왔다. 일단, 은행에서 7500달러를 대출하고 처음으로 상업용 부동산을 매입했다. 그의 아버지는 멜이 생각하고 있는 지역의 성장 가능성에 대한 전망을 듣고 나서 대출 보증을 섰다. 아버지는 그의 아들이 이재에 밝다는 것을 알고 매우 대견스러워했다. 멜은 매입도 하기 전에 7500달러짜리 건물을 임대했다. 2년간의 임대 수익은 원금과 이자를 갚고도 남았다. 그의 자금 유통 능력이 커지기 시작했다.

얼마 되지 않아 멜은 조용하면서도 주도면밀하게 상업용 부동산을 매입하기 시작했다. 매입할 때마다 그는 대출 자금을 사용했다. 그는 십여 군데 이상에서 돈을 빌렸으며, 자기 돈은 한푼도 사용하지 않았다. 그는 군대 동기들이 남부에서 하는 군대생활이 끔찍하다고 말하는 것을 이해할 수 없었다.

멜에겐 기회를 포착하는 안목도 있었고, 훌륭한 조언자인 아버지도 있었다. 멜의 아버지는 평상시에 아들에게 적은 돈으로 부동산에 투자해서 엄청난 돈을 벌어들인 사람들에 대한 이야기를 많이 해줬다. 비결은 최상의 기회를 포착하는 동물적 감각이다. 멜은 아버지의 충고를 따랐다. 그는 군에서 보낸 2년의 세월 동안 거대한 재산을 불려놓고 있었다.

멜은 이제 보통 사람들이 은퇴하는 나이에 접어들고 있지만, 그럴 계획은 없다. 그는 이미 남부의 세 블록 이상을 소유했지만 아직도 건수를 찾아다닌다. 멜은 상업용 부동산을 특히 선호한다. 그는 소매 형태로 매매가 용이한 부동산만 매입한다. 그래서 점포와 쇼핑몰 같은 부동산을 선호한다. 그는 최종 소비자와는 거래를 하지 않는다. 그래서 그는 아파트를 매매하지 않는다. 그 이유는 "성가신 일들이 너무 많기" 때문이다. 멜은 사업을 하는 사람들이 상도덕에 대해 좀더 신뢰할 만하다고 믿고 있다. 그리고 그가 오랫동안 간직하고 있는 믿음이 또하나 있다.

아주 오래 전부터 저는 신이 우리에게 땅을 주었다는 것을 믿어왔습니다. 땅이 없다면, 아무것도 더이상 존재할 수 없겠죠.

멜은 자신의 일을 "세 블록의 지주" 노릇이라고 말한다.

일의 발견과 선정요인

백만장자들은 자신의 일을 "발견"하는 데는 몇 가지 중요한 요인이 있다고 한다. 단 한 가지 요인만 존재하는 경우는 드물다. 표 5-1에서 보는 바와 같이, 어떤 특정 요인이 다른 것보다 더 중요한 것으로 나타난다. 전체적으로 보면, 백만장자의 39퍼센트가 직관적으로 직업을 찾게 된다고 한다. 그리고 전체 네 개의 직업군에서 보더라도 직관이 중요한 요인으로 가장 많이 언급되고 있다. 이들 직업군은 백만장자 집단에서 가장 많은 비율(67퍼센트)을 차지하고 있는 직업군들이다.

표 5-1. 백만장자들이 자신의 일을 고르는 법(N = 733)					
선택 요인	전체 100%	사업주 32%	중역 16%	변호사 10%	의사 9%
지적인 방법					
직관	39	46	37	30	31
사업 가능성 타진	30	39	33	15	23
잡지나 업계 간행물	14	16	15	2	8
우연					
우연한 기회	29	31	33	13	12
시행착오	27	30	29	13	8
이전 직업	12	15	10	5	4
이전 고용주가 놓친 기회	7	9	4	3	2
다른 사람의 의견					
직업 소개소	3	2	6	1	0
프랜차이즈 모집	2	2	1	3	0

사전에 보면, 직관이란 "추론이라는 의식적 과정 없이 사물을 직접적으로 파악하고 그 쓰임을 익히는 것, 다시 말해서 신속하며 즉각적인 통찰"이라고 돼 있다. 사업주와 경영자의 직업을 가진 백만장자 중 거의 반 정도가 자신들의 일을 직관에 의해 찾았다고 하는 것을 주목할 필요가 있다. 사업주 백만장자들은 이런 얘기를 이구동성으로 할 것이다.

내가 경제적으로 성공한 이유는 특정한 일을 선택했기 때문이다.

사업주 집단은 백만장자 집단에서 많은 비중을 차지하고 있다. 하지만 미국의 많은 사업주들은 백만장자가 아니며, 평생 백만장자가 된다는 보장도 없다. 그러나 사업주들은 자신이 무슨 일을 할 것인가를 주의깊게 선택함으로써 성공의 가능성을 크게 높일 수 있다.

쓰레기와 보배

리처드 씨의 경우는 현명하게 자신의 일을 고른 아주 좋은 예다. 중상층의 가정에서 자라나 사립학교에 다니고 열여덟이 될 때까지 뉴욕에서 보낸 한 젊은이가 어떻게 남부 시골 촌구석에서 고물상을 운영하게 된 것일까?

리처드 씨는 연간 70만 달러 이상을 번다. 그는 '대차대조표 부자'로 분류될 수 있다. 그는 연간 실소득 1달러당 12달러의 순자산을 가지고 있는 사람이다. 매일 아침 5시 35분이면 그는 웃으면서 일어난다. 어서 빨리 일하러 가고 싶기 때문이다.

스탠리 선생님을 그렇게 움직이게 하는 힘은 무엇입니까? 매일 아침 선생님을 흥분시키는 것이 무엇인지요?

리처드 돈과 관련된 문제는 아닙니다. 저는 단지 일을 하고 싶을 뿐입니다. 목표를 달성하는 것이 무엇보다 중요하죠. 저에게 금전상의 문제는 없습니다. 비싼 집을 소유하고 있지만 통장이 텅빈 사람과는 다르죠. 그런 사람은 돈 때문에 걱정이 많잖아요. 그러나 저는 제 일터인 고물 처리장에 가고 싶을 뿐이죠. 일을 하고 싶으니까요. 저는 매일 일하고 싶은 충동에 사로잡혀 있습니다. 그리곤 꼭 해내야 직성이 풀리는 거예요.

늦게까지 일을 하게 하고 매일 아침 일찍 일어나게 만드는 그 마음의 이면에는 무엇이 있는 걸까? 리처드를 움직이게 만드는 그 힘은 경제적으로 성공한 많은 사람들에게도 공통적으로 나타나는 것이다. 재산을 더 많이 모으면 모을수록, 그들은 더욱더 이런 말을 하게 된다.

나의 성공은 내 일과 직업을 사랑한 결과이다.

제2장에서 살펴본 것처럼 백만장자의 46퍼센트가 아주 중요한 성공요인으로 일에 대한 사랑을 꼽았으며 40퍼센트가 중요한 요인이라고 대답했다. 리처드 같은 사람은 이런 말을 할 것이다.

당신의 일을 진심으로 사랑하라. 그러면 성공할 것이다.

일에 대한 열정이 처음부터 생기는 경우는 드물다. 표 5-2에서 보는 바와 같이, 백만장자의 55퍼센트만이 그 일을 사랑하기 때문에 그 일을 골랐다는 것을 알 수 있다. 하지만 제2장 '부자가 되는 그들만의 DNA'에서 얘기했듯이, 시간이 흐르면서 일에 대한 사랑 때문에 성공할 수 있었다고 말하는 사람들이 늘어나 80퍼센트에 달했다. 모든 백만장자들이 다, 자신들이 선택한 일로 엄청난 돈을 벌 수 있을 것이라고 즉각 알아차리는 것은 아니다. 하지만 66퍼센트 가량이 처음부터 그 일이 그들을 부자로 만들어줄 수 있다고 봤기 때문에 그 일을 선택했다고 말한다. 58퍼센트 정도는 직업을 선정하게 된 중요한 요인이 그 일에서 생길 "큰 이윤 혹은 잠재 수입"에 있다고 한다.

리처드 씨 같은 사업주와 경영인들은 이익과 수입에 대해서 매우 민감하다. 그들은 궁극적으로 자신들을 부자와 자산가로 만들어줄 사업 기회

표 5-2. 백만장자들이 자신의 일을 고르는 법(N = 733)

선택 요인	전체 100%	사업주 32%	중역 16%	변호사 10%	의사 9%
감정적 영향					
능력과 적성	81	83	77	87	83
자긍심	62	52	63	65	83
일에 대한 애정	55	55	55	38	72
꿈	30	33	19	43	63
경제적 욕구					
금전적 독립	66	79	53	52	85
이윤과 소득	58	71	55	46	42
자영업	49	73	22	34	77
학업 관련					
전공	44	36	44	53	56
추천	29	19	34	39	33
적성검사	14	8	17	30	23
가족의 영향					
부모의 권유	20	20	11	30	38
집안 사업	13	24	8	11	6
기타					
파트 타임	13	15	10	13	4
취업 상담실	6	3	9	6	6

를 찾고 있다.

자긍심 때문에 자신의 일을 택했다는 백만장자 부류와는 약간 다르지만 사업주들 중 반 이상이 자긍심을 주기 때문에 일을 택했다고 대답했다. 이와는 대조적으로 백만장자인 의사들의 경우에는, 83퍼센트가 의사라는 직업이 자긍심을 주기 때문에 일을 선정했다고 한다.

비록 백만장자 세 명 중 두 명이 "금전적 독립"을 직업 선택의 중요한 요인으로 꼽고 있지만, 부자가 되고 나서 일을 그만두는 백만장자는 극히 드물다. 리처드 씨는 이미 갑부가 되었지만, 여전히 자신의 일을 사랑하고 있다. 자신과 가족이 앞으로 20년 동안 아무런 걱정 없이 살 수 있다 하더라도, 그는 여전히 매일 새벽에 일어나 출근한다. 그는 아직도 자신의 사업이 더욱 번창하기를 바란다.

리처드 씨는 몇 년 전에 이미 자신의 경제적 목표를 달성했다. 하지만 그는 여전히 자신의 일을 사랑한다. 그러므로 리처드 씨 같은 사람들 중에 칩을 현금으로 바꿔서 일찌감치 사업체를 팔아버리고 은퇴하는 사람은 거의 없다. 일에 대한 애정은 그 이상의 것임이 분명하다. 많은 백만장자들이(81퍼센트) 자신의 일을 선정한 이유로 다음의 것을 든다.

나의 일은 내 능력과 적성을 한껏 발휘할 수 있도록 해준다.

보통 사람들의 입에서는 이런 말이 나올 수 없다. 그들은 주어진 일을 할 뿐이다. 일은 일일 뿐이지 거기에 애정이니 하는 것들이 포함되어 있지 않은 것이다.

대부분의 백만장자들은 이상적인 일거리를 선택한다. 자신이 좋아하고, 자긍심을 주는 그런 일을 찾을 수 있었던 것은 그들이 단순히 운이 좋아서일까? 물론 운도 따랐을 것이다. 하지만 자기에게 딱 맞는 일을 찾기 위해서는 먼저 자신을 알아야 한다. 자신의 장점과 단점이 무엇인지 그리고 좋아하는 것과 싫어하는 것이 무엇인지를 알아야 한다. 만약 이런 질문에 답할 수 없다면, 자신이 좋아할 수 있고 자신의 자긍심을 키워줄 그런 일을 찾기란 불가능하다.

이런 일련의 과정은 아무것도 존재하지 않는 진공 상태에서 이루어지는 것이 아니다. 어느 날 잠에서 눈을 딱 뜨고 "난 볼 베어링 만드는 일을 할 테야"라고 말하고서 백만장자가 된 것은 아니다. 리처드 같은 많은 백만장자들은 자신에게 맞는 일을 찾기까지 큰 대가도 없고 즐겁지도 않은 일을 해야만 했다.

스탠리 다시 한번 선생님의 배경이 궁금합니다. 어떻게 해서 선생님께선 중고 트럭 부품 사업을 하시게 됐습니까?

리처드 그 일을 하기 전 8년 동안 이런저런 일들을 했습니다. 다른 사람 밑에서 일도 했지요. 하지만 손에 떨어지는 돈은 없더군요. 그래서 제 사업을 시작하기로 했지요.

스탠리 그러셨군요. 그런데 왜 다른 사업도 아니고, 중고 트럭 부품 사업이었습니까?

리처드 저는 좀 색달랐어요. 돈이 될 만한 일을 찾는 데 있어서 말입니다. 모두가 하는 일에 뛰어들었다면, 저는 제대로 못 했을 겁니다. 경쟁이 심하면, 돈을 벌기 어렵죠.

리처드 씨처럼 자신의 일을 선택하는 사람은 많지 않다. 리처드 씨는 구체적이며 그 범위가 매우 분명한 고객을 대상으로 삼았다. 몇 년 전만 해도 서비스 부문에서 그를 따라올 사람은 아무도 없었다. 리처드 씨는 틈새 시장과 특화 부분에서 탁월한 전문가였다. 그리고 장사에 뛰어난 소질이 있는 사람을 알아보는 눈도 가지고 있었다. "닥터 조(Jaw: 턱)"에 관한 그의 얘기를 들어본자.

리처드 제 친구 중에 닥터 조라고 불리는 친구가 있는데, 그는 아주 다른 식으로 일을 처리했습니다. 그 친구는 치과 의사였는데, 턱에

외상을 입을 경우, 손상된 치아를 치료하는 일을 했죠. 그것은 그 친구의 고유한 전문 영역이었습니다. 그러다 그는 의대로 다시 진학하더군요. 후에는 턱도 바로 잡고, 치아도 교정할 수 있는 자격을 갖추더군요.

스탠리 요즘엔 어떻게 지내나요?

리처드 그는 아주 확실한 분야에서 전문성을 획득한 거예요. 전문성 덕분에 지금은 떼돈을 벌고 있죠.

닥터 조는 내가 만나봤던 대부분의 자수성가한 백만장자들과 비슷한 점이 있었다. 특히, 자기 세대에서 부자가 된 사업주들과 더욱 유사했다. 뭔가를 특화시키는 사람. 즉, '틈새에 강한 사람들'이다. 거기엔 경쟁 대상이 거의 없다.

닥터 조는 처음에 치과업이라는 시장에만 머물러 있었다. 하지만 그는 괜찮은 시장을 개척하는 감각이 탁월했다. 그는 환자에게 통합 서비스를 해줄 수 있다면 더 많은 돈을 벌 수 있으리라는 것을 알았다. 결국 한 번에 턱과 치아를 모두 치료해준다는 멋진 아이디어는 마른 하늘에서 그냥 떨어진 것이 아니었다.

많은 백만장자들은 그들이 궁극적으로 선택한 분야에서 특별한 경험을 하게 된다. 예를 들어, 한 치과 의사는 두 개의 자격증(치과 의사 자격증과 의사 자격증)이 하나만을 갖고서 벌 수 있는 것보다 더 많은 돈을 벌게 해준다는 것을 알게 된다. 닥터 조는 턱에 문제가 생긴 환자가 필요로 하는 모든 것을 완전히 이해할 수 있는 위치에 있었던 것이다.

리처드 씨 또한 수익을 많이 남길 수 있는 사업에 관여하고 있었다. 그는 서비스를 제공하는 일에 타고났다. 그는 언제나 트럭과 트럭 판매업체에서 일하는 사람들을 좋아했다. 닥터 조와 리처드 씨는 어떤 특정한 사업 내용을 새로 만들고 그것을 꾸려나가는 것을 좋아하는 사람들이었다. 오늘날, 특정 지역 내에서 한 사람은 중고 트럭 부품 분야의 일인자이고, 다른 한 사람은 턱 관련 분야의 일인자이다. 이들은 자신들의 분야에서 단 한 명의 유사한 경쟁자도 가지고 있지 않다.

이십대 후반에, 리처드 씨는 트럭을 제조 생산 판매하는 큰 회사에서 5년 동안 일했다. 그저그런 평점을 받고 대학을 졸업했던 그는 지출을 줄이는 것 외에 달리 돈을 모을 방도가 없었다. 그와 그의 아내는 검소하게 살면서 언젠간 부자가 되기를 소망했다. 하지만 리처드 씨는 그렇게 해서는 결코 부자가 될 수 없다는 것을 알았다. 그는 초조해졌다. 무슨 일을 할 수 있을지 확신이 서지 않는 가운데, 흥미로운 일들이 연이어 일어났다.

> 저는 화이트 모터 컴퍼니에서 대리로 일하고 있었습니다. 사장이 저를 부르더니 파손된 트럭을 고물상에 팔라고 하더군요. 저는 500달러를 받고 트럭을 팔았습니다. 2주일 후에 사장이 저보고 고물상에 가보라고 하더군요. 다른 트럭에 쓸 중고 엔진이 필요하다는 겁니다.
>
> 고물상에서는 제가 2주 전에 팔았던 트럭에서 엔진을 빼내더군요. 그리고선 저에게 우리가 교환하기 위해 가져갔던 엔진에 덧붙여서 500달러를 청구했어요.

이때, 리처드 씨의 머리를 스쳐가는 아이디어가 있었다. 그는 트럭의 부품들이 각기 돈이 될 수 있다는 생각이 들었다. 사실, 총 500달러를 받고 판 트럭은 따로따로 떼어서 팔 때, 그보다 다섯 배에서 열 배 가량의 돈을 더 받을 수 있었다. 리처드 씨는 바로 그때 사람들이 직관이라고 말하는 것을 경험하게 되었다. 고물상 일이 아주 괜찮은 사업이 될 수 있다는 가능성을 읽어낸 것이다.

리처드 씨는 다른 백만장자들과, 특히 사업주인 백만장자들과 많은 공통점을 가지고 있다. 그들 중 거의 반 가량이 자신의 천직을 "발견"하는데 있어서 직관을 중요한 요인으로 꼽고 있다.(표 5-1 참조) 사업주인 백만장자의 39퍼센트는 또한 자신이 할 일을 고르기 전에 "이윤과 소득"에 대해 면밀히 따져보았다. 리처드 씨는 또한 다른 사업주 백만장자들의 31퍼센트가 그랬듯이 "우연한 기회"를 잡게 되었다. 그러나 트럭과 트럭 판매에 종사하는 사람에 대한 애정을 보더라도, 리처드 씨의 결정은 단순히 일시적이거나 우연한 것이 아님을 알 수 있다. 그는 자신이 좋아하는 일에서 틈새 시장을 찾아낸 것이었다.

> 저는 그 청구서를 가만히 들여다보았습니다. 그리곤 생각했지요. "이 친구는 500달러를 주고 변속기, 리어 엔드, 타이어, 문짝, 라디에이터를 가지더니 이젠 엔진까지 파는군."
>
> 불과 2주 전에 그에게 500달러를 받고 이 트럭 전체를 팔았는데, 엔진 하나를 팔면서 500달러를 받고 있더란 말이지요. 그렇다면, 돈을 버는 것은 누구죠? 우리 회사입니까, 고물상 주인입니까?

중고 트럭의 부속으로 돈을 벌 수 있다는 발견을 하고 난 2주 후, 리처드 씨는 자신의 사업을 시작했다. 그가 500달러를 주고 구입한 첫 제품은 망가진 트럭이었다. 그리고 나서 그는 투자한 돈의 일곱 배를 받고 그 부품들을 팔았다.

미국에는 이루 헤아릴 수 없는 많은 직업들이 있다. 몇 년 전 조사한 것인데, 직업의 범주가 2만 2000개 이상이나 되었다. 자신의 직관을 이용하여 리처드 씨는 이 직업 목록에 새로운 직업을 하나 더했다. 미국에 있는 12개의 지역별 상권에 2만 2000개의 일자리를 곱하면, 수십만 개의 지역별 분야별 일거리가 존재한다는 것을 알 수 있다. 많은 백만장자들은 그들이 성공한 이유가 경쟁자가 거의 없거나 극히 드문 분야에서 특화된 사업을 운영했기 때문이라고 말한다.

리처드 씨는 평범한 고물상을 운영하는 것이 아니다. 특화된 그의 사업에서는 바퀴가 18개 달린 트랙터 트레일러도 매입한다. 그와 직원들은 이 폐차들을 분해해서 부품들을 판다. 그것은 간단한 사업이지만, 이윤을 많이 남길 수 있다. 보통 사람들은 고물상 하면 중고 트럭 부품들이 널려진 고물 집하장과 같은 것만 생각할 것이다. 하지만 리처드 씨에게 고물은 황금덩어리다. 오늘날, 그의 자산 총액은 여덟 자리 숫자에 이른다. 작년에 그의 개인 순수입은 70만 달러를 넘었다. 그 회사의 기술 책임자가 작년에 트럭 해체를 통해 번 돈은 13만 달러였다. 이 사람의 수입은 미국 의사들의 평균 수입에 육박하는 액수이다.

제아무리 머리가 좋아도 리처드 씨와 같은 직관력을 갖춘 사람은 드물다. 그리고 너무나도 치열한 경쟁 속에서 살고 있다. 하버드 대학의 조교수들, 즉 미국에서 가장 머리가 좋다고 할 수 있는 그들 중 80퍼센트가 종신 교수직을 받지 못한다. 이들은 대부분이 다른 대학에서 제시하는 자리를 받아들이고 거기에서 종신 교수직을 얻어낸다. 따라서 자신이 선택한 일에서 성공할 수 있는지의 여부는 어떤 일을 선택했느냐 하는 것뿐만 아니라, 자신이 선택한 지역 혹은 환경 내의 경쟁이 어느 정도인가 하는 것에 의해서도 좌우된다.

내가 미국의 노동시장을 바라보는 방식은 일반 진로 상담자나 대학의 취업 담당자와는 매우 다르다. 그들은 물론 나름대로 잘해보려고 애쓰지만, 괜찮은 자기 사업을 함으로써 혹은 괜찮은 사업 분야의 중역이 됨으로써 생기는 그 많은 이점들을 충분히 파악하지 못하고 있는 것 같다.

리처드 씨와 인터뷰를 하고 난 다음날, 나는 복사가게에 들러 내가 정리해놓은 작업을 복사했다. 카운터 뒤에 서 있던 사람이 내가 쓴 장의 제목을 빤히 보더니 내용을 읽고 싶다고 했다. 그리고 그 글이 자기가 하는 일에도 도움이 될 것 같다는 말도 덧붙였다. 그는 변호사였다. 변호사라는 직업은 내가 사는 마을에선 경쟁이 꽤나 치열한 직업이다. 그래서 그는 복사가게에서 시간제로 일하면서 수입을 보태고 있었다. 그가 직접 자기 변호사 사무실을 차려서 운영한다 하더라도, 수입은 겨우 입에 풀칠할 정도일 것이다.

내가 사는 곳의 전화번호부만 보더라도 거기에 올라간 변호사의 이름이 70페이지를 넘게 차지한다. 그런데 중고 트럭 부품을 파는 회사는 몇 페이지나 차지할까? 리처드 씨의 사업은 "트럭 설비 및 부품"이라는 항목에 분류되어 있다. 그 항목은 한 페이지 정도 된다. 거기에 실린 다른 업체들은 모두가 새 장비와 부품을 파는 곳 아니면 소형 트럭의 설비와 부품을 파는 곳이었다. 오직 리처드 씨만 독점적으로 거대한 트랙터 트레일러에 필요한 중고 부품을 팔고 있는 것이다. 그는 그 지역에서 말 그대로 독점사업을 하고 있다. 복사가게에서 만났던 머리 좋은 그 친구는 어떤가. 그는 수능시험도 잘 보고 명문 법대에도 들어갔다. 그래서 어떻게 됐는가? 그는 머리 좋은 또다른 경쟁자들처럼 74쪽에 걸쳐서 수록된 수천 명의 변호사들 중 한 명일 뿐이다.

마음의 지주

직업을 택하는 것은 마치 집을 짓는 것과 같다. 기초가 부실하면, 집의 다른 부분에 제아무리 돈과 정성을 쏟아붓는다 하더라도 골치덩어리만 될 것이다. 더 심한 경우, 그 집은 꼴도 보기 싫어질 수 있다. 이렇듯 자기에게 맞지 않는 일을 선택하게 되면, 점차 그 일이 싫어지게 된다. 리처드 같은 사람은 일이 좋아서 더 많은 돈을 벌게 되었던 것이다.

자신의 일을 아주 좋아하는 사람이 그토록 적은 이유는 무엇일까? 왜 많은 사람들이 돈을 벌 수 있는 기회를 놓치는 걸까? 그 한 가지 이유는 사회적 지위와 관계 있다. 혹시 당신의 부모가 당신에게 대학에 꼭 가서 사회적으로 지위가 높은 직업을 고르라는 얘기를 한 적이 있었는가? 노골적으로든 기타 완곡한 방식이었든 말이다. 나의 가족들이 내게 귀가 따갑도록 했던 얘기도 대학을 나온 사람에게는 매일 정장에 넥타이를 매는 직업이 어울린다는 소리였다. 그런데, 정말 백만장자가 되려면 정장을 입어야 하는 것일까? 리처드 씨는 청색 면 셔츠와 바지를 입었고 그의 직원들도 마찬가지였다.

부모는 자식들을 이리저리 마음대로 규정하려 든다. 만약 자신의 아들이 변호사, 의사, 공인회계사 같은 전문직 종사자가 될 수 없다면, 대기업에라도 들어갈 수 있기를 바란다. 교육직이나 공무원직도 괜찮다. 명함, 소속감, 그리고 입고 다니는 옷 등이 중요한 것이다. 많은 자식들 또한 그런 직업을 찾고자 한다. 직업에 대해 리처드 씨처럼 생각하는 사람은 극히 드물다.

제 어머니는 이런 말씀을 자주 하셨지요. "고물상은 누구나 할 수 있어. 그럴 바엔 처음부터 고물이나 주으러 다니지 대학엔 왜 갔냐?"

또다른 이유는 중산층의 일부 사람들은 기름때 묻히는 사업을 꺼린다는 데 있다. 만약 그런 생각을 가지고 있다면 리처드 씨와 같은 백만장자가 되기는 글렀다. 그는 중상층 집안 출신이긴 하지만, 어릴 적 친구들과 편안하게 잘 어울리며 지내고 있다.

제 주변에는 능력 있고 잘나가는 사람들이 많습니다. 당신 주변에도 그런 사람들이 많이 있다면, 살아가는 데 한결 편안할 겁니다. 만약 주변에 평범한 사람밖에 없다면, 재미가 없겠죠.

리처드 씨는 능력 있는 사람들을 고용할 때 그들의 배경에는 관심 없다. "신분 상승"에 너무 신경쓰다 보면 돈을 벌 수 있는 많은 기회를 놓치게 된다. 사람들은 리처드 씨의 재산이 얼마인지 그리고 그가 일과 직원들을 얼마나 사랑하는지 전혀 모른다. 애석한 일이지만, 사실이다. 속물들은 위대한 사업가가 되지 못한다.

사업에서 성공하기 위해 관건이 되는 문제들을 해결하는 방법은 간단하다. 사람들은 일상 속에서 리처드 씨처럼 혁신적인 사업을 구상할 수 있다는 것을 자주 망각한다.

스탠리 어떻게 해서 선생님께선 다른 사람들이 하지 않는 중고 트럭 부품 사업을 시작하게 되셨습니까?

리처드 반신반의했어요. 이전에 그런 일이 있었던 것도 아니니까요. 하지만 수입이 점점 늘어났죠. 같은 분야의 경쟁자도 없었구요. 사람들은 지금 제가 무엇을 하고 있는지 압니다. 뭐 비밀이랄 것도 없지요. 그럼에도 이 일을 하겠다고 나서는 사람은 없습니다. 별로 고급스럽지 않으니까요.

리처드 씨는 "판에 박힌 직업 선택"에 대해 얘기하고 있는 것이다. 지위가 높은 직업의 경우에는 그 직업을 갖기 위해 거쳐야 하는 정해진 과정이 있으며, 머리가 좋은 친구들은 이러한 직업을 갖기 위해 노력한다. 의사, 변호사, 공인회계사들은 정해진 길을 따라간다. 하지만 리처드 씨 같은 사람은 자신의 길을 자기가 만들어낸다. 독창적이며 수익을 많이 낼 수 있는 사업을 구상해내는 것이다. 따라서 그들과 대적할 경쟁자는 없다.

우연히 선택한 직업

짐은 대학 졸업장이 없다. 그러나 그는 자수성가한 백만장자이다. 그렇게 된 데는 중요한 몇 가지 비결이 있다. 그중에 가장 중요한 것은 짐이 자신의 모든 것을 쏟아부을 수 있는 이상적인 일을 선택한 것이다. 아주 독특한 분야의 일이다. 짐은 몇몇 회원제 컨트리 클럽을 소유해 운영하고 있다.

짐은 자신의 일이 적성에 맞았다. 그리고 일을 아주 좋아했다. 하지만 철야 근무하는 것까지 좋아할 수는 없었다. 그의 인생에는 몇 번의 굴곡이 있었다. 길고 험난한 시절을 거친 후, 그는 다음과 같은 일을 찾았다.

- 그의 모든 능력과 적성을 다 발휘할 수 있는 일
- 부자가 될 수 있는 좋은 기회를 마련해줄 수 있는 일
- 높은 자긍심을 주는 일

자수성가한 다른 많은 백만장자들처럼, 짐은 젊었을 때 다양한 경험을 했다. 그가 자신의 특별한 직업을 선택하게 된 것은 "우연"이었다.(표 5-1참조) 그도 성공한 사람들이 갖고 있는 무엇인가를 갖고 있었던 것이다. 나는 그것을 "사냥개의 코 혹은 직관"이라고 부른다. 그는 "기회"라는 냄새를 맡을 줄 알며, 진짜와 거짓을 구분한다. 물론, 이러한 직감이 언제나 맞았던 것은 아니다. 그러나 몇몇 뼈아픈 경험을 거치면서 그의 감각은 더욱 다듬어졌으며 마침내 그가 하는 사업마다 성공을 거두게 되었다.

짐은 대학 졸업장이 없는 백만장자들 중 한 명이다. 플로리다 대학에 입학을 하긴 했는데, "성적이 나빠서 퇴학당한" 후 군에 입대했다. 그는 군에서 장교로 임관된다. 그는 장교로서의 경험이 나중에 큰 도움을 줬다고 말했다. 자기 관리와 조직력 그리고 지도력을 키울 수 있었다는 것이다. 군대는 짐에게 관리자 양성 프로그램인 셈이었다. 군복무를 마치고 짐은 다시 대학으로 돌아갔다.

짐은 아파트보다 개인주택에 살고 싶었다. 하지만 대부분의 개인주택은 혼자 살기엔 너무 컸다. 그래도 그는 개인주택에 살고 싶었다. 그래서 그는 개인주택을 얻었는데, 그것이 앞으로 있을 모든 노력의 씨앗이 되었다. 그는 남은 방을 몇 명의 학생들에게 임대해주고 집을 관리했다. 세든 사람들은 집세 문제며 가구 관리며 공과금 문제나 잔디 깎기 등 어떤 것에도 관심들이 없었다. 하지만 짐은 집을 관리하는 일에 재미를 느꼈다. 이런 일에서도 돈을 벌 수 있겠다는 생각이 들었다. 여기서 그의 직관이 현실화되기 시작했다. 얼마 되지 않아, 그는 대학 근처에 있는 스물네 채의 집과 아파트를 임차했다. 그것을 다시 나누어 임대하는 것은 힘든 일이 아니었다. 5천 명이 넘는 학생들이 그의 고객이었던 적도 있었다.

서비스를 제공하는 일을 할 것인가, 받는 일을 할 것인가?

관리회사에서 얻은 수익금을 가지고 짐은 부동산 개발업을 시작했다. 그는 개발업이야말로 부자가 되기 위해 이어지는 자연스러운 단계라고 생각했기 때문이다. 또 관리업보다 개발업에서 더 많은 돈을 벌 수 있을 것이라고 생각했다. 개발업은 그의 창의성을 자극했다. 짐은 개발업자라는 지위가 책임도 있고 그럴듯해 보인다고 생각했다. 모든 계약자와 재계약자 그리고 공급자들은 개발업자의 책임 하에 들어오게 되는 것이다. 하지만 짐은 반짝인다고 해서 모두 금은 아니라는 사실을 알았다. 실제, 모든 것을 관리하는 것은 개발업자에게 돈을 대준 금융기관이기 때문이다. 짐과 같은 사람들을 가리켜 나는 제조업자의 사고방식을 갖고 있는 사람이라고 부른다. 이런 사람들은 창업자, 제조업자, 개발업자에게 이익이 돌아간다고 굳게 믿는다. 그런데 실제로는 개발업자와 제조업자에게 서비스를 제공해주는 사람들이 오히려 그들이 투자한 사업에서 막대한 이익을 챙긴다. 미국에서 돈을 가장 잘 버는 사업 중의 하나는 부동산 개발업이 아니라 부동산 관리업이다. 이윤을 어떻게 계산하든 간에 그것은 사실이다.

돈을 많이 버는 사람들은 서비스를 제공하는 사람들이다. 나는 그것을 "로큰롤 딜레마"라고 부른다. 당신의 아들이 가수가 되고 싶다고 한다. 아들은 스톤즈가 수백만 달러를 벌었다는 얘기를 한다. 혹은 당신의 딸이 작가가 되고 싶다면서, 퍼블리셔스 위클리를 인용하며, 존 행콕 주니어가 대형 출판사와 200만 달러에 계약했다고 말한다. 듣기에는 멋지다. 하지만, 노래 부르고 글을 쓰고 무언가를 개발하고 만들면서 돈을 번다는 것은 결코 쉬운 일이 아니다. 그리고 설사 번다 하더라도 그 수입을 나눠 가져야만 한다.

에이전트는 투자했다는 명분으로 수입의 많은 부분을 가져간다. 예를 들어보자. 한 작가가 3000시간을 투자하여 자료를 조사하고 원고를 쓴 끝에 그 작가의 작품이 베스트셀러가 되었다고 치자. 에이전트는 그가 벌어들이는 인세의 15퍼센트를 가져간다. 얼마 되지 않는 것 같다. 하지만 에이전트가 투자한 시간을 고려해본다면, 그 액수는 어마어마한 것이 된다. 작가는 그의 삶과 경력과 3000시간을 투자했다. 에이전트는 출판사를 알아보느라 100시간 남짓 썼을 것이다. 출판사에서 100만 권을 판다면, 작가가 받는 돈은 책값의 15퍼센트를 받게 되니, 정가가 20달러의 책인 경우 액수로 환산하면 300만 달러에 이른다. 에이전트는 300만 달러의 15퍼센트인 45만 달러를 벌게 된다. 작가에게 최종적으로 떨어지는 돈은 255만 달러가 된다.

자, 이제 이 숫자들을 비교해보자. 작가가 벌어들인 255만 달러를 3000시간으로 나누면, 작가는 시간당 850달러를 번 것이 된다. 그런데, 에이전트가 번 45만 달러를 100시간으로 나누면, 에이전트는 시간당 4500달러를 번 셈이 된다. 만약에 에이전트가 3000시간을 일한다면, 예상 수입이 1350만 달러에 달할 것이다. 작가가 3000시간 노동해서 번 돈의 무려 다섯 배나 된다. 에이전트는 전국을 돌아다니며 사인회를 가질 필요도 없다.

누가 경제적인 측면에서 더 이익인가? 당신은 매니저, 은행가, 변호사, 에이전트 서비스를 제공하는 사람, 연예인 매니저, 부동산 매니저가 되고 싶은가? 아니면, 개발업자, 제조업자, 혹은 작가가 되고 싶은가?

나는 우리 아이들에게 "영리한 사람은 서비스를 제공하는 사람이 되고 싶어한다"고 말해주었다. 아이들은 이유를 물었다. 나는 위에서 말했던 숫자 얘기를 그들에게 해줬다. 그러면서 또 한 가지 사실을 덧붙였다. 해마다 30만 권의 책이 출간되는데, 그중 3분의 2 정도는 서점에 진열도 못 해보고 사라진다. 그나마 서점에 배포되는 10만 권 중에서 100만 권 이상 팔리는 책은 극히 드물다. 계산해보니 밀리언셀러가 되는 책은 전체의 0.001퍼센트뿐인 것 같다. 책을 한 권 쓰기 위해 연구와 집필에 엄청난 시간을 쏟아부었음에도 1만 권도 못 파는 작가가 수천 명에 이른다. 그중에서 명망 있는 작가가 더러 있기는 하지만 말이다.

그렇다면 왜 그토록 많은 사람들이 작가가 되고자 하며, 개발자가 되고자 하며, 제조자가 되고자 하는가? 분명 거기에는 사회적 지위라는 문제가 개입돼 있다. 하지만 현실적으로 노력한 만큼 이득이 생기는 그런 분야는 아니다. 이득은커녕, 가지고 있던 것마저 잃어야 하는 위험부담이 있을 수도 있다.

만약 짐이 사전에 이런 이윤 가능성을 따져보았다면, 그는 부동산 관리인에서 투자 자본금이 많이 드는 부동산 개발업자로 변신하지 않았을 것이다. 그는 부동산 관리인으로 잘나갔기 때문에 "첫 끗발"의 행운을 너무 믿었던 것이다. 개발 회사 초기에 그는 약간의 성공을 거두긴 했다. 그러나 행운이 그의 시야를 가리고 말았다. 특히, 이런 일은 어린 나이에 큰 성공을 거뒀을 경우에 종종 나타난다. 그는 스물여덟도 되기 전에 다섯 개 주의 부동산 개발업을 일으켜 세웠다. 그동안 그는 한 번도 사업에서 역경을 맞아보지 않았다. 그가 그런 경제적 환상에 젖을 수 있었던 것은 당시 그의 사업 결정방식이나 생활방식과 밀접한 관련이 있었다.

……스물여덟이라는 나이에 플로리다 역사상 가장 많은 부도액을 낸 사람이 되었습니다. 그전까지는 정말 꿈만 같던 시절이었습니다. 아카풀코에 빌라도 있었고, 자가용 제트기도 있었습니다. 열두 개 도시에 제 집이 있었고, 각 도시마다 여자친구가 있었지요.

짐은 모든 것을 잃었다. 부동산 개발 사업뿐만 아니라 그의 개인생활도 흔들렸다. 이자율이 갑자기 상승하자, 그의 신생 제국은 일순간에 무너졌다. 하룻밤 사이에 빈털털이가 된 그는 부모가 사는 집으로 들어가게 되었다. 심지어 할머니에게조차 도움을 얻어야 했다.

하지만 그는 오랫동안 침체돼 있지 않았다. 곧 재기하고서, 큰 규모의 부동산 관리 회사에 일자리를 얻었다. 그는 그때의 경험을 다음과 같이 말한다.

> 사업에 실패하고 난 후 깨달은 바가 참 많았어요.

짐은 2년 간 매니지먼트 회사에서 지역 담당자로 일했다. 거기서 그는 부동산 관련 금융 문제에 대해 많은 것을 배웠다. 그리고 다시 한번, 자기 매니지먼트 회사를 설립했다. 그리고 투자 목적으로 부동산도 매입했다. 이전의 실패에도 불구하고, 짐은 콘도미니엄과 아파트 등의 다양한 품목을 개발하기도 했다.

몇 년 동안 높은 성장율과 수익율을 기록했다. 그러다 어느 순간 짐은 부동산 경기가 흔들린다는 것을 직감했다. 그는 위기가 닥치기 전에 부동산을 모두 처리하고 매니지먼트 사업에만 전념했다. 짐의 주요한 고객 중에는 그가 투자용 부동산을 관리해주던 상업은행이 있었다.

은행에서는 자신들이 돈을 대주었던 부동산 개발에 대한 담보권을 행사해야 할 경우가 종종 있었다. 그래서 그들은 짐을 자문역에 두었다. 그는 담보 부동산을 처리하는 방안에 대해 그들에게 조언을 해주었다. 몇몇 사례를 접하면서, 짐은 부동산 개발이 시기 적절하게 이루어지면, 크게 한 건 할 수 있는 것임을 알았다. 은행에 넘어온 부동산 중에, 자체에 컨트리 클럽까지 있는 고급 주거 분양지가 있었다. 그 클럽은 열여덟 개의 괜찮은 홀이 있는 골프 코스, 테니스 코트, 수영장, 시설 좋은 대형 클럽 하우스까지 갖추고 있었다. 은행은 갈등에 봉착했다. 수백 개나 되는 잔여 건축 부지와 완성되지 않은 주택들, 그리고 컨트리 클럽을 처분해버릴 것인지 그도 아니면, 진행되던 개발 계획을 모두 인수해서 개발을 끝내야 할지 고민했다.

짐은 은행측에 개발을 끝내는 것이 이익이라고 조언했다. 하지만, 은행은 건축회사가 아니었다. 은행은 짐에게 건설을 관리하고 개발 계획을 완수해달라고 부탁했다. 짐은 이미 개발 계획을 주관해보았던 경험이 있었기 때문에, 은행의 제안을 받아들였다.

건설 관리 능력은 짐의 또하나의 천성이었다. 하지만 다른 문제가 있었다. 당신이 그 지역 주택을 매입할 구매자라고 해보자. 컨트리 클럽 지구의 주택을 구입하려고 하는데 막상 클럽 운영이 안 되고 있다면 그 지구의 주택을 구입하겠는가? 아마 아닐 것이다. 클럽이 반드시 운영돼야 했다.

은행이 직면한 문제는 짐에게 있어 오히려 엄청난 돈벌이 기회였다. 오늘날 그는 그때를 회상하며 "세상에서 가장 운이 좋은 남자"라고 말한다. 짐이 여러 프로젝트를 훌륭하게 처리해왔기 때문에 은행측에서는 다시 한 번 짐에게 클럽 문제를 부탁했다. 짐은 그 문제를 맡아 처리했다. 그는 그때까지 골프를 쳐본 적이 없었지만 이번 기회를 통해 새로운 것을 배우리라고 생각했다. 게다가 돈까지 받으면서 말이다.

우선 배워야 했습니다. 2년 동안 컨트리 클럽 사업에 대해서 배웠습니다. 실제로 클럽 사업은 분양 사업을 처리하고 난 후에 주어지는 결과물이었습니다. 먼저 집을 짓고, 길을 닦고, 상·하수도 시설을 준비해야 했죠.

짐이 클럽 문제와 개발 완료건을 맡은 지 2년이 지나자, 일은 성공적으로 마무리됐다. 집에도 거의 하자가 없었고 모두 팔렸다. 클럽도 세워지고 순조롭게 돌아갔다. 하지만 은행은 여전히 클럽에 대해 마음을 놓지 못하고 있었다. 은행이 그것을 팔아버릴 경우, 새로운 소유는 클럽을 운영하지 않을 수도 있다. 그렇게 되면, 은행의 신용엔 치명적인 오점이 남게 되는 것이다. 은행은 다시 최고의 해결사인 짐을 불렀다. 그에게 다시 한번 멋진 기회가 주어졌다. 은행이 그에게 아주 괜찮은 구매가를 제시하면서 자금 대출까지 해주겠다고 제안한 것이다.

짐은 부동산 개발업을 하는 것보다 클럽을 소유하고 관리하는 것이 훨씬 더 낫다는 것을 파악했다. 자신이 제아무리 뛰어난 개발업자라고 할지라도 그의 성공과 실패를 좌우하는 것은 바로 시장이기 때문이다. 그가 보기엔, 부동산 개발보다 부동산을 관리하는 것이 훨씬 괜찮은 사업이다. 꾸준한 수입을 보장해주며, 그의 능력과 적성을 십분 발휘할 수 있는 기회를 주기 때문이었다. 그의 탁월한 지도력과 조직력은 고급 회원제 클럽 관리에 필요한 요구조건에 딱 부합하는 것이었다. 결국 이렇게 우연히 맡게 된 일이 20년 동안 계속돼온 평생의 직업이 되어버렸다.

어릴 적의 경험들

짐에게 이런 일들이 일어나게 된 배후에는 할머니의 영향력이 있었다. 그가 아직 어린아이였을 때, 할머니는 그에게 자기 관리의 중요성, 성실한 노동 그리고 자기 사업의 중요성을 가르쳐주셨다. 그리고 경제적 기회를 알아보는 방법과 그것에 투자하는 방법에 대해서 배운 것도 할머니로부터였다.

스물여덟 살도 되기 전에 갑부로 성장했다가 하루아침에 파산을 했던 경험은 그를 새로 태어나게 해주었다. 그는 특히 한 은행과 꾸준히 성실하게 일함으로써 그에 대한 보상을 받았다. 그의 성공은 "하늘에서 떨어진 행운"이 아니었다. 짐은, 열심히 일하면서 기회를 찾다보면 당신이 얼마나 운이 좋은지 스스로도 놀랄 것이라고 말한다.

짐의 아들이 얼마 전 대학을 졸업했다. 그는 아버지 회사에서 일하고 싶어했다. 짐은 아들의 요청을 어떻게 생각하고 있을까?

먼저 딴 데 가서 3, 4년 경험을 쌓아야죠.

짐의 할머니는 그의 정신적 조언자였다. 할머니는 철저한 사업가이면서 농부였다. 할머니가 그에게 "스스로 길을 개척하기"를 권했고, 기회가 왔을 때 그것을 잡는 법을 가르쳐준 것은 짐이 여섯 살도 채 안 됐을 때 일이었다.

할머니는 그에게, 오퍼를 통해 이루어지는 자유무역의 세계를 열어준 사람이었다. 할머니는 짐에게 매일 아침 소젖을 짜면 소와 소젖에서 생기는 이익금의 절반을 주겠다고 오퍼를 넣었다. 짐은 그 일을 너무나 잘해냈다. 그러자 할머니는 그에게 보너스를 주었다. 송아지는 그의 차지가 된 것이다.

대부분의 사람들에게는 기회를 포착하는 짐의 안목 같은 것이 없다. 그리고 짐의 할머니와 같은 분이 없었을 것이다. 할머니는 짐에게 소의 분비물에서 생길 수 있는 경제적 기회를 제대로 보게끔 가르쳤다.

저는 소의 분비물을 모으기 시작했습니다. 그것을 토마토 재배 사료로 쓰려는 사람들에게 팔았지요.

가족들은 짐에게 기본적인 먹거리와 입을 것과 쉴 수 있는 안식처를 마련해주었다. 하지만 그들은 짐이 아주 어렸을 때부터 "갖고 싶은 것이 있으면 네가 벌어서 해결해라"고 가르쳤다. 그는 기본적인 것 외에도 갖고 싶은 것이 많았다. 그래서 그는 돈을 벌어야겠다고 생각했다. 그에게, 지속적으로 수입이 생기는 재산을 소유하고 관리하는 이점을 가르쳐준 사람은 바로 그의 할머니였다.

> 인생의 모든 교훈은 거기에 다 있었습니다. 할머니는 말씀하셨죠. "이 소를 잘 돌봐라. 그러면 소들이 너에게 우유를 줄 거야."

할머니는 짐에게 부자 사업가가 가지고 있는 원칙에 대해서도 자주 일깨워주었다.

> 네 스스로 돈을 버는 방법을 알아야 해. 그렇지 않으면 평생 남의 밑에서 일하게 될 거야.

다른 사람 밑에서 일하는 것은 짐에게 크나큰 죄악인 셈이었다. 그는 아직도 인간관계와 경제적 기회에 항상 주의를 기울여야 한다고 말한다. 그는 이미 고등학교 때 그 방법을 터득했다. 짐은 집에서 자주 이용하는 수의사를 설득해서 일자리를 얻어냈다.

짐은 고등학교 내내 그 수의사 밑에서 일했다. 학기중에는 오후시간과 주말을 이용했고 방학 때는 하루 종일 일을 했다. 처음 거기서 일할 무렵, 그는 골든 리트리버라는 사냥개를 키우면 돈을 벌 수 있을 것이라는 생각이 들었다. 그 부업은 예상 외로 이윤이 많이 남았다. 짐은 도매 가격으로 개 먹이를 구입할 수 있었다. 개를 키우는 데 보통 들어가게 되는 수의사 비용도 거의 들지 않았다. 이 모든 게 수의사와 인간관계를 맺어두었기 때문이었다. 남은 일은 수의사가 아는 사람들을 통해 골든 리트리버 새끼들을 파는 일이었다.

짐은 대학에 들어가자, 이 "멋진" 일과 돈을 착착 벌게 해주던 부업을 그만둬야 했다. 그는 대학이 그에게 어떻게 먹고사는지를 가르쳐줄 것이라고 생각했다. 하지만 이미 그는 할머니의 가르침 덕분에 스스로 살아가는 법을 이미 알고 있었다.

대학 시절에 곰곰이 따져본 자신의 직업

조 스미스의 사례 역시 성공한 백만장자가 어떻게 직업을 선택했는지를 잘 보여주고 있다. 다른 사업주들과는 좀 다른 내용이다. 앞서 표 5-2에서 보았듯이, 직업 선택에 있어서 학과목이 중요한 요인이 되었다고 대답한 사람들은 사업주의 36퍼센트에 불과했다.

스미스 씨는 규모가 작긴 하지만, 장사가 아주 잘되는 철물점 체인점을 운영하고 있다. 대학에서 철물점 사업에 관해 무엇을 배울 수 있을까? 이 모든 것이 학생이 하기에 달린 문제다. 대학에 재학하고 있는 동안, 인생에서 무엇을 하고 싶은지 정확히 알 수 있다면, 당신은 이미 뚜렷한 목적지와 지도를 갖고 있는 것이나 다름없다. 당신이 대학을 왜 다니며, 그리고 대학을 마친 후 무엇을 하고 싶은지 정확히 알고 있기 때문이다. 따라서 당신은 미래의 직업을 위해 도움이 될 대학과 학과를 신중하게 선택할 것이다. 그리고 강의 시간에 나오는 모든 개념들을 대하면서 그것이 내가 선택한 직업에서 얼마만큼 써먹을 수 있는 지식인지를 따져보게 된다.

대학 3학년 때 조 스미스는 자신이 듣는 모든 강의에서 지혜와 아이디어를 끌어모았다. 자신의 진로에 대해 명확한 목표가 있으면 모든 행동이 그 목표를 따라가게 된다. 그렇게 뭔가를 모으는 마음가짐은 경제적 생산성을 설명해주는 매우 중요한 요인이다.

대학 시절 조의 인생에는 몇 가지 변화가 있었다. 그 변화는 그를 지혜와 아이디어를 모으는 사람으로 바꿔놓았다. 그는 경영학과 수업을 닥치는 대로 듣기 시작했다. 혹시나 철물점 소매업을 번창시키는 데 도움이 될까 해서였다. 강의 때마다 그는 스스로에게 물었다.

이 강의의 내용 중에서 사업을 번창시키는 데 도움이 될 만한 것이 뭐가 있을까?

조도 대학생활 첫 2년 동안은 뚜렷한 목표의식을 가지고 그것을 위해 아이디어를 모으고 다니는 그런 학생이 아니었다. 그는 심지어 왜 자기가 대학을 다니는지도 몰랐다. 대학에서 배우는 것과 그것을 미래의 직업에 어떻게 써먹을 것인가를 연결시키는 일은 생각도 하지 못하고 있었다.

조의 아버지는 철물점 가게의 직원으로 시작해서 조그만 자기 가게를 차린 사람이었다. 조는 아버지가 하는 일에 대해 잘 몰랐으며, 조의 아버지도 아들이 대학을 졸업해서 성공하기를 바랐다. 대학 졸업장만 있으면 커다란 철물점 사업을 운영할 수 있을 거라고 생각했다. 그는 아들에게 말했다.

아버지는 네가 대학에 갔으면 좋겠구나. 거기서 이런 사업을 어떻게 꾸려나가는지 배우렴. 그럼 나중에 애비와 함께 크게 성공할 수 있지 않겠니?

조는 그리 주목할 만한 학생은 아니었다. 그는 학업에 별 관심이 없었으며, 학교에서 배우는 것과 철물점 사업을 어떻게 연결시켜야 하는지도 몰랐다.

그래서 전 대학을 다녔어요. 2년 동안 말이죠. 첫 2년을 어떻게 보냈는지는 충분히 상상이 가실 겁니다. 철물점 사업과 관련된 내용을 하나도 배우지 못했습니다.

3학년으로 넘어가던 여름방학 때, 그의 아버지가 돌아가셨다. 조는 이제 집안 사업을 맡아야 했다. 그러나 그는 가족 중에 대학 졸업자가 한 명 나왔으면 했던 아버지의 바람을 들어주고 싶었다.

그래서 저는 파트 타임으로 대학에 등록했지요. 4년간 파트 타임 학생으로 학교를 다녔습니다. 그러면서 철물점 사업도 꾸려나갔습니다.

물에 빠져 죽든지, 헤엄을 쳐서 빠져나오든지, 모든 것이 조 스미스의 손에 달려 있었다. 스무 살의 나이에 사업을 꾸리고 가족을 부양해야 했다. 두려움과 역경이 오히려 자신을 추스리는 힘이 되었다. 조는 매 강의 시간이면, 스스로에게 이런 질문을 했다.

내가 과연 무엇을 배우고 있는지 스스로에게 끊임없이 질문을 했습니다. 내 사업에 도움이 될 만한 게 무엇인지요. 저는 배웠고…… 졸업했습니다.

조는 파트 타임으로 학교를 다니면서 지혜를 모으는 사람으로 바뀌었다. 그 당시, 그는 회계 과목과 그와 관련된 다른 경영 과목의 중요성을 깨닫기 시작했다. 심지어 영어 수업도 중요해 보였다. 편지글이나 보고서를 쓰는 일도 나중을 위한 훈련인 셈이었다. 그는 전과목 우등생이 되었고 과에서 상위 5퍼센트의 성적으로 졸업을 했다. 그리고 단순히 아버지의 사업을 이어받은 것 외에 더 많은 일을 했다. 그는 자신의 사업을 미국에서 가장 이윤이 많이 남는 소매업 중의 하나로 탈바꿈시켜놓았던 것이다.

방어술과 공격술 익히기

내가 인터뷰했던 성공한 사업주 중에 비용 문제에 예민하지 않은 사람은 아무도 없었다. 하지만 그것이 철물점 소매업이나, 법률 서비스업 그리고 고물업인 경우에는 그다지 큰 문제가 아니다. 지출에 대해 아주 세심한 주의를 기울이는 방어적 사업태도는 생산성을 높이기 위한 기반이다. 비용을 통제하지 않는 사업은 건잡을 수 없다.

조 스미스는 비용과 지출 문제에 대해 무엇을 알고 있었을까? 처음에는 거의 아는 게 없었다. 조는 회계 교재와 강의를 통해서 "완벽하게 방어하기"에 대해 많은 정보를 얻어나가기 시작했다. 그리고 나서 그는 매일 이렇게 배운 지식을 철물점 사업을 운영하는 데 적용했다.

스미스 사업에서 성공을 하려면 사업 안팎의 일을 꼼꼼하게 알아야 하겠더라구요. 그래서 세세한 지출과 비용까지도 일일이 다 파악했죠.

스탠리 사업을 꾸리고, 야간에 강의를 듣고 공부하시면서 도대체 어디서 시간이 나서 모든 지출 비용까지 다 챙기셨다는 말씀이십니까?

스미스 업무를 시작하기 전에 하는 편이죠. 아침 일찍 일어나서 가게 문을 열기 전에 출근하니까요.

조가 이렇게 비용관리에 숙달돼가고 있는 즈음, 그는 또다른 것을 모으고 있었다. 바로 고객이었다. 성공한 사업주들은 대부분 고객이란 하나 둘씩 느는 것이라는 것을 안다. 조는 요지에 가게를 배치하거나 재배치함으로써 탄탄한 고객 기반을 만들었다. 그의 가게들은 철물 사용자들이 많이 밀집해 있는 주거지나 상업지구 근방에 배치되었다.

고객과 거리상으로만 가까운 것으론 충분치 않다. 그들이 무엇을 원하는지를 정확히 알아야만 한다. 시간과 노력을 들여 그들의 요구가 어떤 것인지를 알아보고 가게에 그 요구를 반영해야 한다.

조 스미스는 매일 5시에 일어나서 6시면 사무실에 도착한다. 그리고 비용 지출 자료를 검토한 후 물품의 판매율과 수익율을 계산한다. 가게를 열기 직전, 그는 가게 앞에 서서 대기한다.

저는 문 앞에 서서 고객들을 맞이합니다. 고객 한분 한분이 모두 원하는 걸 얻고 가셔야죠. 고객이 이 가게에 왔으면, 필요한 것이 있어서일 겁니다. 고객분들이 딴 데로 간다는 건 우리가 고객분들의 요구를 충족시켜주지 못했다는 거지요. 이것이 우리의 경영철학입니다.

큰 주택수리용품 도매점들이 조가 장사하는 지역에 속속 개점하고 있다. 하지만 그의 사업은 여전히 잘되고 있다. 철물점 사업에서도 특화, 틈새 시장 공략이 중요하기 때문이다.

스탠리 선생님께서 어떻게 경쟁에 임하는지 그 구체적인 예를 들려주시겠습니까?

스미스 많아요. 일일이 헤아릴 수 없는 아주 사소한 것들까지 포함해서요. 시장의 틈새를 찾아내야 합니다. 그리고 어떤 일들을 해야 하는지 파악하면 되는 거지요. 제가 하는 것은 다른 철물점 사업과는 다릅니다. 우리는 다른 누구도 팔지 않는 것을 팝니다. 그에 대한 수요는 분명히 있거든요.

어떤 특정 물건에 대한 요구가 있고 당신만이 그것을 제공해준다면, 당신은 틈새를 잡은 것이다. 조는 아무도 공급해주지 않는 특별한 물품에 대한 소비자의 수요가 계속해서 늘고 있다는 것을 알아냈다. 그리고 그러한 요구를 충족시켜주기 위해 투자했다. 그렇게 각기 다른 고객들의 요구에 부응해줌으로써 그는 고객을 하나 둘씩 끌어모았다.

예를 들어, 저희 가게엔 스테인리스 강철로 된 파이프 부품이 있습니다. 다른 가게에는 없는 거죠. 하지만, 찾는 고객들이 계시더라구요. 이제 더 많은 물건을 진열해놔야죠. 이런 게 사업이죠. 결국 제가 드리고 싶은 말은 일단 열린 마음으로 자세히 관찰한다면, 그 틈새를 찾을 수 있다는 것입니다. 그렇게 되면 성공하는 거 아니겠어요?

조는 끊임없이 고객의 요구를 파악하며 분기마다 자신의 사업을 새로 조정했다. 이것도 그가 뭔가를 "모으는" 사람이어서 가능한 것이다. 오늘날 그가 지식을 습득하고 시장과 고객에 대한 정보를 모을 수 있는 것은 파트 타임으로 야간 대학에 다니던 시절의 경험에서 얻어진 것이다. 거기서 그는 지식과 정보의 가치를 판단하는 법을 배웠다. 그러나 지식과 정보를 모으는 행위가 경제적인 가치를 지니기 위해서는 뚜렷한 목적 의식과 구체적인 사업 목표를 지니고 있어야 한다. 사업의 틈새를 찾지 못하면, 모아야 할 것도 없을뿐더러 뭔가를 모은다 해도 별 쓸모가 없는 내용일 것이다.

크리스마스를 며칠 앞두고 나는 조의 가게에서 가까운 곳에 있는 식당에서 점심을 먹었다. 점심을 먹고서 나는 철물 용품을 사러 갔다. 그곳은 물건을 사러 온 사람들로 붐볐다. 나는 명절 때뿐만 아니라, 다른 때도 항상 그렇게 손님들로 붐빈다는 것을 알았다. 손님들이 많았는데도 직원이 친절하게 인사를 하고 안내를 해주었다. 직원들이 곳곳에 배치되어 사람들을 도와주고 있었다. 구입하는 물건이 아무리 작다 하더라도, 그리고 요구하는 것이 별난 것이라 할지라도 그들 모두가 성의를 기울였다. 조의 고객 중의 많은 사람들이 개인주택을 갖고 있는 백만장자들이었다. 그들의 집은 대개 2차세계대전 전에 지어진 것들이었다. 따라서 수리해야 할 곳이 많았다. 전등 스위치든, 벌어진 틈이든 간에 직접 수리를 하는 백만장자들이나 혹은 다른 일군을 고용하는 사람들 모두가 스미스 씨의 가게에서 철물을 사간다.

특별한 가치

이제 그 이유를 알아보도록 하자. 정규 교육과정 내에서 최상의 것을 배우는 학생들은 자신들이 배우고 있는 것의 특별한 가치를 정확히 인식한다. 그들은 어렵지 않게 학위를 따고 학과 과정을 통해 최상의 것을 배우게 된다. 대학원에 재학중일 때 보니, 과정에 들어오기 전에 이미 교직과 취업 경력이 있는 사람들은 자신들이 하는 공부와 연구의 가치를 매우 분명하게 이해하고 있었다. 하지만 다른 사람들은 각 과정에서 학업을 제대로 수행하는 데 어려움을 겪었다.

그들은 이런 질문을 했다. "왜 마케팅 박사과정 학생이 수리통계학과 거시경제학, 미시경제학을 공부해야 합니까?" 내가 마친 석사과정 속에는 석사 수준에 버금가는 통계학과 경제학 프로그램이 포함되어 있었다. 통계, 정량 분석, 미시경제, 거시경제에 대해서는 네 시간짜리 평가 시험을 일곱 번이나 치렀고, 전공 과목에 대해서는 여덟 시간짜리 시험을 치렀다.

자신의 직업에 대해 확고한 생각이 있다면, 이런 문제들을 처리하는 데 별 문제가 없을 것이다. 과의 다른 동기들처럼 나도 대학원과정에 들어오기 전에 교직의 경험이 있었다. 우리 모두는 박사학위를 취득하는 것이 마치 통합 카드를 갖는 것과 같다는 것을 알았다. 즉, 박사학위가 없으면 좋은 대학의 교수직을 얻기가 힘들기 때문이다. 가르치는 일이 정말 좋고 당신의 능력을 끊임없이 배양하고 싶다면, 그러한 목적에 도달할 수 있도록 도와줄 어떤 요소들을 각 과정에서 찾아야 한다. 내가 공부할 때는 마음속에 언제나 한 영상이 자리하고 있었다. 그것은 내 말에 잔뜩 귀를 기울이며 빽빽이 앉아 있는 학생들을 향해 내가 연구한 내용들을 강의하고 있는 내 자신의 모습이었다. 이런 기법은 아직도 효과가 있다. 나는 책을 쓸 때 내 책을 읽고서 자신들의 경제적 생산력을 높이고자 열망하는 마음을 품게 될 독자들을 머릿속에 그려본다.

경제적으로 성공하고 싶다면, 목표를 설정해야 한다. 자신의 인생에서 무엇을 해야 하는지 안다면, 대학에서 "기본적인 훈련"을 받는 것이 훨씬 더 쉬워질 것이다. 그렇기 때문에 그처럼 많은 의예과 학생들이 그 어려운 의예과 과정을 성공적으로 마칠 수 있는 것이다. 자신의 시선과 마음을 어떤 목표에 둘 수 있다면, 모든 것이 참으로 쉬워질 것이다. 그런데, 단순히 학점 하나만 보고 그 어려운 자연과학 과목들에서 전부 A를 받으려고 해보라.

만약 목표가 없다면, 대학생활은 그야말로 악몽이다. 삶에서 자신이 무엇을 하고 싶은지를 결정하는 것이 빠르면 빠를수록, 당신은 보다 쉽고 명료하게 훈련과정에 참여하게 될 것이다. 그런 까닭에 일을 했던 경험이 있었던 학생들이 인생을 잘 헤쳐나가는 것이다. 조 스미스에게 이런 문제에 대해 한번 물어보라.

만약, 목표는 있는데 학점이 좋지 않다면 어떻게 해야 하는가? 오늘날 가장 성공한 경영인 중에도 한때 C, D, F학점 학생들이었던 경우가 있다. 그들 중 많은 사람들이 풀 타임으로 일하면서 학위 과정을 따라갔다. 야간 과정을 다니면서 학교를 마친 사람들도 있었다. 이들은 성적이 나빴지만 자긍심이 있었다. 그들은 일을 계속 하고 있었고 자기가 하고 싶은 일에 대한 목적의식이 뚜렷했기 때문이었다.

그런 사람들에게는 자신에게 맞는 일을 선택하는 계기가 되어준 어떤 경험이 있다. 그들의 부모가 식사시간에 아이들과 경제적으로 성공한 사람의 얘기를 나눴다. 신문이나 잡지, 책에서 본 얘기일 수도 있고 개인적 경험일 수도 있었다. 이런 식으로 아이들과 정보를 나누는 데는 그리 많은 시간이 들지 않는다. 하지만 어렸을 때부터 자신에게 맞는 직업을 구체적으로 생각해보도록 가르침으로써 얻어지는 이점은 대단한 것이 될 수 있다.

6

THE MILLIONAIRE MIND

부자들의 배우자 선택

출판 관련자 모임에서 에이전트들이 나누는 대화 중에 이런 얘기가 있었다. 미국에서 다섯 손가락 안에 드는 클럽모임이 해마다 열리는데 그러한 모임의 연단에 초빙을 받는 것만으로도 강연계에서는 진짜 수퍼스타 대접을 받는 것이라고 했다. 그런데 내가 그중의 한 모임에 연사로 초청을 받게 되었다. 나는 적잖이 긴장하지 않을 수 없었다. 내가 초청받은 모임은 〈밀리언 달러 라운드 테이블〉이라는, 세계에서 가장 돈을 많이 버는 생명보험 설계사들의 모임이었다.

그 당시 나는 조지아주립대학 교수로 재직하고 있었는데, 그 모임의 연사 선정위원회 회장이 〈월 스트리트 저널〉에 실린 내 기사를 읽고서 백만장자 전문 연구가라고 하는 사람에게 회원들을 대상으로 강연을 해달라고 부탁하면 좋겠다는 생각을 했던 것이다. 나는 그동안 단 한 번도 내가 수퍼스타라는 생각을 해본 적이 없었다. 하지만 나는 1만 4000명이나 되는 사람들 앞에 서게 되었다. 유니스 슈리버, 마빈 햄리쉬, 리 아이아코카와 같은 명강연자와 함께 말이다.

그날 나 말고도 연사로 온 사람이 한 명 더 있었다. 그는 베트남전에서 부상을 당했음에도 네 번의 슈퍼볼 경기에 참여한 경력이 있는 전직 미식축구 선수였다. 로키 블라이어는 프로 축구 선수에서 잘나가는 강연자로 화려하게 변신한 유쾌하고 건실한 남자였다. 강연을 잘했기 때문에 지명도가 높은 웬만한 단체에서는 모두 그의 강연을 듣고 싶어했다. 그는 자신의 일정을 직접 조절할 수 있었다. 강연료도 엄청났으며 강연도 골라서 했다. 한때 뛰어난 운동선수였던 사람이 완전히 다른 분야에서 최고가 되는 일은 흔하지 않다. 그래서 나는 그가 범상치 않은 재주를 지니고 있는 사람이며 언젠가 경제적으로 큰 성공을 거둘 사람이라는 생각이 들었다.

그런데 놀랍게도, 〈애틀랜타 저널-컨스티튜션〉에 "수퍼볼 챔피언 로키 블라이어 파산하다"라는 제목의 기사가 실렸다. 나는 그 이후 로키 블라이어에 대한 얘기를 다시는 듣지 못했다. 어떻게 해서 그처럼 많은 돈을 벌던 사람이 하루아침에 파산했다는 기사의 장본인이 되었을까? 그 기사는 다음과 같았다.

베트남에서 입은 부상을 극복하고 네 번의 수퍼볼 경기에 뛰었던 블라이어는, 세금을 내기 위해 자신의 챔피언 반지를 판 지 이틀 후에 제7조에 의거 파산선고 처분을 받았다.

그 기사는 계속 이어졌다.

그의 전 아내는 항소심에서, 블라이어가 주택 매각 대금 83만 7948달러를 자신에게 지불하지 않으려 한다고 말했다.

블라이어는 파산신청서에서, 자신은 이미 "자신의 전 아내에게 현금과 부동산을 합쳐 130만 달러를 지급했다"고 밝혔다. 블라이어의 경제적 몰락은 그의 이혼과 관계가 있는 것일까?

이혼은 일반적으로 개인의 재산에 큰 타격을 입힌다. 그가 부자이든 아니든 상관없다. 미국의 백만장자 가정의 92퍼센트가 결혼생활을 하고 있으며, 이들 백만장자 부부들은 그렇지 않은 부부들보다 이혼율이 3분의 1 이하임을 감안할 때, 여기에 백만장자 마인드를 규정짓는 또하나의 요인이 있다고 말할 수 있을 것 같다. 즉, 자기에게 맞는 인생의 반려자를 선택할 수 있는 능력이 그것이다. 이혼을 한다는 것은 부자가 되거나 부자인 상태를 유지하는 데 장애가 된다. 블라이어도 아마 절감했을 것이다.

결혼이 가져다주는 경제적 생산성

결혼생활이 오래 지속되는 것과 재산을 모으는 것 사이에는 중요한 연관성이 있다는 것이 연구결과를 통해 밝혀졌다. 1만 2000명을 대상으로 진행된 한 연구결과는 특히 주목할 만하다.* 연구원들은 "결혼생활을 지속하는 것이 재산을 모으는 데 큰 영향을 미친다"는 것을 알아냈다. 반대로, 결혼생활을 오래 지속하지 못하는 사람들은 재산을 얼마 모으지 못한다는 결과도 나왔다.

결혼이란 한 사람의 재산 정도에 어떤 영향을 끼치는 걸까? 윌모스와

* Janet Wilmoth & Gregor Koso, "Does Martial History Matter? The Effect of Martial Status on Wealth Outcomes Among Pre-retirement Age Adults," Proceedings of the 1997 North Central Sociological Association.

코소의 연구결과에 따르면, 결혼은 재산을 모을 수 있게끔 해주는 제도적 요소를 갖추고 있다고 한다. 결혼생활을 하면서부터는 일이 분담되기 때문에 경제적 생산성이 높아지는 것이다. 그리고 독신인 사람들과는 확실히 다른 경제 규모를 유지하는 것이 또한 결혼한 가정에서 발견되는 현상이다. 결혼과 재산 수준 사이의 비례관계는 너무도 뚜렷하며, 교육 수준이 높든 낮든 수입이 많든 적든 간에 모든 사람들에게 적용된다.

백만장자와 결혼

미국의 모든 백만장자 부부가 갑자기 파경에 치달으면 어떤 일이 벌어질까? 물론 독신의 백만장자들로 남을 수 있는 사람들도 많을 것이다. 하지만 백만장자 숫자가 3분의 1 수준으로 떨어질 것이다. 재산도 나눠지고 가계비 지출도 각자 해야 되고 법정 비용도 따로 대야 하기 때문이다. 하지만 보통 사람들과 마찬가지로, 백만장자들이 결혼생활을 유지하는 것은 반드시 경제적 이유 때문만은 아니다. 백만장자와 백만장자가 될 가능성이 있는 사람들은 일련의 덕성을 갖춘 배우자를 고르는 특별한 재주가 있다. 그중의 어떤 덕성은 오랜 세월 행복한 결혼생활을 유지할 수 있게 해주는 것이고 또다른 덕성은 재산을 모으는 것과 관련이 있다.

평생("죽음이 우리를 갈라놓을 때까지") 해로하는 사람들은 이기적이지 않으며, 다정하고 자애로우며, 인내심이 있고 이해심이 많으며, 소양을 갖추었으며, 덕이 있다. 게다가 두 사람의 관심거리와 일과 생각이 비슷하면, 결혼생활에 큰 도움이 된다. 당신도 이런 질문을 할지 모르겠다. 마치 티나 터너의 노래 제목처럼, "사랑이란 게 그것과 무슨 상관이야?"라고. 행복한 결혼생활의 이면에는 사랑과 깊은 애정이 존재한다. 그러나 깊은 애정은 판단을 흐리게 할 수도 있다. 만약, 당신이 인내심이나 이해심이 모자란 미래의 배우자감을 깊이 사랑한다고 한다면, 당신은 감정 때문에 그에게 지나치게 높은 점수를 준 것이다. 이혼 직전까지 간 상황에서야, 당신은 비로소 배우자의 결점을 인식하게 될 것이다.

내가 인터뷰를 했던 백만장자들은 일찍부터 그러한 점에서 경보시스템이 잘 갖춰진 사람들이었다. 그들은 미래의 배우자감이 이기적이지 않으며, 다정하고, 덕성을 갖추었는지를 사랑의 감정에 빠져들기 전에 알아보는 놀라운 능력을 갖고 있다. 바로 그러한 능력 때문에 이 집단의 결혼생활 성공율이 높은 것으로 보인다. 결혼생활을 25년, 35년, 50년까지 이어오고 있는 전형적인 백만장자에게 물어보자.

당신의 배우자에 대해서 한말씀 해주신다면요?

그들이 우선적으로 하는 말은 다음과 같다.

- 건실하다.
- 이기적이지 않다.
- 전통적인 가치관을 지니고 있다.
- 내 감정을 잘 헤아려준다.
- 인내심이 강하다.
- 이해심이 많다.

질문을 좀더 구체적으로 해보자.

처음에 무엇을 보고 당신의 배우자에게 끌렸습니까?

흔히 외모와 관련된 내용을 말할 테지만, 외모는 절대적인 요건이 아니다. 많은 응답자들이 위에 언급한 것과 같은 특성들에 끌렸다고 말한다.

결혼한 지 35년이 되는 바버라 바비와 포리스터 부부의 경우를 보자. 그들에겐 장성한 아이들이 넷이나 있고, 세 개의 제조업체를 직접 경영한다. 그들은 경제적으로 성공한 사람들이다.

바비는 콜로라도 주 경계 근처에 있는 서부 캔사스의 조그만 마을에서 자라났다. 포리스터는 남부 조지아 주의 한 농장에서 자라났다. 어떻게 해서 서부 캔사스 출신의 처녀가 남부 조지아 주 출신의 농장 총각을 보스턴에 있는 대학에서 만났을까? 바비와 포리스터는 중산층 출신이었지만, 둘 다 고등학교 시절부터 매우 영리하고 성적이 뛰어났다. 그들의 가족은 아이들을 대학에 보내기 위해 많은 헌신을 했고 둘 다 대학에서 장학금을 받았다. 포리스터는 MIT에, 바비는 웨슬리에 입학했다.

포리스터는 그때를 이렇게 회고한다.

처음 눈에 띈 것은 그녀의 옷이 전부 만들어 입은 옷이었다는 겁니다. 괜찮아 보이는 옷이었지만 전부 집에서 만든 것이었어요.

포리스터는 바비를 보고 첫눈에 반해버렸다. 물론, 그녀가 귀엽고 상냥한 것도 사실이었다. 하지만 그의 마음에 꼭 들었던 것은 그녀가 입은 옷이었다. 바비의 어머니는 그녀에게 옷을 만들어 입혔다. 이 사실은 바비의 집안환경에 대해 많은 것을 말해주는 것이었다. 즉 그녀는 아주 검소한 집안에서 자랐지만, 그녀의 가족은 그녀를 미국 최고의 여자대학 중의 하나인 웨슬리에 보냈던 것이다. 그는 바비와 그녀의 가족이 무엇이 중요한 것인지를 아는 사람들이라는 생각이 들었다. 바비는 포리스터가 평범한 시골 농장 출신임에도 불구하고 MIT에 입학할 수 있었다는 것에 감동했다.

그 둘은 서로가 천생배필을 만났다는 느낌을 가졌다. 그들의 선택은 35년 동안 옳은 것으로 검증되고 있다. 바비와 포리스터는 천생연분이었다. 그들은 또한 집안 사업을 꾸려나가는 점에도 손발이 척척 맞았다. 결혼생활 초기에 그들은 값비싼 혼수용품을 구입하는 문제와 사업에 투자하는 문제에 있어서 합의를 보았다. 사업이 우선이었다. 그들이 오늘날 부자가 될 수 있었던 것은 당연한 일인지도 모른다.

옷이나 새 차 같은 비싼 소비재 물품에 가계비를 지출해서는 아무도 부자가 될 수가 없다. 자신의 사업과 일반 주식시장에 투자하지 않고 과시용으로 돈을 쓴다면, 백만장자가 될 수 없다. 바비와 포리스터는 검소한 부모들로부터 이러한 사실을 배웠던 것이다.

결혼 서약과 세차의 비밀 : 공통 관심사

공통 관심사가 있는 부부는 결혼생활이 오래 간다. 그리고 결혼생활 기간과 순자산 사이에는 깊은 연관성이 있다. 하지만 공통 관심사도 있고 결혼생활을 오래 지속한다고 해서 반드시 부자가 된다는 법은 없다. 소비 성향이 같은 부부가 있다면 그들은 결혼생활을 오래 지속할 수 있을지는 모르지만 그들이 부자가 될 가능성은 요원한 것이다.

그러므로 문제는 부부가 공유하고 있는 관심사와 활동의 형태가 어떤 것이냐 하는 것이다. 부자가 되려면 재산을 모으는 것과 관련해서 관심사를 공유하는 것이 중요하다. 가계 예산을 짜고, 투자를 계획하고, 돈을 얼마만큼 벌 것인지 목표를 세우고, 사업을 차리고 꾸려나가는 것 등. 이런 관심사들을 공유할 수 있는 부부라면, 백만장자가 될 가능성은 많아진다. 그들은 비싼 새 차를 구입할 때 고정 수입을 쓰는 것이 아니라 투자를 잘해서 얻은 수익으로 구입할 것이다.

최근에 아는 사람을 우연히 만났는데, 그는 나에게 얼마 전 2만 3000달러짜리 배를 구입했다고 말했다. 그는 또한 덧붙이기를 구입 대금은 자신이 주식에 투자해서 배당받은 돈의 일부에서 충당했다고 말했다. 그와 12년 동안 같이 살아온 그의 아내도 배 타기를 좋아하는 사람이었다. 그들은 서로가 즐겁게 같이 생활비를 벌고, 투자 기회를 연구하며, 장기적인 재산 형성 목표를 잡는 사람들이다. 사실 그 배는 일종의 보너스다. 그들이 재산 형성 목표를 초과 달성한 데 대해 서로에게 주는 보너스와 같은 것이다. 그들은 거의 10년 전에 구입한 주식에서 얻은 수익의 아주 작은 일부를 지출해서 배를 구입했다. 그들은 돈을 투자한 것 외에도, 시간을 투자해서 〈밸류 라인〉에 실린 주식 평가를 같이 공부했다. 거기서 이 주식을 발견한 것이었다. 그들은 돈을 주고 이 잡지를 구입할 필요도 느끼지 않았다. 동네 도서관에 가면 볼 수 있기 때문이었다.

돈 버는 일에 공통의 관심사를 갖는다는 것은 자산가가 되고자 하는 이들 부부에게는 가장 중요한 열쇠이다. 그러한 활동의 가장 보편적인 모습은 퍼거슨 부부의 경우처럼 가족 사업을 소유하고 경영하는 것이다. 퍼거슨 부부는 둘 다 대학을 나오지 않았지만, 그들 가계의 순자산은 웬만한 대학 졸업자들보다 훨씬 많다. 그 둘은 의욕이 있었고 열심히 일했다. 그들은 자산가가 되는 데 적극적인 관심을 가졌다. 결국 그들은 다른 부부들보다 일찍 일에서 물러날 수 있었다. 그들은 사업을 직접 하는 것이 그들의 목표를 달성할 수 있는 지름길이라고 생각했다. 그 부부는 어떤 사업을 할 것인지에 대해 신중을 기했다. 이윤이 많이 날 수 있는 일을 찾다 보니, 다른 사람들은 돈을 벌 수 있는 일이라고 생각하지 못할 일을 찾아냈다. 그들이 선택한 일엔 선발 주자들이 거의 없었다. 퍼거슨 부인은 다음과 같은 얘기를 들려주었다.

사람들이 세차업을 큰 돈벌이 사업으로 생각하지 않았던 것이 얼마나 다행인지 몰라요. 사람들의 관심이 적은 분야일수록 더 좋거든요. 실제 보면, 이 사업에서 백만장자가 된 사람이 얼마나 많은데요.

사람들은 얼마 정도의 돈이 있어야 사업을 시작할 수 있는지 내게 묻곤 한다. 돈이 많이 들 것이라고 생각하기 때문이다. 100만 달러를 벌려면 100만 달러가 있어야 한다고 여긴다. 하지만 퍼거슨 부부의 생각은 달랐다. 작고 알찬 사업을 시작할 수 있다면, 자산가가 되기 위해 그렇게 많은 돈을 투자할 필요는 없다는 것이다. 퍼거슨 부인의 말을 들어보자.

제 남편이 스물여섯이고 제가 스물아홉일 때, 시부모로부터 빌린 5000달러를 가지고 완전히 몸으로 때우는 풀 서비스 자동차 세차업을 임대했습니다.

5000달러로 이 부부는 세차업을 시작했다. 그것은 현명한 투자였다. 13년이 지난 후에 그들은 그 사업을 75만 달러에 팔았으니까 말이다. 그렇다. 퍼거슨 부부는 진흙 속에서 다이아몬드를 찾아낸 것이다. 대부분의 다른 부부들은 "몸으로 때우는" 그런 세차업을 인수하지 않을 것이다. 하지만 퍼거슨 부부는 그 사업이 매력적이지 않고 품위 없어 보이고 궁해 보인다 하더라도 개의치 않았다. 고객이 자신들을 "천한 노동자"로 본다고 해도 상관이 없었다.

믿음은 그 부부의 큰 힘 중의 하나였다. 언제든 어느 한쪽이 세차업을 시작한 것에 회의를 보이면, 다른 한쪽은 다음과 같은 말을 해주었다.

> 대부분 세차장 주인들이, 저희 남편과 저를 포함해서요, 대학을 졸업하고 전문직에 종사하는 손님들보다 더 잘나가요. 이런 고된 노동은 장기적으로 보면 그만한 가치가 있는 것임에 틀림없어요.

그 부부는 대학을 나오지 못한 약점을 장점으로 바꾸어놓았다. 그들은 많이 배우고 옷을 잘 차려입은 고급 손님들보다 더 많은 돈을 벌고 있다는 사실을 끊임없이 상기함으로써 좀더 검소한 생활을 하며 더 열심히 일할 수 있었다. 비가 며칠 동안 계속 와서 손님이 없는 어려운 때에도 그들은 눈앞의 손해에 급급해하기보다, 멀리 내다본다.

> 나이가 들어서 아주 편안하게 은퇴할 수 있을 것입니다.

백만 명 중의 한 명 : 매력과 성공적인 선택

한 가지 문제는 분명해졌다. 수입과 재산이 백만장자의 성공적인 결혼을 가능하게 해주는 가장 중요한 요인은 아니라는 사실 말이다. 수입과 재산은 배우자감을 만나자마자 갖게 되는 호감을 설명해줄 수 있는 근본적인 요소도 아니다.

성공적인 결혼에 대해 백만장자들이 어떤 생각을 갖고 있는지 왜 이렇게 관심을 갖게 되는 걸까? 미국 백만장자 부부의 평균 결혼생활 기간은

28년이다. 4분의 1은 38년 이상 결혼생활을 유지해오고 있다. 오늘날 미국의 이혼율을 생각해본다면, 백만장자들의 결혼생활은 우리에게 인생의 올바른 반려자를 찾는 문제에 대해 많은 시사점을 주고 있다. 그리고 배우자를 고르는 문제가 얼마만큼 재산을 모을 수 있는지를 결정하는 중요한 요인이 된다는 것도 알 수 있다. 이혼과 재산을 모으는 것 사이에는 아주 큰 반비례관계가 있고 꾸준한 결혼생활과 순자산 사이에는 높은 비례관계가 성립된다.

왜 백만장자는 백만장자일 수밖에 없는가? 그들은 삶의 몇몇 중요한 문제에 있어서 올바른 판단을 했기 때문이다. 그중의 한 가지가 바로 배우자의 선택이다. 그러므로 배우자의 외모가 그다지 큰 중요성을 띠지 못한다는 것은 놀라운 일이 아니다. 내가 진행한 개별 인터뷰와 집단 인터뷰에서, 거의 모든 사람들이 "외적인 매력"을 언급했으며, 그것이 성공적인 결혼생활에 기여하는 부분도 있다고 했다. 하지만 그것의 중요성이 문학작품과 같은 것에 의해 지나치게 과대평가되고 있는 것도 사실이다. 한 사람은 외적인 매력에 대해 다음과 같이 말했다.

> 선택을 하라면, 차라리 저는 똑똑하고 진실되고 이기적이지 않으며 단정한 여인이 낫다고 생각해요.

이 말은 많은 백만장자들이 "외적인 매력"에 대해 하고 싶은 말을 간단하게 요약하고 있다. 그들은 결코 "외적인 매력" 때문에 누군가와 결혼하는 것이 아니다.

지적인 것은 백만장자들 사이에서 중요한 선택 기준이 된다. 하지만 다른 더 중요한 특징들도 갖춰져야 한다. 앞으로 백만장자가 될 사람들은 진실됨, 쾌활함, 신뢰성, 다정함을 잣대로 삼아 미래의 배우자들을 선택한다. 백만장자들은 어떻게 그리고 어디에서 이렇게 이상적인 배우자를 찾아내는 능력을 습득하게 된 것일까? 제3장 '백만장자의 학창 시절'에서 논의한 내용을 기억할 수 있을 것이다. 장차 백만장자가 되는 데 영향을 미친 학창 시절의 가장 중요한 경험 중의 하나가 무엇이었던가?

사람을 정확하게 보는 법을 배운다.

이 부분에 대해서 88퍼센트가 학창 시절의 경험이 중요한 영향을 끼쳤다는 것을 지적했다. "일에 있어서 엄격한 윤리성을 갖추는 것" 다음으로 중요한 것이었다.

많은 백만장자들은 학창 시절의 경험이 사람들의 다양한 속성들을 파악할 수 있도록 도와줬다고 말했다. 다양한 사회적 조건에서 여러 부류의 학생들과 많은 접촉을 하면 할수록, 인생의 반려자를 제대로 찾을 수 있는 확률은 더 높아졌다. 이 사람이 정말 진실되고 믿을 만한가? 이것은 배우자를 선택하는 과정에서 아주 중요한 문제이다.

부모들에게 묻고 싶다. 누가 진실된 친구인지 아이들이 판단할 수 있도록 가르쳐주었는가? 여기서 중요한 점은 친구들이 모든 사람들에게 얼마나 진실된 사람인가 하는 것이다. 그 아이들이 사람을 어떻게 대하는가? 타고난 천성과 가정교육 덕분에 진실한 것인가? 아니면, 어떤 반대 급부가 있기 때문에 진실한 척하는 것인가?

대학에서 만나는 똑똑한 사람들이 또다른 중요한 인성도 모두 갖추고 있는 것은 아니다. 실제, 아주 영리하다는 것이 사람 눈을 속이는 경우도 있다. 어떤 사람들은 똑똑한 것만 보고 청혼을 받아들이기도 한다. 그 경우에는 청혼한 사람의 결점이 감춰지거나 간과된다. 그것은 마치 외모에 홀려 상황을 제대로 판단하지 못하는 것과 같다. 지적인 측면에 너무 많은 비중을 두게 되면, 진실됨이라든가 쾌활함, 신뢰성, 덕성과 같은 여러 변수를 지나칠 수 있다.

중요한 특성들

백만장자 부부들이 결혼생활을 유지하는 이유는 뭘까? 남편과 아내 양쪽 다 성공적인 결혼에 필요한 요소를 분명히 알고 있다. 그들은 결혼생활을 유지시켜주는 것이 무엇인지를 알고 있으며 그것들을 말하는 데 주저함이 없다. 성공적인 결혼이란 이러한 몇몇 인성들에 의해 좌우된다. 남편과 아내 모두, 서로의 배우자에게서 그러한 인성을 똑같이 바라본다.

거의 모든 남성(99퍼센트)과 대다수의 여성(94퍼센트)은 진실된 것을 중요한 요소로 꼽는다.(표 6-1) 양쪽 다 나머지 네 가지 인성의 중요성을 선택하는 데도 아주 유사한 비율을 보이고 있다. 남자의 96퍼센트과 여자의 92퍼센트는 그들의 배우자가 "책임감"이 있다고 본다. 남편과 아내가 똑같은 비율로(95퍼센트) 그들의 배우자가 "사랑스럽다"고 말하고 있다.

또한 양쪽 모두 많은 수가 그들의 배우자가 "능력" 있고 "내조/외조를 잘한다"고 보고 있다. 이 모든 인성은 성공적인 결혼생활을 위해 중요한 요소이다.

위 표는 생각할 거리를 많이 제공해주고 있다. 전형적인 백만장자 부부들은 거의 30년을 동고동락했다. 그들 사이의 확고한 유대감은 경제적 생산성을 높여준다. 남편 되는 사람이나 아내 되는 사람에게 배우자의 생산성에 대해 물어보면 그들의 대답은 똑같다. 서로가 서로에게 굳건한 신뢰를 형성하고 있다

표 6-1. 성공적인 결혼생활을 위한 배우자의 다섯 가지 특성

(중요성을 백분율로 표시)

배우자의 특징	백만장자 전체	남자(N = 625)	여자(N = 73)	차이점
진실되다	98	99	94	없음
책임감이 있다	95	96	92	없음
사랑스럽다	95	95	95	없음
능력 있다	95	95	96	없음
내조/외조를 잘한다	94	94	91	없음

내조/외조를 잘해주는 배우자가 경제적 성공에 있어서 중요하지 않다고 말하는 백만장자가 100명이 있다면, 그렇다고 말하는 백만장자는 1317명이 있었다. 배우자를 신뢰하지 않는 사람 100명 중에 22명은 결혼한 적이 없는 사람이며, 23명은 이혼을 했거나 별거중인 사람이었다. 그렇다면, 배우자가 경제적 성공에 있어서 아무런 중요성을 띠지 않는다고 하는 사람은 1317명 중에 55명뿐이다.

기업주인 S 씨는 집단 인터뷰에서 자신의 성공에 대해 얘기했다. 그는 38년 동안 동고동락해온 아내의 내조가 없었다면 자신의 집안 사업이 그처럼 성공하진 못했을 것이라고 자신 있게 말했다.

저는 제 아내에게 이 공을 돌리고 싶습니다. 그녀가 없었다면 우리가 오늘날 이 정도까지 이루지 못했을 것입니다. 저희에겐 아이가 다섯이 있습니다. 저는 아이를 데리고 병원에 가본 적이 없습니다. 그녀가 모두를 보살폈고 혼자서 다 해내었지요.

많은 백만장자들이 S 씨의 말에 동감하고 있다. 각자 겪은 상황이 다르지만, 공통점이 있다. 그들 모두는 자신의 배우자가 내조/외조를 아주 잘한다고 말한다. 그리고 자신의 배우자가 내조/외조를 잘하기 위해서는 그들이 진실되고, 책임감이 있으며, 사랑스럽고, 능력이 있어야 한다고 말한다. 이것이 성공적인 결혼을 위해 기본적으로 필요한 요건들이다.

자수성가한 억만장자 기업인인 단 씨는 내조/외조를 잘하며 책임감 있고, 능력 있는 배우자의 모습을 잘 묘사해주었다. 단이 스물아홉일 때, 그는 아내에게 자신이 새로운 사업을 시작하는 것에 대한 생각을 물었다. 그는 몇 가지 희생이 따라야 한다는 점에 대해서도 설명을 했다. 우선, 그는 보수가 좋은 회사를 그만두어야 했다. 단 씨는 사업 착수금을 대야 하는 문제에 대해서도 아내에게 의견을 물었다. "우리가 가진 것을 전부 팔아야 할지도 몰라."

> 집사람이 물었습니다. "돈을 벌지 못하면 어떻게 되죠?" 저는 말했죠. "음, 다른 직장을 찾을 거야." 그러자 그녀가 말했습니다. "좋아요."

사업을 시작한 지 2년이 지난 후, 단 씨는 사업에 실패했다. 그러나 옆에서 일을 돕던 그의 아내는 단 한 번도 불평하지 않았다. 단 씨는 다시 회사로 돌아갔다. 5년 후, 그는 회사를 그만두었다. 이번에도 역시 아내의 호응과 격려가 있었다. 단 씨는 다른 사업을 시작했다. 이 사업은 1976년에 시작한 이후 줄곧 성공을 거두었다. 그리고 나서 그는 세 가지 다른 사업을 시작했다.

단 씨는 "능력 있고 책임감 있다"라는 것을 어떻게 정의하고 있는가? 그의 아내는 거의 모든 집안일을 책임졌을 뿐만 아니라, 그 이상의 것까지

했다. 그녀는 남편이 갖고 있는 물리학 지식이 없었지만, 먼저 나서서 사업과 기술을 배워나갔다. 단 씨는 그가 일으킨 네 개의 사업체 중 두 개의 사업체를 아내가 맡아서 아주 잘 운영하고 있다고 자랑스럽게 말한다.

30년째 결혼생활을 하고 있지만 제 아내는 하나도 변하지 않았습니다. 여전해요. 제 아내가 없는 삶은 상상도 할 수 없습니다. 저는 아주 고집이 센 편인데요, 제 아내는 조용하고 침착한 사람입니다.

단 씨는 그와 그의 아내가 천생연분이라고 말했다. 둘 다 서로의 성격을 잘 알고 존중하며, 오랜 관계를 유지할 수 있는 중요한 다섯 가지 특성들을 많이 갖추고 있다. 그들은 모두 진실되고 책임감 있고 사랑스럽고 능력 있고 내조/외조를 잘한다.

외적인 매력 외에, 백만장자가 자신의 배우자에게서 첫눈에 반하는 다섯 가지 중요한 특성이 있다. 단 씨도 다른 여느 백만장자와 다름없이 자신의 배우자에게 끌리게 된 것이 배우자가 지적이며, 진실되며, 명랑하고, 믿을 만하며, 상냥하기 때문이라고 말할 것이다.

그런데 연애를 시작할 때 생기는 이러한 느낌이 얼마나 정확한 것일까? 거의 모든 백만장자들은 지적인 것이 중요한 특성이라고 말한다.(표 6-2 참조) 나는 열 명의 백만장자들로 구성된 한 집단에게 자신들의 아내들을 묘사해달라고 부탁한 적이 있었다. 그때, "지적"이라는 말이 자주 언급되었다. 그런데 이들이 자신의 배우자를 지적이라고 얘기할 때, 그 말이 뜻하는 바는 정확히 무엇일까?

제 아내는 무엇이든 배우고 소화해낼 수 있습니다. 지금 당장이라도 그녀

표 6-2. 백만장자가 처음에 눈여겨보는 배우자의 다섯 가지 특성

(중요성을 백분율로 표시)

배우자의 특징	백만장자 전체	남자(N = 625)	여자(N = 73)	차이점
지적이다	96	95	99	없음
진실되다	95	95	95	없음
명랑하다	92	93	83	있음
믿을 만하다	92	92	91	없음
상냥하다	91	92	88	없음

는 저보다 더 잘 회사를 운영할 수 있을 거예요.

백만장자 가정에서 90퍼센트의 남편과 85퍼센트의 아내가 대학을 졸업했다. 특히 아내들이 공부를 잘했다. 약 80퍼센트 정도가 반에서 상위 15퍼센트 안에 들었다. 물론, 지능을 측정하는 다른 방법이 있긴 하다. 하지만 지능을 어떤 식으로 규정하든 간에, 백만장자들은 자신의 배우자가 지능이 높다고 생각한다.

다른 특성들은 어떤가? 표 6-2에서 보는 바와 같이, 각각 95퍼센트의 남편과 아내는 그들의 배우자가 진실하기 때문에 끌렸다고 말한다. 이로 보건대 그들은 판단이 정확한 사람들인 것 같다.

진실됨은 정직함의 전조인데, 이것은 성공적인 결혼생활에 있어 매우 중요한 역할을 하는 것이다.

많은 백만장자 설문 응답자들은 배우자에 대한 초기의 판단이 맞았다는 것을 30년에 걸쳐 확인하고 있다. 그들은 이제 자신들의 배우자가 지닌 특성에 대해 분명하게 이해하고 있을 것이다. 연애 초기에 믿을 만한 사람으로 여겨진 배우자들은 세월이 지나면서 그 이상의 자질을 드러냈다. 그들은 또한 책임감이 있었다. 믿을 만하다는 것은 책임감이 있다는 것을 암시하며, 그것은 결혼생활의 또다른 성공요인이다.

돈이라는 요소

배우자에게 매력적으로 비쳐지고 성공적인 결혼생활을 영위하는 데, 수입이 많다는 것은 어떤 역할을 하는가? 백만장자 반열에 드는 남편과 아내 되는 사람들은 배우자의 재산과 수입에 대해 다른 견해를 보이고 있다.

여자들은 남자들보다 네 배나 많이, 배우자가 "고소득자"라는 것이 성공적인 결혼생활을 영위하는 데 중요한 요소라고 생각하고 있다. 아내들의 49퍼센트가 고소득이 중요하다고 말하고 있다.(표 6-3 참조) 이와는 아주 대조적으로, 남편들은 12퍼센트 정도만이 배우자의 수입을 성공적인 결혼생활을 영위하는 데 중요한 요인이라고 생각하고 있다.

자주 말했지만, 소득이 곧 재산은 아니다. 수입이 있다고 해서 행복을 살 수 있는 것도 아니다. 비록, "재산이 많은 사람"이라는 항목을 대다수의 백만장자 남편과 아내들이 중요한 특성으로 꼽은 것은 아니지만 여자쪽(37퍼센트)이 남자쪽(12퍼센트)보다 세 배나 더 많았다.(표 6-3 참조)

하지만, 그렇다고 해서 미국의 대다수의 백만장자 부부들이 만일 파산을 해도 여전히 금슬 좋은 부부로 남을 것이라는 것을 의미하지는 않는다. 결국 이들 남편들과 아내들이 재산과 결혼 문제에 대해서 하고자 하는 말은, 수입이 다소 적고 재산이 얼마 되지 않는다 하더라도 성공적인 결혼생활을 영위할 수 있다는 것이다. 그들 중 많은 수의 사람들은 재산과 수입 외의 특성들이 어떠한지에 더 많은 관심을 갖고 있다.

표 6-3. 남자 대 여자 : 성공적인 결혼생활을 위한 배우자의 특성

(중요성을 백분율로 표시)

배우자의 특성	남자(N = 625)	여자(N = 73)
고소득자	12	49
재산이 많은 사람	12	37
덕이 있는 사람	88	71
단정한 사람	69	55
이기적이지 않은 사람	86	74
명랑한 사람	88	80
외모가 매력적인 사람	88	80
매너가 좋은 사람	91	84
검소한 사람	46	39
진실된 사람	99	94

백만장자들은 남자든 여자든, 자신들의 배우자에 대해 항상 하는 얘기가 있다. 자신의 배우자가 정직하고 책임감 있으며 사랑스럽고 능력 있으며 내조/외조를 잘해준다는 것이다.

이 특징들은 성공적인 결혼생활을 위해 가장 중요한 요소들이다. 많은 백만장자 남편과 아내는 그 다섯 가지 기본적 요소 대신에 재산이나 수입을 더 중요하게 여기지 않으며 앞으로도 그럴 것이다.

여자들이 배우자의 수입과 재산 문제에 좀더 민감한 것은 그럴 만한 이유가 있다. 백만장자 가정의 아내들은 전통적인 가치관을 지니고 있어서 돈은 남자 가장이 벌어와야 한다는 생각을 갖고 있다. 남자들도 이러한 생각을 갖고 있다. 백만장자 남편 중 12퍼센트만이 이와는 다른 생각을 갖고 있다.

이러한 조사결과는 존 그레이가 주장한 내용과 일치한다. 존 그레이는 동기, 습관, 충동의 측면에서 나타나는 남녀의 차를 연구하고 있는 뛰어난 학자이다. 그레이에 따르면, 남자는 여자를 부양하고자 하는 생물학적 욕구를 가지고 있다고 한다.* 실제, 남자가 "가장 필요로 하는 것은 여자로부터 필요한 존재가 되는 것"이다.

여기서 말하는 "필요"란 대부분은 수입과 재산을 의미하는 것이다. 결국, 그레이의 주장은 백만장자에 대한 나의 연구에 의해 다시 그 근거를 얻는다. 여자들은 정말 고소득을 올릴 수 있는 남자를 선호하는가? 그레이는 그렇다고 믿고 있다. 하지만 남자는 좀 다르다. 그들은 여자들을 경제적으로 뒷받침해주고 싶어할 뿐만 아니라, 그들 두 사람의 몫으로 많은 수입을 가져다주거나 그럴 수 있는 여자 덕으로 편하게 지내고 싶어하는 경향도 있다.**

표 6-4에 나타난 자료는 백만장자 가정에서 남자와 여자 사이의 이런 근본적인 차이에 대한 정보를 주고 있다. 남편들은 처음에 눈여겨보는 배우자의 특성에 관해 "고소득 가능성"에 13퍼센트가 중요하다고 대답을 한 반면 아내들은 53퍼센트가 그렇다고 했다. 돈과 관련된 또다른 요소는 어떤가? "재산이 많은 사람"이라는 것은 아내들(23퍼센트)이나 남편들(9퍼센트)에게 그다지 중요한 요소로 꼽히지 않고 있다. 하지만 이 항목에 있어서도 여자가 남자보다 더 높은 비율을 나타낸다.

흥미로운 것은, 여자(82퍼센트)에게나 남자(48퍼센트)에게나 "야망"이라

---

* John Grap, "Mars and Venus : Do Men Buy Love? Are Women Needy?," Currency, April 1998, pp. 56~57.

** Gray, p. 51.

표 6-4. 남자 대 여자 : 백만장자가 처음에 눈여겨보는 배우자의 특성

(중요성을 백분율로 표시)

배우자의 특성	남자(N = 625)	여자(N = 73)
고소득 가능성	13	59
야망이 있는 사람	48	82
옷맵시가 좋은 사람	80	60
언행이 바른 사람	79	61
재산이 많은 사람	9	23
자기 관리가 잘된 사람	71	82
검소한 사람	34	23
든든한 사람	71	81
명랑한 사람	93	83
격려해주는 사람	87	80

는 요소가 "재산"이라는 요소보다 더 중요하다는 점이다. "자기 관리"와 "든든함"이라는 요소도 여자에게는 매우 중요하다.

남자는 여자가 옷맵시가 좋은지(80퍼센트 대 60퍼센트), 언행이 바른지(79퍼센트 대 61퍼센트), 명랑한지(93퍼센트 대 83퍼센트), 사람을 격려해주는지(87퍼센트 대 80퍼센트)에 더 관심이 많다.

백만장자가 된 남자와 결혼한 여자는 "매력적"인 요소 다섯 가지(지적이며, 진실되며, 명랑하며, 믿을 만하고, 상냥한) 이상을 갖춘 남성들에게 끌린다. 그들은 야망이 있어야 하며, 고소득을 올릴 수 있는 잠재력이 있는 사람이어야 한다. 왜냐하면 다섯 명 중 네 명의 여자는 남자가 "결혼 전에 부자"인 것에는 관심이 별로 없었다. 물론 그들이 결혼한 남자는 결국 백만장자가 되었다. 아내와 함께 말이다.

남자도 처음에 배우자를 고를 때 앞서 말한 다섯 가지 요소를 염두에 둔다. 하지만, 돈, 수입, 재산과 같은 것을 기대하는 것은 아니다. 그들은 자신의 배우자가 지적이기를 원한다. 자신의 배우자가 "수입이 많을 것 같아서" 혹은 "야망이 있어서" 관심을 갖게 되는 남자도 몇몇 있기는 하다.

선택의 기준

백만장자들은 어떻게 자신의 배우자가 장차 이상적인 남편 혹은 아내가 될 수 있을지 미리 판단할 수 있었을까? 우선, 그들이 미래의 배우자를 평가하기 위해 사용한 기준은 오랜 세월 동안 성공적인 결혼을 유지할 수 있는 기준과 동일하다. 그리고 그들은 자신의 배우자가 이러한 기준에 맞는지 안 맞는지를 정확하게 예측할 수 있다. 대다수의 백만장자들은 백만장자가 되기 훨씬 이전부터 그러한 예측과 선택을 해왔다.

그런데, 왜 다른 사람들은 자신들의 배우자를 선택함에 있어서 이처럼 정확한 예측을 못 하는 것일까? 정확한 예측을 하는 것은 두 가지 과정으로 이루어진다. 우선, 결혼생활을 오래 지속시켜줄 수 있는 올바른 기준을 찾아야 한다. 그리고 기준이 잘못돼 있다 할지라도, 미래의 배우자에 대해 정확한 예측을 할 수 있다면 문제는 없다.

일반 사람들(백만장자가 아니며, 그럴 가능성도 없는 사람들)이 배우자를 선택할 때, 취하는 기준은 무엇인가? 이 장에서 이미 살펴보았던 백만장자들과 비교해서 어떤 점이 다른가? UCLA의 블린다 터커 박사는 최근, 18살에서 55세까지의 성인 3407명을 대상으로 배우자 선정 과정에서 그들이 취하는 기준이 무엇인가를 조사했다. 그녀는 1997년에 있었던 전미

심리학회에서 자신의 연구결과를 발표했다.

터커 교수는 보통 남자들이 다른 무엇보다 신체적 매력에 많은 비중을 둔다는 사실을 알아냈다. 월급을 얼마 받고 돈을 얼마나 벌 수 있는가 하는 문제는 신체적 매력 다음의 문제였다. 이러한 연구결과를 백만장자들이 말했던 것과 비교해보라. 백만장자들은 자신들의 결혼생활이 성공할 수 있던 요인을 다음과 같이 말한다.

진실되다, 책임감 있다, 사랑스럽다, 능력 있다, 외조/내조를 잘한다.

매력적이고 돈을 많이 벌긴 하지만, 진실되지 않고, 책임감도 없으며, 사랑스럽지도 않고, 능력도 없으며, 내조도 잘 안 해주는 여자와 결혼한다면, 당신의 결혼은 파경을 면치 못할 것이다.

터커 박사의 연구는 보통의 여자들이 배우자 선택의 기준으로 무엇을 중요하게 여기는지도 보여주었다. "고소득 가능성" 같은 기준이 외모나 학력이나 직업보다 더 중요한 것으로 나타났다. 이 내용도 백만장자 여성들이 배우자를 선택하는 기준과 비교해볼 수 있겠다. 많은 백만장자 여성들은 결혼생활을 영위하기 위한 근본적 요소로 배우자가 될 사람의 수입보다 정직함과 지적인 능력 그리고 야망을 본다.

백만장자들과 일반 사람들을 비교해보면, 일반 사람들에게서 이혼율이 더 높게 나타나는 이유를 이해할 수 있는 실마리가 보인다. 터커 박사는 다음과 같이 말한다.

금전적인 측면에서 자기 배우자에게 만족할 수 있는지의 여부가 자신이 맺고 있는 관계를 유지할 수 있을지 없을지를 결정하는 기준이 되고 있다.

터커 박사는 또한 남녀 모두가, 배우자가 직업을 잃었을 경우 이혼할 것을 고려한다고 말한다. 이러한 태도는 백만장자이거나 백만장자가 될 사람들의 태도와 정반대되는 것이다. 명심해라, 재산을 모으고 싶다면 당분간 고소득에 대한 기대를 접어두는 것이 좋다. 돈을 모으려는 부부들은 대개 생활비를 최소로 줄이고 나머지를 투자하면서 산다. 자수성가한 백만장자들은 다음과 같이 말한다.

직장에서 해고된 직후 저는 사업을 시작했습니다. 저축한 돈을 모두 털었지요. 제 아내의 월급으로 먹고살았습니다. 처음 얼마 동안이라고 생각했는데, 오랜 시간 그런 상태로 살았지요.

남편과 함께 집안 사업을 일으킨 한 여자는 다음과 같이 말했다.

이렇게까지 허리띠를 졸라매고 살아야 하나, 라는 생각이 들지도 몰라요. 하지만 초라하지만은 않아요. 우리는 진정한 사업가이니까요. 부자 이웃들이 돈을 펑펑 쓰고 다닌다고 해도 주눅들지 말아야 해요. 결국에는 우리가 그들보다 더 많은 재산을 모아서 은퇴할 수 있을 테니까요.

터커 박사의 연구에 따르면, 이런 생각을 하는 여자는 요즈음 흔지 않다. 그녀는 돈 문제 때문에 결혼서약이 깨진다는 것은 상상도 하지 않는 여자였다. 그런데 바로 그러한 이유 때문에 그녀와 그녀의 남편은 오늘날 부자가 될 수 있었던 것이다. 그들은 동고동락하면서 몇 년의 세월을 적은 생활비로 버텨왔다. 만약 적은 생활비에 집착했더라면 그들은 백만장자가 될 수 없었을 것이다. 그들은 생활 태도와 믿음과 가치관을 공유했다. 그리고 부자가 되기 위해서는 잠시 동안의 희생은 감수해야 한다는 믿음 역시 갖고 있었다.

터커 박사의 연구결과, 보통 남자들은 배우자 선택 조건에서 다른 무엇보다 외모를 따진다는 것이 드러났다. 그러나 많은 백만장자들과 백만장자의 길을 오르는 사람들은 외모는 단지 여러 특성 중의 하나일 뿐이지 최고의 기준으로 볼 것은 아니라고 생각한다.

미국에서 이혼율이 높은 이유는 아마도 많은 남자들이 외모에 많은 중요성을 두기 때문이 아닌가라는 생각을 하게 된다. 외모가 매력적이어서 결혼을 했는데, 막상 여자가 그 매력을 유지하지 못하면, 남자는 이혼할 구실을 찾게 되는 것이다. 이것은 너무도 가벼운 미국의 결혼 실상을 보여주는 얘기이다. 터커 박사의 결론에 따르면, 남자가 이혼을 고려하게 될 때는 여자가 외적인 매력을 상실하고, 동시에 수입원인 직장마저 잃어버릴 때이다. 이러한 상황은 오히려 여자에게 다행일 수 있다. 낙오자나 다름없는 그 남편과 헤어지게 됐으니까 말이다. 이런 남자는 부자가 되기는커녕 만족할 만한 재산도 모으기 어려울 것이다. 이제부터 남자는 안정되지 못한 결혼생활을 반복할 테니까 말이다. 이혼은 한 사람의 재산과 행복에 커다란 장애요인이 된다.

안정과 조화의 사례

빅터 갠츠와 그의 아내 샐리는 결혼생활 50년에 접어들고 있었다. 그들은 예술작품을 연구하고 투자하는 일에 많은 여가 시간을 보내는, 맨해턴에 사는 부부였다.

그들은 토요일이면, 화랑을 순례하면서 미술작품 수집에 열정적으로 몰두

했다. 구입하고 싶은 작품이 생기면, 새 겨울 코트를 장만하는 것 따위는 포기했다.*

갠츠 부부의 수집품은 최근 크리스티 경매에서 2억 6백만 달러에 팔렸다. 그 수집품 중에는 갠츠 씨가 1941년에 7000달러를 주고 구입한 〈꿈 The Dream〉이라는 피카소의 작품이 포함되어 있었다. 그 작품은 경매에서 4,820만 달러에 팔렸다.

갠츠 부부는 단 한 번도 결혼생활에서 위기를 겪어본 적이 없다. 이것이 가능했던 것은 외모와 수입 때문이 아니었다. 다른 무언가가 더 있었다. 그들은 예술에 대한 관심이 같았다. 그들은 소비재를 구입하는 대신, 값비싼 예술품에 투자했다. 갠츠 부부는 토요일마다 걸어다니며 화랑을 둘러보는 "가난한 데이트"를 했다. 이 화랑들은 입장료를 받지 않는 곳이었다.

주변의 경제적 도움

〈메디컬 이코노믹스〉지에 내 글**이 실리고 난 일주일 후에 한 천만장자가 전화를 걸어왔다. 그는 나에게 그 기사를 세 번이나 읽었다며, 다음의 구절을 인용했다.

---

* Acrol Vogel, "Prized Picasso Leads Collection to Record $206 Million Auction," *New York Times*, November 11, 1997, pp. A1, A18.

** Thomas J. Stanley, "Why You're Not as Wealthy as You Should Be," *Medical Economics*, July 1992.

부는 성실한 노동과 인내, 그리고 자기 관리의 결과로 따라오는 것이다.

그는 특히, 미국의 많은 백만장자들이 자수성가한 사람들이며 검소한 사람들이라는 사실에 주목했다. 얘기를 나누면서, 나는 또한 많은 백만장자들이 그들의 친지들로부터 공짜 돈을 받았거나 경제적 도움을 받은 적이 없다는 점도 강조했다. 그는 경제적 도움을 받는 것과 받은 사람의 재산 수준 사이에 반비례관계가 존재한다는 것에 흥미를 가졌다. 내가 이런 얘기들을 하는데, 그가 나의 말을 가로막았다. "저, 선생님 글을 받아보고 싶군요. 보내주실 수 있습니까?"

그는 나의 글을 세 명의 젊은이와 같이 나누고 싶어했다. 이 천만장자에게는 세 명의 딸이 있는 것 같았다. 큰애는 법학 대학원에 다니고, 둘째는 막 명문대학을 졸업했으며, 막내는 대학 졸업반이라고 했다. 딸들에겐 오랜 사귄 남자친구들이 있었는데, 이 아버지는 세 청년이 마음에 차지 않았다.

이 천만장자는 세 청년이 자신이 부자라는 것을 잘 알고 있으며 이 청년들도 "부자가 되고 싶어"한다고 믿고 있었다. 자기가 부자이기 때문에 딸에게 접근하는 것이라고 말이다. 게다가, 그가 보기에 이 구애자들은 부자가 되는 알파와 오메가는 다른 사람의 돈이라고 믿는 것 같았다.

이 천만장자는 딸들의 배우자를 고르는 절차를 좀더 강화해야 될 필요성을 느꼈다. 그래서 내 글이 필요했던 것이다. 그는 딸들의 구애자들이 자신의 재산을 탐낸다는 것을 어떻게 알아낼 수 있을까? 그는 그들에게, 땀 흘려 일하고 자기 관리를 잘하고 검소하게 사는 것이 얼마나 중요한가를, 그리고 주변의 경제적 도움이 얼마나 해로운 것인가를 논한 내 글의 복사본을 나누어주었다. 그는 이것이 그들에게 "주변의 경제적 도움"은 없을 것이라고 잘라 말할 수 있는 가장 좋은 방법이라고 내게 말했다.

그렇다, 그것은 젊은 구애자들에게 주변의 경제적 도움은 기대하지 말라고 얘기해주는 가장 좋은 방법이다. 만약 그런 것 때문에 딸의 애인이 더이상 관심을 갖지 않는다면, 그 친구는 부자가 되고 싶어하는 것일 뿐이라는 판단을 내릴 수 있다.

이 세 명의 구애자가 갑자기 자신의 여자친구에게 관심을 잃게 될 가능성이 얼마나 될까? 나의 연구결과에 의하면, 그럴 가능성은 많지 않다. 배우자의 부모가 부자이기 때문에 관심을 가졌다고 대답한 사람은 결혼한 백만장자 남자 백 명 중 아홉 명뿐이었다. 그리고 이 아홉 명은 다른 요소들도 중요하다는 것을 인정했다. 결국, 이들 중에서 단지 "돈이 많다"는 사실 하나로 자신의 배우자에게 관심을 갖는 사람은 한 명도 없었다. 적어도 열에 여덟은, 미래의 배우자가 진실되고 건실하며 지적이고 상냥하고 믿음직하고 포용력이 넓으며 현명하고 명랑하며 안정된 느낌을 주는 것에 호감을 갖는다고 말한다.

부자가 되고 싶은 여자

"돈이 많다"는 것 때문에 자신의 배우자감에게 호감을 갖는 여자의 경우는 어떤가? 백만장자 부부의 경우, 남편보다 아내 되는 쪽이 배우자가 "돈이 많다"는 것을 중요한 요소로 꼽은 경우가 많았다. 백 명의 아내 중 스물세 명이 처음에 배우자감에게 호감을 느끼는 요인이 "돈이 많다"는 사실이라고 말한다. 이에 반해, 남편 쪽은 백 명에 아홉 명만이 그렇게 대답했다. 여자가 남자보다 두 배 반이나 더 많은 것이다.

문제가 되는 것은 바로 앞으로 결혼하게 될 사람의 부모들이 가진 재산이다. 그렇다면, 모든 여자들은 남자의 부모가 얼마나 많은 돈을 가졌는지에 관심을 갖는다고 말할 수 있는 것인가? 조사결과는 그렇지 않은 것으로 나왔다. 재산이 매력적인 요소라고 말하는 여자의 경우에도 다른 중요한 가치도 많다고 생각했다. 90퍼센트 이상의 여자들이 자신의 배우자가 진실되고 지적이며 상냥하고 믿을 만하며 포용력이 넓고 현명하고 명랑하고 듬직하며 그리고 고소득 가능성이 많은 사람이기를 바란다. 또한, 이러한 여자들 중 85퍼센트는 "야망"이라는 특성도 중요하게 생각한다.

신선한 조사결과가 하나 있다. 전체적으로 보면, 백만장자와 결혼했거나 백만장자가 된 남자와 여자는 처갓집이나 시집에 얼마나 많은 재산이 있는지에 관심이 없다. 그들은 현명하게도 배우자의 부모가 가진 특성 때문이 아니라, 바로 배우자의 특성을 보고 결혼한다. 그리고 그렇게 하는 것이 나은 것은 처갓집이나 시집에서 어떻게 나올지 예측하는 것보다 배우자가 될 사람의 성격을 예측하는 것이 더 쉽고 정확하기 때문이다.

부자가 되는 법은 간단하다.

자신이 부자가 되기 위해서 다른 사람의 호주머니를 기웃거리지 말라.

이런 법칙을 무시하는 사람은 다음의 사례에서 보여지듯이 예기치 못한 일을 겪게 된다.

페기는 노동자 집안 출신이다. 그녀는 명문대학을 졸업했다. 그녀는 매력적이고 호감이 가는 사람이었다. 그녀의 부모는 부자를 동경했고, 딸에게도 그렇게 가르쳤다. 페기와 노동자 출신의 부모는 높은 지위에 있는 사람이 돈도 많을 것이라고 생각했다. 그래서 의사나 변호사나 회계사들은 모두가 돈이 많다고 생각했다. 불행히도 페기는 부자가 되고자 하는 사람들이 지켜야 할 다음의 원칙을 어겼다.

규칙 1 : 부잣집 딸이나 아들과 결혼하고 싶다면, 우선 진짜 부자인지 확인해보라. 겉으로만 부자처럼 보일 수도 있기 때문이다.

그녀가 고른 상대자는 명문가 출신이었고, 명망 있는 사람의 자식이었다. 남자의 아버지는 그 지역에서 잘 알려진 사업가였고 그의 부모 모두 다양한 사회활동과 사교활동에 적극적이었다. 그들은 커다란 저택에 살았으며, 비싼 차를 몰고 다녔다. 그들은 프레스티지 컨트리 클럽 회원이었다. 남자의 여동생은 주니어 리그 회원이었다.

하지만 셰익스피어가 얘기했듯이 "반짝인다고 해서 모두 금은 아니다." 불행히도 페기는 황철광과 황금을 구분하지 못했다. 그녀는 남자가 부자여서 처음부터 호감을 가지기 시작했고 마침내 결혼까지 했다. 하지만 앞서 말한 그의 환경이 그가 부자라는 사실을 말해주는 것은 아니었다.

결혼을 하고 나서 페기는 진실을 알았다. 남편의 가족은 오랫동안 돈문제로 어려움을 겪고 있었다. 그들은 성공하고 잘나가는 집안으로 보이기 위해 많은 것들을 했다. 페기는 집을 마련해줄 것으로 기대했으나 시집에서는 현금이든 무엇이든 그들에게 줄 것이 없었다. 더욱 참담한 것은 남편이 자기에게 돈을 벌어와야 한다고 말을 하는 현실이었다.

페기의 결혼생활은 3년을 넘기지 못했다. 그러나 그녀는 계속해서 돈 많은 남자와의 만남과 결혼을 꿈꾸었고 과거의 경험과 통찰력이 그에 더해졌다. "후원자"를 찾으면서 그녀는 큰 무역회사에 일자리를 얻었다. 그녀는 이 회사의 부자 고객을 만나 결혼했다. 그는 그녀의 아버지보다 나이가 많았다. 이번에는 그녀가 제대로 골랐다. 그녀는 억만장자라는 노다지를 캔 것이었다. 현재 남자는 일하고 있고 그녀는 일을 하지 않고 있다. 그녀는 쓰고 남자는 벌고 있다. 균형이 맞다. 그의 대차대조표가, 엄청난 그녀의 소비 스타일을 잘 처리해나갈 수 있을까? 두고 볼 일이다.

규칙 2 : 처갓집이나 시집이 아무리 부자라도, 당신과 당신의 배우자는 유산으로 혹은 도움으로 주는 돈은 단 한푼도 받지 말아야 한다.

모든 부자가 자식들에게 경제적 보탬을 주는 것은 아니다. 유산을 물려주지 않는 경우도 있다. 실제로 백만장자를 부모로 둔 자식들 중 46퍼센트가 유산을 한푼도 받지 않았다.

부잣집 아들과 결혼한 여자 세 명 중 한 명은 남편의 친지로부터 평균 40만 달러 정도의 돈을 받았다고 한다. 일 년에 평균 1만3333달러 정도를 받았다는 얘기가 된다. 내가 어느 모임에서 이 액수를 얘기했더니, 눈치 빠른 어떤 사람이 다음과 같이 말했다. "맥도널드에서 30년간 일하는 것이 그보다 훨씬 수입이 좋겠군."

이 말에 동의하지 않을지는 모르지만, 현실을 부정하기는 어렵다. 다른 사람의 돈을 보고 결혼하는 많은 사람들은 놀랐을 것이다. 자기가 생각하는 배우자의 집안이 보기에만 부자인 경우가 꽤 있기 때문이다. 다른 말로 하자면, 자신이 결혼하려고 하는 배우자의 가족이 자식들에게 재산을 물려줄 생각이 없을 수 있다. 많은 부자 부모들은 자식들에게 도움을 주는 것이 그들의 의지를 꺾는 일이라고 생각한다.

부자가 되고 싶은 남자

부자가 되고 싶은 남자의 경우는 어떤가? 남자는 여자보다 다른 사람의 돈을 더 많이 받는다. 하지만, 부자가 되고 싶은 남자가 100명이 있다면 부자가 되고 싶은 여자는 255명이다. 부자를 꿈꾸는 남자들 중 유산 혹은 도움으로 단 한푼도 받지 못한 사람은 세 명 중 한 명뿐이다. 남자들은 평균 70만 달러의 돈을 받았다.

왜 부자가 되고자 하는 남자가 부자가 되고자 하는 여자보다 주변의 경제적 도움을 더 잘 받게 되는가? 이에 대한 답은 규칙 3에서 찾을 수 있다.

> 규칙 3 : 부자가 되고 싶은 남자와 결혼한 여자의 반은 가정주부가 된다. 부잣집 딸이 가정주부가 됐을 경우 주변에서 경제적 도움을 받는 경우가 많다. 반대로 부자가 되고 싶은 여자는 돈을 잘 버는 남자와 결혼한다. 부자 부모는 잘 버는 자식들에게는 경제적 도움을 주지 않는다.

만약 부자가 되고 싶은 사람이 돈을 잘 버는 배우자와 결혼한다고 할 때, 배우자가 많이 벌면 벌수록, 주위로부터 경제적 도움을 받을 가능성은 줄어든다. 그러므로 선택의 여지는 분명하다. 재산 혹은 수입 중에 하나를 보고 결혼할 수는 있지만, 둘 다 보고는 결혼할 수 없다.

> 규칙 4 : 부자들은 사위나 며느리에게 경제적 도움을 주려고 하기보다는 손자나 손녀에게 그 도움을 주고자 한다.

당신이 만약 부잣집 자식과 결혼한다면, 그 재산이 자기 것이 될 것이라는 생각은 아예 하지 않는 것이 좋을 것이다. 대다수의 백만장자 부부들(80퍼센트 이상)에게는 다른 사람의 돈은 배우자를 선택하는 데 전혀 중요하지 않은 요소였기 때문이다. 그것은 오랜 세월을 같이 하는 성공적인 결혼을 가능하게 해주는 요소도 아니었다.

사랑과 진실

나는 자수성가한 백만장자인 헨리에게 오랫동안 사귀고 있는 여자친구인 샐리와 결혼할 생각이 있는지를 물었다. 그는 자신있게 그렇다고 대답했다. 하지만 그들은 사귄 지 7년 만에 헤어졌다. 분명히 헨리도 샐리를 사랑했고, 샐리도 그랬다. 모든 것이 잘 맞는 것 같았다. 그 둘은 공통점도 많았고, 생활방식도 비슷했고, 생각과 관심사가 조화를 이루었다. 그들은 또한 식성도 비슷했으며 옷을 사러 다니는 것을 좋아하는 것도 비슷했다.

하지만 세월이 흐르자, 둘의 관계에 뭔가 이상이 생겼다. 헨리는 그가 사랑하는 사람이 고의로 3만 5000달러라는 거액의 빚을 숨기고 있다는 것을 알게 되었다. 더 심각한 것은 그녀는 2만 달러 이상의 대출금을 상환하지 못하고 있는 상태였다. 그 빚의 내역은 신용카드 사용과 자동차 할부금, 백화점 카드 사용 등이었다. 그녀는 빌린 돈을 한푼도 갚지 않았다.

샐리의 채권자 중의 한 사람이 헨리에게 전화를 걸었다. 대출서 보증인난에 그의 이름이 올라 있었기 때문이었다. 그는 대출기관으로부터 샐리의 소재를 파악하기 어렵다는 편지를 받았다. 그녀는 대출을 하고 난 뒤 몇 차례나 주소를 옮겼으며 그녀 자신도 이것은 대출 계약을 어기는 것이라는 것을 잘 알았다. 샐리는 대학과 대학원을 졸업한 지도 한참이 지난 상태였다. 그러나 그녀는 학자금 대출금도 전혀 갚지 않았다.

샐리의 행적을 쫓고 있었던 것은 헨리에게 연락한 대출기관만이 아니었다. 다른 쪽에서도 그들의 돈을 찾고 있었다. 이런 사실을 접하자, 헨리는 충격을 받았다. 샐리는 단 한 번도 자신에게 빚문제가 있다는 얘기를 한 적이 없었기 때문이었다. 오히려 경제적으로 아무런 문제가 없다는 듯이 행동하고 다녔다. 그녀는 보수 좋은 직장에, 신형 자동차를 타고 다녔으며 값비싼 옷만 입었다.

헨리는 샐리에게 그녀가 금전적으로 문제가 생겼음을 보여주는 증거를 내밀었다. 처음에 그녀는 아무 문제가 없다고 말했다. 그리고 자신은 대출금을 잘 상환하고 있다고 말했다. 하지만 그가 더 추궁을 하자, 그녀는 사실을 인정했다. 잠시 후, 그녀는 자신이 빚진 돈 액수를 보여주었다. 헨리는 그녀가 그 돈을 어떻게 갚을 예정인지 물어보았다.

샐리의 계획은 간단했고 그것은 이미 진행중이었다. 그녀는 헨리가 부자라는 것을 잘 알았다. 그는 자신이 기업체 부사장으로 버는 돈에 대해서 그녀에게 솔직히 말했다. 샐리는 그가 버는 수입과 재산을 가지고 자신의 빚문제를 해결할 수 있을 것이라고 생각했다. 그녀는 일단 그와 결혼하면, 자신의 빚을 갚기 위해 다른 사람의 돈을 쓸 수 있을 것이라고 생각했다. '다른 사람'이란 바로 헨리였다.

샐리는 결혼하기 전까지는 자신의 빚에 대해 얘기하지 않을 생각이었다. 그녀는 그가 미리 그 사실을 알게 되리라곤 상상도 하지 못했다. 샐리는 또한 그녀의 빚문제는 헨리가 결혼 서약식 때, "네……" 하는 순간 아무런 중요성도 띠지 않을 것이라고 생각했다.

하지만 그녀는 헨리를 잘못 생각했다. 그는 그녀가 믿음을 저버렸다고 생각했다. 제아무리 샐리가 할말이 있다 하더라도, 헨리는 3만 5000달러의 빚을 지고 있는 여자와 결혼하고 싶지 않았다. 사실, 이것은 더 큰 문제의 씨를 갖고 있었다. 샐리는 돈에 관한 한 완전히 그리고 철저히 무책임했다. 돈문제에 있어서 그녀는 철저히 한 남자의 믿음을 저버렸다.

헨리는 관계를 정리했지만, 모든 것을 상실한 것은 아니었다. 그는 이제 좀더 현명해졌다. 다음번에 결혼을 생각할 때는 상황은 달라질 것이다. 그는 이제 여자의 신용 상태를 확인해보고 결혼할 것이다. 그는 자신의 배우자에게 자신의 재산과 수입을 맡길 의향이 있다고 말한다. 이런 문제는 결혼 후가 아니라 전에 알려지는 것이 좋다. 어떤 문제의 경우는 해결될 수도 있기 때문이다. 두 사람이 마음만 있다면 이런 사실들은 미리 알려지는 것이 관계를 돈독히 하는 데 도움이 된다. 하지만, 헨리는 미래의 배우자의 빚을 같이 부담하려고는 하지 않을 것이다.

헨리와 샐리의 경우는 예외적인 사례인가? 전혀 그렇지 않다. 설문에 참여했던 거의 모든 백만장자들이(95퍼센트 이상) "정직"과 "책임감"을 성공적인 결혼을 위해 중요한 특징으로 꼽았다. 샐리는 현명하게 처신하지 못했다. 그녀는 사랑만 있다면 빚쯤이야 아무것도 아니라고 생각했다. 하지만 거기엔 단순히 빚을 청산해주는 것보다 더 심각한 것이 있었다. 헨리는 무엇인가 숨겨진 것이 많은 여자와 결혼할 수 없었던 것이다.

7

THE MILLIONAIRE MIND

부자들이 사는 집

우리는 앞장에서 백만장자들은 그들의 생활방식에 따라 경제적으로 생산성이 높은 집들을 매입한다는 사실을 알았다. 그들은 집 그 자체에 대해서는 어떻게 생각하고 있을까? 그들은 어떤 집에 살며 어떤 이웃들을 두고 있을까? 그들은 어떤 식으로 그러한 집을 거래할까? 이 장에서는 이러한 물음에 대해 내가 조사한 자료를 근거로 해서 그 답을 알아보도록 하겠다. 그리고 미국의 부자에 관한 잘못된 믿음들도 바로잡도록 하겠다. 우선 백만장자들이 자신의 집에 대해 어떻게 말하는지 보도록 하자.

우리 동네에 오신 것을 환영합니다

저는 전형적인 백만장자입니다. 이름은 브라이언 에이블입니다. 저는 대차대조표 부자(BA)들이 밀집한 동네에 살고 있습니다. 백만장자들이 많

표 7–1. 현재의 주택을 구입한 해(N = 733)

구입년도	이전	이후
1968	10	90
1977	25	75
1986	50	50
1993	75	25
1995	90	10
1996	95	5
1998	99	1

이 있지요. 이웃의 80퍼센트 정도가 백만장자입니다. 미국에 있는 1억 가구 중 백만장자 가구는 약 5퍼센트에 불과합니다. 그러므로 이런 동네에 거주하는 우리는, 일반 국민의 평균 재산보다 무려 열여섯 배나 많은 셈입니다.

저는 12년 전에 집을 구입했습니다. 그때부터 저희 가족이 거기서 살고 있지요.(표 7–1 참조) 대략적인 구입가는 56만 달러 정도 됩니다.(표 7–2) 현재 시가는 140만 달러 가까이 될 겁니다. 그렇게 해서 보니 85만 달러를 번 것이 되네요. 해마다 약 7만 달러씩 벌어들인 셈이고요. 이곳에 사는 사람들은 스타일이 구식입니다. 집을 사서는 오랫동안 소유하고 있지요. 우리는 좀 색다른 사람들입니다. 반 이상이 지난 10년 동안 한 집에서 살고 있습니다. 지난 10년 사이에 이사를 한 집은 24퍼센트뿐입니다. 그것도 딱 한 번이고요. 이사한 사람들 중 80퍼센트는 같은 동네에서 왔다갔다한 것입니다. 전체적으로 보면, 한곳에 붙어 있는 스타일이라고나 할까요.

우리가 이사를 잘 하지 않는 이유 중의 하나는 대부분 전문직에 있거나 자영업을 하는 사람들이기 때문입니다. 고객이나 환자, 손님이나 중요한

표 7-2. 백만장자 주택 : 초기 구입 가격과 현재 가치	
구입가	
$300,000 미만	29.7
$300,000~$399,999	7.8
$400,000~$499,999	9.2
$500,000~$999,999	28.1
$1,000,000 이상	25.2
주택의 현재 가치	
$300,000 미만	0.6
$300,000~$399,999	2
$400,000~$499,999	4.9
$500,000~$999,999	31.2
$1,000,000 이상	61.3

물품 공급업자와 멀어진다는 것은 업체의 생산성에 부정적인 결과를 빚어내기 때문이지요. 더욱이 이사를 준비하는 과정이 오죽 복잡한가요? 특히 먼 곳으로 갈 경우에는 신경쓸 일이 한두 가지가 아니죠.

대차대조표 부자라고 할 수 있는 저희 부부는 부자들의 이사 패턴에 한 가지 변화가 일어났다는 것을 알았습니다. 자신이 사는 지역에서 커가고 있는 시장에 투자하고자 하는 사람들이 늘었다는 것입니다. 그들은 현재, 10년 전에 50만 달러를 주고 산 집을 140만 달러를 받고 팔고 있습니다. 그리고 나서 그 근처에서 더 비싼 집에 재투자하고 있습니다. 그들은 이렇게 더 비싼 집으로 바꿔주면 이전의 집보다 더 빨리 이익을 가져다줄 것이라고 기대하고 있지요.

이런 사람들은 대부분 자기 동네의 부동산 시장에 대해 훤하지요. 어떤 사람들은 동네를 옮겨가며 더 비싼 집에 투자하기도 합니다. 이런 식의 이

표 7-3. 백만장자가 사는 집 : 건축년도(N = 733)

	이전	이후
1922	10	90
1935	25	75
1958	50	50
1978	75	25
1989	90	10
1993	95	5
1997	99	1

사는 남부, 남서부 그리고 서부 지역의 신도시에서 유행하고 있습니다.

대차대조표 부자 동네는 대부분 10여 전에 형성됐습니다. 정부 자료에 의하면, 백만장자들이 사는 집이 지어진 해는 1958년을 전후합니다.(표 7-3 참조) 우리들의 3분의 2는 1973년 이전에 지어진 집에서 살고 있는 것입니다. 이와는 매우 대조적으로, 지난 5년 사이에 지어진 새 집에서 살고 있는 사람은 스무 명 가운데 한 명밖에 없습니다.

우리 백만장자들은 주변 환경도 중시 여기지요. 이런 동네에는 겉만 화려하거나 아주 현대적인 건물들은 없습니다. 우리가 사는 집은 마치 우리가 사는 모습처럼 스타일이 보수적입니다.

건축양식은 아주 잘 지어진 초기 건축풍에서부터 튜더 풍에 이르기까지 다양합니다. 우리들은 백만장자이지만 대저택을 좋아하지는 않습니다. 대저택에 사는 사람은 백 명 중 한 명 꼴이죠.(표 7-4 참조) 52퍼센트 정도가 침실이 4개 미만인 집에서 살고 있습니다.

자녀는 대개 두세 명 정도입니다. 그러니 침실이 8개 이상 되는 저택이 필요하겠어요? 대차대조표 부자들 중에서 침실이 8개 이상 되는 집에서

표 7-4. 백만장자가 사는 집 : 거실 수와 욕실 수(N = 733)

	개수 비율	누적 비율		개수 비율	누적 비율
거실			욕실		
1~2	2.1	2.1	1~2	12.7	12.7
3	14.1	16.2	3	33.9	46.6
4	35.9	52.1	4	28.2	74.8
5	30.2	82.3	5	15.8	90.6
6	11.8	94.1	6	5.5	96.1
7	4.2	98.3	7	1.7	97.7
8개 이상	1.7	100	8개 이상	2.3	100

사는 사람은 2~3퍼센트에 불과합니다. 침실이 3개 미만인 가정도 46.6퍼센트나 됩니다.

동네를 바꾸기

전형적인 대차대조표 부자인 에이블 씨 부부는 최근 자기 동네에 일어나는 어떤 변화들을 눈치챘다. 대차대조표 부자들이 집을 파는데, 사는 사람들이 꼭 같은 부류의 사람들은 아니라는 것이었다. 전형적인 소득신고서 부자 부부인 스티브 애덤스와 그의 아내가 그런 부류였다.

스티브는 서른다섯 살의 주식 브로커로 작년에 50만 달러를 벌었다. 그와 그의 아내는 그처럼 많은 돈을 벌자 매우 만족했다. 그들은 140만 달러를 주고 집을 구입했다. 이전 주인은 15년 전에 그 집을 40만 달러도 안 되는 가격을 주고 구입했다.

스티브는 120만 달러라는 엄청난 저당권을 설정하고 대금을 지불했다. 이웃들을 살펴보니 100만 달러 이상 되는 저당에 잡혀 있는 사람은 스무 명 중 한 명뿐이었다.(표 7-5 참조) 스티브와 같은 나이대에, 같은 직업에

표 7–5. 백만장자가 사는 집 : 미지불 저당 잔고(N = 733)

미지불 저당 잔고 규모	비율	누적 비율
저당 없음	39.9	39.9
$100,000 미만	10.2	50.1
$100,000 ~ $299,999	15.9	66
$300,000 ~ $499,999	13	79
$500,000 ~ $999,999	16.3	95.3
$1,000,000 이상	4.7	100

종사하는 사람들 중에는 그처럼 어마어마한 저당권을 설정하고 수백만 달러짜리 집을 구입하는 사람이 많다. 내가 조사한 자료에 따르면, 삼십대와 사십대 초반의 고소득자들은 저당액수가 들쑥날쑥하다.

스티브는 백만장자가 아니다. 그는 아무리 봐준다고 해도 BA축에는 낄 수도 없다. BA가 되려면 적어도 순자산이 연간 실소득의 열 배 이상이 되어야 하기 때문이다. 스티브는 머지않아 자신의 이웃들이 판매 수수료나 호황의 주식시장에 의존하지 않는 BA 부류라는 것을 알게 될 것이다.

단기 이익을 위한 장기 대출은 삼가라.

그러므로 스티브는 판매 수수료로 벌어들이는 수입과 고객들이 자신에게서 멀어지지 않기만을 바랄 수밖에 없다. 만약 주식시장이 불황에 빠지거나 그의 수입이 갑자기 뚝 떨어지면, 스티브는 파산할 것이다. 그렇게 되면 누가 그 집을 헐값에 사들이게 될까? 아마도 BA들이 살 것이다. 그들은 "호박이 넝쿨째 굴러오기"를 바라면서 돈을 따로 모아두는 유일한 사람들이다. 이들은 소득이 많아졌다고 우쭐해져서, 잘 따져보지도 않고 무리한 투자를 하는 사람들이 아니다.

오늘날 판매 수수료로 한몫 보는 사람은 주식 브로커만이 아니다. 그래서 삼사십대의 뛰어난 판매 전문가들 집단에 속하는 많은 사람들이 BA 동네로 들어오고 있다. 그러나 너무 늦게 들어오는 바람에 집값은 이미 엄청나게 뛴 상태이다. 그들이 매입한 집은 과거 10년 내지 12년 사이에 두 배 내지 세 배 정도 올랐다. 그들이 늦게 들어온 까닭은 경제 형편이 될 때까지 기다려야만 했기 때문이다. 그들은 경기가 좋아서 판매량이 많아야 수수료를 받을 수 있고 경기가 계속 좋아져야 판매량도 늘어나게 된다. 하지만 부동산 가격 역시 경기 변화에 민감하게 반응한다. 문제는 경기와 주식시장이 호황이면, BA 동네의 집값도 비싸지는 데 있다.

판매 전문가들은 어떤 경우든 그런 집을 매입할 수 있을 정도의 경제적 상태가 되지 못한다. 경기가 좋으면 수입도 늘어나지만, 그들은 쓰고 빌리는 것을 반복하기 때문에 돈을 모을 수 없다.

대부분의 BA들은 아주 다르다. 그들은 일단 돈을 모으고 난 뒤에 집을 산다. 즉, 일단 안정된 현금 유동성을 갖춘 후에 집을 사는 것이다. 잠시 당신이 BA 동네 토박이라고 가정해보자. 경기가 바닥에 떨어지고 주식시장이 썰렁해졌던 때를 생각해보자. 누가 당신네 동네의 집을 구입했는가?

- 장의사를 운영하는 사람
- 고철 상인
- 주차장을 운영하는 사람
- 심장 질환 전문의
- 큰 법률회사 동업자
- 재활용업체 운영자

● 회계법인의 동업자

이들 BA들은 그들이 충분히 능력이 되었다고 여길 때, 집을 구입했다.

"쓸 만한 집" 찾기

집을 구하기 위해 이리저리 돌아다녀본 적이 있는가? 내가 인터뷰했던 많은 응답자들이 "새"집을 찾는 일은 거의 불가능하다고 말했다. 어떤 때이건 시장에 나오는 모든 집은 심각한 문제가 있다고 볼 수 있기 때문이다. 보통은 몇 달 동안 기다려야 한다. 쓸 만한 집을 누가 팔려고 하겠는가?

쓸 만한 집은 금세 팔린다. 쓸 만하다는 것은 집 상태도 괜찮고 내부 구조도 좋으며, 공립학교도 근처에 있으며 동네도 괜찮아야 한다는 뜻이다. 이런 집들은 시장에 내놓자마자 바로 팔린다. 아니, 내놓기도 전에 팔린다. 어떤 경우, 그런 집들은 전문적인 부동산 중개인의 손을 거치지 않고서도 팔린다.

아주 현명한 구매자는 일류 부동산 중개업자에게 다음과 같은 사항을 주문한다.

1. 구매를 서두를 필요는 없습니다. 시간은 충분하니 신중을 기하고 싶네요.

2. 괜찮은 집이 있으면, 바로 알려주십시오. 하지만 명심하실 것은 집 상태도 최상이어야 하고 위치도 좋아야 한다는 겁니다.

많은 백만장자들이 이런 부류에 속한다. 설문조사에 응했던 사람들은 이런 말을 했다.

짧은 시간에 집을 구입하려 들지 말라.

이 말은 적당한 집이 생겨도 뜸을 들인다는 말은 아니다. 단지 쓸 만한 집이 나타날 때까지 충분히 기다릴 용의가 있다는 것이다. 백만장자들은 결코 기준 이하의 집을 구해야 되는 상황에 빠지지 않는다. 이것은 전근을 가서 다른 도시에서 며칠 내로 집을 구해야 하는 샐러리맨이나 새 일자리가 생겨 이사를 가야만 하는 사람과는 매우 대조적이다. 잦은 이사가 재산을 모으는 데 부정적 요인으로 작용한다는 사실이 놀랍지 않은가? 다시 말하지만, 백만장자의 반 수 이상이 10년 이상 한 곳에서 살고 있다. 5분의 1 이상이 적어도 25년 전에 구입한 집에서 살고 있다.

당신이 새집을 찾고 있는데 두 가지 선택이 주어졌다고 해보자. 하나는 처음부터 주인이 살고 있는 25년 된 집이다. 다른 것은 동네는 같은데 주인이 8번 바뀐 집이다. 백만장자라면, 첫번째 집을 고를 것이다. 여덟 명의 주인은 여덟 가지 다른 흔적을 그 집 안팎에다 남겨놓았을 것이다. 현명한 구매자는 한 주인이 꾸준히 사용한 집을 선호한다.

그런 집을 구하기 위해서는 어떻게 해야 하는가? 한 가지 방법은 일류 부동산 중개인을 고용하는 것이다. 그런데 많은 경우 그런 집은 광고도 타지 않고 부동간 거래인의 손을 거치지도 않으며 그렇다고 집집마다 찾아 돌아다니는 구매인에게 넘어가지도 않는다.

예를 들어보자. 우리 아버지가 돌아가셨을 때, 어머니는 우리가 살던 집을 팔 것이라고 했다. 그 집은 보금자리라고 부를 만한 조건을 다 갖춘 집이었다. 튼튼하게 지어졌고 구조도 훌륭하며, 동네도 좋았다. 그리고 25년 동안 주인이 딱 한 번 바뀌었을 뿐이다. 어머니는 이사 갈 날짜를 6개월 이상 남겨두셨다. 그리고 이웃들에게 우리 집을 팔 것이라는 얘기를 했다. 어머니는 7퍼센트의 수수료를 요구하는 부동산 중개업자에게는 말하지 않았다. 이웃들에게 말을 전하면서 어머니는 전혀 급하지 않다는 것을 분명히 했다. 어머니는 집의 이미지를 좋게 유지하면서 집이 빨리 나가도록 조치를 취한 것이다. 마침내 몹시도 사고 싶어하는 사람 몇이 나타났다. 계약하는 데 어머니가 들인 비용은 1000달러도 안 됐다.

요점은 그렇다. 다른 부자들처럼, 당신은 중개인에게 수수료를 줄 필요 없이 인맥을 이용해서 살 사람을 찾는 것이다.

내 친구 빌리 길모어는 다른 방법을 찾아냈다. 그는 쓸 만한 집을 찾으면서, 판매할 콘도미니엄을 많이 갖고 있는 주변의 개발업자에게 접근했다. 그는, 자신이 살고 있는 집을 팔아야만 콘도미니엄을 구입할 수 있는 사람들을 개발업자가 많이 알고 있을 것이라고 생각했다. 예상대로 개발업자는 빌리에게 그런 집들을 많이 소개해주었고 그중 한 집이 그의 가족이 원하는 조건에 딱 맞았다. 이런 경우라면 누구라도 제대로 된 집을 찾을 수 있을 것이다.

나는 동네를 샅샅이 뒤지며 다니는 매우 적극적인 구매자들도 접해봤다. 그들은 관심 있는 집이 있으면 우선 문부터 두드리고 봤다. 이런 집들은 집을 판다는 팻말도 없고 그와 비슷한 표지도 없다. 그냥 마음에 들면 그들은 공략하는 것이었다. 물론 이런 무모한 방식도 통할 때가 있긴 하다. 하지만, 보통 이런 방식으로는 주인이 오랫동안 살다가 갑자기 이유가 생겨서 팔게 되는 집을 찾는 데 많은 시간이 걸린다.

실속 있게 집 찾기

재산이 많지 않은 사람들은 집을 구입하는 데 더 신중하고 조심스러울 것이고 재산이 많은 사람은 그리 구애받지 않을 것이라고 생각하기 쉽다. 재산이 많으면 집을 잘못 골랐다 하더라도, 그것 때문에 파산하지는 않을 것이기 때문이다. 하지만 실제로는 백만장자가 그렇지 않은 사람들보다 집을 구입하는 과정에서 훨씬 더 신중하다. 백만장자들 사이에서도 그들의 수준에 따라 신중함의 정도에 차이가 난다.

저당권 처분이나 이혼 사유로 매각되는 "싼" 집을 찾는 사람들은 누구일까? 자산이 100만에서 200만 달러 되는 사람들일까 아니면 천만장자들일까?

천만장자인 경우에는 세 명 중 한 명이 저당권 처분이나 이혼 사유로 매각되는 "싼" 집을 선호하는 데 반해, 자산이 100만에서 200만 달러 사이가 되는 백만장자인 경우에는 다섯 명 중 한 명 정도가 그러한 조건의 집을 선호한다.

이는 백만장자와 천만장자들이 자신들이 소유하고 살 집을 찾는 과정에 대한 답변이지, 임대할 목적으로 "고쳐 사용할" 집을 말하고 있는 것이 아니다. 집을 구입하고자 하는 어떤 부자들은 살 집을 찾기 위해 신문의 부고난을 뒤지기까지 한다. 한 백만장자 아내는 좋은 집을 가진 주인이 세상을 떠날 때까지 기다릴 수 없어서 그 동네에 있는 집들의 우편함에 다음과 같은 메모를 남겨놨다.

> 알림
> 이 동네의 집을 구입하고 싶습니다. 내년에 집을 팔 계획이 있으시면, 아래의 전화번호로 바로 연락 주십시오.

그녀는 며칠 후에 많은 전화를 받았다.

백만장자들이 말하는 주택 구입 지침

백만장자들은 집을 어떻게 구입하는가? 이 지침은 733명의 백만장자를 설문조사해서 추려진 내용이다. 많은 백만장자들은 살 집을 고르는 과정에도 경제적으로 성공하게 만들어준 요인들을 적용한다. 그들이 매입한 집은 나중에 엄청나게 가격이 올랐다. 그들이 말하는 대로 따라하기 위해서 당신이 꼭 백만장자여야 할 필요는 없다. 이들 백만장자의 대다수가 자수성가한 부자들이다. 그들은 무일푼에서 시작한 사람들이다. 그들이 집을 구입하는 과정은 투자 계획의 일부로 잡혀 있다. 투자와 투자 기회를 계획하고 따져보는 것은 백만장자 열 명 중 아홉 명에게 일상적인 일이다.

1. 어떤 경우에라도 집을 거래할 때는 포기하고 물러설 수 있는 여지를 갖고 있어야 한다.

집을 구하면서 그렇게 물러설 여지가 없었던 백만장자가 100명이라면, 물러설 여지가 없이는 절대 매매 협상을 하지 않는 백만장자는 456명이다. 다른 말로 하자면, 이들 백만장자의 82퍼센트가(표 7-6 참조) 집을 파는 사람에게 사지 않겠다고 말할 수 있는 사람들이다. 이 비율은 자산수준과 비례관계에 있다. 천만장자일수록 "거래에서 물러서는 것"의 중요성을 잘 알고 있다.

자수성가한 어느 백만장자는 나에게 좋은 충고를 해주었다. 그는 물러

표 7-6. 주택을 구입하는 과정(N = 733)

	비율
계획 및 심사숙고 단계	
어떤 경우에라도 포기하고 물러설 수 있는 여지가 있다	82
어떤 주택에도 처음 부른 가격을 지불하지 않는다	86
주변에서 최근 주택 시세를 알아본다	79
짧은 시간에 주택을 구입하지 않는다	54
가장 좋은 거래를 위해 천천히 둘러보며 시간을 갖는다	65
파악 단계	
주변에 좋은 공립학교가 있는지 살펴본다	79
구입하기 쉬운 집을 고른다	58
유지비가 적게 들고 에너지 효율이 좋은 집을 찾는다	25
적절한 재산세가 적당히 부과되는 곳을 찾는다	26
저당권 설정이나 이혼 사유로 매각되는 집을 찾는다	25
협상 단계	
매우 낮은 가격을 제안하며 판매자의 반응을 떠본다	46
판매자가 가격을 낮출 수 있게 부동산업자에게 수수료를 줄이도록 요청한다	32
계약자로 하여금 집을 짓게 한다	27
건축업자나 판매자가 원가에 혹은 원가에 가깝게 팔도록 요구한다	18

서기가 어려울 것 같은 매매 협상은 시작조차도 해서는 안 된다고 했다. 이것이 그의 구매 스타일이었다. 그는 충동적으로 구매하는 것은 나쁜 자세라는 것을 누누이 얘기했다. 그는 물건에 집착해서는 안 된다고 했다. 그것이 집일지라도 말이다.

2. 어떤 집이건 처음 부르는 가격 그대로 지불하지 말라.

집을 구입하면서 부르는 가격 그대로 지불한 적이 있는가? 그렇다면 당신은 백만장자와 거리가 멀다. 부르는 가격을 지불한 백만장자가 100명이라면, 처음 부르는 가격대로 지불하지 않는 백만장자는 614명이다. 이들 백만장자의 86퍼센트는 가격을 깎아달라고 하며, 나머지 14퍼센트의 사람들도 부르는 대로 다 주는 것이 아니다. 그들은 오랫동안 가격을 면밀히 검토한다. 적당한 가격에 물건이 나왔을 경우에만 부르는 값을 쳐주는 것이다.

홀리와 그녀의 남편 빌은 사십대 중반이다. 그들은 "분수에 맞게 사는" 전형적인 백만장자 부부이다. 하지만 그들은 좋은 동네 좋은 집에 사는 것이 얼마나 중요한지를 잘 안다. 이런 집은 시장에 잘 나오지 않는다. 그리고 신문에 광고가 실리자마자 바로 그날로 팔리는 매물이다. 어떤 매물은 판매하고자 하는 사람이 부동산 중개업자에게 전화를 건 날 바로 팔리기도 한다. 중개업자는 좋은 집을 구매하고자 하는 사람들의 명단을 줄줄이 갖고 있다.

홀리는 좋은 동네에 사는 사람들과 브릿지 게임을 했다. 브릿지 게임을 하는데, 한 사람이 자기 옆집이 이사를 간다는 말을 했다. 그 집은 1~2주 후면 팔려고 내놓을 것이라 했다.

이 사실을 안 지 두 시간 후, 홀리는 그 집의 문을 두드렸다. 그녀는 집을 내놓은 사람이 제시하는 가격이 깎아준 가격이라는 것을 바로 알았다. 그래서 홀리는 남편 빌과 함께 다음날 아침 현금으로 대금을 지불했다.

홀리와 빌의 경우는 백만장자에게 일반적인 모습이 아니다. 그들은 집을 구입할 때, 이리저리 재본다. 그들은 보통 그들의 요구에 부합하는 집을 두 채 정도 선정하고 가격 협상에 들어간다. 관건은 시장을 파악하고 있어야 하며, 집의 가치를 알고 있어야 하며 그리고 부르는 대로 주지는 않는다는 확고함이다. 이렇게 하려면 시간이 좀 걸리더라도 선택한 동네의 최근 주택 시세를 알아보아야 한다.

백만장자의 46퍼센트 아주 낮은 가격을 제시해봄으로써 집을 팔려는 사람들의 다양한 반응을 본다. 이렇게 반응을 떠본 후에 다음 단계로 넘어가는데, 그들은 이제 중개업자를 대상으로 수수료를 깎아줄 것을 요구한다. 이렇게 하면서, 그들은 집을 팔려는 사람들이 처음 부른 가격에서 좀더 깎아주게끔 만들 수 있다.

어떤 사람들이 이런 식으로 집 가격을 협상할까? 당신이 예상하는 것처럼 "빚을 내지 않으려고" 애쓰는 사람들인가? 그렇지 않다. 가격 협상에서 "수수료와 가격을 깎으려 하는 것"과 자산수준은 비례관계에 있다. 천만장자의 42퍼센트가 수수료와 가격을 깎기 위해 매우 적극적이다. 백만장자들은 29퍼센트만이 이런 식으로 가격 협상을 한다.

3. 짧은 시간에 집을 구하려 들지 말라.

"바쁠수록 천천히"는 만고의 진리이다. 그럼에도 우리는 실수를 범하고서야 이 진리를 깨닫게 된다. "한 번 나를 속이면 네가 부끄러워해야 하지만, 내가 두 번 속으면 그땐 내가 부끄러워해야 한다." 심지어 백만장자들도 과거에 집을 구입하는 과정에서 실수를 한 적이 있었음을 인정한다. 그런 배경에는 언제나 급하게 서두렀던 탓이 있었다.

만약 당신이 짧은 시간 안에 집을 구입해야 하는 상황에 처하게 된다면, 가능한 일류 부동산 중개업자를 고용하도록 한다. 수완 좋고 거래가 활발한 중개업자는 움직이는 데이터베이스이다. 그들은 오늘 팔린 집이 1년 후, 5년 후, 10년 후에 얼마쯤 될지 정확히 예측할 수 있다. 우선 자료를 요청해서 몇 년 전에 그들로부터 집을 구한 사람들에게 연락을 한다.

그리고 그 중개업자가 예측한 것이 얼마나 잘 맞아떨어졌는지 물어보라.

이런 사람들이 찾아낸 집은 나중에 가격이 올랐다. 그리고 그들은 불경기 때에도 신속하게 집을 팔 수 있다. 다음의 두 숫자를 명심해둘 필요가 있다. 10과 65. 내가 오랫동안 부자와 그들의 사업을 대행해준 판매 전문가들을 연구하면서 알게 된 사실인데, 판매 전문가의 10퍼센트가 백만장자 가계가 운영하는 사업체의 65퍼센트를 대행하고 있다는 것이다. 그리고 경제적으로 성공한 사람들은 가장 잘나가는 공인회계사와 변호사, 의사, 부동산 중개인과 거래한다는 사실도 알게 됐다. 백만장자는 능력 있는 사람을 알아보는 재주가 있다. 그들은 그러한 사람들을 알아보는 안목을 더 키워나간다.

최고의 부동산업자를 찾기 위해서는 어떻게 해야 하는가? 당신의 회사 상사가 그러한 사람에 대한 자료를 갖고 있거나 안면이 있을지 모른다. 일요일판 신문을 구해서 보거나 인터넷에서 부동산 회사를 찾아볼 수도 있겠다. 그리곤 담당자에게 전화를 걸어 누가 최고인지 이름을 물어봐라. 그리고 그들에게 전화를 해서 그들의 적중률이 얼마인지 확인해라. 그가 담당했던 이전 고객들에게 전화해서 적중률이 어느 정도였는지 물어보는 것도 좋다.

경제적으로 성공한 사람들은 변호사들과도 관계를 형성한다. 그들은 자체에 많은 사무실을 갖고 있는 유명한 중·대형 법률 법인과 거래한다. 만약 그들이 뉴욕에서 애틀랜타로 이사를 하거나 시카고에서 덴버로 이사를 한다면, 그들은 자신의 변호사에게 부탁해서 그쪽 도시에 사는 동료를 소개받고 다시 그 동료를 통해 부동산 중개업자를 소개받는다.

중·대형 법률 법인과 거래하기 위해서 당신이 꼭 백만장자여야 하는 것은 아니다. 적어도 그들에게 당신과 배우자의 유언 집행을 대행시킬 수도 있다. 당신은 그들로부터 전문적 핵심 서비스를 받을 수도 있고, 그들의 정보망을 이용할 수도 있다. 이들 법률 법인은 부동산 전문가를 동업자 혹은 사업 동료로 두고 있으며 당신에게 소개해줄 수 있다. 매매 계약을 마무리하고 매매 계약에 대한 조언을 받을 때도 변호사가 필요하다. 하지만, 그것만이 전부가 아니다. 수완 좋은 법률 법인과 잘 거래하면 얻을 수 있는 이점이 참으로 많다.

4. 저당권 설정이나 이혼 소송으로 매각되는 집을 찾아라.

은행으로부터 집을 구입한 적이 있는가? 나는 그런 적이 있다. 일부러 싼 가격에 나온 집을 찾고 있던 중은 아니었다. 그냥 우연히 지나가다 집 앞 잔디 위에 세워놓은 "집 내놓음"이라는 팻말을 보게 되었는데, 나중에 그 새집이 저당권에 잡혀 있다가 매각되는 것임을 알았다. 그러나 백만장자들은 다르다. 그들은 미리 찾아나서는 스타일이다.

백만장자 네 명 중의 한 명은 저당권 설정이나 이혼 소송으로 매각되는 "싼" 집을 찾는다.

1987년 주식시장이 폭락한 이후 36개월 동안 집을 구입한 사람들 중 37퍼센트가 저당권 설정으로 매각되는 집을 찾던 사람들이었다. 이들 중 많은 수가 다음번 시장 폭락을 기대하고 있다.

어떤 백만장자들은 수완 좋은 법률 법인에 회원으로 등록함으로써 그런 기회를 얻을 수 있었다. 당신의 변호사에게 이런 질문을 해보는 것은 어떨까?

- 당신네 법인에 저당권 설정과 이혼 소송을 전담하는 사람이 있습니까?

- 있다면, 제가 고객으로서 “싼” 가격에 처분해야 될 주택을 소개받을 수 있을까요?

내가 조사한 바에 따르면, 변호사들은 다른 직업의 사람들보다 급히 처분해야 될 싼 집을 찾아다니는 경향이 많다. 급히 처분해야 될 집이라고 해서, 외형적으로 문제가 있거나 값이 무작정 싼 것만도 아니다. 그리고 호화주택을 지은 사람 혹은 매입한 사람이라고 해서 경제법칙과 은행으로부터의 파산 선고에서 면제되는 것은 아니다. 단기 수입으로 장기 저당 부채를 갚기에 충분하지 않은 상태임에도 수백만 달러를 호가하는 저택에 사는 무모한 사람들이 많기 때문이다. 그래서 경기가 좋을 때도 비싼 주택이 대출 상환 문제 때문에 매각되는 경우가 흔하다.

최근에 실린 광고를 보도록 하자.* 미국의 고급주택 경매를 하는 사람들은 고급주택에 대한 정의가 나와 다르다. 나에게 고급주택이란 “침실이 3개 내지 5개 되는 아늑한 집”을 의미한다. 그 집들은 고색창연한 고급 주택가에 위치해 있어야 한다. 맨션은 아니지만, 거기에 사는 사람들은 엄청난 부자이다. 그러나 광고에 실린 세 맨션은 지금은 부자가 아닌 사람들이 소유했었다. “은행이 이 부동산을 매각하라고 지시했다”라는 말에서 무슨 결론을 내릴 수 있는가? 자신이 버는 것보다 더 많은 돈을 쓰는 사람이 있을 수 있는가? 왜 그들은 다음의 것들을 포기해야 하는 지경에까지 이르게 되는 것일까?

---

* “Trophy Property Auction-Atlanta's Three finest Mansions,” Wall Street Journal, February 26, 1999, p. W13.

- "호화맨션"
- "커다란 살롱이 있는 호화로운 프랑스 르네상스 식 궁전"
- "24K 금으로 된 장식물"
- "침실이 22개인 호화맨션"
- "폭포가 있고 온천이 나오는 풀장"

5. 백만장자가 집을 짓는 기준을 주목하라.

백만장자 중 일부만이(27퍼센트) 자신들이 살 집을 따로 주문해서 짓는다. 이미 다 만들어진 새 집을 구입하는 경우도 있지만, 대부분 다른 사람들이 살던 집을 매입한다. 백만장자의 5분의 1 가량이 적어도 인생에서 한 번 정도는 자신들이 직접 주문한 집을 구입한다. 백만장자들이 판에 박힌 것을 싫어하는 이유에는 여러 가지가 있다. 그 내용에 대해서는 뒤에서 다루도록 하겠다.

누군가가 집을 짓고 싶어한다면, 나는 그에게 자신이 전혀 모르는 분야의 사업에 뛰어드는 것처럼 신중하라고 충고한다. 전혀 생소한 사업에 뛰어드는 것일 뿐만 아니라, 스타일을 전혀 알 수 없는 사람들과 일해야 하기 때문이다. 알 수 없는 사람이란 바로 건설업자인데, 그들이 당신의 일을 해주게 된다. 하지만 그들은 한시적 역할밖에 하지 않는다. 당신이 이 사업에 서명을 한다면, 모든 경제적 부담은 당신의 책임이다.

우선, 내가 하고 싶은 충고는 당신의 회계사와 변호사와 잘 의논하라는 것이다. 이들 전문가들은 여러 가지 주택 건설과 관련된 계약방식에 대해 자세히 알고 있다. 그들은 계약을 잘 성사시킨 적도 있고 그렇지 못한 적도 있고 대단히 성공적인 계약을 체결해보기도 한 사람들이다. 건설업자와 사업을 하고 싶다면, 수완 좋고 빈틈 없는 전문가를 옆에 두는 것이 좋다. 그들은 당신 편에 서서 같이 일할 건설업자들을 추려내는 작업을 도와준다. 두세 사람의 괜찮은 건설업자를 선정하고 나면 계약을 추진할 차례이다. 하지만 직접 계약에 나서서는 안 된다. 예산과 시간 그리고 건축계획 등의 세부사항을 구체적으로 확정한 뒤, 계약은 회계사나 변호사에게 맡긴다.

이들 전문가들에겐 여러 다양한 요구들을 충족시켜줄 줄 아는 능력이 있다. 그에 대한 사례로 최근 자신에게 맞는 집을 짓고 싶어하는 부자 외뢰인을 도와준 능력 있는 회계사의 얘기를 살펴보자. 아트 기포드라는 이 회계사는 아주 수완 좋고 연륜 있는 협상가였다. 그는 사업체에서부터 자동차에 이르기까지 어떤 것이든 그 구매 협상을 대행해준다.

신경외과 의사인 제 고객과 얘기를 하다가, 저는 그분이 이용당하고 있다는 것을 알았습니다. 그는 어떤 건설업자와 계약을 하려고 하고 있었습니다. 하지만 그분은 청부업자와 거래를 해본 경험이 없었습니다.

문제가 정말 많았습니다. 건축업자는 제 고객에게 수고료로 집값의 15퍼센트를 요구했습니다. 집값이 110만 달러이니, 적은 액수가 아니었죠.

그리고 다른 문제도 있었습니다. 대지 매매 수수료로 5퍼센트를 요구했는데 그 대지가 30만 달러 상당이었거든요.

건축업자는 중개업자도 겸하려고 했지요. 그는 땅을 소유하고 있었습니다. 그에겐 한몫 단단히 잡을 수 있는 거래였죠. 대지 매매 수수료로 1만 5000달러를 요구했던 것입니다. 자신의 수고료로 110만 달러의 15퍼센트까지 요구했으니 수수료 1만 5000달러에 수고료 16만 5000달러를 합하면 이윤이 18만 달러가 됩니다. 물론 대지에 대한 이윤인 10만 달러는 포함되어 있지 않은 액수였죠.

저는 건축업자에게 제 고객이 저에게 계약의 전권을 위임했다는 사실을 알렸습니다. 그리고 다른 건축업자들은 이런 경우 얼마를 청구하는지 살펴보았습니다. 제 고객 중 주택 건설업자가 몇 있었는데 이만한 액수의 집인 경우 10퍼센트의 수고료라면 충분하다고 말했습니다.

저는 건설업자에게 대지 매매 수수료는 줄 수 없다고 말했습니다. 그리고 수고료도 10퍼센트면 더할 나위 없이 알맞은 액수라고 생각했습니다.

제 고객(신경외과 의사)은 옥신각신하는 것을 싫어했습니다. 그리고 시간도 많지 않았구요. 많은 사람들은, 특히 의사들은 돈문제 갖고 실랑이를 벌이는 것을 창피하게 생각하는 경향이 있습니다. 그래서 저는 그에게 대신 계약을 하겠다고 제안했지요.

저는 계약하는 과정을 매우 재미있어합니다. 특히, 고객을 대신할 때는 더 그렇죠. 저는 늘 그런 일을 합니다.

제가 건설업자와 얘기하면서 무엇보다 먼저 한 일은 대지 매매 수수료 5퍼센트를 없는 것으로 하는 것이었습니다. 저는 약간의 노력으로 고객에게 1만 5000달러를 벌어주었습니다. 그리고 몇 차례의 협상 끝에 수고료도 15퍼센트 대신 10퍼센트에서 합의를 보았습니다. 고객에게 7만 달러를 벌어준 셈이죠.

기포드 씨는 그의 고객에게 협상에 대한 수고료를 청구하지 않았다. 그는 다음과 같이 말했다.

그는 제 고객입니다. 저는 그의 회계와 세금 문제를 처리해줌으로써 돈을 받습니다. 다른 것은 무료입니다. 제가 해드리는 서비스의 하나이니까요. 하지만, 그분들에게 말하지요. 저에게 고객을 소개해달라고 말이지요. 이것이 제가 사업을 하는 방식입니다.

이것이 기포드 씨가 회계업을 번성시킬 수 있는 이유 중의 하나이다. 그런데 다른 이유가 하나 더 있다. 위 사례에서 건설업자는 기포드의 고객이 되었다. 왜냐하면, 기포드 씨가 다른 부자 고객을 그에게 소개해주었기 때문이다. 그 건설업자는 신경외과 의사의 집은 물론이고 기포드 씨에게서 소개받은 고객의 집을 아주 잘 지어주었다. 결국, 기포드 씨는 친구와 고객을 어떻게 만족시키는지를 알고 있었다. 그는 결코 고객을 속이거나 건설업자의 이윤을 박하게 하는 일은 하지 않는다.

너무 일방적으로 거래를 성사시키면 고객이든 업자든 그 둘 중의 한 사람에게서 미움을 사게 됩니다. 그들은 공정한 거래를 원하지요. 건설업자의 이윤을 너무 깎아버리면, 나중에 뭔가 보수할 게 있어서 와달라고 하면 들은 척도 안 할 것입니다.

이것은 자동차 매매상에게도 마찬가지로 적용됩니다. 저는 그들이 아주 저렴한 가격에 차를 팔 수 있도록 계약을 성사시킬 수 있습니다. 하지만, 그렇게 되면 업자들이 저와 제 고객을 싫어하게 될 겁니다. 그러니까 그런 상황으로 끌고 가기 전에 애프터 서비스 문제도 확실하게 매듭을 지어야죠. 차가 고장 나서 공장에 들어가 있는 동안 무료로 대체 차량을 요청해야 되는 일 같은 것도 그렇고요. 하지만 손놓고 앉아서 고객이 사기를 당하도록 해서야 되겠습니까? 고객이 집값의 15퍼센트를 수수료로 지불하게 하거나 부르는 대로 차값을 지불하게 해서는 안 되죠. 공정해야 하고 형평에 어긋남이 없어야 합니다. 장기적으로 모두가 이익을 보아야 합니다.

만약 내가 비싼 집을 지을 계획이 있다면, 나는 내 변호사에게 건설업자와 계약하도록 위임할 것이다. 이미 수백 건의 건축 계약을 해본 적이 있는 업자와 거래하기에는 내가 아는 것이 너무도 없다. 나는 내 회계사도 그 팀에 합류시킬 것이다. 그는 수치적 내용들을 원활하게 처리해줄 수 있을 것이다.

왜 이런 제3자들을 개입시켜야 하는 걸까? 장기적으로 보았을 때, 많은 돈을 절약할 수 있기 때문이다. 만약 당신의 회계사나 변호사가 일에 대해 시간당 수백 달러의 비용을 청구해서 5000달러나 1만 달러의 비용을 지불해야 하는 일이 생기더라도, 능력 있는 전문가들은 합리적인 가격으로 계약을 성사시켜줌으로써 그 비용의 다섯 배, 열 배, 아니 스무 배를 절약해줄 것이다.

이 공식에는 또다른 중요한 내용이 있다. 업자 및 기타 서비스 제공업자들은 자신들과 거래하는 사람이 수완 좋은 전문가들을 대리인으로 세우면 거래에 훨씬 더 성실하게 임한다. 이들 업자들은 자신들의 고객에 대해 다음과 같이 말하게 된다.

그는 진짜 사업가이다.

사업을 하는 사람들은 그냥 평범한 고객보다 사업가에 대해 각별한 태도를 갖는다. 그러므로 집을 짓는 것과 같이 큰 비용이 들어가는 일을 시작하려고 할 때는 전문 사업가처럼 보이는 것이 좋다.

6. 감당할 수 있는 집을 구입하라.

혹시 비용에 별 문제 없이 집을 구입한 적이 있는가? 만약 그렇다면, 당신은 부자이거나 부자가 되어가고 있는 사람일 것이다. 하지만 백만장자들도 어떤 경우에는 비용 문제로 고민하며 집을 구입했던 적이 있다. 백만장자 열 명 중 네 명이 그런 경험을 했다.

엄청난 대출을 받아가며 집을 구입하는데도 부자가 될 수 있는 이유는 뭘까? 관건은 그 집 시가의 상승 가능성이다. 그리고 또다른 관건은 구입자의 현금 수입이 얼마나 많이 늘어나느냐 하는 것이다.

좀 무리해서 집을 구입하고자 할 때 명심해야 할 것이 몇 가지 있다. 대출금을 갚을 만한 능력이 되는지? 앞으로 수입이 늘어날 가능성은 확실한지? 집의 시가가 가까운 미래에 크게 오를지? 이에 대해 솔직하게 답하고 나면, 금전적인 큰 손해는 보지 않게 될 것이다.

자신에게조차 솔직하지 않고, 현금 운용 능력은 12만 달러밖에 안 되면서 120만 달러짜리 집을 구입하는 것이 문제될 것이 없다고 생각한다면 어떻게 될까? 매달 대출금과 가계비를 지출하고 나면, 돈이 한푼도 남지 않게 될 것이다. 형편이 되지 않으면서도 비싼 집을 사는 사람들은 이 문제가 일시적인 것이라고 생각한다. 그들은 이렇게 말한다.

- 제 수입은 해마다 오를 것입니다.
- 이제 몇 해 뒤면 집값이 엄청나게 오를 것입니다.
- 저는 수완 좋은 투자가입니다. 그렇기 때문에 제 모든 돈을 모험에 걸지 않고 딱 10퍼센트만 투자하는 것입니다. 그래야 큰돈을 벌 수 있죠.
- 12만 달러만 갖고도, 저는 은행돈 110만 달러를 운용할 수 있습니다.
- 집값은 5년 내에 두 배가 될 것입니다. 확신이 있습니다. 12만 달러를 투자해서 240만 달러짜리 집을 소유하게 되는 거죠. 대출금을 갚으면,

100만 달러의 이윤을 남기게 됩니다.

이러한 논리를 펴는 무모한 그들에게 내가 해줄 수 있는 일은 전국에서 가장 유능한 파산 전담 변호사의 이름과 주소를 알려주는 것이다. 이런 무모한 사람들과는 아주 대조적으로, 백만장자들은 사십대 중반에서 오십대 초반에 부자가 되고 그 후에 현재의 집을 구입한다.

사람들이 나에게 감당할 수 있다는 것의 의미를 묻는다면, 나는 간단하게 대답해줄 수 있다. 꿈에 그리던 집을 구입하기 전에, 당신이 집을 구입하고 1년 안에 총 연간 실소득이 반으로 줄어든다고 가정해보라. 그렇게 수입이 줄어든 상태에서 얼마만큼 오랫동안 대출금과 제반 비용을 지불할 수 있는지 계산해보라. 이제 다음 단계로 넘어가서, 당신이 투자한 집의 시세가 50퍼센트 이상 하락한다고 가정해보라. 그런 상태에서 최소 5년 이상 버틸 수 있겠는가? 만약 부정적인 답이 나오면, 당신이 매입하고 싶어하는 집은 감당할 수 있는 것이 아니다.

이런 무모한 사람들에게 좋은 시절은 잠시라고 말해주는 것은 쉬운 일이 아니다. 그들 대부분은 불황을 겪어본 경험이 없기 때문이다. 그들은 현재 경기가 좋기 때문에 앞으로도 계속 좋을 것이라고 생각한다. 하지만 그렇게 되지는 않을 것이다. 작년에 수수료로 30만 달러를 벌어들인 한 젊은 주식 중개인에게 이런 얘기를 해보라. 이들 판매 전문가들은 경기가 좋을 때 비싼 집을 구입하고 화려한 생활을 하는 부류들이다. 그들은 자신들의 능력이라면 비싼 집값도 치를 수 있고 최고 연봉 수입으로 호화로운 생활도 영위할 수 있다고 생각한다.

수완 좋고 돈벌이가 좋은 많은 판매 전문가들이 이른바 호황에 대해 복합적인 감정을 갖고 있다는 것은 두말할 나위가 없다. 그들은 호황기에도 잘나가지만 불황기에도 수익을 낼 수 있다. 그들이 불황을 좋아하는 것은 젊은 친구들을 솎아내고 수완 좋은 베테랑들만이 살아남을 수 있기 때문이다.

이것은 집을 매입하는 사람에게도 똑같이 적용된다. 현명한 사람들은 이자율이 낮고 수입이 엄청나게 증가하면 집의 구매가도 큰 폭으로 상승한다는 것을 안다. 오늘날 호화주택의 집값이 상승한 것은 고소득 졸부들의 수가 늘고 있기 때문이다. 가장 많은 졸부들이 태어난 해는 1957년이다. 그러므로 사십대 초반의 이런 졸부들이 모여 있는 곳은 호화주택이 집중되어 있고 저당권도 아주 많이 잡혀 있는 지역이다. 다음에 불황이 닥치면 이들에게 어떤 일이 생기는지 보라. 팔려고 내놓은 값비싼 집들이 많아질 것이다.

대차대조표 부자와 소득신고서 부자

그린 씨가 같은 소득 계층의 다른 사람에 비해 더 많은 순자산을 갖고 있는 이유는 뭘까? 그는 자신이 생산적인 투자가라고 말할 것이다. 그가 부자가 될 수 있었던 것은 투자를 적절하게 배분할 수 있는 통합 과정을 거쳤기 때문이다. 그는 주식시장에만 투자를 한정시키지 않았다. 그린 씨는 다른 좋은 기회도 많다는 것을 알고 있었다. 그는 사냥꾼의 코를 갖고 있다. 그는 주변을 둘러보고, 좋은 투자거리를 찾아낸다. 그린 씨는 다음과 같이 말했다.

다른 사람들이 보지 못하는 기회를 포착해야 합니다.

그린 씨는 자신이 사는 지역의 부동산 시장의 흐름에 대해 훤했다. 그는 나에게 이런 글을 써서 보냈다.

『백만장자 되는 법』은 훌륭한 책입니다. 제 아내와 저는 이 책을 아주 좋아합니다. 친구들과 친지들이나 이 책에 대해 종종 얘기를 나눕니다. 저희는 아직까지도 그 책에 나온 기준들을 저희들에게 맞춰보곤 합니다.

저희가 입장을 달리 하는 부분은 부동산을 주요 투자 방편으로 생각하는데 있습니다. 저희는 집에 집착하지 않습니다. 그냥 살 뿐이지요. 내년이나 내후년에는 지금 살고 있는 집을 팔 생각입니다. 세금을 제하지 않고 210만 달러의 이윤이 생길 것 같습니다. 그리고 약간 작은 집을 지을 생각입니다. 대출금을 갚고 세금을 내고 나면 100만 달러가 남을 겁니다. 나중에 코네티컷의 그린위치로 오세요.

그린 씨 가족은 6년 전에 대지를 포함해서 170만 달러를 주고 현재의 집을 지었다. 5년 후 집값은 얼마가 되었는가? 그린 씨에 따르면, "현재 시가는 380만 달러"라고 한다. 내가 조사한 바에 따르면, 이 수치는 매우 조심스럽게 잡은 액수였다. 사실은 최고 400만 달러까지 부를 수 있었다. 그린 씨 가족은 대표적인 대차대조표 부자였다.

만약 당신이 부동산 구입에 있어서 그린 씨의 방식을 따른다면, 당신의 대차대조표상의 수입은 늘어날 것이다. 그린 씨 가족은 10년 간 네 번 집을 사고 팔았다. 그리고 그들은 매번 배우는 것이 있었다. 그들은 나중에 많은 이윤을 내고 쉽게 팔 수 있는 것을 구입한다. 그들은 구매자로서 준비와 협상을 많이 하면 할수록 더 잘 팔 수도 있다는 것을 안다. 그들의 방식을 소득신고서 부자인 블루 씨 가족과 비교해보자. 그들의 순자산은 연간 실소득의 두 배 정도 된다. 그것만을 갖고서는 몇 년 이상 생활하기가 어렵다. 블루 씨 가족은 소비에 매어 있다. 그들은 쓰기 위해 벌며, 벌기 위해 쓴다. 그들은 수백만 달러의 저당을 잡히고 250만 달러의 호화주택을 구입했다.

그린 씨와 블루 씨가 집을 구입하는 과정에서 취한 행동을 살펴보자.(표 7-7 참조) 그들 모두 이미 지어진 집을 구입했다. 최근에 그들은 양쪽 다 직접 집을 지으려고 하고 있다. 당신이 이미 지어진 집을 구입하든 새로 짓든 간에, 대조적인 이 두 사람의 스타일과 매입 절차는 당신에게 시사하

표 7-7. 집을 구입하는 과정에서의 행동 : 그린 씨와 블루 씨

	그린 씨	블루 씨
계획 및 심사숙고 단계		
언제라도 포기하고 물러설 수 있는 여지가 있다	예	예
어떤 주택에도 처음 부른 가격을 지불하지 않는다	예	예
주변에서 최근 주택 시세를 알아본다	예	예
짧은 시간에 주택을 구입하지 않는다	예	아니오
가장 좋은 거래를 위해 천천히 둘러보는 시간을 갖는다	예	아니오
파악 단계		
주변에 좋은 공립학교가 있는지 살펴본다	예	아니오
구입하기 쉬운 집을 고른다	예	아니오
유지비가 적게 들고 에너지 효율이 좋은 집을 찾는다	예	아니오
재산세가 적당히 부과되는 곳을 찾는다	예	아니오
저당권 설정이나 이혼 사유로 매각되는 집을 찾는다	아니오	아니오
협상 단계		
매우 낮은 가격을 제안하며 판매자의 반응을 떠본다	예	아니오
판매자가 가격을 낮출 수 있게 부동산업자에게 수수료를 줄이도록 요청한다	예	아니오
계약자로 하여금 집을 짓게 한다	예	예
건축업자나 판매자가 원가에 혹은 원가에 가깝게 팔도록 요구한다	예	아니오

는 바가 많을 것이다. 그린 씨는 집을 매입하는 과정에서 가능한 가장 좋은 조건의 거래를 성사시키기 위하여 13가지 혹은 14가지의 행동을 취한다. 블루 씨는 오직 4가지의 행동만을 한다.

블루 씨는 여유가 되지 않음에도 집을 구입한다. 그는 파는 쪽에 대해 가격을 떠보는 일을 하지 않는다. 다른 소득신고서 부자들처럼 그는 참을성이 없다. 그는 "지금 사고 돈은 나중에"라는 철학을 갖고 있다. 오늘날, IA들은 수입의 갑작스런 증가로 행복한 비명을 지르고 있다. 그러므로 그들은 대차대조표 부자가 될 때까지 기다릴 이유가 없는 것이다. 그들은 부자가 된다는 기대 하에 돈을 쓴다. 그들의 마음속에는 이미 부자가 다 되었다는 생각이 깔려 있다. 블루 씨는 250만 달러의 집 구입 대금을 지불할 수 있을 것이라고 확신하고 거액의 저당권을 설정했다.

블루 씨는 앞으로 10년 동안 벌어들일 수 있는 수입을 계산했다. 고객으로부터 받는 수고비와 수수료로 대출금을 상환할 수 있을 것으로 예상했다. 수입이 좋고 능력이 뛰어난 이 세일즈맨은 모든 수입을 집을 사면서 지출한 돈을 메우는 데 집어넣었다.

블루 씨는 부채를 자신의 수입을 늘려주는 도구로 여겼다. 그래서 그는 저당권을 설정하는 방식으로 다른 사람의 돈을 사용하는 데 아무런 거리낌이 없다. 그는 250만 달러짜리 자기 집 가격이 조만간 많이 오를 것이라고 생각하고 있다. 대부분의 IA 사람들처럼 그는 자기 집에 대해 "제대로 된 거래를 했다"고 굳게 믿고 있다. 하지만, 블루 씨는 갑작스런 문제에 직면하게 된다.

누가 "제대로 된 거래"를 한 것일까? IA 사람인 블루 씨가 아니라 BA 사람인 그린 씨이다.

블루 씨는 집을 짓기로 하자 즉시 거래를 성사시키고 싶었다. 경험 많은 건설업자는 블루 씨가 "몸이 매우 달아 있는 상태"라는 것을 안다. 그리고 그가 바로 집을 가져야만 한다는 것도 안다. 블루 씨는 가격이 얼마든 비용이 얼마가 들든 신경을 쓰지 않는다. 다만, 집의 크기, 겉모양, 스타일, 그리고 고급 욕조와 같은 비싼 물건에 대해서만 예민하다.

그린 씨는 블루 씨가 소유하고 있는 집을 250만 달러나 주고 사지 않을 것이다. 그는 겪은 것이 많아서 소매가를 다 주지는 않을 것이다. 그리고 그는 인내심이 매우 강하다. 건축업자도 이 사실을 알아차린다. 그린 씨는 건설업자에게 저렴한 비용으로 집을 짓도록 요구하고 설득한다. 그는 나름대로 조사해서 알맞은 예상 액수를 뽑아낸다. 그리고 나서 건설업자에게 최근에 지은 집의 실제 비용 자료들을 보여달라고 당당히 요구한다. 블루 씨는 정신이 없어서, 집을 짓는 데 얼마가 드는지 생각할 겨를이 없다.

또다른 요소가 있다. 블루 씨는 자신을 드러내고 싶어한다. 그는 아주 색다른 집과 그 집을 짓는 경험을 통해서 자신의 내적 자아를 표현하고 싶은 충동을 느끼고 있다. 그의 자아 표현에 대한 욕구는 충족될 수 있다. 하지만 그 대가가 적지 않다. 블루 씨가 생각하는 집은 아주 독특해서 어떤 건설업자도 그 비용을 제시할 수 없다. 사실이 이렇다면, 어떻게 건설업자가 분명한 비용 수치를 제시할 수 있을 것인가? 분명한 비용 수치가 나오지 않으면, 당신은 건설업자와 가격 협상을 할 수 없다. 어떤 건설업자는 비용을 좀더 많이 부른 상태에서만 작업을 한다. 블루 씨의 건설업자가 제시한 비용은 딱 집어 말할 수는 없지만 엄청나게 많은 비용이고 거기에 수수료로 20퍼센트 정도 더 추가된다. 당신이 건설업자에게 지어달라고 하는 그 집이 너무도 독특하고 새로운 스타일이어서 건설업자는 매일매일 새로운 것을 배워가며 작업을 해야 한다면 어떻게 될까? 그의 배움을 위해 돈을 지불하는 사람은 바로 당신이다.

만약 당신의 집이 평범한 집 한 채를 짓는 것보다 훨씬 비싸다면, 당신이 팔고자 할 때 구매자는 관심을 갖지 않는다. 그들은 당신이 디자인과 건축 과정에서 자아를 표현했는지에 대해서는 흥미가 없다. 또한 건설업자가 아무것도 모른 상태에서 하나씩 배워나갔던 과정의 어려움에 대해서도 관심이 없다.

그린 씨는 언제나 계약을 잘 성사시켰다. 그럴 수 있었던 이유 중의 하나는 그가 건설업자와 주거용 부동산 사업에 대해서 잘 알고 있었기 때문이다. 그는 파는 쪽에서 가격을 좀더 내릴 수 있도록 만들기 위해 부동산 중개업자에게 수수료를 인하해달라고 요구했다. 뛰어난 협상가로서, 그는 이런 일을 하는 사람들 사이에서 경쟁력이 얼마나 중요한지 알았다. 그는 블루 씨보다 훨씬 더 인내심이 강하다. 그는 결코 조급해하지 않는다. 건설업자와 부동산 중개업자 그리고 부동산을 판매하는 쪽은 그의 이러한 특성을 알아보게 된다. 그린 씨가 자신의 의도와 동기를 잘 이해시키기 때문이다.

- 저는 결코 짧은 시간 안에 집이나 대지를 구입하지 않습니다. 저는 언제나 최고의 기회만을 찾지요. 저는 제가 집을 짓겠다고 결정하기 전까지는 집 지을 땅을 수년에 걸쳐 조사합니다.
- 저는 최고의 조건으로 거래를 하기 위해서라면, 몇 주, 몇 개월 아닌 1년 이상이라도 매물을 보러 다닙니다. 저는 결코 서두르는 법이 없습니다.
- 저는 항상 저당권 설정이나 이혼 소송으로 매각되는 싼 집이나 대지를 찾습니다.
- 건축업자들에게 말하곤 하지요. "저하고 같이 일하실 의향이 있으시

면, 제가 선생님 스케줄에 맞출 수 있습니다. 여유 시간이 되시면, 저의 집을 지어주시는 데 관심을 가져주시기 바랍니다."

● 저는 일반 고객과 다릅니다. 저는 부동산을 주거용뿐만 아니라 투자용으로 구입합니다. 저는 항상 언제간 팔 생각으로 물건을 매입합니다. 매매 수수료를 깎으면, 부동산을 파는 쪽에서도 가격을 낮추게 됩니다.

● 사람들은 저의 말을 신뢰합니다. 제게 부동산 중개업자를 추천해달라고 요청하기도 하죠.

● 저는 이 지역에 사는 사람들을 많이 알고 있습니다. 그들은 저보고 좋은 건설업자를 소개해달라고 요청하지요.

그린 씨가 주택을 성공적으로 구입할 수 있었던 데에는 또다른 이유가 있다. 그는 초기 비용이 아닌 장기 비용을 염두에 둔다. 초기 비용은 대지와 집과 건축에 드는 비용이다. 장기 비용은 그 집과 관련돼서 직간접적으로 계속 들어가게 되는 비용이다.

블루 씨는 어떤가? 그는 장기 비용보다 초기 비용에 더 신경쓴다. 하지만 전체적으로 보면, 그 두 비용에 대한 관심은 그린 씨보다 덜하다. IA 사람들은 집을 구입하기로 결정하면서 어떤 환상 같은 것에 사로잡힌다. 즉 그들은 초기 비용과 장기 비용에 대해 장밋빛 환상을 가지고 있다.

BA 집단과 IA 집단을 가장 잘 대비해주는 것은 장기 비용에서의 차이이다. 예를 들어, 아주 좋은 공립학교가 있는 동네를 고르는 과정에서 여러 형태의 비용이 든다고 해보자. 그린 씨는 그중의 한 가지를 선택하지만, 블루 씨는 아니다. 그는 새 동네로 이사 가기 전에 교육 환경을 조사하지 않았다. 그곳의 공립학교 수준이 기껏해야 기준을 밑도는 정도라는 것을 알게 되었을 때, 사립학교 비용이 느닷없이 들게 되었다. 블루 씨는 아이들이 공립학교에서 받은 훈련만으론 좋은 대학의 입학 허가서를 받을 수 없다는 것을 알았다. 장기 비용의 차원에서 1년에 3만 3000달러가 사립학교 등록금으로 나가게 됐다.

모든 백만장자들이 사립학교를 선호하고 공립학교를 꺼린다는 것은 잘못된 사실이다. 전혀 그렇지 않다. 대다수가 공립학교의 질이 '동네'를 고르는 중요한 요인이 되었다고 말한다. 열 명 중의 일곱 명은 집을 고르는 중요한 판단 기준으로 다음을 들었다.

좋은 공립학교가 있는 동네를 찾는다.

재산 즉 집의 가치와 질 좋은 공립학교가 밀접한 관계에 있다는 것을 아는 것은 그리 어려운 일이 아니다. 세 명의 아이를 사립학교에 보내는데 얼마가 드는지 생각해보자. 전형적인 백만장자 가정에는 아이가 셋 정도 있다. 그들이 왜 사립학교에 비용을 지출해야 하는 학군에서 살고자 하겠는가? 그들은 초기 비용이 더 드는 한이 있더라도 좋은 공립학교가 있는 동네에 살고 싶어한다.

그에 대한 근거로 댈 수 있는 것이 백만장자의 26퍼센트만이 선택한 항목이다.

재산세가 적당히 부과되는 동네를 찾는다.

그린 씨와 같은 BA들은 부, 집값, 공립학교의 수준이 서로 관련이 있다는 것을 안다. 그린 씨는 교육세가 낮은 곳을 찾아 이사했던 적이 없었다. 그는 세율이 낮으면, 공립학교의 질도 떨어진다고 생각했다.

사람들은 침실이 다섯 개가 있는 집에 170만 달러를 지불하려 들지 않을 것이다. 설령 그들이 지불할 능력이 된다 하더라도, 차라리 다른 데 집을 지으려 할 것이다. 만약 그린 씨와 그의 아내가 다른 동네로 이사할 마음만 있었다면, 똑같은 디자인과 크기에 침실이 다섯 개 있는 집을 그것보다는 훨씬 싸게 주고 구입할 수 있었을 것이다. 하지만, 그들은 그린위치에 머물러 있기로 현명한 결정을 내렸다. 다른 동네라면 그들은 70만 달러 정도를 주고도 침실 다섯 개짜리 집을 구입할 수 있었다. 하지만 그들이 고른 곳만큼 좋은 동네는 아니었을 것이다.

그린 씨는 타협하는 것을 거부했다. 그는 170만 달러를 투자하기로 결정한 것이 모험이라고 보지 않았다. 그가 보기엔 수준이 떨어지는 동네에 있는 70만 달러짜리 집을 구입하는 것이 오히려 더 큰 위험 부담이 있었다. 그린 씨가 투자한 170만 달러는 6년 후에 그 두 배로 뛰었다. 왜냐하면 그는 좋은 동네에 있는 좋은 집을 샀기 때문이다. 주변 환경과 집 자체는 많은 부자 구매가들에게 선망의 대상이 된다.

그린 씨가 보기에 위험 부담은 다른 데서 나타난다. 환경이 좋지 않은 곳의 집을 찾고 구입하는 것은 쉬운 일일 수 있지만, 진짜 위험 부담은 그 집을 팔아야 할 때 생긴다. 특히 주변 공립학교의 수준이 그리 좋지 않다면 집을 파는 일은 쉽지 않다. 만약 그린 씨가 70만 달러짜리 집을 구입했다면 5년 후 그 투자의 가치 상승 폭은 보잘것없었을 것이다. 공립학교의 수준은 투자 이익을 낳는 것에 많은 영향을 미친다.

그린 씨가 블루 씨보다 집에 대해 현명한 판단을 내릴 수 있는 이유는 무엇일까? 블루 씨는 시야가 좁다. 그는 투자 매매 숭배자다. 그는 주식시장에서 투자를 매매한다. 이것이 그가 돈을 버는 방식이다. 그는 무작정 전화 세일즈를 통해 돈을 벌어왔다. 그 결과 그는 유무형의 소득을 얻는 또다른 방법도 있다는 것을 믿으려 하지 않는다.

블루 씨만 그런 것이 아니다. IA 집단의 행동양태를 보여주는 특성 중의 하나는 그들이 일중독자라는 것이다. 일이 그들을 소모시키고 있다. 이들 고소득자들은 “일도 열심히, 노는 것도 열심히”라는 생활 스타일을 갖고 있다고 말하는 사람도 있다. 하지만 그들은 일반적으로 BA 집단보다 사회활동이나 종교활동, 여가활동과 같은 것에 많이 참여하지 않고 있다. 그들은 일은 점점 더 많이 하고 노는 것은 점점 덜 한다. 그러면서도 그들은 고소득 집단들 중에서 자신의 일에 대한 애정이 제일 적은 사람들이다.

많은 BA들은 일하는 시간도 많고 일도 많이 하지만, 일 자체를 즐길 줄 모르는 일중독자들은 아니다. 자신이 좋아하지 않는 일을 하는 것만큼이나 소모적인 일은 없다.

IA 사람들은 많이 벌고 많이 쓴다. 그들은 가계 지출비를 줄이기 위해 아무런 조치도 취하지 않는다. 그런 노력을 기울일 가치가 없다고 생각하기 때문이다. BA 집단처럼, 가계비를 줄이고 시장을 보는 것도 일종의 노동이며 이득도 별로 없다고 생각한다.

어떤 면에서 그들이 하는 말도 일리가 있긴 하다. 식료품을 사기 위해 할인쿠폰을 사용한다고 해서 그 자체로 부자가 되는 것은 아니기 때문이다. 하지만 그러한 행동이 많이 모이면 대차대조표에 큰 영향을 미칠 수 있다. IA 사람들의 주장은 집을 구입하는 과정에서는 옳은 것이 못 된다. BA에 대한 전국적 조사에 따르면 집은 단순한 보금자리가 아니다. 그것은 좋은 투자 대상이다.

만약 집을 구입하는 사람이 사전 계획도 없고, 여러 가능성도 따져보지 않는다면, 그렇게 해서 구입한 집은 잘못된 투자가 될 수 있다. 많은 IA 부부들은 집을 구입하는 과정에서 서둘러서 일을 그르치는 경험을 했다.

서둘러서 구입한 집을 다시 팔려고 하면 서두른 데 대한 대가를 톡톡히 치르게 된다.

사냥꾼의 코

1980년대 초반, 금리가 계속 높은 상태를 유지했다. 금융시장 내의 펀드 이율도 20퍼센트에 육박했다. 사람들은 사상 초유의 많은 액수의 보증 수익을 현금으로 받았기 때문에 주식 시장에서 빠져나왔다. 주거용 부동산 시장은 어땠는가? 저당권 금리도 20퍼센트에 육박했다. 사람들의 구매욕은 한풀 꺾였고 부동산 가격은 크게 떨어졌다. 파는 쪽에서는 그들의 집을 팔려고 별 수단을 다 썼지만, 수 개월 혹은 몇 년 동안 팔지도 못하고 그렇다고 세를 주지도 못했다.

이 무렵, 우리 가족은 시내 가까운 곳에 집을 사고 싶었다. 내가 출퇴근하는 거리는 편도만 해도 48킬로미터나 되었고 더 큰 문제는 왕복 2차선 다리에서 나타나는 병목현상이었다. 꼼짝하지 못하는 차 안에 앉아서 나는 생각했다. "내가 만약 강 저편에 살 수 있으면 매일 한 시간을 벌 텐데." 하지만 이런 생각이 곧 뒤이었다. "금리가 이렇게 높은데 집을 팔고 다른 집을 살 생각을 하다니 나도 미쳤지."

하지만, 열 명의 백만장자와 인터뷰를 하고 난 뒤에 나의 이런 갈등은 종지부를 찍었다. 이 백만장자들은 나에게 부동산에 대해 중요한 시사를 해주었다. 나는 서두에서 내가 조지아 주의 애틀랜타에 살고 있다는 얘기를 했다. 이들 백만장자들은 모두 뉴욕 도심에서 일하고 생활했다. 그들 모두가 업체 대표이며 자수성가한 부자들이었다.

우연히 한 백만장자가 애틀랜타를 가리켜 기회의 땅이라고 했다. 다른 사람들도 소리 높여 반복했다. “그래요, 애틀랜타, 바로 애틀랜타죠.” 휴식 시간중에, 그리고 인터뷰가 끝난 후에 몇 사람의 백만장자가 조지아 주에 대한 그들의 생각을 내게 들려줬다. 그들은 애틀랜타의 부동산 전망이 좋다는 말을 했다. 그러면서 애틀랜타의 부동산을 구입하라고 권유하기까지 했다.

그들의 말은 내게 별 의미가 없었다. 우선, 그들 중에 부동산 전문가가 없었기 때문이다. 그들은 인쇄업, 사무기기업, 감정업, 제조업 등에 종사하고 있었다. 둘째로 나는 부동산 투자에 대한 그들의 관심을 이해하기 어려웠다. 지금처럼 금리가 높은 때에 아무래도 무모해 보였다. 왜 이 사람들은 부동산 시장에 관심을 두고 있는 걸까? 그것도 애틀랜타에?

나는 높은 금리와 부동산 시장의 침체 때문에 부동산을 구입할 생각이 없다고 말했다. 아무리 살기 좋은 애틀랜타라 할지라도 금리에는 당해낼 재간이 없었다. 그때, 한 백만장자가 정말 잊을 수 없는 인상적인 말을 해주었다.

브라운 톰, 지금이 구입의 적기일세.

스탠리 하지만 금리가 너무 높지 않은가. 누가 사려고 하단 말인가?

브라운 그런 사람들 있어. 돈을 빌리지 않아도 되는 사람들 말일세. 살 생각은 해보았는가?

스탠리 그럼 자주 했지. 말이 나왔으니 말이지, 집을 지을까 생각하고 있었네. 하지만 금리 문제 때문에 꼼짝 못 하고 있지.

브라운 괜찮은 건축 부지를 구입할 돈은 되지 않나?

스탠리 되지.

브라운 그렇다면 구입하게. 바로 당장 말이야. 사람들이 하는 대로 따라 하지 말게. 장담컨대, 팔려고 내놓은 매물이 아주 많을 거야. 광고를 찾아보게. 저당권을 잡고 있는 은행에 전화를 해보는 것도 도움이 될 걸세.

이 얘기를 듣고 난 다음날, 나는 부지를 둘러보기 시작했다. 브라운의 말이 옳았다. 신문 광고에 보니 팔려고 내놓은 땅이 아주 많았다. 나는 여러 조건을 따져보고 여러 주인도 만나보았다. 간단한 절차를 밟고 나는 땅을 샀다. 내가 구입한 땅은 4000평방미터 정도 됐다. 한때, 농장으로 사용되던 곳이었다. 이 알짜배기 땅의 가격은 2만 9500달러였다. 바로 2년 전만 해도, 이 정도의 땅이라면 두 배 이상의 가격에 팔렸을 것이다. 나중에 부동산 경기가 좋아지자, 이와 유사한 땅이 10만 달러에 팔렸다.

그 당시 집을 내놓았던 사람들은 어떤 사람들인가? 몇몇 건설업자들은 경기 불황으로 곤란을 겪고 있었고 갚아야 할 빚과 청구서는 쌓여만 갔다. 어떤 사람들은 좋은 집들을 갖고 있었지만, 팔리지가 않았다. 땅을 갖고 있는 사람들도 많았다. 하지만 이 집과 땅을 들어간 비용보다 싸게 내놔도 사겠다는 사람은 없었다.

부동산을 팔려고 내놓은 사람들 중에는 소득신고서 부자들이 있었다. 그들은 투자하기 위해 땅을 구입한 것이 아니라, 애틀랜타 경기가 좋을 때 자신들이 원하는 집을 짓기 위해 땅을 구입했다. 그들은 판매자 시장에서 프리미엄이 붙은 가격을 주고 땅을 샀다. 경기가 좋아서 소득이나 수수료 수입이 늘어난 주식 중개인과 보험 외판원, 신기술 사업분야 종사자와 의료 관련 종사자들이 기이할 정도로 많아졌다. 이들 대부분은 신용 거래로 구입을 했다. 그와 동시에, 그들의 구입 내역과 대출 내역은 늘어만 갔다.

그들은 호황이 계속이라도 될 것처럼 물건을 사들이고 돈을 빌렸다. 그들은 판매자 시장에서도 구입했다.

대차대조표 부자들은 어떠했는가? 그들은 같은 때에 땅을 팔고 있었다. 시장 흐름이 바뀌면, 그들은 다시 사들였다. 어떤 이들은 몇 번의 경기 부침을 거치는 과정에서도 몇 년 동안 건축 부지를 팔지 않고 그대로 갖고 있었다. 그러다가 부동산 가격이 최고로 올랐을 때, 집을 내놓았다. 그들은 대지를 싼 값에 구입하고 집을 지었다. 그중 어떤 이들은 땅을 내놓고 건축업자가 지은 주택을 구입했다. 또다른 이들은 줄곧 눈여겨보던 주거지역에서 괜찮은 매물을 찾아내기도 했다. 어떤 사람들은 주택을 짓기 위해 시장이 바닥을 칠 때까지 신중하게 기다리기도 했다. 이런 건축업자들이 일거리만 있어도 좋다는 심정으로 기꺼이 집을 짓기 때문이다.

그런 까닭에 내가 인터뷰했던, 뉴욕 시에 거주하던 그 백만장자들은 부동산에 관심을 갖고 있었던 것이다. 그것도 애틀랜타 부동산에 대해서 말이다. 그 백만장자 중의 몇 사람에겐 에모리 대학이나 조지아 공대에 다니는 자식들이나 손자손녀들이 있었다. 이들 때문에 애틀랜타를 방문하게 된 그들은 애틀랜타의 부동산 시장에 대해 일별할 수 있었던 것이다. 백만장자임을 보여주는 또하나의 표식은 생산성이다. 그들은 "일석이조"의 태도로 자신들의 생산성을 입증했다.

부동산-투자 포트폴리오

대차대조표 부자들에게는 뭔가 다른 것이 있다. 그들은 한 바구니에 여러 개의 달걀을 담지 않는다는 투자 원칙에 충실하다. 많은 백만장자들은 주식 시장이나 부동산 시장 혹은 청과물 시장이나 가전 시장 중 어느 한 가지에만 의존하지 않는다. 투자는 매우 다양하다. 부동산 투자에서도 그 스타일이 각각 다르다. 주식에만 관심이 많은 백만장자들도 부동산을 소유하고 있다.

자산의 일부를 부동산에 투자한 비율과 순자산 사이에는 깊은 상관관계가 있다.

나는 내 일을 시작한 지 얼마 되지 않아 이 사실을 깨달았다. 나는 백만장자의 투자 습관을 연구하는 팀장으로 큰 투자 법인에 고용됐다. 표본집단을 조사한 결과 백만장자 대부분이 엄청난 재산을 전형적인 금융 투자 영역에 집어넣고 있었다. 하지만, 그들은 주식과 채권 외의 것도 많이 갖고 있었다. 그들 대부분은 통찰력이 매우 뛰어난 개인 투자가들이었다. 사업주들은 일정 정도의 산업용 부지를 갖고 있었다. 다른 이들은 사무 단지나, 공장, 의료과학 연구단지, 임대 건물, 별장용 임대 건물, 쇼핑 센터 등을 갖고 있었다.

응답자 중 일부는 이따금 개인용 주택에도 투자를 했다. 그리고 그들 중 앨빈은 사냥꾼의 코를 갖고 있었다. 그는 고등학교를 중퇴했는데, 지금은 가치가 3000만 달러에 달하는 유통업체를 소유하고 있다. 그는 뉴욕시 근교의 좋은 동네에 살고 있었다. 그는 자신의 집을 억만장자가 된 후에 구매자 시장에서 구입했다고 말했다. 그 집의 가격은 15년 사이에 무려 세 배나 올랐다.

앨빈은 또다른 주택 관련 투자로 그 분야에서 뛰어난 인정을 받았다. 그는 부자 동네에 살았으며 그 동네에서 돈 벌 수 있는 기회가 많다는 것을 알았다. 그가 먼저 눈독을 들였던 것은 부부가 이혼을 해서 거의 1년 간 사람이 살지 않는, 그의 집에서 가까이 있는 어떤 집이었다. 그 집은 거의 방치되어 있었다. 마침내 집을 팔려고 내놓았지만, 부동산 경기가 좋지 않았다.

앨빈은 그 집을 싼 값에 구입했다. 그리고 나서 그 집을 청소하고 칠도 다시 하여 새집으로 만들어놓았다. 그는 그 집을 친척에게 몇 년 동안 임대했다. 그 사이에 경기가 풀렸다. 수요시장이 공급시장을 앞서기 시작했다. 그는 견적 가격에 20퍼센트를 더해서 그 집을 내놓았다.

앨빈은 대차대조표 부자였다. 그들은 이윤을 남기기 위해 팔지, 사정이 급해서 파는 경우는 없다. 그는 돈이 필요한 것이 아니었다. 그는 시장이 다시 일어날 것을 알고 있었다. 그는 다시 살아날 경기에 비추어 집값을 계산해뒀다. 집값은 하루가 다르게 올랐다. 이제 그에게 남은 것은 "좋은 동네"에 있는 그 집을 최고 가격으로 파는 일뿐이었다.

앨빈은 투자한 돈에서 50퍼센트 이상을 더 받았다. 그는 같은 시기에 주식시장에 투자해서 벌 수 있는 것보다 더 많은 돈을 벌었던 것이다.

앨빈이 한 일은 아무나 할 수 있는 일이 아니다. 기억해야 할 것은 그에겐 회사가 있고 그의 녹을 먹는 직원들의 도움으로 그가 부동산 "아르바이트"를 할 수 있었다는 점이다. 앨빈은 아무것도 모르는 상태에서 시작하지 않았다. 전혀 아는 것이 없었다면, "투자용" 집을 구입할 생각도 못했을 것이라고 말했다. 만약 당신이 앨빈이 했던 대로 하려면 다시 한번 생각해야 될지 모른다. 앨빈과 당신의 인적 조건은 다르기 때문이다. 하지만, 그런 직원과 경험이 없는 사람이라도 익숙한 동네의 개인주택을 구입해서 이익을 남길 여지는 충분히 있다.

BA 범주의 많은 백만장자들은 점점 앨빈처럼 일을 하고 있다. 즉, 집의 가격을 매겨놓고 그 가격을 받을 수 있을 때까지 기다리는 것이다. 좋은 동네의 좋은 집이기 때문에 가능한 일이다. 그들은 판매자 시장이 형성됐을 때 판다. 그리고 구매자 시장이 형성됐을 때 구입한다. 그들은 자기 동네나 지나다니는 가까운 동네에서 집을 싸게 구입한다. 어떤 이들은 그렇게 구입한 집에 살기도 하지만, 순전히 투자용으로만 이용하기도 한다.

홈 경기와 원정 경기

점점 더 많은 수의 BA들이 특정지역 전문가들이 되고 있다. 그들은 자신들이 잘 알고 있는 동네에서 투자 기회를 포착하면, 놓치지 않는다. 백만장자들이 자신의 집 외에 다른 집을 여러 차례 사고 파는 것은 드문 일이 아니다. 같은 동네 혹은 이웃한 동네에서 그 추세는 점점 더 늘어나고 있다. 이들 BA들은 자신들이 잘 아는 지역에서 싼 가격의 집을 찾으면, 절대 놓치지 않는다.

많은 경우 시장에 내놓을 집은, 판매 광고난이 아닌 브릿지 게임이나 친목 모임에서 서로 주고받는 대화에서 발견된다. 나는 이것을 우리가 홈 팀에서 뛰는 것과 같다고 해서 "홈 경기"라고 부른다. 홈 팀은 자신의 구장에서 응원단의 성원 속에서 경기를 펼치는 이점을 가지고 있다. 앨빈은 바로 이 경우에 딱 들어맞는다. 그는 그가 사는 동네에 대해 잘 모르는 다른 구매자들에 비해 유리한 고지에 있다. 그들은 이틀이면 인근의 집을 둘러볼 수 있다. 그리고 나서 주말 내내 그 비싼 집을 구입할 것인지에 대해 심사숙고하게 된다. 뾰족한 방안이 떠오르지 않으면, 당신은 당신을 도와줄 중개인을 고용할 것이다. 이런 식으로 고용인을 데리고 매물을 보러 다니는 사람들을 "원정 경기"를 하러 다니는 사람들이라고 할 수 있다.

원정 경기에서 이기는 법

다이 씨처럼 경기를 풀어나갈 수 있다면, 홈 그라운드의 이점이 그다지 필요하지 않다. 다이 씨는 여러 직업 편력을 거쳐서 지금은 두 곳의 대기업에서 일하고 있다. 그는 여섯 번이나 먼 곳으로 이사를 다녔고 그때마다 엄청난 이윤을 남겼다. 시카고에서 몇 년, 휴스턴에서 다시 몇 년 살다가 올란도로 이사를 갔다. 그는 싼 값에 사서 비싼 값에 팔았다. 어떻게 원정 팀 선수가 원정 경기에서 6전 6승을 거둘 수 있었는가? 매번, 다이 씨 부부는 홈 팀의 일원으로 탈바꿈했다. 그들은 집을 구입하고 팔 때마다 그렇게 했다. 다이 씨는 결코 판단이 정확하지 않은 상태에서 집을 사거나 팔지 않는다고 말했다. 다른 대부분의 BA들처럼, 그와 그의 아내는 인내심이 강했다. 그들은 계획을 세우고 달성해야 될 목표를 마련했다.

다이 씨가 다니던 포춘 피브티사의 사장이 그에게 새 임명장을 주고 다른 곳으로 발령을 냈을 때, 그와 그의 아내는 이미 모든 준비가 갖춰진 상태였다. 그들은 새로운 일과 새로운 도시에 대한 설렘 때문에 잘못된 판단을 하지 않도록 주의했다.

가장 최근에 그들 부부는 6개월이나 걸려서 그들의 옛집을 팔고 새집을 구입했다. 다이 씨의 고용주는 매우 공정하고 관대한 사람이었다. 그는 회사의 사장들이 다이 씨의 집을 적절한 가격으로 매입하겠다고 제안했다는 것을 알려주었다. 하지만 다이 씨는 그 제안을 거절했다. 그는 아주 현명했다. 왜냐하면, 그들 부부가 집을 팔 때는 적절한 시장가격보다 15퍼센트 이상 더 받아낼 수 있었기 때문이다. 공정한 시장가격이란 대략적인 비교값이다. 즉 감정인들이 크기와 스타일을 고려하고 거기에 그 지역에서 팔린 집값을 기초로 매기는 것이다.

다이 씨 부부는 전문가들이나 능란한 감정가들보다 한 수 위였다. 그들은 파는 집마다 최고의 이윤을 남겼다. 그들은 다음의 말을 굳게 믿고 있다.

청결함이 관건이다.

그들은 집 안팎을 아주 깨끗하게 유지했다. 내일 당장 팔릴지도 모르기 때문이었다. 누구나 언제든 들어와서 살 수 있는 상태를 유지하기 위해서였다. 그들은 집을 구입할 때도 아주 까다로웠다. 건물이 최상의 상태가 아니면 구입하지 않았다. 다음으로 보는 것은 내부와 외부의 색상과 장식이다. 그것들은 항상 세련된 것이어야 한다. 그들은 나중에 이윤을 남기고 팔 수 있다고 생각될 때, 집을 구입한다.

최상의 상태이긴 하지만 시가보다 적어도 20퍼센트 이상 프리미엄이 붙은 집을 누가 구입하려 들 것인가? 어떤 구매자가 즉시 들어와 살 수 있다는 것만 보고 프리미엄을 줄까? 아주 최근에, 다이 씨 부부는 컴퓨터 업체에서 맞벌이를 하는 부부에게 집을 팔았다. 그 부부는 자주 여행을 다녀야 하는 고소득 직장을 갖고 있었고 자주 이사를 다녔다. 둘 다 삼십대 후반이었는데 까다로운 사람들이었다. 어느 누구도 집을 보수하고 다시 장식하는 일을 하고 싶어하지 않았다. 그리고 건축업자가 지은 여러 채의 집 중에 하나를 구입하거나 틀에 박힌 집을 짓는 것도 마땅치 않아했다. 그들은 새집에는 필요한 것이 너무 많다는 것을 제대로 알고 있었다. 이 두 사람은 모두 돈 버는 일에 매달려 있었다. 그들은 일 외의 것에 시간과 노력을 투여하는 것은 아주 부정적인 결과를 빚는다고 생각했다. 그들은 물망에 오른 여러 집들의 가격에 대해서도 별로 관심이 없었다. 집을 보러 다니는 데 할애할 시간도 딱 한 번의 주말밖에 없었다. 또한 그들은 발령받은 도시의 부동산 시장에 대해서는 아는 바가 전혀 없었다. 결국 그들은 원정 경기에 참가하고 있는 또다른 IA 부부였던 것이다. 이 부부는 그 동네 역사상 가장 많은 프리미엄을 지불했다. 그 프리미엄 비율은 33퍼센트에 달했다. 17개월 후, 이 부부는 그들이 구입했던 액수의 85퍼센트만 받고 다시 팔았다. 팔릴 당시, 그 집은 최상의 상태가 아니었다. 부부는 서둘러 팔았던 것이다. 고용주가 그들의 손실액을 충당해주었다.

이사할 때라고 결정하기 전부터

언제나 적절한 계획을 잡고 있어야 한다.

이 계획의 일환으로 집을 항상 최상의 상태로 유지해야 한다. 그리고 당신이 사는 곳의 일류 중개업자와 연락을 취하고 있어야 한다. 6개월 간격으로 그들과 연락을 한다. 주기적으로 부동산 전문가들의 명단을 모아두었다가 이 리스트를 활용한다. 회사 동료에게 추천해달라고 부탁하든지, 부동산 법인체에다 부탁해서 잘하는 사람을 소개받는다. 그들과 얘기하면서 시장 현황을 묻고 최근의 실적이 어느 정도 되는지를 물어보는 것을 쑥스러워해서는 안 된다. 특히, 이사 오는 고객들을 대상으로 얼마나 많이 팔았는지 물어본다. 그리고 고객들이 집을 구입하기 전에 마땅한 집을 찾는 데 평균 어느 정도의 시간을 쓰는지 물어본다.

뛰어난 중개업자는 당신이 사는 곳의 주요 산업체와 긴밀한 관계를 갖고 있는 경우가 많다. 예를 들어 당신이 샌프란시스코에 있다면, 당신은 컴퓨터나 하이테크 산업체와 일하는 중개인을 염두에 두어야 할 것이다.

어떤 대기업이 다른 지역에 사는 직원을 채용할 경우, 그 회사는 그 직원의 이사 절차가 원활하게 진행되기를 바란다. 그 과정의 일환으로 따로 지정해둔 부동산 중개업자에게 도움을 요청한다. 이렇듯 당신은 회사 쪽으로 발이 넓은, 수완 좋은 중개업자들을 일일이 접해봐야 한다. 그리고 그 중의 한 명을 고용하여 당신의 집을 매물 목록에 올린다. 내가 본 바에 의하면, 실적이 뛰어난 중개업자들은 집을 팔기 위해 많은 애를 쓴다. 나는 중개업자 대신 이웃이나 친구나 친지들을 선정하는 것은 큰 실수라고 생각한다. 사업은 사업이다. 그리고 지금은 그 어느 때보다 실적이 좋고 빈틈 없는 부동산 전문인을 고용해야 하는 시기이다.

부동산 중개인에는 각기 다른 세 가지 유형이 있다. 하나는, 집 광고를 잘해주는 사람이고, 두번째는 잘 팔아주는 사람이며, 세번째는 이 둘 다를 잘하는 수완 좋은 판매 전문가이다. 자신에게 필요한 타입의 중개인을 골라보라.

첫째와 둘째 유형에도 뛰어난 사람들이 있다. 집 광고를 위주로 하는 적극적인 중개인은 잘 팔아주는 중개인과도 관계가 좋아서 집에 대한 소문을 널리 퍼뜨린다. 집 잘 파는 중개인들은 집을 판다는 팻말에다 자신의 이름을 적으면서 따로 명기를 해준다. 하지만 대부분의 중개업자들은 판매 수완가들이 아니다. 이웃이나 친구나 친지에게 집을 내놓았다고 알리는 것이 훨씬 쉬운 일이다. 하지만 그들을 통해 팔기는 어렵다. 왜냐하면, 매매는 주로 이방인과 이루어지기 때문이다. 내 생각에 최고의 부동산 중개업자는 바로 집 광고도 잘하며 팔기도 잘하는 사람이다.

나는 코니 글렌을 추천할 것이다

모든 사람이 부동산을 팔 수는 없다. 부동산 중개업자 중 아주 적은 수만이 ESP(탁월한 판매 전문가)의 지위에 오를 수 있고 부동산 시장이 침체에 빠져도 그 지위를 유지할 수 있다. 코니 글렌이 그중 한 사람이다.

나는 한때 20퍼센트 정도 저당잡힌 집을 팔아야만 했던, 그리 달갑지 않은 처지에 놓여 있었다. 당시 애틀랜타의 부동산 시장은 구매자 시장을 형성하고 있었다. 수백만의 다른 집 주인처럼, 나는 마음에 떠오르는 친구, 이웃, 부동산 중개업자에게 집을 팔아달라고 먼저 부탁하는 실수를 했다. 이렇게 하는 것은 쉬운 일이었다. 하지만, 두 달이 지나도, 집을 한 번 보자는 연락도 없고 찾아오는 사람도 없었다.

뭔가 다른 조치를 취해야 했다. 나는 애틀랜타에서 가장 큰 부동산 중개업체의 담당자에게 전화를 했다. "당신네 회사에서 제일 아주 뛰어난 중개인의 이름을 알고 싶은데요……."

내가 전화를 걸자마자 코니와 그녀의 조수가 우리 집에 왔다. 그녀는 우리 건을 맡아주기로 했다. 알아보러 오는 사람들이 하룻밤 사이에 늘었다. 한 달 안에, 그 집은 요청 가격의 95퍼센트 선에서 팔렸다. 나는 그녀가 해낸 것에 놀랐다. 시장이 매우 까다로웠을 뿐만 아니라, 집도 삼나무 재목으로 만들어졌기 때문이었다. 삼나무 재목은 그리 좋은 재목이 아니었다. 색도 바랬고 곰팡이도 슬었다. 주기적으로 청소도 해주어야 했다. 그러니 누가 요청한 가격의 95퍼센트에서 구입하려 했겠는가? 코니는 삼나무 재목을 주로 취급하는 목재상 대표를 찾아냈다. "톰, 보세요. 목재 전문가가 벽돌로 된 집에 살 것 같으세요? 자신의 명성과 회사 이미지에 안 좋을 겁니다."

코니와의 경험은 나에게 마케팅과 관련해 중요한 것을 가르쳐주었다. 만약 당신이 부동산 거래에서 손해를 보고 싶지 않다면, ESP에게 전화를 하라.*

코니는 내 집을 광고했을 뿐만 아니라 팔아내기까지 한 사람이었다. 코니의 매니저는 다른 사람들이 팔지 못해 애태우는 매물도 코니는 처리해낸다고, 이미 탑건으로서의 명성을 획득했다고 자랑했다. 코니의 입장은 이렇다. 어떤 집이든 그 집을 구매할 사람은 존재한다는 것이다. 문제는 그 사람을 어떻게 찾느냐 하는 것이다. 코니는 그 일을 잘해내는 능력이 있었다.

코니 글렌이 ESP의 명성을 구축하기 위해 했던 일은 아주 간단하다. 너무도 간단해서 오히려 다른 사람들은 눈치채지 못하고 있는 것이다. 판매와 영업에서의 탁월함은, 비록 판매와 영업의 방식이 아주 간단하고 아주 실용적이지만, 궁극에는 그 결과물을 얻어내고야 마는 데 있다. 코니는 모든 부동산 시장에는 각각의 특징들이 있다는 것을 알았다. 이 특징들은 집을 구매하는 행태에 많은 영향을 미친다.

조지아 주는 목재 생산의 상위 5위 안에 속한다. 광활한 숲이 있기 때문이다. 그래서 목재와 직간접적으로 얽힌 회사들이 조지아 주에는 많이 있다. 그 종류는 조지아 패시픽 코퍼레이션에서부터 아주 조그만 산림농장에 이르기까지 다양하다.

조지아 주가 "산림의 주"라는 것을 안다면, 귀향하는 사람들이 목재회사에 근무하고 있거나 근무할 사람들이라는 것도 알 수 있다. 코니는 바로 이 점을 간파했다. 그녀는 사람들과의 안면도 키워나갔고 목재 및 기타 관련 사업에서 큰 명성을 일궈냈다. 그녀는 이른바 사냥꾼의 코와 불독의 끈질김을 갖고 있었다.

당신이 직장생활로 인해 몇 차례 이사를 가야 할 때, 코니 글렌을 그때

* Thomas J. Stanley, Marketing to the Affluent(Homewood, IL : Dow-Jones Irwin, 1998), pp. 40~41.

마다 고용하게 되면 많은 돈을 벌 수 있을 것이다. 다섯 번 내지 여섯 번의 이사를 한 뒤에도, 당신이 첫 집을 구입할 때의 액수보다 더 많은 돈을 벌게 될 것이다. 코니 같은 사람들은 당신의 호주머니에 수백에서 수천 달러의 돈을 챙겨준다.

계획을 세울 것인가, 허둥댈 것인가?

집을 사거나 팔기 위한 계획을 세울 때는 시간 안배를 잘해야 한다. 다른 곳으로 이사를 가게 생겼을 때, 당황해서는 안 된다. 당신이 다른 사람 밑에서 일하고 있다면, 언젠가 다른 곳으로 발령 날 가능성이 있다는 것을 염두에 두어야 한다. 그러므로 사전에, 집을 찾는 데 얼마나 오랫동안 기다릴 수 있는지 결정해야 한다. 다이 씨 가족은 이사 갈 집을 찾고 살고 있던 집을 파는 데 6개월을 기다렸다. 물론, 모두에게 적용되는 것은 아니다. 다이 씨의 상사는 관대한 사람이어서 다이 씨의 이사 비용과 새집을 찾는 동안 머무를 임시숙소 비용도 지불했다. 만약 당신의 고용인이 그처럼 열려 있는 사람이 아니라 할지라도, 당신은 원정 팀 일원에서 홈 팀의 일원으로 바꿀 시간을 갖기 위해 잠시 임대해서 지낼 필요가 있다. 몇 개월 간의 임대비는 나중에 가격이 오르고 다시 팔기도 쉬운 집을 구입하는 것을 생각한다면, 그렇게 비싼 것이 아니다.

완벽한 예측이란 없다

사람들이 집을 구입하는 것보다 차를 구입할 때 더 많은 시간을 쓴다는 것은 놀라운 일이다. 속담에서도 얘기하고 있듯이, 바보와 돈은 사이가 곧 멀어진다. 집 구입 문제에 대해 본격적으로 헤아려보기 전에, 시간을 내서 몇 가지 부분을 따져보라. 즉 집 주인에게 왜 팔려고 하는지 물어보는 것이다. 옆집이 꼴도 보기 싫어서라고 말하는 사람은 없을 것이다. 하지만, 그렇게 해봄으로써 당신은 구입하고자 하는 집의 주변 이웃에 대해 쉽게 파악할 수 있다. 사람들은 종종 주변 이웃들을 지나치고 만다. 하지만 천천히 내려가서 동네도 한 바퀴 돌아보고 다른 이웃집들도 유심히 살펴보라. 외부 공사가 필요한 집이 어느 정도인지, 새 홈통이 몇 개 더 필요한지, 잔디와 관목이 얼마나 잘 관리됐는지, 이웃에 어떤 사람이 살고 있는지, 그리고 그들의 직업은 무엇인지 등등.

부동산 중개인에게 이 동네의 시세를 물어보라. 집값이 상승세에 있는지 아니면 보합인지, 하락세인지? 그런 질문을 하면 도움이 되는 것은 자신이다. 중개인은 당신의 그러한 세심함에 놀랄 것이다. 그리고 답변도 좀 더 솔직하게 할 것이다.

이웃집을 한번 방문해보라. 이웃이 될 사람과 얘기도 나눠보면서 그들을 자세히 관찰해라. 주변의 학교나 그 동네의 좋은 점과 나쁜 점을 물어보아라.

이러한 질문은 분별력 있는 판단을 하는 데 도움이 된다. 만약 이 동네 집값이 이웃 동네와 차이가 난다면? 다섯 채 중에 한 채가 페인트를 새로 해야 한다면? 이웃집 주인이 얼마 전에 실직했다면? 그의 집이 외장 공사를 해야 한다면? 이 모든 질문은 다른 곳을 알아봐야 할지를 판단하게 해준다.

사람들은 현재 시세가 얼마인지에만 관심이 있다. 그것은 부자 동네에서도 마찬가지이다. 하지만, 어떤 동네의 부동산 시세가 좋아질지 나빠질지를 예측하기는 어렵다. 그리고 새로 생겨난 동네인 경우는 특히 더 어렵다. 이 점에 있어서 나는 아주 간단한 법칙을 갖고 있다. 잘 꾸며진 동네의 집들을 유심히 살펴보라. 다섯 채 중 한 채 이상의 집이 페인트 칠을 해야 하거나 조경을 해야 한다면, 다른 곳을 물색해보는 것이 좋다.

집을 새로 지을 것인가, 있는 집을 구입할 것인가?

내가 이 장을 쓰기 시작한 날, 내 친구 존이 우연히 들렀다. 그는 그의 가족이 살 집으로 새집을 짓는 게 좋은지 그냥 구입하는 게 좋은지를 물었다. 나는 존에게 행운아라고 말했다. 마침 신선한 조사결과를 보고 있었기 때문이다. 백만장자들은 이 문제에 대해 다음과 같이 생각하고 있었다.

- 백만장자 중 27퍼센트만이 집을 지어본 적이 있었다. 여기서 집이라 함은 본 주택일 수도 있고, 별채 혹은 며칠 쉬기 위한 별장일 수 있다.
- 살 집을 짓는 백만장자의 비율은 자산의 정도에 비례한다. 하지만, 천만장자 중에서도 집을 짓고 살아본 경험이 있는 사람은 35퍼센트뿐이다.

존은 이 말에 다소 놀란 눈치였다. 나는 그의 반응을 예상했었다. 존이 집을 짓고 싶어하는 것은 그렇게 하는 것이 돈을 아낄 수 있는 길이라고 생각했기 때문이다. 그리고 그는 많은 백만장자들이 집을 사는 것보다 짓는 것을 더 선호한다고 생각했다. 나는 그에게 근거자료를 보여주었고, 그는 새로운 사실을 알게 되었다.

음, 알겠네. 백만장자들은 집을 지어서 돈을 모을 필요가 없는 것이고, 나는 부자가 아니니, 그래서 집을 짓고 싶어하는 것이군.

"돈을 아낄 수 있다"는 잘못된 믿음

왜 많은 수의 백만장자들이 집을 짓지 않는 것일까? 그들은 집을 구입하는 것보다 지을 경우, 몇 가지 이점이 있다고는 인정한다. 하지만 그러한 이점들이 있다고 해도, 집을 짓는 과정에 들어가는 시간과 노력과 그 밖의 다른 중요한 비용을 그 이점들이 상쇄해주지는 않는다고 생각한다.

이러한 사실은 일반적인 통념과 다른 부분이다. 사람들은 부자들이 자기들의 취향에 맞는 것만을 갖고 싶어한다고 생각한다. 백만장자들은 뭐든지 자기 뜻대로 맞추려는 그런 인물들인가? 분명히 그런 식으로 자신을 드러내는 사람도 있긴 하다. 이런 사람들은 자신의 주문대로 꾸며지고 지어진 집만을 선호할 뿐이다. 그들의 집은 단순히 집이라 할 수 없다. 그것은 그들의 더 큰 자아이며 그들이 다른 사람에게 소리 높여 얘기하고 싶은 내용이다. 집이 아무리 좋더라도, 팔려고 내놓은 집은 그들의 성에 차지 않는다. 그러나 이런 사람들은 백만장자들 중에서 소수에 속한다. 열 명 중 한 명도 채 되지 않는다.

아주 적은 수가 즉, 백만장자 백 명 중 열다섯 명 가량이 집을 지으면 돈을 절약할 수 있다는 이유로 그들의 주거 공간을 직접 짓기도 한다. 실제, 이 백만장자들은 집을 짓는 것과 집을 사는 것 사이의 가격 차이에 아주 민감하다. 어떤 이들은 자신들의 시간에 대해서는 큰 가치를 두지 않는 것처럼 처신한다. 그들은 자신의 직장일보다 집 짓는 데 시간을 할애하는 것이 금전적인 차원에서 더 이익이 된다고 믿고 있다. 백만장자 중에서 가장 가격에 민감하고 할인 구매를 선호하는 사람들이 여기에 속한다. 그들이 집을 짓는 것은 그렇게 함으로써 많은 돈을 절약할 수 있다고 생각하기 때문이다. 그들은 40만 달러에 내놓은 집을 보면서, 속으로 이런 말을 한다. "나 같으면 대지 포함해서 30만 달러면 충분히 이런 집을 짓겠다."

당신이 만약 유망한 젊은 변호사라고 해보자. 동업을 하게 되면, 당신의 수입은 연간 7만 8000달러에서 30만 달러로 껑충 뛸 것이다. 집을 짓는 데 신경쓸 시간이 있는가? 당신은 일하다가 건축업자, 자재 공급자, 하청업자에게 수백 통의 전화를 할 용의가 있는가? 그리고 잘 진행되는지 확인하기 위해 며칠마다 건축현장에 들를 의향이 있는가?

두 명의 젊은 변호사가 동업자 자리 하나를 놓고 경합에 들어갔다고 생각해보자. 그중의 한 사람은 집을 지으려는 사람이고, 다른 한 사람은 있는 집을 그냥 구입하려고 하는 사람이다. 그들 중 누가 동업자 자리를 딸 수 있을까? 집을 지으려는 쪽이 10만 달러 이상을 절약할 수 있다 하더라도, 그는 변호사 일을 할 많은 시간과 정력을 소모하게 된다. 그는 동업자가 되지 못한다.

유익한 법률적 조언

집을 짓는 것과 구입하는 것에 대해서는 직업별로 아주 다양한 반응을 보인다. 특정 직업에 종사하는 백만장자들인 경우, 기존의 집을 구입하는 것보다 짓는 쪽을 선호한다. 부자 변호사들은 짓는 것을 싫어한다.

- 변호사의 88퍼센트는 집을 지어본 적이 없다.
- 집 짓는 것에 관해서는 회사 중역일을 하고 있는 백만장자들(32퍼센트)과 사업주 혹은 경영주인 백만장자들(31퍼센트)이 전체 백만장자를 기준해서 잡은 평균(27퍼센트)보다 더 높게 나타나고 있다.
- 자산의 정도와 집을 짓고자 하는 욕구 사이에는 상관관계가 존재한다. 자산이 100만에서 200만 달러 사이를 오가는 백만장자는 24퍼센트가 집을 짓고자 하는 반면, 천만장자는 약 35퍼센트 정도가 집을 짓고자

한다.

부유한 변호사는 다음의 두 가지 이유 때문에 집을 따로 지으려 하지 않는다. 우선, 그들은 돈벌이가 아주 좋다. 80퍼센트가 연간 20만 달러 이상을 벌어들이고 50퍼센트 정도가 40만 달러 이상을 벌고 있다. 법률 서비스는 서비스 내역에 대한 견적을 일일이 낼 수 없는 것이기 때문에 그들이 그만한 돈을 벌어들이기 위해서는 엄청난 시간과 에너지를 쏟아야 한다. 그들은 쉬지 않고 일해야 한다. 법률 서비스에 종사하는 많은 사람들은 집을 짓는 일에 신경쓸 시간이 없다고 말했다. 변호사들은 시간을 어떻게 써야 할지 잘 알며 집을 짓는 일이 엄청난 시간이 드는 일이라는 것도 잘 안다.

두번째 이유는 변호사들이 건축업자를 고용하는 과정에서 생길 수 있는 법률적 금전적 위험을 잘 알기 때문이다. 제아무리 그 지역에서 최고로 실력 좋고 정직한 건축업자와 거래한다 하더라도 여전히 문제는 도사리고 있다. 만약 건축업자가 집의 틀을 잡아놓거나 선금을 받은 후에 다치거나 사망이라도 하게 되면, 누가 당신 집을 지어줄 것인가? 당신이 미리 선금으로 준 돈을 어디서 찾는단 말인가?

백만장자들은 최근에 집을 지으면서 겪었던 문제에 대해 다음과 같은 얘기들을 들려주었다.

● 제가 거래하던 건축업자는 5미터가 넘는 현관 벽지 공사를 하청주었습니다. 나중에 그 하청업자는 제 아내를 불러 벽지가 마음에 드는지 묻더군요. 제 아내는 다른 건 다 좋은데, 벽지의 위아래가 바뀌었다고 말했습니다. 알았다고 말한 건축업자는 하청업자에게 돈을 한푼도 지불하지

않았습니다. 이에 하청업자는 우리 집에 대한 선취특권을 부과했습니다. 우리는 저당권 승인을 받지 못하게 됐죠. 우리는 변호사를 고용하고 채권을 구입해야 했습니다. 돈보다도 시간을 너무 많이 허비하게 했습니다. 문제의 벽지를 모두 떼어내고 다시 붙여야 했습니다. 건축업자는 아무런 도움이 안 되더군요.

● 가파른 언덕에 집을 지을 때였습니다. 전망이 참 좋았지요. 건축업자는 억수 같은 비가 내린 직후에 기초 콘크리트를 쳤습니다. 그러자 마르기도 전에 흐물흐물 갈라지더니 콘크리트가 언덕 밑으로 흘러내렸습니다. 건설업자는 제가 기초 공사를 마저 끝내라고 해서 무리하는 바람에 그렇게 됐다고 말하더군요. 제 변호사가 그를 설득해서 무마시켰습니다.

● 건축업자는 우리가 집을 지을 땅 지하에 바위가 없다고 확신했습니다. 그런데 땅을 파내려간 첫날, 그는 우리를 불렀습니다. "어떻게 하죠? 바로 밑에 거대한 화강암 덩어리가 있네요." 우리는 일 주일 동안 이백 개 이상의 다이너마이트를 터뜨리느라, 호주머니가 비어버렸습니다. 많은 돈이 들었지요. 그뿐입니까? 그 돌을 치워내느라 1만 달러 이상 들었습니다.

● 일꾼들이 파이프를 박기 위해 토대에 구멍을 냈습니다. 그런데, 파이프 주변에 맞지 않는 모르타르를 발랐습니다. 그 결과 3미터 가까운 토대가 삐걱거렸습니다. 비가 오면 새기까지 했구요. 제 변호사를 불러야 했지요.

● 골조 공사를 하는 하청업자가 건설업자에게 과다 청구를 했습니다. 건설업자는 그 청구서를 저희에게 전가하더군요. 우리가 그에게 항의하자, 그는 화를 버럭 냈습니다.

● 건설업자는 수요일에 골조 공사를 할 것이라고 말했습니다. 우리는 다음주 수요일이라고 하는 줄 알았습니다. 두 달 후 수요일인지 누가 알았겠습니까?

- 건설업자는 석수장이가 돌아오는 대로 벽난로 공사를 끝낼 것이라고 말했습니다. 그런데, 그 건설업자가 바로 석수장이었습니다.
- 카페트를 깔아주러 온 사람이 우리 보안 시스템의 바닥 센서에다 스테이플을 박았습니다. 우리는 새집에 들이닥친 경찰들에게 자초지종을 설명해야 했습니다.
- 청부업자는 바닥을 고르기 위해 초보 불도저 기사를 고용했습니다. 그는 뒤뜰의 나무들이란 나무들은 죄다 밀어버렸습니다. 오래된 나무들이 많았었는데 말이죠.
- 결산을 하면서 360명의 업자들로부터 청구서를 받았습니다. 우리가 일을 하면서 만났던 사람은 아마 그 반도 안 됐을 겁니다.
- 저는 고객들로부터 건설업자에 대한 불평을 한아름 접수받았습니다. 고객의 집들은 매우 비싼 집들이었고 그들은 화가 많이 나 있었습니다.

만약 당신이 원하는 집을 짓고 싶다면, 백만장자들에게서 얻은 교훈들을 생각해볼 필요가 있다. 그리고 변호사와 상의해서 가능하다면 그들에게 건설업자를 소개해달라고 부탁하는 것이 좋다. 만약 변호사가 큰 법률법인의 공동대표로 있다면 여러 모로 도움이 될 것이다. 변호사들 중 약 10퍼센트 정도는 집을 지어본 적이 있고 그중에 좋은 건설업자를 두었던 사람도 있다. 그렇지 않으면 적어도 자신의 고객들 중에 그런 좋은 건설업자를 겪어봤던 사람도 있을 것이다.

집 짓는 것과 관련된 모든 법적인 문제를 변호사가 처리하도록 만들어라. 변호사를 개입시키지 않고 건축 계약서에 서명하는 일은 없도록 해라. 더 좋은 경우는 변호사에게 부탁해 직접 계약서를 써달라고 하는 것이다. 그리고 건축업자와 상의해서 세부 사항을 처리하도록 부탁한다.

직접 집을 지어서 자신을 표현하고 싶다면 무리하지 않도록 주의해라. 당신이 꿈꾸는 집의 모든 요소 하나하나가 독특하고 주문대로 맞춰지기를 바란다면 일정이 연기되는 것도, 기대에 어긋나는 부분이 있는 것도, 그리고 비용이 초과 지출되는 것도 감수할 마음의 준비를 해야 한다. 시간과 돈을 생각한다면 일일이 취향대로 집을 짓는 것은 피할 일이다.

구입가 이상의 것

어느 날 아침 연구실로 전화가 걸려왔다. 전화를 건 사람은 부모로서 흔치 않은 문제에 직면해 있었다. 나는 그를 애덤 씨라고 부르겠다. 그의 순자산액은 2000만 달러 정도 되었다. 그는 내 답변에 당황한 눈치였다. 그는 내가 "참 좋은 생각입니다!"라고 말할 줄 알았던 것이다.

애덤 서른 살 난 제 아들 네이트에게 42만 5000달러짜리 집을 사주려 하는데 괜찮을까요?

나는 애덤 씨에게 먼저 몇 가지 질문을 하고 나서 얘기를 해주겠다고 했다. 얘기를 들어보니 그는 결심이 선 상태였다.

스탠리 아드님이 그만한 능력이 된다고 생각하십니까?

애덤 그걸 제가 잘 모르겠습니다. 그래서 저는 아들에게 집을 사주려고 하는 것입니다.

스탠리 무슨 말씀인지 알겠습니다. 그런데 저는 지금 구입 비용에 대해서 말하는 것이 아닙니다. 저는 42만 5000달러짜리 집을 건사하는 데 드는 비용과 그러한 집에 살면서 들게 되는 생활비를 말하는 겁니다.

나는 애덤 씨에게 42만 5000달러의 돈은 컨트리클럽 가입비에 비유할 수 있다고 설명했다. 다달이 내게 되는 회비는 또다른 문제라는 것이다. 하지만 애덤 씨는 내 말의 요점을 파악하지 못한 것 같았다. 그는 자신의 아들이 금전적인 부담을 전혀 지지 않을 것이라고 했다. 아들은 갚아야 할 저당권 빚도 없을 것이다. 그는 그저 42만 5000달러짜리 집만 소유하기만 하면 된다. 이보다 더 간단한 것이 있을까?

나는 애덤 씨가 이미 마음을 굳혔다는 생각을 하게 됐다. 그는 아들을 위해 집을 구해줄 심산이었다. 42만 5000달러라고 해봤자 그의 자산의 2퍼센트에 불과하다. 하지만 그의 계산에는 문제가 있었다. 여러 가지 측면에서 보더라도 그가 재산이 많고 적음은 상관이 없다. 왜냐하면, 그 집에 살 사람은 아들 부부이기 때문이다.

스탠리 아드님이 1년에 얼마쯤 법니까?

애덤 약 3만 달러 정도요.

스탠리 어떤 일에 종사하고 계시죠?

아담 보험과 투자업 분야에서 일하고 있습니다

스탠리 며느님은 어떻습니까? 그분도 일을 하시나요?

아담 시간제로 헤어 디자이너 일을 했었는데, 지금은 일을 그만두고 집안일에만 전념할 계획이랍니다.

스탠리 그렇다면, 그 부부의 연간 소득이 4만 달러 정도 되겠군요. 미국

가정의 평균에 아주 가깝습니다.

네이트 부부 소득을 다 합쳐야 딱 평균이다. 그런데 42만 5000달러짜리 집들이 즐비한 동네에 살게 된다면, 그들은 뭔가 정상적이지 않게 된다. 나는 네이트 부부가 살게 될 동네의 인구통계학적 특징들에 대해 잘 알고 있다. 그곳에 사는 사람들의 평균 가계 수입은 그 부부의 세 배 이상 된다.

스탠리 선생님께서는 아드님 부부가 리거시 에스테이츠에 사는 데 문제가 없다고 보십니까? 그곳에 사는 사람들의 평균 연간 소득은 여섯 자리입니다. 주로 회사 중역, 전문직 종사자, 혹은 성공한 사업가들입니다.

애덤 며느리가 그곳을 골랐습니다. 그애는 그곳을 좋아합니다. 거기에는 테니스장과 골프 클럽 등이 있지요. 며느리는 집안일을 하면서 테니스도 치려고 합니다.

냉혹한 현실

이렇게 얘기를 했음에도 나는 내 의도를 제대로 전달하지 못했다. 애덤 씨는 여전히 42만 5000달러면 대주면, 아들에게 집을 사주는 데 필요한 금전적 책임이 모두 끝난다고 생각했다. 나는 이제 현실이라는 냉엄한 무기를 사용할 때라는 것을 알았다. 애덤 씨는 앞으로 계속해서 아들 내외를 경제적으로 보살펴야 한다는 과중한 책임을 인식하지 못하고 있었다. 애덤 씨는 42만 5000달러짜리 집들이 있는 동네에서 가계를 유지하기 위해서는 얼마나 많은 비용이 드는지 몰랐다. 저당권을 갚아나가는 외에도 많은 돈이 필요하다.

스탠리 42만 5000달러짜리 집에 부과되는 재산세가 얼마인지 아십니까?

아담 모르겠는데요.

스탠리 음, 7600에서 8000달러 정도 될 겁니다. 하지만 세금은 계속 오릅니다. 아드님의 소득 중에서 소득세나 사회보장비 같은 것을 제하고 나면 총소득 4만 달러에서 3만 5000 정도가 남을 겁니다. 자, 그러면 한번 봅시다. 3만 5000달러에 최소 7600달러라고 한다면, 수입의 22퍼센트나 되는 겁니다.

이런 식으로 나는 얘기를 좀더 진행시켜나갔다. 그 다음 꺼낸 얘기는 다른 가계 지출비용 문제에 대한 것이었다.

나는 애덤 씨에게 여러 가능성에 대해 자세히 얘기해주었다. 42만 5000달러짜리 집은 보통 단독주택의 평균 시가보다 무려 세 배나 많은 것이다. 전국 통계에 의하면, 42만 5000달러짜리 집을 구입하는 사람은 수입이 평균보다 무려 세 배 이상 많다.

미국의 부자들이 사는 집은 얼마나 비싼 집들일까? 이 점에 대해서는 내 조사자료만 갖고서 대답하기가 쉽지 않다. 왜냐하면, 대부분 지역적 특성이 작용하기 때문이다. 나는 신중하게 백만장자가 밀집된 동네를 추려봤다. 미국의 동네 중 반 수 이상은 조사 대상이 되지 못했다. 왜냐하면 거기에는 백만장자가 없거나 밀집 정도가 희박했기 때문이다. 하지만 백 가구당 한 가구 정도는 백만장자일 수 있다. 이것은 이 책 전체에서 다루는 특정지역의 표본과 매우 대조적인 현상을 보여주고 있다. 이 책에서 인용되고 있는 표본지역에는 평균 백 가구당 칠십 가구 이상이 백만장자의 범주에 들었다. 이들 부자 동네에 비싼 집들이 많다는 것은 놀라운 일도 아니다. 하지만 전국을 기준으로 해서 보면 꼭 그런 것만은 아니다.

누가 백만장자에 관한 가장 확실한 자료를 갖고 있는가? 국민소득 조사기관인 IRS가 가장 완벽한 자료를 갖고 있다. 그들은 최근에 부자들이 소유하고 있는 주택의 시세를 가늠할 수 있는 자료를 제공했다. 이러한 정보의 장점은 한눈에 파악하기가 쉽다는 것이다. 거기에는 고급 주거지역에 사는지의 여부를 떠나서 모든 백만장자들이 망라되어 있다. 시골에 사는 백만장자 농부에서부터 블루 칼라 동네에 사는 부자 고물업자에 이르기까지 그리고 더 나아가 수백만 달러짜리 집으로 즐비한 호화 동네에 사는 갑부들에 이르기까지.

이 자료는 좋은 방어용 무기가 될 수 있다. 만약 당신의 아들 내외가 좋은 집을 사달라고 한다면 어떻게 할 것인가? 그들은 이렇게 말하며 졸라댈 것이다. "누구나 이만한 가격의 집에 살 수 있다구요." 이런 경우에 애덤 씨와 그와 비슷한 처지의 사람들은 다음과 같은 사실을 들어 반박할 수 있다. 즉, 전국의 많은 백만장자들이 사는 집의 시가는 42만 5000달러가 안 된다. 만약 백만장자가 그런 가격의 집에 사는 데 아무런 문제가 없다면, 부모보다 덜 버는 자식들도 그런 집에 살 수 있다. 그러나 아니지 않은가!

표 7-8에 주어진 자료를 자세히 보라. 전국의 모든 백만장자 가구를 망라하고 있는 IRS 자료에 의하면(여기에는 내가 연구 범위에서 제외했던, 농부와 같은 특정 지리인구통계학 범주도 포함되어 있다.) 미국의 백만장자가 소유하고 있는 집의 평균가는 27만 7640달러로 추정된다. 순자산이 250만에서 500만 달러에 달하는 백만장자들은 평균가 35만 4043달러짜리 집에

표 7-8. 백만장자가 사는 집 : 순자산별 평균가*

순자산	평균값	주택 평균가
$100,000 ~ $2,500,000 미만	$1,470,553	$220,796
$2,500,000 ~ $5,000,000 미만	$3,392,416	$354,043
$5,000,000 ~ $10,000,000 미만	$6,809,409	$545,499
$10,000,000 ~ $20,000,000 미만	$14,045,501	$779,444
$20,000,000 이상	$58,229,024	$1,073,980

*MRI 자료(1999)와 IRS 평가(1996)

살고 있다. 애덤 씨의 아들이 살고자 하는 집은 대부분의 백만장자들이 사는 집보다도 더 비싸다.

거절하는 메모

애덤 씨와 유사한 문제를 겪고 있는 부자 부모는 수십만 명이 넘는다. 경제적으로 부유하지 못하면서 집을 사달라고 하는 이들의 요구를 어떻게 물리치는가? 이제 그들도 반박할 수 있게 되었다. 말 혹은 글로 거절할 수 있다.

> 알림
>
> 수신 : 경제적으로 부유하지 못한 아들 내외
>
> 발신 : 돈 많은 부모
>
> 내용 : 42만 5000달러짜리 집을 사달라고 하는 요구에 대해

● 미국의 백만장자의 평균 순자산액은 300만 달러 수준이다. 하지만 그들이 사는 집은 시가 27만 7640달러짜리이다. 너는 백만장자가 아니다.

그런데도 왜 너는 42만 5000달러짜리 집에 살려고 하느냐? 27만 7640달러와 42만 5000달러를 비교해봐라. 너도 느끼는 게 있겠지. 너는 전형적인 백만장자가 사는 집보다 무려 153.1퍼센트나 더 비싼 집에 살려고 하는 거야.

● 평균적으로 27만 7640달러짜리 집에 사는 백만장자는 연간 실소득이 14만 5000달러가 된다. 너희들은 지금 현재 연간 소득이 4만 달러밖에 안 된다. 백만장자들의 평균 소득의 27.6퍼센트밖에 안 되는 액수지. 이러한 수치를 고려하면 너희들도 너희들 수입에 걸맞은 집을 고를 수 있을 게다. 백만장자들이 사는 집의 평균 시가의 27.6퍼센트 수준에 해당하는 집을 고려해봐야 하지 않겠니? 그렇다면 집값은 7만 7000달러 정도면 된다.

● 여기에서 30 내지 50킬로미터 정도 거리에 그만한 가격의 집이 있는데 처음 시작하는 집치고는 괜찮을 것 같다. 이 정도 가격의 집은 수입이 4만 달러 정도 되는 사람들에게 적당하지. 좀더 비싼 집에 살고 싶다면, 우리가 7만 7000달러까지는 보조를 해주겠다. 남는 비용은 너희들이 지불해야 되는 것이고. 그러니까 좀더 돈이 모일 때까지 구입을 연기하는 것이 좋을 것 같다.

애덤 씨의 경우는 그리 드문 일이 아니다. 그는 자식에게 헌신적인 아버지이다. 그는 아직도 어떻게 해야 할지 모르고 있다. 여전히 그는 42만 5000달러짜리 집을 아들에게 주기만 하면, 아들이 잘해낼 것이라고 믿고 있다. 하지만 아들 내외의 수입이 두 배가 는다고 해도, 그들 스스로 집을 건사하기가 쉽지 않을 것이다.

아들이 42만 5000달러짜리 집을 기어이 갖게 된다면, 어떻게 될까? 아

표 7-9. 지출 내역과 특징 : 수입이 9만 달러 이상과 미만인 가구*

항목	9만 달러 미만 : 아들 네이트와 같은 유형	9만 달러 이상 : 네이트의 이웃
가구 수	79,704	5,022
세금 내기 전 소득	$30,220	$136,898
보호자 나이	47.9	47.1
가족 수 :		
전체	2.5	3.1
18세 이하 어린이	0.7	0.8
65세 이상 식구	0.3	0.1
벌이를 하는 사람	1.2	2.1
차량	1.8	2.7
소유주 비율 :	61	91
저당권 설정(전체 대비)	36	75
저당권 설정(소유주 대비)	59	82
임차인	39	9
흑인	11	4
백인과 기타	89	96
대학 출신	46	82
총 지출	$30,167	$80,645
음식	4,331	9,010
집	2,721	4,451
외식	1,608	4,559
주택	9,448	25,121
일반	5,251	14,532
소유 주택	3,080	11,887
임차 주택	1,864	940
공과금, 연료, 공공 서비스	2,091	3,491
가계 운영비	423	1,876
살림도구	412	967
가구 기타 물품	1,272	4,255
의복 및 서비스	1,540	4,732
교통	5,690	12,521
차량 구입	2,547	4,964
주유	2,831	6,101
대중교통	312	1,455
의료비	1,696	2,747
문화비	1,476	4,467
교육비	389	1,816
기부금	863	4,019
보험 및 연금	2,870	12,614

*1994~1995 미국 노동부 통계 Summeary 98-10, November 1998.

들 내외는 애덤 씨로부터 계속 경제적 도움을 받아야 할 것이다. 그러한 경제적 도움은 아들이 야망을 키워나가고 자아를 계발시키는 데 좋지 않은 영향을 끼칠 수 있다. 하지만, 애덤 씨는 여전히 그의 아들이 그럴 수만 있다면 좀더 야망을 갖고 좀더 자신감을 가질 수 있다고 생각한다. "그럴 수만 있다면"이란 무엇인가? "야망이 있는 고소득층 사람들이 살고 있는 동네에 살 수 있다면" 이라는 뜻이다. 하지만, 야망과 자신감은 병처럼 전염되는 것이 아니다. 야망을 가진 고소득층 사람들과 가까이 산다고 해서 저절로 돈을 많이 버는 사람이 되는 것은 아니다. 네이트의 연간 소득으로 가계비 지출이 어떻게 되는지를 보라.(표 7-9 참조) 네이트의 가상 이웃의 수입과 지출에 대한 자료도 포함되어 있다. 그들의 연간 소득은 9만 달러 이상이다. 이들 가구의 총 가계비 지출액은 8만 645달러이다. 이 액수는 네이트 부부가 버는 돈의 두 배가 넘는다.

경제적으로 보살펴야 하는 사람을 받아들이는 데 드는 총비용

경제적으로 보살펴야 하는 사람을 받아들이게 되면 그에 따라 붙는 부수적인 조건도 많다. 한 사십대의 부부가 57만 달러짜리 집을 짓고 싶어 했다. 하지만 그들은 돈이 크게 모자랐다. 그래서 남편이, 지금은 은퇴한 부자 부모에게 도움을 요청했다. 사실 그의 부모는 평생을 오하이오에서 살았는데, 자식들 곁으로 이사하고 싶었다. 애틀랜타가 마음에 들었지만, 아직 그곳의 집을 알아보지는 않고 있었다.

그런데 그들의 아들이 전화를 걸어 집을 사는 데, 돈을 보태달라고 하던 날, 애틀랜타로 이사 갈 수 있는 길이 열렸다. 도와주지 않으면 아들은 그토록 원하던 집을 구입할 수 없었다. 만약 당신이 그의 부모라면, 그 요청에 대해 어떻게 하겠는가? 물론, 수중에 수백만 달러가 있긴 하지만, 당신은 이미 일에서 물러난 상태이다. 많은 돈을 벌던 시절은 옛날 얘기가 됐다. 당신은 이제 더이상 대학 교육까지 받고 이미 성인이 된 자식들에게 수십만 달러를 줄 필요 없이 자신들의 남은 여생을 잘 보내기만 하면 된다.

어떻게 자식의 마음을 상하게 하지 않고 거절할 수 있을까? 지난번 아들이 집을 구입할 때도 돈을 대준 일을 얘기해야만 할까? 부부는 여러 가지 대답을 궁리하다가 한 가지 괜찮은 생각이 났다. 그들은 아들에게 도와줄 테니, 대신 조건이 있다고 말했다. 집 구조를 좀 바꿀 것을 요구했다.

부모는 아래층 전체를 아파트 형태로 꾸밀 것을 제안했다. 침실 두 개, 부엌, 욕실 하나에 샤워실 하나, 그리고 서재를 마련하고 마루 전체에 카페트를 깔고 모든 가전 제품을 완비해야 한다는 것이었다.

이제 그 부모가 오하이오를 떠나기로 마음만 먹는다면, 그들은 아들이 사는 집으로 이사 가서 임대료를 내지 않고 살 수 있는 것이다. 한 명이 먼저 세상을 떠나거나 거동이 불편해지면 이사는 더 빨라질 수도 있다. 얼마나 멋진 제안인가! 아들은 수십만 달러를 받을 수 있을 뿐만 아니라, 부모를 모실 수도 있는 것이다. 아들이 부모의 제안을 거절할 것 같지는 않다.

8

THE MILLIONAIRE MIND

부자들의 일상생활

"커네티컷 양키"와 RRP 씨(지역 라디오 방송인)의 가치관을 비교해보자. RRP 씨는 한마디로 돈을 물쓰듯 하는 사람이다. 하루는 그가 나에게 전화를 걸어 방송에 나와줄 수 없냐고 했다. 나는 응낙했다. 그는 말주변이 좋았고 전화 목소리도 아주 좋았다. 그의 라디오 쇼는 청취율이 2, 3위나 되었다.

나는 그가 왜 나보고 방송 시작 한 시간 전에 와달라고 했는지 알 수 없었다. 그러나 거기에 도착하자 그 이유를 알 수 있었다. 그는 내게 인사를 건넨 뒤, 자신의 문제를 털어놓았다. 그는 방송국과 재계약을 맺어야 했다. 그런데, 방송국 중역과 협상하는 데 많은 시간이 걸렸다. 그는 매니저를 고용하지 않고 직접 계약에 나섰기 때문에 많은 돈을 아낄 수 있었다고 굳게 믿고 있었다. 하지만 불행히도 그는 수완 좋은 협상가가 아니었다. 10분이 지나자, 그는 내게 자신의 금전 관련 문제를 털어놓았다. 당시, 그는 신용카드 빚이 3만 달러나 되었다. 연간 이자만 해도 7000달러나 되었다.

3만 달러라는 빚은 그에게 새삼스러운 게 아니었다. 그는 이미 오래 전부터 상당한 빚에 시달려왔다. 때로 3만 달러를 웃돌기도 했다. 하지만, 이 얘기는 시작에 불과했다. RRP 씨는 연간 10만 달러 이상을 벌었다. 이 액수는 미국 내 고소득 상위 7퍼센트에 해당하는 금액이다. 그의 순자산금은 어느 정도일까? 당신은 삼십대 후반의 이 사람이 수십만 달러의 재산을 갖고 있을 거라고 생각하는가? RRP씨의 재산은 마이너스이다. 어떻게 그럴 수 있을까? 부양할 가족이 너무 많아서일까? 노부모의 병원비를 대고 있나? 너무 비싼 집을 사서 그랬을까? 학자금 대출금을 갚느라고 그런가?

이 모든 물음에 대한 답은 "아니오"이다. 그는 독신이다. 집세도 내야 하고 자동차 임대료도 내야 하지만 RRP 씨가 이런 것에 돈을 다 쓰는 것은 아니다. 사실 RRP 씨만 이런 것은 아니다. 이런 식으로 살아가는 사람은 많다. 그들은 하나의 공통점을 갖고 있다. 인생을 즐기기 위해서는 돈을 마구 써야 한다고 생각하는 것이다. RRP 씨는 돈을 물쓰듯 하는 사람이다. 천성이자 습관이었다. 그는 돈으로 물건을 구입하거나 서비스를 받는 것이 인생의 행복과 직결된다고 믿고 있다.

RRP 씨 같은 사람들은 행복하고 싶고 인생을 즐기고 싶어한다. 하지만 그의 태도에는 문제가 있다. 그는 자신의 수입이 계속 늘어나야만 이렇게 살 수 있다. RRP 씨는 어떻게 방송국 간부에게 이 문제를 얘기해야 할까? 당신 같으면 아마도 그가 했던 식으로 처리하지는 않았을 것이다. 그는 사장에게 자신이 빚에 쪼들리고 있으며 갚아나가기도 어렵다고 말했다. 그런데 그는 거기에다 더 많은 얘기를 했다. RRP 씨는 자신이 행여나 행복하게 살지 못하게 될까 봐 점점 걱정이 되기 시작한다고 했다. 행복해지는 유일한 길은 "향락의 세계"를 향해 돈을 쓰는 일인데 말이다.

만약 당신이 그의 사장이라면, 이 문제를 어떻게 처리했겠는가? 당신의 직원이 빚에 쪼들리기 때문에 더 많은 돈을 받고 싶어한다면 말이다. 아마도, 당신은 그가 얼마만큼 회사에 이익을 주는가 하는 문제에 초점을 맞출 것이다. 하지만 그것은 RRP 씨가 논의하고자 하는 바가 아니다. RRP 씨의 사장은 그의 연봉을 올려줄 것인가? 이 모든 문제는 아주 기본적인 문제로 환원된다. 즉, 그는 일자리가 필요하다. 그의 재산은 마이너스이다. 그는 사장이 하라는 대로 할 수밖에 없다. 다른 도리가 없다. 그에게 시계가 열두 개가 있고, 비싼 자동차가 두 대 있으며, 고급 독신자 바에 자신의 장부가 따로 있고, 비싼 단골 음식점이 있고, 온갖 종류의 스포츠 기구들이 있다 한들 무슨 소용인가? 그는 결국 돈이 없다. 그는 벼랑 끝에 선 상태이다. 그는 급여가 나오지 않으면 한두 달 이상을 살아갈 수 없다.

이것만으로도 상황이 너무나 안 좋은데, RRP 씨는 한술 더 떠서 그의 경제적 상태에 대해 사장에게 말했다. 당신 같으면 아마도 연봉을 올려주지 않을 것이다. 더 심한 경우, 그를 다른 사람으로 대체하려 들지도 모른다. 왜냐하면, 아무리 뛰어난 직원이라 하더라도 낭비벽이 크다면, 그의 생산성은 재고할 필요가 있기 때문이다. 재산이 마이너스라면, 자신의 일을 제대로 해나가기가 어려울 수밖에 없다.

이것이 RRP 씨의 딱한 전후 사정이었다. 그는 삶에서 뭔가 중요한 것을 망각하고 있었다. 소비를 통해서 삶이 행복해지는 것은 아니다. 그의 삶의 스타일은 사고 쓰는 것이다. 그는 제트 스키가 없으면(때론 빚을 내서 두 대씩도 마련했다) 여름 휴가를 제대로 보낼 수 없다고 생각하는 사람이다. 그는 고급 바에서 한 잔에 7달러 하는 고급 스카치 위스키를 마시지 않으면 즐기는 것이 아니라고 생각하는 사람이다. 그는 먹고 마시고 입고 여행하고 노는 데 지나치게 돈을 쓰는 사람이다. 일하고 잠자는 것 외의 모든 일을 하기 위해선 엄청난 비용이 드는 것 같다. 그는 "행복의 나라"로 가기 위해서는 돈을 써야 한다고 믿고 있는 것이다.

RRP 씨의 생활방식은 백만장자의 생활방식과 아주 다르다. 그는 백만장자가 돈을 더 펑펑 쓴다고 생각한다. 하지만, 이 점에 있어서 그는 완전히 잘못 생각하고 있는 것이다. 백만장자들은 아껴 쓰고, 건강하고 절제된 생활을 한다. 당신의 생활습관은 어떤가? 점점 더 많이 벌 수 있는 가능성을 보여주는가? 백만장자 마인드를 갖고 있는 사람들은 그럴 것이고, RRP 씨 같은 사람들은 그러지 못할 것이다. RRP 씨와 그의 생활방식을 기억하면서, 이 장에서 논의될 백만장자의 생활방식을 살펴보도록 하자.

진실과 허구

733명의 백만장자의 지난달 일상생활을 살펴보자. 이 자료들을 보기 전에 우선, 전형적인 백만장자를 머릿속에 떠올려보라. 그들이 사는 방식은 보통 사람과 다를 것이라고 생각하는가? 기억해야 할 것은 이 책 전체에서 언급한 백만장자는 가장 돈을 많이 버는 사업주거나, 회사 중역, 의사, 변호사 등이라는 것이다. 그들은 또한 아주 좋은 동네에 살고 있다. 그들이 사는 집은 평균 140만 달러를 호가한다. 그들은 교육도 많이 받았다. 90퍼센트 정도가 대학을 졸업했다. 연 평균 실소득은 60만 달러가 넘는다. 순자산도 일곱 자리 숫자이다.

일하는 시간 외에 그들은 무엇을 하며 시간을 보낼까? 백만장자는 모두 일중독자라고 생각해서는 안 된다. 그들은 대부분 균형 잡힌 생활을 한다. 그들이 하는 일과 관심사는 할리우드 영화 제작자나 대중잡지가 우리들에게 심어놓은 선입견처럼 그렇게 화려하지만은 않다는 얘기이다.

자수성가한 백만장자들은 종교 모임 같은 것에는 참석하지 않을 것이라고 생각하는가? 그들은 오로지 자신과 자신의 능력만 믿는 사람이라고 생각하는가? 아니다. 사람들은 백만장자가 버거킹이나 맥도널드에서 음식을 먹는 것보다 브룩스 브러더스나 삭스에서 물건을 사는 것을 더 좋아한다고 생각할지 모르겠다.

한 가지를 명심하라. 백만장자들은 돈을 벌고 재산을 모으는 데 큰 성공을 거둔 사람들이다. 예를 들어 투자를 계획하고 자문가에게 조언을 구하는 것과 같이, 위의 목적에 직접적으로 부합하는 활동들이 부자들의 주요 활동 내용이다. 그리고 그들의 일상생활의 여러 측면을 보다 보면, 그들에겐 남다른 게 있다. 그들에겐 우리와 다른 몇 가지 습관이 있다. 이에 대한 내용은 자료에 나와 있다. 사람들이 내게 백만장자의 생활방식에 대해 물어올 때면 나는 간단히 대답한다. 몇 단어만 쓰면 충분하다.

돈 안 드는 활동

표 8-1를 보면, 스물일곱 가지의 일상활동이 소개돼 있다. 이것은 백만장자들이 지난 한 달 동안 어떤 활동을 어느 정도 했는지를 보여주고 있다. 각 활동마다 그것을 했다고 표시한 백만장자의 비율에 따라 1위에서부터 27위까지 순위를 매겼다. 표 8-2에서는 그 활동들을 영역별로 구분해놓았다.

가장 순위가 높은 활동은 무엇인가?

자녀나 손자손녀와 함께 시간을 보낸다.

표 8-1. 백만장자의 일상활동 : 30일간의 기록(N = 733)

	백분율	순위
자녀나 손자손녀와 함께 시간을 보낸다	93	1
가까운 친구들과 어울린다	88	2
투자 계획을 세운다	86	3
투자 기회를 연구한다	78	4
사진을 찍는다	67	5
자녀나 손자손녀들이 운동하는 모습을 지켜본다	61	6
투자 자문가의 조언을 듣는다	59	7
예술/투자를 연구한다	53	8
종교 모임에 참석한다	52	9
조깅을 한다	47	10
기도한다	47	10
맥도널드나 버거킹에서 식사를 한다	46	12
골프를 친다	45	13
강연을 들으러 간다	43	14
종교 행사에 참석한다	37	15
친지들이나 나이 많은 이웃들을 찾아뵌다	35	16
월마트나 케이마트에서 쇼핑한다	31	17
이것저것 고친다	31	17
복권을 산다	27	19
삭스 5번가에서 쇼핑한다	26	20
고급 와인을 연구/수집한다	25	21
테니스를 친다	23	22
인터넷을 통해 쇼핑한다	22	23
종교 서적을 읽는다	22	23
브룩스 브라더스에서 쇼핑한다	19	25
시어스나 J.C.페니*에서 쇼핑한다	17	26
지프차를 타고 비포장도로를 달린다	5	27

*부유층을 대상으로 한 고급 백화점.

표 8-2. 백만장자의 일상활동 : 항목에 따른 분류(N = 733)

	백분율	순위
종교 활동		
종교 행사에 참석한다	37	15
종교 모임에 참석한다	52	9
기도한다	47	10
종교 서적을 읽는다	22	23
강연을 들으러 간다	43	14
투자 활동		
투자 기회를 연구한다	78	4
투자 계획을 세운다	86	3
예술/투자를 연구한다	53	8
투자 자문가의 조언을 듣는다	59	7
가벼운 활동		
월마트나 케이마트에서 쇼핑한다	31	17
시어스나 J.C.페니에서 쇼핑한다	17	26
이것저것 고친다	31	17
맥도널드나 버거킹에서 식사를 한다	46	12
가족 활동		
자녀나 손자손녀와 함께 시간을 보낸다	93	1
자녀나 손자손녀들이 운동하는 모습을 지켜본다	61	6
친지들이나 나이 많은 이웃들을 찾아뵌다	35	16
고급 쇼핑/여가 활동		
브룩스 브라더스에서 쇼핑한다	19	25
삭스 5번가에서 쇼핑한다	26	20
골프를 친다	45	13
야외 활동		
지프차를 타고 비포장도로를 달린다	5	27
고급 와인을 연구/수집한다	25	21
친구와 사진		
사진을 찍는다	67	5
가까운 친구들과 어울린다	88	2
체력 단련		
조깅을 한다	47	10
테니스를 친다	23	22
개인 활동		
복권을 산다	27	19
인터넷을 통해 쇼핑한다	22	23

친구와 물건

가족과 시간을 보내는 것이 1위를 차지했다. 두번째는 다음과 같다.

가까운 친구들과 어울린다.

어릴 적에 가까운 친구들과 노는 것이 얼마나 즐거웠던가를 떠올려보라. 친구들과 모래장난 하고 물놀이 하는 데는 돈도 들지 않았다. 백만장자들은 가까운 친구와 어울리는 것을 즐기면서도 많은 돈을 쓰지 않는다. 브릿지 게임을 하고 저녁을 같이 먹는 데 얼마가 들겠는가? 별로 안 들 것이다. 여기에서 무엇보다 중요한 것은 자신이 좋아하는 사람을 만난다는 것이다.

많은 젊은이들은 재미있으려면 돈이 필요하다고 생각한다. 많은 소비재와 서비스에 영업적 차원에서 꼭 들어가는 것이 바로 이 "재미"라는 것이다. 친한 친구와 어울리기 위해 5만 달러짜리 요트가 필요할까? 요트가 없다고 친구가 싫어할까? 디즈니월드에서 돈을 써야 재미라는 것을 만끽할 수 있는 것일까? 스키 산장이 없다고 새로운 친구도 사귀기 어렵고 옛친구는 떨어져나갈까? 좋은 친구는 물질 때문에 생기는 것이 아니다.

젊은이들은, 백만장자들이 인생을 즐기기 위해 물질에 의존하지 않는다는 것을 알아야 한다. 그들이 즐거워하고 만족할 수 있는 것은 가족, 친구, 종교, 경제적 성공, 육체적 건강, 그리고 이따금 치는 골프 등이 있기 때문이다.

이 문제를 다른 측면에서 보자. 친한 친구도 사랑하는 가족도 없이 그저 수백만 달러어치의 물질만 갖고 있을 뿐이라면, 그보다 더 불쌍한 사람은 없다. 백만장자 중에 그런 사람은 극히 드물다. 사실, 사람과 어울리는 활동의 빈도와 자산의 정도와는 밀접한 비례관계가 존재한다. 한 백만장자가 내게 이런 말을 들려줬다. 그는 수년간 딸아이가 선수로 뛰는 소프트볼 팀을 코치해주었다. 미리 의도한 것은 아니었지만, 그는 성공한 기업주인 많은 부모들을 만날 수 있었다. 이들 중 몇몇은 그의 고객이 되기도 했다. 당신이 상업용 부동산을 매매하든, 법률 서비스 일을 하든 상관없다. 그것은 다른 성공한 사람들과 관계를 맺는 데 도움을 준다.

관람하는 것 이상의 것이 있다

컨트리 클럽에서 골프를 치거나 테니스를 치는 부자들의 습성에 대한 농담들이 많다. 사실, 많은 부자들이 골프를 치거나 테니스를 친다. 여담이지만, 재산의 정도와 골프를 치는 것 사이에도 깊은 연관성이 있다.

천만장자는 일반 고소득자에 비해 두 배나 많이 골프를 치고 있다.

골프는 많은 백만장자들에게 중요한 일이다. 그렇다고 해도 골프가 자신의 아이들이 운동하는 모습을 지켜보는 것만큼 중요하진 않다. 골프는 그 다음의 것이다. 아무리 최고의 골프 시즌이라 할지라도, 백만장자의 45퍼센트만이 골프를 쳤다고 한다. 골프는 백만장자의 일상활동 중 13위에 올랐다. 이것을 다른 스포츠 관련 활동과 비교해보자. 백만장자의 61퍼센트는 다음과 같이 말하고 있다.

자녀나 손자손녀가 운동하는 것을 지켜보는 것이 중요하다.

많은 백만장자들이 골프를 치거나(45퍼센트) 테니스를 치는(23퍼센트) 것보다 자녀가 운동하는 것을 지켜보는 것을 더 중시한다.(61퍼센트) 백만장자들이 자녀가 운동하는 모습을 보는 것을 중시하는 이유는 아이들에 대한 사랑 때문만은 아니다. 내가 설문조사했던 백만장자들의 반 수 정도가 한때, 운동을 해본 적이 있었다. 비록 고등학교 때 소프트볼 했던 정도일 수도 있지만 상관없다. 이렇게 참여해본 사람들은 경기에 참가해봄으로써 많은 것을 배울 수 있다는 것을 안다. 목표를 향해 남보다 더 열심히 뛰는 성격이 길러질 수도 있다. 그들은 이런 경험을 통해서 팀웍이 얼마나 중요한지 배웠다. 그리고 부수적인 이득으로, 학창 시절 때 운동했던 사람은 나중에 어른이 되서도 운동을 게을리하지 않았다. 규칙적인 운동이 정신과 육체에 도움이 된다는 것은 굳이 말할 필요가 없을 것이다.

부자 부모들은 대부분 자녀들에게 운동할 것을 권한다. 운동을 함으로써 원만한 인성이 길러진다고 생각한다. 그리고 시간을 내서 자녀들이 운동하는 모습을 지켜본다. 그렇다고 해서 백만장자들이 다른 부모보다 더 잘났다고 하는 것도 아니고, 아이들을 더 사랑한다고 하는 것도 아니다. 그것은 자신의 시간을 어떻게 쓸 것인가, 즉 무엇이 우선적인가를 제대로 분별하고 있다는 것을 보여준다.

자산의 정도와 자녀들의 운동경기를 보러 가는 횟수 사이에는
깊은 연관성이 있다.

이것이 어떻게 가능할까? 부자가 되는 법 중의 하나는 적절한 시간 안배에 있다. 내가 행한 전국적인 조사에서 나온 자료를 보면, 이 관계는 매우 중요한 것으로 나타난다. 그러므로, 방과 후 운동경기에 부모들이 모습을 드러내는 것은 블루 칼라들이 사는 지역보다 부자 동네에서 더 잘 찾아볼 수 있다는 것은 놀라운 일이 아니다. 왜냐하면, 부자는 그렇지 않은 사람보다 자신의 시간을 직접 조절할 수 있기 때문이다. 대부분의 백만장자들은 사업주이거나 전문직 종사자이기 때문에, 자신의 일정표를 스스로 짠다. 기업체 중역들도 시간을 사용하는 데 있어서 자율성을 갖고 있다. 일이 주어졌을 때 그것을 어떻게 처리하는가는 전적으로 그들에게 달린 문제이다. 조립 라인에 서 있는 공장 노동자나 트럭을 모는 사람들은 일정을 일에 맞출 수밖에 없다. 백만장자와 일반인들 사이에 존재하는 가장 큰 차이는 그들이 어떤 식으로 대가를 지불받는가 하는 데 있다. 백만장자들은 한 만큼 그리고 성과만큼 대가를 받는다. 반면에 다른 사람들은 일한 시간만큼 그리고 만들어낸 물건의 수만큼, 혹은 자신의 시간과 움직임을 제한받은 만큼 대가를 받는다. 경제적 성공은 자신의 시간과 움직임을 어떻게 안배했느냐에 따라 좌우된다.

돈 안 드는 활동

한 번에 두 곳에 있을 수는 없다. 그러므로 자녀들이 운동경기하는 것을 보고 있으면 브룩스 브라더스나 삭스에서 쇼핑하지는 못할 것이다. 아이들과 뒤뜰에서 공을 주고받는 놀이라도 하면서 어울린다면, 카지노에서 슬롯머신에 돈을 넣을 시간도 없을 것이다. 이것이 바로 "돈 안 드는 활동" 이론의 한 예이다.

표 8-3을 한번 보자. 각각의 활동에 따른 백만장자의 참여율을 비교해 보자. 이른바 "돈 안 드는 활동"류의 활동이 돈 드는 활동에 비해 앞서고 있다. 그것은 비용 문제 이상의 것이다. "돈 안 드는" 활동을 하는 사람 중 많은 수가 그만큼 생산성도 높일 수 있었다.

"돈 안 드는 활동" 이론에는 여러 다양한 측면이 존재한다. 대부분의 백

표 8-3. 돈 안 드는 활동과 돈 드는 활동 : 백만장자의 생활방식의 실체(N = 733)

돈 안 드는 활동	백분율	돈 드는 활동	백분율	차이	배율	높은 백분율
자녀들이 운동하는 모습을 지켜본다	61	백화점에서 쇼핑한다	19	42	3.2	돈 안 드는 활동
투자 계획을 세운다	86	삭스 5번가 쇼핑	26	60	3.3	돈 안 드는 활동
기도한다	47	백화점 쇼핑	19	28	2.5	돈 안 드는 활동
가까운 친구들과 어울린다	88	인터넷 쇼핑	22	66	4.0	돈 안 드는 활동
투자 연구	78	와인 수집	25	53	3.1	돈 안 드는 활동
종교 모임	52	복권을 산다	27	25	1.9	돈 안 드는 활동
자녀들과 함께 시간을 보낸다	93	백화점 쇼핑	19	74	4.9	돈 안 드는 활동
사진을 찍는다	67	드라이브	5	62	13.4	돈 안 드는 활동

만장자들은 자질구레한 일을 직접 하는 스타일이 아니다. 특히 그 일이 몇 시간씩 소요되는 일이라면 더더욱 그렇다. 그들은 시간이 돈이라는 것을 잘 안다. 전형적인 백만장자들은 자신의 일에서 시간당 320달러 이상을 번다. 그런데 선반을 만들려면, 톱질하고 사포로 밀고 마무리하는 데 한 시간이 족히 걸린다. 물론 나무를 사러 목재상에 가는 시간은 뺀 것이다. 그리고 그것을 설치하는 데도 시간이 걸릴 것이다. 결국 그런 식으로 10달러짜리 선반 하나 다는 데, 서너 시간이 필요하다면, 결국 그 선반에 들어간 총 비용은 그것을 만드느라 놓친 자신의 일에서 벌 수 있는 돈의 액수이다. 그 액수는 무려 1050달러에서 1400달러나 된다.

백만장자들이 이처럼 손수 하는 일을 꺼리는 것은 단순히 경제적인 이유 때문만은 아니다. 이런 일 대신 하고 싶어하는 것이 있기 때문이다. 골프를 치는 것과 손수 집안일을 하는 것 사이에는 반비례관계가 존재한다. 골프는 클럽 가입비, 필드 사용료, 장비료, 골프웨어 구입비 등을 고려할 때, 비용이 많이 드는 것이라고 할 수 있다. 하지만 백만장자들은 골프를 치는 것이 그만한 비용을 들일 가치가 있는 것으로 본다.

> 우리는 골프를 치는 것이 아닙니다. 페어웨이에서 벌어지는 진짜 게임은 새로운 고객을 유치하고 기존의 고객을 즐겁게 해주는 것입니다.

골프는 활동 순위에서 13위에 올라 있다. 3위에 올라 있는 투자 계획보다 훨씬 아래이다. 투자를 계획하는 것은 혼자 하는 게임이다. 특별한 장비도 필요없다. 내가 도서관에서 만났던 백만장자에게 물어보라. 나는 내 책에 필요한 자료를 얻기 위해 도서관에 갔다. 그들도 거기서 〈밸류 라인〉과 〈스탠다드앤푸어〉 최근 호를 열람하기 위해 줄을 서서 기다리고 있었다. 도서관에 들어가는 데는 한푼도 들지 않는다. 그리고 최고의 투자 연구 자료들을 보는 데 도서관 대출 카드를 만들 필요도 없다.

1년간의 기록

1년을 기준으로 일상활동을 연구하게 되면 몇 가지 이점이 더 있다. 휴가라든가 소득신고서를 준비하는 등의 연중 행사도 활동 내용으로 다룰 수 있기 때문이다. 표 8-4에는 30개의 일상활동이 열거되어 있다. 그리고 거기에는 백만장자들이 지난 12개월 동안 적어도 한 번 이상 참여했던 활동에 대한 빈도와 그에 따라 매긴 순위가 있다. 표 8-5는 각각의 활동을 일정 기준에 따라 분류한 것을 보여준다.

이런 일상활동들은 사람들이 생각하는 화려한 것과는 거리가 멀다. 화

표 8-4. 백만장자의 일상활동 : 12개월간의 기록(N = 733)

	백분율	순위
세금 전문가의 조언을 듣는다	85	1
박물관에 간다	81	2
지역사회/시민 활동을 한다	68	3
정원을 가꾼다	67	4
자선 기금을 모은다	64	5
메이저 리그의 스포츠 행사에 참석한다	62	6
업자를 만나거나 협회에 참석한다	61	7
브로드웨이 공연을 관람한다	60	8
기금 조성을 위한 무도회에 참석한다	57	9
해외에서 휴가를 즐긴다	57	9
골동품 전시회/판매에 참석한다	49	11
예술 진품을 구입한다	42	12
복권을 산다	33	13
직접 세금 보고서를 작성한다	30	14
낚시를 한다	30	14
직접 배관 수리를 한다	27	16
캠핑/도보 여행을 간다	25	17
카지노에서 도박을 한다	25	17
록키 산맥에서 스키를 탄다	22	19
파리에서 휴가를 보낸다	20	20
요트를 탄다	20	20
자기 마당의 풀을 벤다	19	22
록 콘서트에 참석한다	17	23
팜 스프링스에서 휴가를 보낸다	17	23
자기 집의 외부를 칠한다	13	25
그랜드 슬램 테니스 대회에 간다	11	26
사냥/사격을 한다	11	26
수상 스포츠를 한다	9	28
알프스에서 스키를 탄다	4	29
유람선으로 세계 일주를 한다	3	30

표 8-5. 백만장자의 일상활동 : 항목에 따른 분류(N = 733)

	백분율	순위
사회 참여		
자선 기금을 모은다	64	5
지역사회/시민 활동을 한다	68	3
기금 조성을 위한 무도회에 참석한다	57	9
예술, 엔터테인먼트, 여행		
예술 진품을 구입한다	42	12
골동품 전시회/판매에 참석한다	49	11
박물관에 간다	81	2
브로드웨이 공연을 관람한다	60	8
해외에서 휴가를 즐긴다	57	9
파리에서 휴가를 보낸다	20	20
DIY(스스로 하기) 활동		
정원을 가꾼다	67	4
자기 마당의 풀을 벤다	19	22
직접 배관 수리를 한다	27	16
자기 집의 외부를 칠한다	13	25
직접 세금 보고서를 작성한다	30	14
스포츠		
록키 산맥에서 스키를 탄다	22	19
알프스에서 스키를 탄다	4	29
그랜드 슬램 테니스 대회에 간다	11	26
메이저 리그의 스포츠 행사에 참석한다	62	6
야외 활동		
캠핑/도보 여행을 간다	25	17
수상 스포츠를 한다	9	28
메이저 리그의 스포츠 행사에 참석한다	17	23
스포츠 활동		
낚시를 한다	30	14
요트를 탄다	20	20
사냥/사격을 한다	11	26
기회의 게임		
카지노에서 도박을 한다	25	17
복권을 산다	33	13
업자를 만나거나 협회에 참석한다	61	7
고급 여행		
팜 스프링스에서 휴가를 보낸다	17	23
유람선으로 세계 일주를 한다	3	30
세금 관련 활동		
세금 전문가의 조언을 듣는다	85	1

려한 활동은 자수성가한 백만장자에게서보다 소득이 많긴 하지만, 백만장자가 아닌 부류에게서 더 일반적으로 나타난다. 백만장자가 아닌 사람들 사이에 퍼져 있는, 겉만 번지르르한 생활방식 때문에 많은 고소득자들이 부자가 되지 못하는 것이다.

백만장자라는 말만 들어도 대부분의 미국인들은 잘난 척하는 과소비 생활방식을 연상한다. 일반 사람들에게 백만장자들의 휴가 계획과 관심사가 무엇일 것 같냐고 질문을 해보라. 더 구체적으로 다음 중 어떤 것을 우선으로 꼽겠는지 물어보라.

- 록키 산맥에서 스키 타기
- 알프스에서 스키 타기
- 요트로 항해하기
- 카지노에서 도박하기
- 세계 대양 일주하기
- 팜 스프링스에서 휴가 보내기
- 그랜드 슬램 테니스 대회 관전하기
- 파리에서 휴가 보내기

그런데 이중에는 없다. 여기에 나열된 것은 하위권에 올라 있다.

가장 많이 하는 활동은 세금 전문가의 조언을 듣는 것이다.

당신은 미국의 백만장자와 억만장자들이 이럴 것이라고 생각했는가? 왜 백만장자들이 이 활동을 제일 많이 할까? 그것은 아마도 그들이 작년 소득에 대한 세금으로 평균 30만 달러 이상을 지불하게 돼서 그런 것도 있을 것이다. 100만 달러 이상의 세금을 낸 사람도 다섯 명 중에 한 명 꼴이 된다. 이 나라에선 부자들이 일반적인 기준보다 더 많은 세금을 낸다. 연간 실소득이 100만 달러쯤 되는 사람들은 미국 전체 가구의 0.1퍼센트도 안 된다. 그런데 그들이 내는 세금은 전체 소득세의 14.7퍼센트에 해당한다. 두말할 것도 없이 대부분의 백만장자들은 세금 전문가의 조언을 듣는 것이 유리하다. 세금에서 5내지 10퍼센트만 제할 수 있어도 그것으로 자녀의 대학 등록금을 댈 수 있을 만한 액수가 된다.

소득세와 관련된 또다른 중요한 내용이 있다. 설문에 응했던 백만장자 중 30퍼센트만이 자신이 직접 소득신고서를 작성하는데, 이들 중 3분의 1이 자신이 공인회계사이거나 세금 전문 변호사이다. 여기에서도 흥미로운 유형이 보인다. 즉, 자신이 직접 무엇인가를 하는 것과 재산을 모으는 것 사이에는 아주 커다란 반비례관계가 존재한다는 것이다. 이런 유형의 활동에 순위를 매긴 것을 한번 보도록 하자.

1. 자기 마당의 풀을 벤다
2. 직접 배관 수리를 한다
3. 직접 세금 보고서를 작성한다
4. 자기 집의 외부를 칠한다

돈을 많이 벌지 못하는 사람들일수록 이러한 활동들을 하는 비율이 높다. 이와는 매우 대조적으로, 재산이 많을수록 세금 문제를 처리해줄 전문가를 고용하는 경향이 많다.

백만장자들도 백만장자가 되기 전에는 자신이 직접 여러 가지 자질구레한 일들을 했을 것이라고 사람들은 생각할 것이다. 하지만 그렇지 않다. 소득이 높은 사람들이 직접 여러 가지 일을 하는 것도 나이가 들면 그럴 여유가 생겨서 그런 것도 아니다. 여러 가지 일을 직접 하게 되면 그만큼 돈 벌 수 있는 시간이 줄어든다.

이런 얘기가 생소하진 않을 것이다. 나는 자료를 검토하고 나서 이런 관련성에 대해 아내에게 말했다. 아내는 잘 이해하지 못하는 눈치였다.

아내 백만장자들은 집안일을 하지 않아요! 남는 시간에 뭣들 하며 지낼까요?

나 재산을 불릴 수 있는 일들을 하지.

아내 개 산책 좀 시켜주고 나서 자세히 설명해주세요.

> 12개월 동안의 기록 자료에 열거된 30가지 일상활동 중에서
> 순자산의 축적과 가장 역행하는 활동은
>
> **복권을 사는 것이다.**
>
> 순자산금이 높은 사람일수록 복권을 사는 일이 줄어든다.

일터 밖에서

많은 수입을 벌어들이는 젊은 사람 중 어떤 부류가 미래에 백만장자가 될 수 있을까? 일도 열심히 하고 자신에게 맞는 일을 선택한 사람이다. 그런데 이런 사람이 앞으로 자신의 재산을 더 불리고자 한다면, 그는 일 외에 다른 활동에도 참여해야 한다. 우선, 세금 전문가와 세금특혜 분야 투

자 자문가와 긴밀한 관계를 맺어야 한다. 그리고 지역사회 활동도 해야 한다. 가장 숭고한 일상활동은 바로 이것이다.

자선 기금을 조성한다.

백만장자의 3분의 2 가량이 지난 12개월 동안 이런 활동에 참여했다. 이런 활동과 순자산 사이에는 깊은 연관성이 존재했다.

이런 류의 기금 조성은 부자 혹은 은퇴한 재벌들이나 하는 일이라고 반박하는 사람도 있을 것이다. 혹은 많은 재산을 물려받은 사람들이나 하는 일이라고 주장하는 사람도 있을 것이다. 그러나 자선 기금을 조성하기 위해 자신의 시간을 쪼개는 것은 나이나 유산과는 상관없는 일이다. 그리고 부자들만의 전유물도 아니다. 많은 백만장자들은 그들이 경제적으로 일가를 이루기 전부터 좋은 일에 쓰기 위한 기금을 조성해왔다. 그리고 그것은 순수한 의도에서 행해졌다.

선행에 대한 보답은 꼭 천국에 가야만 주어지는 것이 아니라, 현세에서도 주어진다. 기금 조성에는 이미 경제적으로 성공한 사람들과 장차 부자가 될 사람들이 참여하고 있다. 이들은 기금 조성 활동에 참여하면서 서로 안면을 트게 된다. 그들은 그러한 일에 최선을 다하려는 모습이 역력하다. 이로써 그들에 대한 평판과 고결한 성품은 더욱 배가되는 것이다.

성공한 사람들을 수년간 연구해오면서 나는 아주 간단한 원칙을 발견했다.

부자가 되고 싶다면, 부자들과 어울려야 한다.

예술, 엔터테인먼트, 여행

기금 조성 외에, 자산 형성과 관련 있는 다른 일상활동이 있을까? 재산을 많이 모을수록 점점 더 많이 예술, 엔터테인먼트, 여행을 즐기게 된다. 백만장자의 57퍼센트가 지난해 해외 휴가 여행을 떠났다. 그런데, 그보다 재산이 더 많은 천만장자들은 외국 여행을 더 자주 했다. 열 명 중 일곱 명이 외국 여행을 다녀왔다.

그렇다면, 백만장자들은 재산을 불리기 위해서만 돈을 쓴다는 이론에 정면으로 위배되는 것이 아니냐고? 여행이 그저 놀러 가는 것이 목적이라면 이 주장에 일리가 있다. 그러나 백만장자들에게 있어서 휴가는, 특히 해외로 떠나는 휴가는 재산 증식을 위한 목적이 포함되어 있다.

자영업자인 에드워드 박사를 보자. 지난해, 그는 100만 달러의 순 수입을 올렸다. 에드워드 박사는 아주 뛰어난 외과의사이다. 그는 최신 의료 정보를 습득하는 데 게을리하지 않는다. 그는 자신의 분야와 관련된 논문도 학회지에 게재한다. 그는 주립이나 국립 혹은 국제의료기관으로부터 연구성과를 발표해달라는 부탁을 종종 받는다.

에드워드 박사는 강연할 곳이 많다. 그의 책상에는 각 곳에서 강연을 해달라는 초청장이 항상 몇 통씩 놓여 있다. 어떤 곳에서는 1000달러 정도의 강연료와 체재비 일체를 부담하겠다는 제안도 한다. 그가 지난해 이런 강연 여행을 하면서 축적한 마일리지는 엄청나서, 온 가족이 무료로 비행기를 타고 전세계를 돌아다닐 수 있을 정도가 되었다.

2월의 시카고와 5월의 파리 중 한 곳을 택해야 한다면, 에드워드박사 가족은 해외 휴가 여행도 겸할 수 있는 곳을 택할 것이다. 돈을 받고 강연을 한 후, 그와 그의 아내는 해외 여행을 가는 백만장자 대부분이 그러듯이 그림 수집과 골동품 경매에 참석할 수 있다.

에드워드 박사의 경우는 억만장자들에게 흔한 일이다. 극히 일부만이 순전히 휴가만을 목적으로 해외 여행을 한다. 대부분은 사업과 투자와 엔터테인먼트를 같이 생각한다. 그 순서가 어떻게 되든 상관없다. 즐기면서 하는 일 중에 세금 혜택을 받을 수 있는 것이 있다. 하지만 세금 혜택과 업무상의 이유로 해외 여행을 하기 전에 반드시 공인회계사와 세금 전담 변호사와 상의를 한다. 일도 하고 즐기기도 하고 그림이나 골동품에 투자할 수 있는 제3지대가 존재하는 것이다.

백만장자들은 보통 이러한 사업 기회를 잘 포착한다. 그렇게 되면 휴가는 덤이다.

백만장자를 찾아서

당신이 만약 백만장자를 취재해야 하는 젊고 경험 없는 시장 조사자라고 가정해보자. 당신에게는 전세계를 여행하고도 남을 활동비가 주어졌다. 당신은 백만장자가 있을 것이라고 생각한 곳에서 백만장자 몇몇을 찾아냈다. 그런데 당신의 상관은 당신이 한 일에 불만이 많았다.

파리에서 휴가를 보내고 있는 백만장자를 찾아냈다고 당신은 보고했다. 그런데, 당신의 상관은 표 8-6을 당신 코에 들이대며 지난해에 파리에서 휴가를 보낸 백만장자는 전체의 20퍼센트에 불과하다고 말한다. 그리고 나서 그는 백만장자가 고용하고 있는 세금 자문가를 만나보았는지 물어본다. 당신은 그쪽은 생각해보지도 않았다. 그럴 수밖에 없는 게 당신도 여느 사람과 같이 부자들은 호화판 휴가를 보낸다고 생각했기 때문이다. 백만장자들이 자신의 세금 자문가와 만나 세금 문제를 논의하고 있을 것이라고는 꿈에도 생각하지 못했다. 하지만 백만장자들은 파리에서 휴가를 보내는 것보다 세금 자문가 사무실에 있을 확률이 네 배나 높다.

표 8-6. 세금 전문가와의 만남, 자선 기금 조성 vs. 사치스런 활동들 : 백만장자의 12개월간의 생활방식 (N = 733)

사치스런 활동들	백분율	세금 전문가와의 만남 (사치스런 행동에 대한 비율)	자선 기금 조성 (사치스런 행동에 대한 비율)
파리에서 휴가를 보낸다	20	85(4.3)	64 (3.2)
록키 산맥에서 스키를 탄다	22	85 (3.9)	64 (2.9)
알프스에서 스키를 탄다	4	85 (21.3)	64 (16.0)
그랜드 슬램 테니스 대회에 간다	11	85 (7.7)	64 (5.8)
요트를 탄다	20	85 (4.3)	64 (3.2)
팜 스프링스에서 휴가를 보낸다	17	85 (5.0)	64 (3.8)
유람선으로 세계 일주를 한다	3	85(28.3)	64 (21.3)

당연히 당신의 상관은 알프스에서 스키 휴가를 보내고 있는 백만장자를 찾기 위해 당신이 그렇게 뛰어다닌 것을 전혀 치하해주지 않았다. 지난해 알프스에서 스키 휴가를 보낸 백만장자는 백 명 중에 네 명뿐이었다. 당신은 세계 일주 유람선에서 백만장자들을 많이 봤다. 하지만 그들이 전체를 대표하지는 않는다. 당신의 상관은 당신에게 다른 일이나 하라고 한다. 다른 사람으로 교체된 것이다. 당신의 상관은 자선 기금 모금 활동에 적극적으로 참여하고 있는 한 젊은 여성을 고용했다. 엘렌이라는 그 여자는 당신의 상관에게 잘 보였다. 그녀는 많은 백만장자들이 자선 기금 모금 활동에 적극적이며 이미 자신은 그들과 같이 활동한다고 말함으로써 좋은 점수를 땄다. 표 8-6에 나온 수치를 보면, 백만장자는 소비적으로 살지 않고 기금 조성과 같은 활동에 참여한다고 말하는 엘렌의 주장이 옳다는 것을 알 수 있다. 기금 조성은 다음의 활동보다 더 중요하다.

- 파리에서 휴가 보내는 것의 3배

- 알프스에서 스키 타는 것의 16배
- 그랜드 슬램 테니스 대회를 보러 가는 것의 6배
- 요트를 타고 여행하는 것의 3배
- 유람선을 타고 세계 일주를 하는 것의 21배

모닝 콜

일찍 일어나는 새가 먹이를 잡는 것이 사실인가? 그럴지도 모른다. 하지만, 사람은 새가 아니다. 만약 백만장자가 되는 것과 남들보다 일찍 일어나는 것 사이에 상관관계가 존재한다면, 많은 스쿨버스 운전사와 우유 배달부들은 부자가 됐을 것이다. 하지만 그들 중에 부자는 거의 없다. 부자가 되는 길치곤 너무나 쉬운 것 같다. 이것을 다른 각도에서 보자. 부자가 되는 것에 대해 확실하게 말할 수 있는 것은 없다. 어떤 특정한 요인들은 얼마만큼 많은 재산을 모을 수 있을지를 가늠케 해주기도 하지만, 아침 일찍 일어나는 사람은 장차 백만장자가 될 것이라고 100퍼센트 확실하게 말하기는 어렵다.

한때, 나는 친척들이 내게 해주었던 말을 꼭 믿었었는데, 다른 사람보다 일찍 일어나면 돈도 많이 벌고 재산도 늘 것이라는 것이었다. 당시에 나는 주말마다 골프장 캐디 일을 했다. 내가 일을 시작한 첫해에 캐디 마스터가 문제를 일으켰다. 몇몇 고참 캐디가, 캐디 마스터가 "사람을 차별한다"고 불만을 털어놓았다. 그들은 클럽의 간부에게 캐디에게 일을 배정하는 과정에 사적인 감정이 개입되어 있다고 말했다.

사적인 감정이 개입되어 있었는지는 지금도 확신할 수 없지만, 캐디 마스터가 애물단지였던 것만은 분명하다. 솔직히 말해서, 나는 별로 관심이 없었다. 나는 제일 어린 신출내기 열두 살 캐디에 불과했으니까 말이다. 그래서 나는 팁이라곤 준 적이 없는 두 남자의 가방지기 일만을 맡았다. 나는 항상 "밥과 앤디"와 그들의 친척들을 도맡았다. 그들은 80대 후반이나 90대쯤 되어 보였다. 나는 그들의 가방을 메주었을 뿐만 아니라, 그들의 접이의자도 챙겨야만 했다. 18개의 홀을 다 도는 데, 점심식사 90분까지 포함해서 보통 여섯 시간 내지 여덟 시간 걸렸다. 그러면서도 이 골퍼들은 110을 넘지 못했다.

이들 형제 골퍼는 나를 힘들게 하지는 않았다. 나는 가장 미숙한 캐디였고, 그들은 억만장자에다가 쟁쟁한 집안 사람들이었다. 그들은 내가 보수를 충분히 받는다고 생각했던 것 같다. 그런데 고참 캐디들 중 몇몇은 이들에게 배정받는 것을 아주 싫어했다. 어떤 캐디들은 캐디 마스터가 자기 친척이나 아들 친구를 팁 잘 주는 사람에게 배정한다고 투덜거렸다.

이 문제를 해결하기 위해, 클럽에서는 배정할 때 객관적인 방식을 도입하기로 했다. 그것은 "먼저 오는 순서대로 배정받기"였다. 즉, 아침에 제일 먼저 오는 캐디가 첫 2인 경기나 4인 경기를 배정받는다는 것이다. 얼마나 간단한가. 그리고 매우 민주적이기까지 하다. 하지만, 또한 얼마나 비생산적인가.

이 시스템은 오래 가지 못했다. 제일 먼저 반발하고 나선 쪽은 아주 잘 치는 골퍼들이었다. 예전에 그들은 항상, 가장 경험이 많고 잘 치는 캐디를 고용했다. 그들은 계속 그래 주기를 요구했다. 그들은 골프를 칠 때마다 매번 같은 캐디를 고용했다. 그리고 그들은 캐디들이 어떻게 하느냐에 따라서 팁도 아주 후하게 주는 사람들이었다. 그러므로 단순한 가방지기가 아닌 캐디가 되기 위해서는 뭔가를 더 갖추어야 한다.

좋은 캐디는 선생이기도 하고 코치이기도 하고 응원해주는 사람이기도 해야 한다. 잘 치는 사람에게 서투른 캐디가 붙으면 그들은 화를 낸다. 그들은 "먼저 오는 순서대로 배정받기"를 아주 못마땅해했다.

이것은 부자가 되는 것에 대해서도 적용해볼 수 있는 얘기이다. 생산적인 사람일수록(그들이 캐디이든 변호사이든 간에) 그렇지 않은 사람보다 더 많이 번다. 상대 변호사보다 법정에 더 빨리 나왔다고 해서 재판에서 이기리라는 보장은 없다.

어쨌든 도착 시간을 기준으로 한 그 캐디 시스템은 실패로 돌아가고 말았다. 그 시스템을 처음 적용한 토요일 아침, 나는 캐디 스테이션에 7시에 도착했다. 이미 캐디들로 꽉 차 있었다. 그래서 나는 다음주 토요일에는 4시에 일어나 자전거를 타고 클럽으로 향했다. 도착한 시간은 5시 30분도 채 안 되었다. 그래도 나는 일등이 아니었다. 이미 대여섯 명이 문 앞에서 기다리고 있었다. 그처럼 일찍 도착한 사람들은 바로 남자 대기실 마루에서 잠을 잤던 사람들이었다. 그들은 전날 11시에 와 있었던 것이다.

도대체 누가 이 시합에서 이길 것인가? 이것이 사람들의 시간과 노력을 가장 생산적으로 사용하는 것인가? 재산을 모으는 것도 이와 마찬가지이다. 자수성가한 백만장자들은 경제적으로 일가를 이룰 수 있는 길을 개척해야만 했다. 그들은 자신들이 그 일을 하는 순간 가장 생산적일 수 있는 직업을 선택했다. 중요한 것은 언제부터 일하느냐도 아니고 몇 시에 일어나느냐도 아니다. 일하는 순간 얼마나 생산적일 수 있는가 하는 것이 중요하다.

강의 준비도 꼼꼼히 하고, 아는 것도 많으며, 실적도 좋은 교수들이 그렇지 않은 교수보다 월급을 더 많이 받는가? 항상 그런 것은 아니다. 가장 뛰어난 명문 학교에서만 가장 실력이 좋은 교수들이 그들의 능력에 따라

합당한 보수를 받고 있다. 일단 "먼저 하기"만 하면 된다는 식의 사고는 야망 있고 생산성이 높은 사람들에게 받아들여지기가 어렵다. 그리고 고참이라는 것도 실제 뭔가를 이뤄낼 때만 의미가 있는 것이다. 그러한 동기가 없이는 제아무리 생산적인 사람이라 할지라도 점점 더 비생산적이 되어갈 것이다. 결국 쭉정이로 남는 사람들은 시계만 쳐다보고 달력만 쳐다보는 사람들이다. 먼저 왔을 뿐, 생산적이지 못한 사람들을 고용해서 무엇을 할 것인가?

이것이 부자가 되는 것과 무슨 관련이 있을까? 뭔가를 해낸 것을 인정해주는 분위기에서 일하게 된다면, 경제적 보상을 받는 가운데 좀더 잘하려고 노력하게 된다.

남들보다 일찍 일어나는 것은 어려운 일이 아니다. 그리 뛰어난 머리도 필요하지 않다. 그런데 처음이 된다는 것은 어떤 면에서 중요한 것이기도 하다. 만약 당신이 어떤 획기적인 상품을 처음으로 개발했다고 하자. 당신은 당신보다 일찍 잠자리에서 일어난 사람들을 제칠 수 있을 것이다. 왜냐하면, 그들은 창의적인 제품을 개발하는 것보다 일찍 일어나는 것에 더 많은 중요성을 두기 때문이다. 그렇다면 그들이 새벽같이 일어나 "별로 다를 게 없는" 제품과 서비스를 제공하게 내버려두자. 하긴 그렇게 경쟁이 심한 곳에서는 하루 12시간을 일에 매달려야 할지도 모른다.

"먼저 하기만 하면 된다"라는 식의 사고에서 명심해야 될 문제가 하나 있다. 이런 사고방식은 미국 경제의 공공 서비스 분야에 깊이 침투되어 있다. 공무원들 중에 백만장자는 거의 없다. 그들은 아주 다른 목적의식을 갖고 있는 사람들이다. 그들은 성과에 따라 보상을 받고 싶어한다. 다른 방식은 싫어한다. 먼저 도착했다고 해서 혹은 먼저 고용됐다고 해서 자동적으로 좋은 몫을 차지하는 환경에서 일해야 된다면, 일할 의욕을 갖지 못할 것이다.

백만장자와 고소득자의 입장에서 보자면,

> 아침에 일어나는 시간과 재산 사이에는 통계적으로 주목할 만한 연관성이 나타나지 않는다.

전형적인 백만장자는 주중에 대략 6시 40분이면 일어난다. 평균적으로 6시 25분쯤 된다. 5분의 1만이 5시 40분 전에 일어나고 있다.

나는 일찍 일어나는 습관이 있다. 나는 강의가 없는 날이면 하루 여덟 내지 열 시간을 집필한다. 그런데 나는 하루에 서너 시간을 집필하는 것이 훨씬 더 빨리 책이나 논문을 끝낼 수 있다는 것을 알았다. 결국 좋은 책을 만들어내는 것은 하루 열 시간의 집필 시간이 아니라, 글의 질이다. 작가로서의 두뇌 회전과 아이디어를 이끌어내는 능력이 서너 시간이 지나면 끝나버리는데 하루 여섯 시간 집필을 한다면 그것은 낭비가 아니겠는가?

매일 새벽 3시에 일어날 정도로 과도하게 일하는 사업주 얘기를 들어본 적이 있는가? 보통 사람들은 당연히 그런 사람들이 많을 것이라고 생각한다. 그러나 사실은 그렇지 않다. 그리고 직업에 따라서 큰 차이가 나는 것도 아니다. 회사 중역들이 다른 직업군의 백만장자들보다 다소 일찍 일어나는 편이다. 하지만 특별한 차이가 있다고 말할 수 있을 정도는 아니다.

빌 박사에게 고마운 마음을 표하며

빌 다든 박사는 나의 정신적 조언자의 한 사람이었다. 그는 인간의 생활방식을 연구하는 중진 학자였다. 내가 대학원에 있을 때, 그의 연구실은 내 연구실 바로 앞에 있었다. 그 당시, 그는 조교수였다. 그는 매일 아침 한나절쯤 돼서야 연구실에 나타났고, 자기가 연구실에 있을 때는 언제나 방문을 활짝 열어놓았다. 빌은 그의 조언을 구하는 대학원 학생들에게 매우 친절했다. 그는 사람들이 원하는 대로 시간을 내주었다. 그렇다면, 그는 어느 시간에 연구를 하고 글도 쓸까? 어느 이른 아침, 그 수수께끼가 풀렸다.

그날 나는 새벽 2시에 컴퓨터 센터로 갔다. 워낙 작업 시간이 많이 걸리는 프로그램이라 밤시간을 이용해야 했기 때문이었다. 사람들은 많지 않았다. 그런데 빌이 거기 있었다. 거기서 작업을 하고 있었던 것이다. 그는 이른 아침마다 연구하고 집필하고 "숫자와 씨름한다"고 말했다. 그에겐 이런 일들을 해줄 조교들이 없었다.

나의 다른 대학원 동기들은 빌 다든 박사가 아침 10시나 11시경에 일을 시작한다고 생각하고 있었다. 하지만 이런 생각은 적어도 반은 틀렸다. 빌에겐 아침이 두 번이다. 하나는 새벽 1시경에 작업을 하면서 시작한다. 그리고 나서 그는 오전 3시경에 잠자리에 든다. 그리곤 오전 9시에 다시 일어나 사무실에 10시나 11시경에 도착한다. 대부분의 명문대학에서는 교수들이 장시간 많은 일을 하고 있다. 하지만, 매일 아침 8시경에 사무실에 나타나는 사람은 많지 않다. 그들은 일하고 싶을 때 일하고 자신의 시간을 따로 만들어나간다. 이는 백만장자들이나 생산성이 높은 사람들에게서도 마찬가지이다. 만약 당신이 자신의 하루를 좌우하고 자신의 스케줄에 따라 움직이고 싶다면, 8시부터 5시라는 딱 짜여진 시간이 자신의 스타일에 맞지 않다는 것을 인정해야 한다. 생산적인 사람일수록, 오전 2시 30분에 숫자를 잡고 씨름을 하든 오전 10시에 그렇게 하든 문제가 되지 않는다. 하지만 당신의 상관이 8시부터 5시까지 사무실에 앉아 있으라고 요구한다면, 그것을 따라야 한다.

왜 빌 다든 박사는 때론 오전 9시보다 오전 2시 30분에 일이 더 잘된다고 하는 것일까? 그는 컴퓨터 센터가 보통 근무 시간에는 언제나 사람들로 북적이고 산만하다는 것을 안다. 그는 뛰어난 교수였다. 그의 아이디어가 우수 학술지에 소개되기도 했었다. 그의 연구 성과물을 평가하는 사람들은 그가 8시부터 5시까지 일을 했는지 아니면 2시부터 9시까지 일을 했는지 물어보지 않는다. 그들은 완성된 작업물만 볼 뿐이다. 모든 사람들이 8시와 5시 사이에 그 정신적 육체적 상태가 최상에 달하는 것은 아니다. 빌은 자신의 최고의 업적물과 아이디어는 동트기 전에 나온 것이라고 했다. 대부분의 사람들이 잠을 자는 시간이다. 당신은 언제 가장 생산적이 되는가? 그 시간대가 이미 짜여진 당신의 시간대와 일치하는가? 그렇지 않다면, 당신의 스케줄을 바꿔보도록 해라. 당신이 당신의 스케줄을 마음대로만 할 수 있다면, 그런 일쯤이야 어렵지 않을 것이다.

9

THE MILLIONAIRE MIND

부자들의 선택 - 8가지 성공 요인

이 책은 하나의 중심 주제로 모아지게끔 구성되었다. 그것은 남과 달라야 한다는 것이다. 나는 "완벽한 사람"들에 대해 연구하고 싶지 않았다. 한 설문 응답자는 그들이 인생에서 성공하도록 되어 있는 사람들이라고 묘사했다. 그들은 아이큐도 아주 높다. 유치원에서부터 대학원에 이르기까지 전과목 A를 받았으며 대학도 우등으로 졸업했다. 외모도 뛰어났고 키도 컸다. 운동선수로서도 나무랄 데가 없었다. 가문도 좋다. 열심히 일하고 연간 수백만 달러를 벌어들인다. 골프를 치며, 자선 단체의 회원이기도 하다. 질병이나 신체적인 문제도 없다. 그동안 다섯 번 결혼했으며 매번 배우자의 외모도 뛰어났다. 기타 등등.

많은 사람들은 이런 완벽한 사람들이 미국의 백만장자군을 형성한다고 생각한다. 그런데 나는 왜 이런 완벽한 사람들에게 관심이 없을까? 이런 특징들을 모두 갖춘 백만장자를 만나본 적이 없기 때문이다. 오히려 내가 깊은 관심을 갖는 사람들은 폴 로스만 같은 사람들이다. 그는 팔 부상을 당한 에이스 전투기 조종사였다. 우리는 제1장에서 그가 자신의 장애를 어떻게 극복했는지를 살펴봤다. 그는 자신의 약점을 파악하고 전투에 임했다. 그래서 그에게 결여된 한 가지 요소는 자신의 전략을 바꾸게 된 계기가 되었다. 그는 자신의 창의적인 감각을 일깨움으로써 에이스 조종사가 되었다. 그는 전투기 조종사로서 적 전투기 조종사들을 제압할 수 있는 자신만의 우세한 방법을 찾아냈다. 그에게 패한 조종사들은 로스만보다 신체 조건이 좋은 "완벽한 사람"들이었다.

신체적 완벽함은 도그 파이트 형태의 공중전에서는 중요한 요소일 수 있다. 하지만 로스만은 그런 대결을 피했다. 그는 목표, 시간, 장소, 고도, 공격 각도 등을 고려함으로써 승리할 수 있었다. 그는 수동적이지 않고 미리 상황을 적극적으로 풀어나가는 스타일이었다. 나는 그가 격추시킨 "완벽한 사람들" 중 자신의 적이 팔이 하나뿐이라는 걸 안 사람이 몇이나 됐을까 궁금했다. 로스만은 또한 에이스 중의 에이스의 정신적 스승이기도 했다. 그는 공중전 역사상 세계 최고의 기록을 갖고 있는 에리히 하르트만의 스승이었다.

당신은 어떤 사람을 스승으로 두고 싶은가? 나는 완벽하지 않은 사람을 원한다. 나는 한 가지 이상의 장애를 갖고 있으면서도 경제적으로 성공한 사람으로부터 그 방법을 배우고 싶다. 그들은 성공하는 방법을 직접 찾아낸 사람들이다. 경제적으로 성공한 사람들 대부분이 완벽한 사람의 속성을 많이 갖추지 못했다. 내가 인터뷰했던 많은 백만장자들도 만약 자신들이 완벽한 사람이었다면, 그렇게 신중하게 직업을 선택하지도, 그렇게 많은 돈을 벌지도 못했을 것이라고 말했다.

다음의 사례를 보자. 도널드와 위니프레드 서너가, 완벽한 사람들인지 아니면 폴 로스만의 특징을 조금이라도 갖고 있는 사람들인지 판단해보라.

서던 블러머 회사의 도널드 서너와 위니프레드 서너의 프로필

도널드 서너는 자신의 인생에서 한 번도 직업이란 것을 가져본 적이 없다고 말했다. 다른 사람 밑에서 일해본 적이 없다는 것이다. 테네시 주 브리스톨에 있는 남부 블러머 제조회사의 사장인 도널드는 스물네 살에 처음으로 백만장자가 된 이후, 성공의 사다리를 수없이 오르락내리락했다고 말한다.

무엇이 그로 하여금 자신의 사업을 하도록 만들었을까? 어떻게 해서 그는 쓸모없는 천조각들을 모아서 죄수들을 위한 속옷과 총기류를 청소하는 헝겊을 만들어낼 생각을 하게 됐을까?

"어릴 적 농장에서 일할 때였지요. 일은 정말 고됐습니다." 그는 회상한다.

당시에는 마을 상점 안에 우체국이 있었습니다.

상점에 있다 보면, 행상인들이 장갑, 파이프, 양말 등과 같은 것을 팔러 들르는 것을 자주 접하게 되었습니다. 상점 주인이 그들에게 돈을 지불하면, 그들은 호주머니에서 돌돌 만 커다란 지폐뭉치를 꺼내 거기에 같이 넣어서 다시 말았습니다. 그들은 항상 커다란 지폐뭉치를 갖고 다녔습니다. 우리는 그처럼 많은 돈을 본 적이 없었지요. 그들은 하느님보다 더 돈이 많아 보였어요.

제가 열다섯 살 되던 해, 낡은 트럭이 하나 생겼지요. 저는 그 트럭을 몰고 양말을 구입하기 위해 노스 캐롤라이나로 갔습니다. 저는 암소 두 마리를 팔고서 양말을 싸게 구입할 수 있는 곳을 찾아다녔습니다. 물건을 사서 돌아와 보니, 그 양말은 질이 떨어지는 것이었습니다. 상점에는 팔 수 없었죠. 그래서 저는 제재소로 가서 양말을 팔았지요. 전부 다 팔았고 수입도 짭짤했습니다. 다음에 갔을 때는 더 많이 샀습니다. 무엇이 돈이 되는 일인지 조금씩 알게 된 거죠.

그런 경험이 있고 난 후, 서너 씨는 고급품을 선호하지 않는 특별한 시장이 있음을 간파했다. 그리고 돈을 벌기 시작했다.(때론 잃기도 했지만)

저는 지금 고물업을 하고 있습니다. 직물 공장에서 나오는 헌 옷이나 자투리 천을 구입해서 이런 것들을 처리할 사업체를 만들어냈거든요. 저는 말하자면 청소업자예요.

저희들과 같은 사업체를 굴러가게끔 만들어주는 것은 그러한 천들을 구입할 수 있는 자본이 되기 때문입니다. 자동차 부품 시장에 자동차 부품이 들어온 거나 마찬가지이니까요. 우리는 그것들을 가능한 모두 팔아내려고 합니다. 그러다 남은 것은 넝마로 만들어서 다시 제조업체에 팔지요.

예를 들어, 서너 씨 부부는 총기 소제용 헝겊시장을 독점했다. 그는 옷을 재생하고 난 뒤에 재단실과 미싱실에서 거둬들인 자투리 천으로 이 헝겊을 만들었다. 그는 총기 소제용 헝겊사업에 대해 다음과 같이 말한다.

처음에는 사람들로부터 비웃음을 받았죠. 그러더군요. "얼마 가지 못할 것이다." 하지만 그 사업은 정말 하늘이 내려주신 기회였어요. 저희에겐 재료가 부족할 일이 없었습니다. 이 일은 저희에게 가장 유력한 사업으로 성장했지요.

그는 제재소에 저품질의 양말을 팔고, 군대에 총기 소재용 헝겊을 팔았다. 이 두 시장 외에도 그는, 다른 사람들은 상상도 못 할 시장을 내다보고 서던 블러머라는 회사를 차렸다. 그리고 교도소와 정신병 환자들을 위한 속옷을 만들기 시작했다.

죄수들을 위한 속옷을 만들기 시작한 것은 돈을 많이 잃은 후였다. 그가 이런 시장을 택한 것은 규격화된 고품질의 옷을 만들 필요가 없었기 때문이었다. 그는 소규모로도 사업을 시작할 수 있었다.

길 끝에 정신병원이 하나 있었습니다. 누군가 말했지요. "여자 환자들이 있다고 하는군." 그들은 크고 묵직한 증기 세탁장치를 견딜 수 있는 옷이 필요했습니다. 저는 상품이 되지 못한 옷들을 사다가 그들에게 팔았습니다. 사업은 번창했습니다.

팔아야 한다면, 우선, 시장이 어디 있는지를 알아내야 합니다.

그는 거대한 체인이 수천 개의 소규모 점포로 이루어진 기존의 시장을 밀어내고 있는 때에 작은 사업체가 살아남으려면, 창의적이어야 하며 많은 자본이 필요하지 않는 아이디어를 찾아야 한다고 말한다.

서너 씨의 아내인 위니프레드는 그와 사업을 같이 한다. 그는 아내가 든든하다고 한다. 그녀는 영업을 맡고 남편은 공장을 맡고 있다. "참으로 멋진 여자입니다. 마음은 더 곱지요. 그리고 언제나 역경에 맞서 싸워 이길 준비가 되어 있습니다."

사업을 하다 보면, 많은 것을 희생해야 합니다. 저의 첫 아내는 산골 출신의 조그만 여자였습니다. 젊었을 적에 저는 여자 옷을 팔아서 아주 많은 돈을 벌었습니다. 돈을 벌자, 그녀는 돈에 빠지기 시작하더니 급기야 타락하게 되더군요. 돈이 사람을 바꿔놓았습니다.

위니프레드와 저는 우리가 어떤 처지이든 간에 서로에게 부담을 주지 않습니다. 우리는 멋진 팀입니다. 누가 사장인지는 모르지만, 우리 둘 사이에 어떤 마법과 같은 것이 존재하는 것 같아요.

사업과 인생에서 중요한 것은 무엇일까? 자기 일을 사랑하는 것인가, 아니면 돈인가, 그도 아니면 좋은 교육을 받는 것인가? 서너 씨는 말한다.

하고 있는 일을 좋아해야 합니다. 마치 토끼를 좇는 개처럼 말이죠. 토끼를 좇게 되면, 당신은 오로지 토끼를 잡아야 한다는 생각만 해야 합니다. 그렇게 살면 됩니다. 즐거움은 그러한 삶에서 얻어지는 성공에서 자연히 생기게 마련입니다.

저는 교육을 많이 받지 못했어요. 고등학교 1학년까지가 전부입니다. 그래도 돈이 많이 들지 않는 사업 아이디어에 대한 감각을 계발할 수 있었습니다. 교육보다 중요한 것은 성공하려는 의지입니다.

"자금을 잘 관리하면서 돈을 벌어야 한다." 이것은 서너 씨가 아주 뼈저리게 배운 교훈이다. 그리고 자기 사업을 하고자 하는 젊은 사람들에게 들려주고 싶은 말이기도 하다.

많은 사람들이 빚 때문에 고초를 겪습니다. 하지만 저는 달라요. 과거, 제가 사업에 실패했던 이유 중의 하나는 남의 돈을 빌려 썼기 때문입니다. 저는 이제 단 한푼도 빚을 내지 않습니다.

자수성가한 사람은 다른 사람에게 과시하고자 하는 사람이 아닙니다. 저는 언제라도 제가 원하는 차를 몰 수 있었습니다. 하지만, 제가 지금 쓰고 있는 차는 88년형 미니밴입니다. 아직 상태가 좋아요. 1990년에 5000달러를 주고 중고로 구입했습니다. 82년형 볼보도 있어요. 좋은 차지요. 그 차는

3000달러를 주고 샀을 겁니다. 그러니까 제 말은 선택은 둘 중의 하나라는 거죠. 유망한 분야에서 성공하든가 아니면 죽도록 일만 하다 끝나든가. 지금이라도 머리를 써보세요. 소규모 자본으로 이윤을 낼 수 있는 것들이 많을 테니까요.

그는 많은 돈을 빌리는 것은 아주 좋지 않은 사업 태도로 꼽는다.

새로운 사업을 하기 위해 많은 돈을 빌리는 것은 세상에서 가장 나쁜 일입니다. 돈이 없다면, 없는 상태에서 일을 할 방도를 찾아야 합니다. 돈이 있는 상태에서 실패한다고 생각해보세요. 돈이 많으면 많을수록 실패의 규모도 점점 더 커질 수 있지요.

새로 시작한 사업이 실패하는 또 한 가지의 이유는 재고 때문이라고 그는 말한다.

소규모 사업에 있어서 재고는 죽음과 같지요. 저는 항상 야채상이 좋다고 생각해왔는데요, 그 이유는 재고가 있을 수 없기 때문입니다. 어떻게든 처리해내야 하는 사업이잖아요. 쌓아둘 수는 없으니까요.

그리고 희생을 감수해야 합니다. 뭔가 부족하고 아쉬운 상태에서 사업을 하는 법을 배우게 되면 자신의 사업을 키워나갈 수 있어요. 그렇기 때문에 2세나 3세는 부모나 조부모의 사업을 이어갈 수 없는 거지요. 그들의 부모들은 위험한 것을 피해갈 줄 아는데, 자식들은 그런 것에 대한 경험이 없습니다.

성공의 8가지 요인

도널드와 위니프레드 부부의 사례는 경제적 성공의 아주 생생한 면을 보여준다. 그것은 근면성, 집중력, 용기의 중요성을 잘 설명해주고 있다. 그리고 "그저그런" 제품을 만들어내는 대중을 따라가서는 안 된다는 것과 배우자 선택 문제도 중요하다는 것을 아울러 보여주고 있다. 미국의 경제는 바로 이런 백만장자 마인드를 지닌 사람들의 덕으로 성장한 것이다. 경제적 성공을 이루기 위한 다음의 8가지 중요한 요인을 명심하기 바란다.

1. 성실하라, 진실되라, 열정을 가져라. 이것은 우리의 경제를 유지시켜왔고 앞으로도 유지시켜줄 중요한 성공요인이다.

2. 학교 성적이 경제적 성공의 장애가 되도록 만들지 말라.

3. 금전적 모험을 감수할 용기를 가져라. 그리고 실패를 극복할 수 있는 법을 배워라.

4. 독창적이면서도 이윤이 많이 날 수 있는 일을 선택해라. 그리고 자신이 좋아하는 일을 하라.

5. 배우자를 신중하게 선택하라. 실제, 경제적으로 성공한 사람은 성공과 조화를 이룰 수 있는 성격을 지닌 사람과 결혼했다.

6. 경제적으로 생산적인 가계를 꾸려나가라. 많은 백만장자들은 새것을 사기보다 쓰던 것을 고쳐서 쓴다.

7. 집을 고를 때는 백만장자들의 예를 따르라. 그들처럼 따져보고, 발로 찾아다니고, 적극적으로 협상하라.

8. 균형 있는 생활방식을 택하라. 많은 백만장자들은 "돈 안 드는 활동"을 한다. 가족이나 친구와 즐기는 데는 돈이 많이 들지 않는다.

10

THE MILLIONAIRE MIND

부록

대차대조표 부자는 누구인가?

구역별로 찾아다니기

22만 6399개의 미국의 센서스 대상 집단과 구역을 중심으로 백만장자 가구를 조사했다. 백만장자인지의 여부는 순자산을 기준으로 삼았다. 각 구역마다 백만장자 가구가 차지하는 비율은 존 로빈이 개발한 재산측정방법론을 사용하여 도출했다.

이 방법론은 과소신고된 불로소득을 수정하고, 이를 적절한 수익률로 자본화하여, 순자산 가치를 추정하는 것을 그 내용으로 한다. 불로소득(배당금, 이자수익, 부동산 임대료)의 규모에 대해서는 통계국이 작성한 측정 자료에 따랐다. 그리고 순자산 가치는 로렌츠 곡선의 비선형 적합도로 측정하였다. 로렌츠 곡선은 통계국에서 순자산에 대한 불로소득 원천에 의한 소득비율 함수로 측정하였다. 이 모델의 실증적 기반은 연방준비은행에서 실시한 소비자 재정실태조사에서 마련된 것이다. 그리고 국세청 수입통계 및 연구자료를 기초로 실제 소득률을 계산했다.

이 방법으로, 백만장자가 가장 많이 밀집된 순서대로 22만 6399개의 구역을 배열했다. 이 단계에서, 앞서 말했던 기준에 합당한 백만장자 가구를 찾을 수 있는 가능성이 가장 높은 지역을 선정할 수 있었다.

설문 대상자는 백만장자가 있을 가능성이 30퍼센트가 넘는 지역에서 임의로 선정했다. 이렇게 샘플을 제한한 것은 백만장자 가구가 집중된 지역이라고 해도 백만장자를 선정할 수 있는 가능성을 점점 더 높이기 위해서였다. 그렇게 해서 선정된 2487개 지역이 백만장자 가구가 가장 많을 것으로 측정되었다.

소비자 정보를 다루는 기관이 2487개 지역에서 조사 대상 가구의 95퍼센트에 해당하는 가구의 세대주의 이름과 주소를 제공해줄 수 있었다. 주소가 세 줄 이상이고 한 전화번호에 여러 이름이 있을 경우는 제외했다. 왜냐하면, 그것들은 업체일 가능성이 높기 때문이다. 2487개 지역 내의 가구 중에서 5000가구 정도를 설문을 위해 임의 선정했다.

국립 인구지리통계학적 방법론을 기초로 한 설문조사가 1998년 5월 20일부터 1998년 8월 24일까지 진행되었다. 5063가구의 각 세대주에게 9페이지에 달하는 설문지가, 설문 요청서와 1달러의 수고료와 같이 발송되었다. 그리고 완성한 설문지를 받아보기 위해 업무용 반송 봉투도 첨부했다. 제시간 안에 완전히 작성된 설문지는 1001개였다.

설문 응답률은 19.8퍼센트였다. 1001명의 설문 응답자 중에서 733명이, 즉 73.2퍼센트가 100만 달러가 넘는 자산을 보유하고 있었다.

예비조사 샘플

나는 이 조사 외에 다른 보조 조사를 했다. 이런 식의 특별 설문 조사는 유용한데, 그 이유는 가장 치밀하게 지역별 특성을 고려한 방법론이라 할지라도 부자들의 밀집도가 낮은 지역의 백만장자들은 찾아내기 어렵기 때문이다. 이 설문은 설문지 구성이라든가 전반적인 조사연구방법론에 대한 사전조사로 사용될 수 있다. 이 설문에 답한 638명 모두 큰 담보에 적합한 소득신고서와 대차대조표가 있었다.

백만장자들이 운영하는 사업체(지리통계학에 근거한 전국 조사)

순자산 기대치의 초과 배수[1]	응답자에 의해 구분된 기업유형	순자산 기대치의 초과 배수	응답자에 의해 구분된 기업유형
17[2]	철강 제조	4	마케팅 커뮤니케이션
14	상업은행	4	회계
13	건설 계약	4	의복 제조 디자인
12	원유 생산	4	자동차 판매
9	컴퓨터 소프트웨어	4	탤런트 에이전트/음악
7	의류 소매	4	자동 OEM 생산 제조
7	옥외 광고	4	인쇄/그래픽 아트
7	잠금장치 제조	3	음식 가공
6	목재 유통	3	제조
6	부동산 투자회사	3	안전장치 제조
6	조경	3	부동산 개발
5	일반 계약	3	산업 공학
5	컴퓨터 제조	3	자동차 판매
5	부동산 투자회사	3	의복 제조
5	미용실	3	자동차 판매
5	할인 소매	3	목재 생산 제조
5	섬유 제조	3	조선/유통
5	부동산 투자회사	3	건설 계약
5	하이테크 제조	3	석유 유통
5	서비스	3	벤처 캐피탈
5	벤처 캐피탈	3	제조
4	산업 디자인	3	경영인 채용
4	장례 서비스	3	부동산 개발
4	수출 서비스	3	항공/전자 제조
4	마케팅 서비스	3	저당 은행
4	투자 은행	3	수하물 제조
4	건강관련 서비스	3	플라스틱 제조
4	유통	3	석유 지질학/탐사
4	운용 컨설팅	3	항공기 제조 판매
4	지질 검사/공학	3	빌딩 계약자
4	운용 컨설팅	3	건설 계약

1) 예상 순자산 = 나이 × **0.112** ×소득. 소득은 응답자 가구의 연간 실소득을 말함.

2) 예를 들어, 철강 제조회사의 운영자이자 소유주의 순자산은 **17**배 정도 기대치를 초과했다.

순자산 기대치의 초과 배수	응답자에 의해 구분된 기업유형	순자산 기대치의 초과 배수	응답자에 의해 구분된 기업유형
3	투자은행	2	제조
3	제조	2	제조
3	식당	2	판촉 상품 유통
3	트럭 부품	2	상품 거래
3	미술과 공예 제조	2	전기 공학
3	알루미늄과 마그네슘 제련	2	여행
3	부동산 개발	2	부동산 투자
3	보험	2	인쇄
3	전자/산업	2	팩스 커뮤니케이션
3	가구 소매/가정용품 유통	2	소매 유통
3	자동차 부품 제조	2	건강 컨설턴트
2	마케팅/광고 하이테크 생산	2	신용거래/징수
2	금융/대여 회사	2	공정산업-석유,제약,화학, 전력 장치
2	보험 대리업		
2	포장 제조	2	건설 계약
2	상업용 부동산	2	부동산 중개
2	부동산 중개	2	의복 제조
2	식당	2	섬유 제조
2	부동산 개발 및 건설 계약	2	가구 제조
2	제조	2	화학 제조
2	에너지	2	인쇄
2	금융서비스 회사	2	건설 계약/부동산 개발
2	마케팅 리서치	2	용접
2	의료기구 유통	2	홍보
2	연금/보험	1	조각품
2	운용 컨설팅	1	건축/개발
2	인쇄	1	운용 컨설팅
2	자동차 판매	1	건설 계약
2	자동차 판매	1	국제 선적 화물상품 거래
2	저당 은행	1	부동산 개발 운용/투자
2	자동차 판매	1	철강 가공
2	섬유 제조	1	자동차 판매
2	상업 부동산 및 건설 계약	1	섬유
2	CPG	1	컴퓨터 디자인

순자산 기대치의 초과 배수	응답자에 의해 구분된 기업유형	순자산 기대치의 초과 배수	응답자에 의해 구분된 기업유형
1	수입/수출	1	군대 수출품
1	동영상 극장	1	방송
1	어음 인수	1	화장품
1	원유와 가스 탐사	1	조원
1	상업용 부동산	1	유통
1	제조	1	조명기기
1	제조	1	건설 계약
1	항공	1	운용 컨설팅
1	상업용 부동산	1	식품
1	제조	〈1	부동산 투자
1	신발업체–소매	〈1	전기 제조
1	건설	〈1	건강 서비스
1	인쇄/출판	〈1	출판
1	개발업/건설업	〈1	건설 계약
1	패스트푸드 프랜차이즈	〈1	광고 대행
1	제조	〈1	소프트웨어 디자인
1	유동체 제조	〈1	의류 제조
1	서비스 산업	〈1	소매
1	생명보험	〈1	호텔
1	건설 계약/개발	〈1	전기 제조
1	와인 유통	〈1	건설, 건축, 부동산 개발
1	가구–소매	〈1	식품 산업 서비스
1	컴퓨터/소프트웨어	〈1	보험
1	희귀한 동전	〈1	부동산
1	부동산 중개	〈1	정유
1	건설 계약	〈1	제조/스포츠 의류
1	보험	〈1	정수 시스템
1	보석 유통	〈1	화장품 유통
1	컨설팅		
1	여성의류		
1	부동산 투자		
1	자동차 딜러		
1	컨설팅		
1	건강 서비스		

백만장자들이 운영하는 사업체(지리통계학에 근거한 표본 조사)

순자산 기대치의 초과 배수	응답자에 의해 구분된 기업유형	순자산 기대치의 초과 배수	응답자에 의해 구분된 기업유형
11	장비 대여	4	투자 자문
11	의류 할인점/부동산	4	철강 구조 건설
8	자동차 소매	4	목재
8	건설/전기	4	보험
8	임차/재정	4	은행
7	장비 제작–플라스틱류	4	금융 서비스 회사
6	상업은행	3	고용인
6	가구 가전 소매	3	경제 리서치
6	인쇄	3	조리 도구 제조
6	건강	3	호텔
6	준설회사	3	시장 정보
6	부동산 개발/건축	3	도시 개발
6	투자회사	3	컴퓨터 정보 관리
5	부동산 개발	3	홍보
5	농장	3	제조
5	투자은행	3	농업
5	해충 퇴치 회사	3	제조업체 대표
5	버섯 재배	3	벤처 캐피탈/개별 주주
5	레스토랑–제과–사탕	3	식료품
5	요양원	3	양털 사업
5	건축 계약	3	운송
5	자동차 딜러	3	부동산 투자회사
5	유통	2	부동산 투자회사
5	제조	2	가스/화학품
5	사무 가구	2	냉난방 시설
4	건강	2	와인
4	엔지니어링/건설	2	약국
4	제조	2	해운운송회사
4	광고	2	건설 계약
4	보험	2	화공
4	소화물 택배	2	부동산
4	호텔/아파트 개발	2	건설 계약
4	인쇄	2	건강과 미용

순자산 기대치의 초과 배수	응답자에 의해 구분된 기업유형	순자산 기대치의 초과 배수	응답자에 의해 구분된 기업유형
2	서비스	1	관리 자문
2	투자 부동산	1	농업
2	보험	1	관리 자문
2	보험 대리점	1	내구 소비재 제조
2	부동산 중개	1	부동산회사
2	자동차 렌탈	1	수술 장비 판매
2	소매용 건축자재	1	미술상
2	하이테크	1	금융/운송/부동산
2	투자 은행	1	부동산
2	부동산 개발/법률	1	약국
2	화공 회사	1	정유 가스 탐사 생산
2	석유 회사	1	계약
2	제약	1	부동산
2	게임	1	신용거래/징수
2	부동산 투자회사	1	정보 기술
2	부동산 매매회사	1	운동 기구
2	상업은행	1	컴퓨터 산업
2	투자 관리	1	운동 기구
2	그래픽 아트	1	텔레비전
2	저당 은행	1	일반 기술
2	타이어 유통	1	전자
2	기내식 공급	1	제조 및 건설
2	부동산 중개	1	정유 및 가스
2	투자 은행	1	건강
2	투자 은행	1	전기 계약
2	숙박	1	소매
2	교통 공학	1	의료 장비 공급
2	광고 대행	1	광고 대행
2	보험 대행	1	투자 자문
2	자동차 딜러	1	건강 관리
2	업무용 가구	1	Executive search
2	목재	1	의료장비 제조
1	전문 금융	1	건축자재-소매
1	세라믹 제조	1	보험

순자산 기대치의 초과 배수	응답자에 의해 구분된 기업유형	순자산 기대치의 초과 배수	응답자에 의해 구분된 기업유형
1	방송	〉1	수하물 유통
1	업무용 부동산	〉1	엔터테인먼트
1	수입 와인과 술	〉1	텔레커뮤니케이션
1	정유와 가스	〉1	자문
1	벤처 캐피탈	〉1	자문
1	하이테크	〉1	자동차 부품 대리점
1	운동기구 소매/법률	〉1	금융 회사
1	컴퓨터	〉1	화공약품 제조 판매
1	부동산 중개	〉1	의료 보조 장비
1	소프트웨어	〉1	항공
1	부동산 프랜차이즈	〉1	광고
1	소프트웨어	〉1	엔터테인먼트
1	포장/인쇄 회사	〉1	엔터테인먼트
1	정치 전략/홍보	〉1	투자 은행
1	자동차	〉1	제지
1	사업 관리 및 자문	〉1	주식과 옵션 거래
1	유리	〉1	라디오 커뮤니케이션
1	전문 조사 회사	〉1	텔레커뮤니케이션
1	제조	〉1	텔레비전 생산
1	항공 탐사	〉1	플라스틱
1	건강/HMO	〉1	보험 대행
1	하이테크		
1	정유 및 가스		
1	출판		
1	도매 회사		
1	반도체		
1	컴퓨터 자문		
1	산업 심리		
1	컴퓨터		
1	조선		
1	플라스틱 공정		
〉1	의류 제조		
〉1	도매 유통		
〉1	철강		

옮긴이 장석훈

서강대학교에서 철학 및 불문학을 공부하고 프랑스 리옹2대학 심리학 연구소에서 임상심리학을 수료하였다. 옮긴 책으로는 『상식 밖의 경제학』, 『감성의 리더십』, 『SQ 사회지능』, 『스티브 워즈니악』, 『인생 멘토링』 등이 있다.

부자들의 선택 The Millionaire Mind

개정판 1쇄 발행 2014년 4월 2일
개정판 5쇄 발행 2021년 7월 19일

지은이 토머스 J. 스탠리
옮긴이 장석훈
펴낸이 김정순
책임편집 배경란
디자인 김진영
마케팅 이보민 양혜림 이다영

펴낸곳 (주)북하우스 퍼블리셔스
출판등록 1997년 9월 23일 제406-2003-055호
주소 04043 서울시 마포구 양화로 12길 16-9 (서교동 북앤빌딩)
전자우편 editor@bookhouse.co.kr
홈페이지 www.bookhouse.co.kr
전화번호 02-3144-3123
팩스 02-3144-3121

ISBN 978-89-5605-739-2 03320